Das Mittelalter

Materialien zur Geschichte und Geschichtskultur einer Epoche

Erarbeitet von Martin Grohmann und Dr. Wolfgang Jäger
unter Mitarbeit der Verlagsredaktion

KURSHEFTE GESCHICHTE

Cornelsen

Impressum

KURSHEFTE GESCHICHTE

Das Mittelalter
Materialien zur Geschichte und Geschichtskultur einer Epoche

Das Lehrwerk wurde erarbeitet von:
Martin Grohmann, Tübingen
Dr. Wolfgang Jäger, Berlin
unter Mitarbeit der Verlagsredaktion

Fachwissenschaftliche Beratung
Prof. Dr. Eberhard Isenmann, Köln

Redaktion: Dr. Christine Keitz
Grafik und Karten: Dr. Volkhard Binder, Berlin; Carlos Borrell, Berlin
Umschlaggestaltung: Knut Waisznor (Umschlagbild: Darstellung aus dem
Krönungsordo der Könige von Frankreich, 1250; Paris, Bibliothèque Nationale,
Ms. lat. 1246, fol. 4)
Layout und technische Umsetzung: Uwe Rogal, Berlin

www.cornelsen.de

Die Webseiten Dritter, deren Internetadressen in diesem Lehrwerk angegeben
sind, wurden vor Drucklegung sorgfältig geprüft. Der Verlag übernimmt keine
Gewähr für die Aktualität und den Inhalt dieser Seiten oder solcher, die mit
ihnen verlinkt sind.

1. Auflage, 6. Druck 2021

Alle Drucke dieser Auflage sind inhaltlich unverändert
und können im Unterricht nebeneinander verwendet werden.

© 2007 Cornelsen Verlag, Berlin
© 2018 Cornelsen Verlag GmbH, Berlin

Druck: AZ Druck und Datentechnik GmbH, Kempten

ISBN 978-3-06-064262-5

PEFC zertifiziert
Dieses Produkt stammt aus nachhaltig
bewirtschafteten Wäldern und kontrollierten
Quellen.

PEFC
PEFC/04-31-2260

www.pefc.de

Inhalt

Überblick über den Aufbau der Kapitel

Das Kursheft ist eine thematisch orientierte Materialsammlung für den Geschichtsunterricht in der Oberstufe. Im Zentrum eines jeden Kapitels steht eine umfangreiche Quellensammlung, die ergänzt wird durch einführende Darstellungen, „Methoden- und Themensonderseiten" (gelb umrandet) sowie „Weiterführende Arbeitsanregungen".

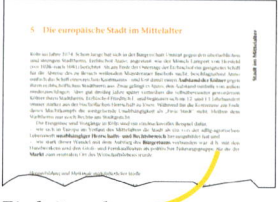

Einleitende
Darstellungen

Probleme,
Leitfragen,
Überblick über
die Quellen-
auswahl

Einzelarbeits-
aufträge
zu allen
Materialien;
das Zeichen 🏃
verweist auf
besondere
Arbeitsformen
(Referate etc.)

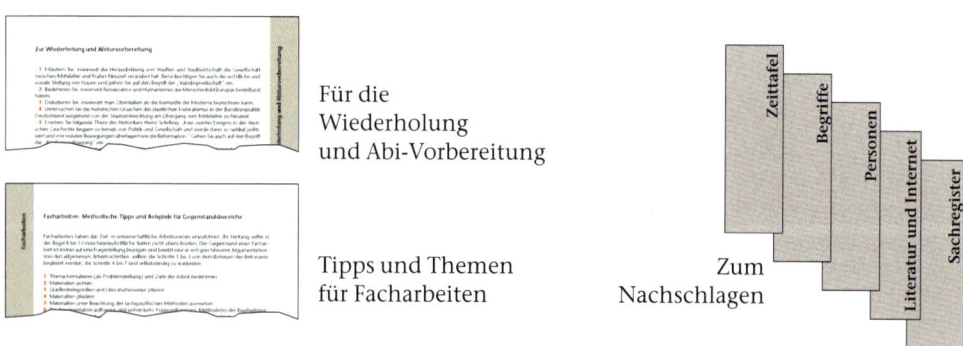

Methoden- und
Themensonderseiten

Am Ende eines Kapitels:
Projekte, Referate, Buch-
tipps

Der Anhang: Wiederholungsaufgaben – Facharbeiten – Serviceseiten

Für die
Wiederholung
und Abi-Vorbereitung

Tipps und Themen
für Facharbeiten

Zum
Nachschlagen

Zeittafel

Begriffe

Personen

Literatur und Internet

Sachregister

Aktuelle Materialien im Internet: *www.cornelsen.de/geschichte*

1 „Finsteres" oder „modernes" Mittelalter?

„Das ist ja mittelalterlich!" So lautet heutzutage ein gängiger Vorwurf, um die hoffnungslose Rückständigkeit einer Einrichtung, einer Gesinnung oder eines Argumentes anzuprangern. Das Mittelalter, also die Zeit im **europäischen Kulturraum** zwischen dem Ende des Römischen Reiches und den Entdeckungen des 16. Jahrhunderts **(ca. 500–1500)**, gilt nach dieser Redeweise als eine dunkle Epoche, die sich kein vernünftiger Mensch zurückwünschen dürfe.

Tatsächlich unterscheiden sich die Lebensbedingungen im Mittelalter, insbesondere während des frühen Mittelalters, grundlegend von den Verhältnissen im heutigen Europa: Die Menschen lebten hauptsächlich von der Landwirtschaft. Sie kannten wenig Technik und kaum Naturwissenschaften. Der Platz des Einzelnen in der Gesellschaft war durch Geburt und Recht festgelegt. Politische Herrschaft lag in den Händen weniger.

Dagegen garantiert z.B. in der Bundesrepublik heute das Grundgesetz den Staatsbürgern Menschenwürde, Gleichheit vor dem Gesetz sowie parlamentarisch-demokratische Formen der politischen Mitsprache. Das Land ist eine hochentwickelte Industriegesellschaft im Wandel zur Dienstleistungsgesellschaft. Das Leben der Menschen wird geprägt von einer Leistungs- und Arbeitsethik, die zur Entfesselung produktiver unternehmerischer, wissenschaftlicher und technischer Energien beiträgt. Der von den Bürgerinnen und Bürgern über Steuern und Abgaben finanzierte Staat hilft als Sozialstaat bei Krankheit, Arbeitslosigkeit oder im Alter. Als Rechtsstaat sorgt er mit dem Vorrang des Rechts und dem Gewaltmonopol für eine Befriedung im Innern. International ist Deutschland fest verankert in der Europäischen Union, die auf einem Gemeinschaftsbewusstsein der Völker Europas und der Wahrung des Friedens und der Menschen- und Bürgerrechte als gemeinsamen Werten gründet.

Es ist allerdings zu fragen, ob die in der Geschichtskultur, d.h. im Alltagsleben weit verbreitete Gegenüberstellung von einer modernen Gegenwart und einem „finsteren" Mittelalter überhaupt stimmt – oder ob nicht auch Wurzeln unserer heutigen „modernen" Gesellschaft, im Gegenteil, gerade im Mittelalter zu suchen sind: Formen der politischen Partizipation, Konzepte der Repräsentation, allgemein gültige Rechtsnormen, Formen sozialer Hilfestellung durch die Allgemeinheit, rationales Wirtschaften oder universitäre Bildung.

M 1 **Doppeltes Titelbild aus „Der Spiegel", Oktober 2005.** – *Mit Details aus „Der Heuwagen" und „Das Jüngste Gericht" des Niederländers Hieronymus Bosch (ca. 1450–1516), um 1500.*

Quellen aus dem Mittelalter? Eine Spurensuche

M 2

M 6

M 7

M 3

Habæ ibi depræ arp xl iıȷ· ubı poſſ colligi defeno carra cxx·

M 4

...omana lingua flo ſchaba· · Sılodhu uıgſ ſagramenc · que ſon frudre karlo unra conſer uaro· Eo karluſ meoſſendra deſſuo paron loſtanı · ſı uorecurnar non unr poıſ· neıo neneulſ cuı eo recur nar unr poıſ· ın nulla a niha conera lodhu uuıg nunh uer·

M 5

Swer giht daz minne sünde si,
der sol sich e bedenken wol.
Ir wont vil manic ere bi,
der man durch rhet geniezen sol,
Und volget michel staete und dar zuo
                                   [saeligkeit.
daz iemer iemen missetout, daz ist ir leit.
die valschen minne miene ich niht;
                [diu möhte unminne heizen baz.
der wil ich iemer sin gehaz.

M 8

M9

M13

M10

Der alte Barbarossa,
der Kaiser Friederich,
im unterird'schen Schlosse
hält er bezaubert sich.

Er ist niemals gestorben,
er lebt darin noch jetzt,
er hat im Schloss verborgen
zum Schlaf sich hingesetzt.

Er hat hinabgenommen
des Reiches Herrlichkeit
Und wird einst wiederkommen
mit ihr zu seiner Zeit.

M14

M11

Es waren schöne glänzende Zeiten, wo
Europa ein christliches Land war, wo *Eine*
Christenheit diesen menschlich gestalteten
Welttheil bewohnte; *Ein* großes gemeinschaftliches Interesse verband die entlegensten Provinzen, dieses weiten geistlichen
Reichs. – Ohne große weltliche Besitzthümer
lenkte und vereinigte *Ein* Oberhaupt die
großen politischen Kräfte.

M12

1 a) Unter den Materialien M2–M14 finden
sich neun Quellen aus dem Mittelalter, d. h. aus
der Zeit ca. 500 bis 1500, drei aus dem 19. Jahrhundert, eines aus der Gegenwart: Ordnen Sie
M2–M14 den drei Zeiträumen zu und begründen Sie jeweils Ihre Zuordnung.
b) Prüfen Sie Ihre Lösung (s. Anhang, S. 225).
2 ⚡ Hausaufgabe (nach Prüfung der Lösung):
Ordnen Sie die neun Quellen aus dem Mittelalter nach a) Quellengattungen und
b) geografischen Räumen/Kulturkreisen.
3 Welche Mittelaltervorstellung(en) vermittelt
M14? Begründen Sie Ihre Auswahl:
a) das Mittelalter als finstere Zeit,
b) das Mittelalter als Zeitalter nationaler Größe,
c) das Mittelalter als Zeit der Ritterlichkeit,
d) das Mittelalter als Epoche religiöser Einheit,
e) das Mittelalter als vorindustrielle Idylle.
4 ⚡ Referate: Vorstellungen vom Mittelalter
a) in der Malerei des 19. Jahrhunderts oder
b) in Romanen von heute (Gralsromane u. a.).

7

Testen Sie Ihr Vorwissen zum Mittelalter

1 Das Spätmittelalter beginnt mit dem Tod Friedrichs II. von Hohenstaufen im Jahr
  A   800
  B   1250
  C   1492

2 Wann erreichten die Hexenverbrennungen ihren Höhepunkt?
  A   im Frühmittelalter
  B   im Hochmittelalter
  C   in der Frühen Neuzeit

3 Welche der folgenden Tätigkeiten konnten Frauen im Mittelalter ausüben?
  A   Handwerksberuf mit Meistertitel
  B   Kriegsdienst
  C   ein Bürgermeisteramt

4 Die durchschnittliche Lebenserwartung der Bevölkerung im Mittelalter betrug
  A   35 Jahre
  B   45 Jahre
  C   60 Jahre

5 Der Zusammenschluss nord- und nordwestdeutscher Städte zu einer Schutz- und Handelsgemeinschaft seit dem 13. Jahrhundert heißt
  A   Kogge
  B   Gilde
  C   Hanse

6 Der Investiturstreit bezeichnet eine Auseinandersetzung zwischen
  A   Königtum und Kirche
  B   Adel und Bauerntum
  C   Adel und Königtum

7 Die Zahlenzeichen, die wir heute noch benutzen, hat Europa im Mittelalter übernommen aus der Kultur der
  A   Juden
  B   Muslime
  C   Chinesen

8 Jerusalem wurde von den Kreuzfahrern erobert im Jahre
  A   1033
  B   1099
  C   1291

9 Welche der folgenden Erfindungen wurden im europäischen Mittelalter gemacht?
  A   Taschenuhr
  B   Brille
  C   Kompass

10 „Cluny" ist der Name
  A   einer Stadt
  B   eines Klosters
  C   einer Burg

11 Kaiser Friedrich I. (1152–1190) kämpfte vor allem um die Wiederherstellung des kaiserlichen Einflusses in
  A   Frankreich
  B   Italien
  C   Polen

12 Die Herrschaft eines mittelalterlichen Staatsgefüges wurde geprägt durch
  A   eine Verfassung
  B   ein System von persönlichen Leistungen und Diensten
  C   eine schlagkräftige Reiterarmee

13 Ein mittelalterlicher Bauer leistete seinem Grundherrn
  A   Vasallendienst
  B   Kriegsdienst
  C   Frondienst

14 In der ritterlichen Kultur des Mittelalters entwickelte sich der Minnedienst. Darunter versteht man
  A   eine Beschäftigung von Sängern
  B   die öffentliche Verehrung einer adligen Dame
  C   eine bestimmte Form des Gesangs

15 Welche der folgenden kunstgeschichtlichen Stilrichtungen gehört zum Mittelalter?
  A   Neogotik
  B   Romanik
  C   Romantik

Lesetipp:
Claudia Märtl, Die 101 wichtigsten Fragen. Mittelalter, mit s/w-Abb., München 2006 (TB, 160 S.). Kurztexte zu vielen Themen des Mittelalters.

Hinweise zur Arbeit mit M15–M17

5 🏃 Die „Zugänge" könnten arbeitsteilig in Gruppen untersucht werden (siehe die Aufgaben zu den Stationen I–III; wer die Ergebnisse präsentiert, sollte *nach* der Arbeit ausgelost werden). Zur Vorbereitung: Darstellung, S. 5. Am Ende: Formulierung von Leitfragen für die Kursarbeit (siehe dazu die Schlussfrage, S. 5).

M 15 Zugänge zum Mittelalter – Station I: Faszination Mittelalter

15 a) 2005 ließ der Mitteldeutsche Rundfunk (MDR) unter dem Titel „Abenteuer Mittelalter" sechs Wochen lang Menschen auf Schloss Burgk in Thüringen wie im Jahre 1419 leben und beobachtete sie mit der Kamera. In einem Interview erläutert MDR-Programmchefin Dr. Claudia Schreiner das Projekt:

FRAGE: […] Was ist das Besondere an „Abenteuer Mittelalter"?

SCHREINER: Ursprünglich stammt dieses Format aus England. […] „Abenteuer Mittel-
5 alter" unterscheidet sich insofern von den anderen *Living-History*-Serien, als noch niemand einen solch großen Zeitsprung gewagt hat, wie wir es tun. […] Das Problem ist nur, dass es in der Geschichtsschreibung nicht so
10 viele Quellen gibt, die uns über dieses Leben berichten können. Aber wir haben mit einem Stab von hervorragenden Fachberatern gearbeitet. […]

Wie authentisch kann ein solches Format
15 *über diese Zeit sein?*

Authentizität war uns bei unserem Vorhaben sehr wichtig. Natürlich müssen wir Kompromisse machen. So gibt es zum Beispiel in ganz Mitteldeutschland keine kom-
20 plett mittelalterliche Burg mehr. Jede Burg wurde im Laufe der Jahre, den Bedürfnissen ihrer Bewohner entsprechend, umgebaut. […] Wir haben uns dann dazu entschieden, die Burg an sich als Kulisse für das Projekt zu
25 nehmen und nur die Räume, in denen unsere Zeitreisenden leben und arbeiten, ins Mittelalter zurückzuversetzen. So haben wir zum Beispiel in den Gesindekammern, in der Burgküche oder in der Kammer des Burg-
30 vogts die neuzeitlichen Fenster herausgenommen und durch mittelalterliche Holzluken ersetzt. Auch sämtliche Arbeitsgeräte, die unseren Protagonisten zur Verfügung

standen, sind authentisch. Ein anderes Problem ist die Sprache. Natürlich haben die 35 Menschen im Mittelalter anders gesprochen, als die Menschen heute. Aber wir haben nun einmal keine Schauspieler und wir arbeiten nicht mit vorgeschriebenen Dialogen. Also ist die Sprache im „Abenteuer Mittelalter" 40 nicht authentisch. Aber trotzdem erfährt man bei uns sehr viel über die Lebensumstände im Mittelalter und man bekommt als Zuschauer schon ein sehr gutes Gefühl dafür, wie der Alltag der einfachen Menschen da- 45 mals wirklich ausgesehen hat.

Wieso haben Sie bei der Aufarbeitung mittelalterlicher Geschichte das Format „Living History" gewählt?

Weil es eine sehr zeitgemäße und span- 50 nende Art und Weise ist, Geschichte für die Menschen erlebbar zu machen. Unsere Protagonisten unternehmen ihre Zeitreise stellvertretend für unsere Zuschauer. Es gibt nach wie vor ein enormes Interesse an Geschichts- 55 themen im Fernsehen. Vor allem das Mittelalter ist sehr populär. Das haben wir zum Beispiel daran gemerkt, dass sich mehr als 15 000 Interessierte gemeldet haben, um beim „Abenteuer Mittelalter" mitzumachen. 60 […]

Was ist so spannend am Mittelalter?

Über die einfachen Menschen im Mittelalter wissen wir wenig. Die Zeitreise auf Schloss Burgk ins 15. Jahrhundert bietet ih- 65 nen und den Fernsehzuschauern die einmalige Möglichkeit, zumindest eine vage Idee vom Leben unserer Vorfahren zu bekommen. Wie haben sich die Menschen damals gefühlt? Wie sind sie mit dem Leben klar ge- 70 kommen? Was war vielleicht sogar attraktiver an der Zeit als an unserem Jahrhundert. Es ging um die Möglichkeit, das Leben im Mittelalter zu fühlen und zu leben. Man kann darüber lesen oder sich Spielfilme an- 75 schauen, die in dieser Zeit spielen. Aber wie es ist, mit dem Krähen des Hahnes aufzuwachen, Kleidung aus grobem Stoff zu tragen, für Herrschaften zu arbeiten, die man nie zu Gesicht bekommt, weil ihre Gemächer in 80 einem ganz anderen Teil der Burg sind, tagein, tagaus körperlich zu schuften, nur damit man etwas zu essen hat und es in dem einen Raum ein bisschen warm ist – all das muss man erlebt haben, um darüber etwas sagen 85 zu können. […]

15 b) Die Teilnehmer des MDR-Projektes „Abenteuer Mittelalter" auf Schloss Burgk in Thüringen, Fotografie, 2005

Wie konsequent wurde das Leben im Mittelalter durchgehalten?

So konsequent wie möglich! Die Teilneh-
90 mer hatten sechs Wochen lang nur das zum
Leben, was es im 15. Jahrhundert auch gab.
*Zit. nach: www.mdr.de/abenteuer-mittelalter/
projekt/1737223-hintergrund-2199084.html
(14. Dezember 2005).*

6 Beschreiben Sie das Faszinierende des Li-
ving-History-Projektes Mittelalter in M15a, b.
7 Formulieren Sie, ausgehend von M15a, b,
eine eigene These, die die Popularität des Mittelalters erklärt.
8 Die TV-Serie verfolgte das Ziel, Geschichte
„hautnah miterleben zu lassen". Erörtern Sie
Leistungen und Grenzen dieses Projektes.
9 🚶 Informieren Sie sich (Internet) über ähnliche Living-History-Projekte wie in M15.

M 16 **Zugänge zum Mittelalter – Station II:
Das Vergangene als Zukunftsszenario**

*Christoph Bertram berichtet in „Die Zeit" unter
der Überschrift „Wo Staaten waren, werden
Gangs regieren" über zwei Aufsätze aus der
Fachzeitschrift „Foreign Affairs" vom Mai/Juni
2006 (29. Juni 2006):*
Was haben die Ganglands von Jamaika mit
den Visionen globaler Unternehmen ge-
mein? Eben dies: Sie stehen für zwei mächtige Strömungen, welche die Daseinsberech-
5 tigung des Staates in der globalisierten Welt
in die Zange nehmen – von unten wegen seiner wachsenden Unfähigkeit, seiner Bürgerschaft soziale Zusammengehörigkeit zu

ermöglichen, von oben durch seine zuneh-
mende Bedeutungslosigkeit für unternehme- 10
rische Entscheidungen. In der Mai/Juni-Aus-
gabe der amerikanischen Zeitschrift *Foreign
Affairs* wird beides überraschend gegenübergestellt.

John Rapley, Journalist auf Jamaika, be- 15
schreibt in *Das Neue Mittelalter (The New
Middle Ages)*, wie Banden-Herrschaft nicht
nur in seinem Teil der Welt urstaatliche
Funktionen übernimmt: Gangs sorgen auf
ihrem jeweiligen Territorium für Ordnung, 20
erheben von Geschäftsleuten „Steuern" als
Gegenleistung für Protektion, bieten, finanziert aus der Drogenwirtschaft, Beschäftigung und rudimentäre Daseinsvorsorge. Wo
der Staat abdankt oder sich nie richtig etab- 25
lieren konnte, übernehmen andere seine
Stelle. Wie einst im Mittelalter, zwischen
dem Verfall des Römischen Reiches und der
Geburt des modernen Staates.

Für Rapley liegen solche privaten, quasi- 30
staatlichen Organismen, die neben und innerhalb traditioneller Staatsformen existieren, im Trend. Der Kapitalismus habe den
modernen Staat einst geschaffen; als die Entwicklung nationaler Ökonomien eine zen- 35
trale Staatsmacht verlangte, ging das europäische Mittelalter zu Ende. Heute frisst der
globale Kapitalismus seine Kinder und läutet
das Ende des zentral regierten Nationalstaa-
tes ein, nicht nur, wenn auch am deutlichs- 40
ten, in der Entwicklungswelt.

Die Staaten dort könnten sich nicht mehr
die Daseinsvorsorge leisten, die ihnen bei ihren Bürgern Legitimation und Autorität verschafft. Wollten sie erfolgreich auf den inter- 45

nationalen Kapitalmärkten um Investitionen buhlen, müssten sie Ausgaben und Haushaltsdefizite zurückfahren. In das so entstehende Vakuum drängten in den globalen
50 Megastädten die Gangs. Das Gewaltmonopol des Staates werde zerstückelt und privatisiert, nationale Symbole lokalisiert.

Der zweite Aufsatz wirkt wie ein Echo von einem anderen Berg. Samuel J. Palmisano,
55 dem Chef von IBM, geht es um die transnationale Identität moderner Unternehmen. In Das global integrierte Unternehmen *(The Globally Integrated Enterprise)* bestätigt er das Schwinden der Relevanz des Staates für Ent-
60 scheidungen der Unternehmen. Waren diese einst Geschöpfe des Staates und auch später noch abhängig von seinem Territorium und seinem Schutz, sind sie heute dank der Globalisierung von Kommerz, Kapital und Kom-
65 munikation wie der Entwicklung gemeinsamer Standards staatlicher Anbindung entkommen. […]

Palmisano fürchtet das, was sich als Alternative zu globaler Integration auftun
70 könnte. „Bleibt das Unbehagen an der Globalisierung unbeantwortet, dann könnten die Bürger am Ende Regierungen wählen, die Handel und Arbeit strengen protektionistischen Beschränkungen unterwerfen, viel-
75 leicht sich sogar extremen Formen von Nationalismus, Fremden- und Modernenfeindlichkeit hingeben."

Rapley warnt vor einer Entwicklung, in der die Weltordnung zusehends der Kontrol-
80 le und der Einsicht selbst der Supermacht Amerika, dem neuen Rom, entgleiten könnte, wenn Staaten geschwächt werden und ein „Mittelaltertum" mit neuen Formen des Staatsersatzes sich ausbreitet. Wer weiß:
85 Vielleicht wird internationale Ordnung am Ende sogar von der Zusammenarbeit zwischen Banden-Republiken und global integrierten Unternehmen abhängen müssen.

Christoph Bertram, Wo Staaten waren, werden Gangs regieren, in: Die Zeit, 29. Juni 2006.

10 Beschreiben Sie das Zukunftsszenario, das in M16 zum Ausdruck kommt.
11 Formulieren Sie in Aussagesätzen, welche Vorstellungen vom Mittelalter ausgesprochen oder unausgesprochen in M16 auftauchen.
12 Formulieren Sie kritische Fragen an das Mittelalterbild, das in M16 gezeichnet wird.

M 17 Zugänge zum Mittelalter – Station III: Fremdheit oder Nähe?

17 a) Der Historiker Hans-Werner Goetz (2000): Das Mittelalter wird heute […] weniger als in früheren Zeiten entwicklungsgeschichtlich als Epoche auf dem Weg zur Gegenwart, als „Werden" der Gegenwart aus dem Mittelal-
5 ter heraus betrachtet, sondern, im wissenschaftlichen ebenso wie im allgemeinen Geschichtsbewusstsein, weit stärker von der Moderne abgegrenzt. Es ist das „andere" oder „fremde" Zeitalter, dessen Kennzeichen
10 durchaus eine anthropologische Vertrautheit, nicht minder aber eine – unmoderne – „Alterität" [d. h. Anderssein] ist. Das heutige Interesse am „Fremden" unterstützt geradezu eine „Aktualität" des Mittelalters in un-
15 serer Zeit – und was eignet sich besser zu seiner Erfassung als die uns inzwischen wirklich fremd gewordene und oft nur schwer zu verstehende (Gedanken-)Welt des Mittelalters? Es gibt kein abendländisches Zeitalter, an
20 dem sich im Vergleich mit der Gegenwart Modernes besser als in all seiner Modernität befangen entlarven lässt als am Mittelalter. Das wird verstärkt durch die Neigung der heutigen Wissenschaft, aktuelle Phänomene
25 in verschiedenen Kulturen und Epochen vergleichend zu behandeln […]. Das Mittelalter hält hier unzählige Vergleichsmöglichkeiten und ein unschätzbares Vergleichsmaterial zu allen aktuellen Fragestellungen bereit, sofern
30 die Mediävistik sich daran beteiligt. Es ist nicht *nur* fremd, sondern muss in seinen Bezügen zu unseren Vorstellungen und Interessen erforscht werden. Wir sollten uns jedoch davor hüten, das Mittelalter (oder, wie es oft
35 geschieht, das frühe Mittelalter) – in Verknüpfung des entwicklungsgeschichtlichen und des Alteritäts-„Ansatzes" – als ein „archaisches" Zeitalter zu betrachten, weil das erstens wertet („archaisch" heißt hier: „pri-
40 mitiv") und es das Mittelalter zweitens ganz an der späteren Entwicklung misst. Es geht vielmehr darum, die mittelalterlichen Verhältnisse gerade in ihrer epochenspezifischen und entwicklungsgeschichtlichen
45 Zeitbedingtheit zu erfassen.

Hans-Werner Goetz, Die Gegenwart des Mittelalters und die Aktualität der Mittelalterforschung, in: ders. (Hg.), Die Aktualität des Mittelalters, Bochum (Winkler) 2000, S. 14 f.

17 b) Eberhard Isenmann, Historiker (2006):
Unsere Gegenwart beruht auf Voraussetzungen, die sie nicht selbst geschaffen hat
und die in vielen Fällen erheblich weiter in
die Vergangenheit zurückreichen, als uns das
5 bewusst ist.

Tatsächlich gibt es seit dem Übergang
vom Hoch- zum Spätmittelalter auf mehreren Ebenen Gremien der Beratung und Ent-
scheidungsfindung mit einem hohen Grad
10 politischer Partizipation: in England das Parlament mit dem Hinzutreten der *Commons*
(gewählte Vertreter der Grafschaften- und
Städte) zu den Lords, in Frankreich die Gene-
ral- und Provinzialstände, im römisch-deut-
15 schen Reich die Hof- und Reichstage, in den
Territorien die landständischen Versammlungen (Landtage), in den Städten neben
dem regierenden Kleinen Rat die Großen
Räte mit bis zu 400 Mitgliedern sowie die Ge-
20 meinde- und Bürgerversammlungen, im
ländlichen Bereich die Dorfversammlungen.
Die großen Reformkonzilien von Konstanz
(1414–1418) und Basel (1431–1449) vermitteln mit ihren konziliaren Ideen auch dem
25 weltlichen politischen Denken die zentralen
Begriffe und Konzepte der Repräsentation,
des Konsenses und der Beschränkung mon-
archischer Gewalt durch die Befugnisse re-
präsentativer Versammlungen. Die Landfrie-
30 densgesetzgebung verbietet im ausgehenden
15. Jahrhundert im Reich definitiv die eigen-
mächtige Rechtsdurchsetzung im Wege der
Fehde und begründet damit ein staatliches
Gewaltmonopol.
35 Die Bürger der Städte streben erfolgreich
nach Freiheit von Person und Besitz, nach
Emanzipation vom Stadtherrn und Selbstregierung. Indem die Bürger der Stadt von
Anfang an einen gewaltfreien Frieden ver-
40 einbaren, da ferner in der Stadt die Rechts-
gleichheit vor Gericht gilt und die Bürger die
Möglichkeit politischer Partizipation besitzen, ist die Stadt die erste Zivilgesellschaft in
Deutschland. Durch ihre umfangreiche Ge-
45 setzgebung ist sie der erste Gesetzgebungs-
und Verwaltungsstaat. In städtischen Rats-
ordnungen und in einer lehrhaften oder
pragmatischen Literatur zum Rat wird eine
politische Kultur vorgegeben, die bis heute
50 nur unzureichend erfüllt wird. Mit den Bedingungen für das Bürgerrecht entsteht erstmals so etwas wie ein Staatsbürgerrecht. In

Köln wird um 1450 ein umfangreicher Katalog von Bürger- und Freiheitsrechten formuliert.
55 Nicht der Staat, aber zahlreiche Stiftungen
und Zunftkassen sorgen für soziale Hilfestellung. Auch das Mittelalter kennt soziale
Mobilität durch Migration, Übernahme qualifizierter Dienste (Ministerialität), wirt-
60 schaftlichen Erfolg und (universitäre) Bildung. Bereits die landwirtschaftlichen
Betriebe der Zisterzienser sind von ratio-
nalem Wirtschaften geprägt. In den Städten
ist das Textilgewerbe hochgradig arbeitsteilig
65 organisiert. Die Groß- und Fernkaufleute er-
weitern ihren Handelsraum zu einer mittelalterlichen Weltwirtschaft, betrieben vielfach neben dem Handel noch Bankgeschäfte
und arbeiten mit neuen Handelstechniken
70 wie dem Wechselbrief, der bargeldlosen Kon-
toverrechnung, einer Rechnungswährung
und mit einer Buchführung, die zur doppel-
ten Buchführung verfeinert wird. Sie verstärken ihr Geschäftskapital durch Bildung von
75 Handelsgesellschaften und Konsortien. Im
Montanbereich werden Kapital, Arbeit und
technisches Wissen zu einer Einheit zusam-
mengeführt. In den Städten mit ihrem engen
Zusammensiedeln entstehen wichtige Bau-
80 vorschriften, und gewerbliche Expansion
führt zu ersten regelrechten Gewerberechts-
und Umweltprozessen. Die gewaltigen Ka-
thedralbauten können in ihrer baulichen
und finanziellen Dimension nur mit moder-
85 nen Hochhäusern verglichen werden.
Universalgelehrte wie Albertus Magnus
(um 1200–1280) legen ein breites naturwis-
senschaftliches Werk vor, das auch von em-
pirischen Ansätzen geprägt ist. Sein Schüler
90 Thomas von Aquin (1224/25–1274) vereinigt in Auseinandersetzung mit dem griechischen Philosophen Aristoteles in seiner
Theologie Glauben und Vernunft. Spätscholastiker beschäftigen sich mit Geldtheorie,
95 Preisbildung und wirtschaftlichen Aus-
tauschverhältnissen und sind dadurch die
ersten gelehrten Ökonomen. Die spanischen
Spätscholastiker des frühen 16. Jahrhunderts
sind auf dem Hintergrund der spanischen
100 Expansion in der neuen Welt zugleich die
ersten Völkerrechtslehrer. Die christlichen
Religionen und Kirchen der Gegenwart, insbesondere die katholische mit ihrer institutionellen Kontinuität und dem Traditions-
105

verständnis ihrer Lehre, sind ohne ihre mittelalterliche Grundlegung nicht zu verstehen.

Im Mittelalter werden die Universitäten
110 ins Leben gerufen. Seit dem 12. Jahrhundert entstehen in Bologna und an anderen europäischen Universitäten auf der Grundlage der Beschäftigung mit dem römischen Recht *(Corpus iuris civilis)* die Rechtswissenschaft
115 und eine rationale Rechtskultur, die das Rechtsleben und das Recht bis hin zu unserem Bürgerlichen Gesetzbuch von 1900 prägen und die moderne Funktionselite der gelehrten Berufsjuristen hervorbringen. Alte
120 rituelle Prozessformen mit Reinigungseid, Eideshelfern und Zweikampf werden durch neue abgelöst, die sich am römischrechtlichen und darauf gegründeten kirchlichen (kanonischen) Prozess orientieren. Das Ge-
125 richt will jetzt mit wirklichen Tatzeugen die Wahrheit ermitteln (Inquisitionsprozess), holt in Italien und später auch in Deutschland Gutachten von Rechtsgelehrten ein und hört Sachverständige an. Das römische
130 Recht wird mit dem gleichfalls wissenschaftlich bearbeiteten Recht der Kirche, dem kanonischen Recht, im Mittelalter zum „gemeinen Recht", einem allgemein gültigen Recht, verschmolzen. Römisches und kano-
135 nisches Recht beanspruchen universale Geltung; damit besitzt Europa neben den partikularen nationalen und örtlichen Rechten erstmals weithin auch ein gemeinsames Recht. Zudem versteht sich die europäische,
140 lateinische Christenheit nicht nur als Glaubensgemeinschaft, sondern zugleich als politische Gemeinschaft, als *„Res publica christiana"* unter der Leitung von Papst und Kaiser. Zur Friedenssicherung in Europa entstehen
145 Vorschläge für ein institutionelles Schiedsgericht.

Eine Gesellschaft, die sich als Wissensgesellschaft begreift, kommt nicht umhin, sich mit dem Mittelalter zu beschäftigen, auch
150 um die eigene Gegenwart verstehen zu können.
Originalbeitrag Eberhard Isenmann.

13 Klären Sie unbekannte Begriffe in M17a, b mithilfe des Lexikons im Anhang oder gedruckter Lexika. Nutzen Sie *nicht* das Internet.
14 Vergleichen Sie die Zugänge zum Mittelalter bei Goetz und Isenmann (M17a, b).

M 18 **Geschichte und Probleme des „Mittelalters" als Epochenbegriff**

18 a) Der Historiker Frank Rexroth schreibt in einer Darstellung zum Mittelalter (2005):
Humanisten hatten [den Begriff Mittelalter] seit dem 14. Jahrhundert verwendet, wenn sie die kulturelle Blüte der Antike von der vermeintlichen Barbarei der vergangenen Jahrhunderte abheben wollten; sie sprachen 5 dann von einem „mittleren Zeitalter" *(media aetas, medium aevum)*. Als Epoche galt ihnen das Mittelalter dabei zunächst nur im Hinblick auf Sprache („Epoche minderwertiger Latinität"), bildende Kunst („Zeit mangel- 10 haften Ausdrucksvermögens") und Wissenschaft („Epoche unfruchtbarer Scholastik"), nicht aber auf den Gang der Geschichte insgesamt. Diese verstanden sie in christlicher Tradition noch bis ca. 1700 als eine von Gott 15 begründete Anordnung von Zeiten. […] Ein geschichtlicher Prozess, der sich aus seinen innerweltlichen Bedingungen heraus hätte verstehen lassen, war auch für die Humanisten noch unvorstellbar. 20

Dies eben änderte sich im 18. Jahrhundert. Zunächst übertrug der Hallenser Professor Christoph Cellarius in einem schulmäßigen Kompendium (*Historia universalis*, 1704) die Dreiteilung der Geschichte in „Al- 25 tertum", „Mittelalter" und „Neuzeit" schließlich doch von der Literatur- auf die Allgemeingeschichte. Wichtiger als dies war aber der Umstand, dass in den Jahren seit ca. 1760 die Zeitwahrnehmung der Men- 30 schen revolutioniert wurde: Man glaubte, einem immer rasanter werdenden Wandel der sozialen, wirtschaftlichen und politischen Verhältnisse ausgesetzt zu sein […].

Menschen, die so viel Instabilität erleben, 35 benötigen griffige Deutungsmuster, um sich ihrer Lebenswelt zu vergewissern. Zu einem besonders populären wurde das „Mittelalter": eine scheinbar festgefügte Epoche der Vergangenheit, in der Menschen in soliden 40 Verhältnissen lebten. […] Zweierlei Entwürfe vom Mittelalter entstanden auf diese Weise. Der eine, in der Tradition der Aufklärung, war von einer optimistischen Sicht auf die Gegenwart und die Chancen zur Verbesse- 45 rung menschlicher Lebensverhältnisse getragen. Seine Vertreter stellten sich das Mittelalter als eine besonders „finstere" Epoche vor,

13

geprägt durch religiösen Wahn und religiös
verbrämte Antiintellektualität, durch läh-
mende Institutionen der „feudalen" Ordnung, durch kulturelle Barbarei und men-
schenverachtende Grausamkeit. […] Wenn
man heute besonders prägnant aussagen
will, dass ethnische Konflikte, Folter oder religiöser Wahn die Standards der Moderne be-
leidigen, dann konstatiert man einen „Rück-
fall ins finstere Mittelalter".

Der zweite Entwurf ist nur scheinbar ge-
gensätzlich zum ersten angelegt, denn auch
er begreift das Mittelalter als historisches Ge-
genstück zur Moderne. Wo Menschen seit
dem ausgehenden 18. Jahrhundert die ra-
sante Weiterentwicklung sozialer Verhältnisse als Verlust erfuhren, stellte man sich
dasselbe Mittelalter als vergangenen Ort har-
monischer und übersichtlicher Lebensent-
würfe vor. Die Geschichte der Neuzeit wurde
so zur Verlustgeschichte, veranlasst und be-
schleunigt durch die einheitsprengenden
Ursünden von Reformation und Revolution.
Wie das „aufklärerische", so hat auch dieses
„romantische" Mittelalterbild bis heute
nachgewirkt: Immer wieder hat man geglaubt, mit seiner Hilfe die Vernunft-Fixiert-
heit oder die soziale Zersplitterung der Ge-
genwartskultur kritisieren zu müssen. […]

Es ging also letztlich stets um die Moderne selbst, wenn das Mittelalter als Denkbild
bemüht wurde. Dass beide Seiten eines „ent-
zweiten" Mittelalters (Otto Gerhard Oexle),
die „aufgeklärte" und die „romantische",
einander nicht wirklich widersprechen,
kommt schon darin zum Ausdruck, dass sie
sich stets miteinander vereinen ließen. Die
Mittelalter-Inszenierungen (Märkte, Spekta-
kel, Spiel, virtuelle Welten) heutiger Unter-
haltungskultur sind deshalb so populär, weil
sie die Bilder von der finsteren und der ver-
klärten Gegenwelt zugleich ansprechen, das
heißt: zugleich Abscheu und Faszination
hervorrufen wollen.

*Frank Rexroth, Deutsche Geschichte im Mittelalter,
München (C. H. Beck) 2005, S. 7–9.*

*18b) Der Dichter Novalis (1772–1801) schrieb
in „Die Christenheit und Europa" (1799):*
Es waren schöne glänzende Zeiten, wo
Europa ein christliches Land war, wo *Eine*
Christenheit diesen menschlich gestalteten
Welttheil bewohnte; *Ein* großes gemein-

schaftliches Interesse verband die entlegensten Provinzen dieses weiten geistlichen
Reichs. – Ohne große weltliche Besitzthümer
lenkte und vereinigte *Ein* Oberhaupt die
großen politischen Kräfte. – Eine zahlreiche
Zunft, zu der jedermann den Zutritte hatte,
stand unmittelbar unter demselben und
vollführte seine Winke und strebte mit Eifer,
seine wohltätige Macht zu befestigen. Jedes
Glied dieser Gesellschaft wurde allenthalben
geehrt, und wenn die gemeinen Leute Trost
oder Hilfe, Schutz oder Rat bei ihm suchten
und gerne dafür seine mannigfaltigen Bedürfnisse reichlich versorgten, so fand es
auch bei den Mächtigeren Schutz, Ansehn
und Gehör, und alle pflegten diese auser-
wählten, mit wunderbaren Kräften ausge-
rüsteten Männer, wie Kinder des Himmels,
deren Gegenwart und Zuneigung mannig-
fachen Segen verbreitete. Kindliches Zutrau-
en knüpfte die Menschen an ihre Verkündi-
gungen. – Wie heiter konnte jedermann sein
irdisches Tagewerk vollbringen, da ihm
durch dies heilige Menschen eine sichere Zukunft bereitet, und jeder Fehltritt durch sie
vergeben, jede missfarbige Stelle des Lebens
durch sie ausgelöscht und geklärt wurde. Sie
waren die erfahrnen Steuerleute auf dem
großen unbekannten Meere, in deren Obhut
man alle Stürme geringschätzen und zuver-
sichtliche auf eine sichere Gelangung und
Landung an der Küste der eigentlichen vater-
ländischen Welt rechnen durfte.

*Zit. nach: Novalis, Die Christenheit und Europa, in:
ders. Werke, Bd. 2, hg. von Hans-Joachim Mähl,
Darmstadt (Wiss. Buchgesellschaft) 1999, S. 732.*

15 a) Klären Sie unbekannte Begriffe in M18a
mithilfe des Lexikons im Anhang oder anderer
Printlexika. Nutzen Sie *nicht* das Internet.
b) Skizzieren Sie nach M18a die Merkmale und
Wandlungen im Mittelalterbild bis heute.
16 Erläutern Sie die These Rexroths in M18a,
Z. 35–37, an Beispielen und diskutieren Sie sie.
17 Heranführung an die systematische Interpretation einer schriftlichen Quelle:
a) Erarbeiten Sie die formalen Merkmale der
Quelle M18b (Autor, Thema, Entstehungsort,
Datum, Sprachstil, Anlass, Adressat) und den
Inhalt (Kernaussagen, Hauptanliegen, Leit-
danken, zentrale Begriffe).
b) Ordnen Sie M18b historisch ein (s. M18a).
c) Beurteilen Sie das Mittelalterbild in M18b.

Zugänge zum Mittelalter:
„Is medieval history relevant?" – A British point of view

M 19 Der britische Historiker Marcus Bull schreibt im letzten Kapitel seines Essays *Thinking Medieval. An Introduction to the Study of the Middle Ages"* (2005)

‚Is medieval history relevant?' […]

The status of medieval history as an academic discipline is part of a wider discussion about academic history in general, and here
5 important fault lines have opened up in recent decades. […]

In more recent years, it has become fashionable to ponder what it is about studying history at a high level that benefits its
10 students. What skills and qualities do they gain from it? Is it the ability to weigh up conflicting evidence and synthesize opposing views? The ability to express one's ideas in a clear and organized fashion? The ability to
15 work through a large body of material and discriminate between the relevant and the irrelevant within it? An appreciation of the enormous variety and complexity of human experience? A recognition of the provisional
20 nature of knowledge and a distrust of easy certainties? All of the above? The impetus for asking theses sorts of questions has largely come from a re-examination of the role of universities and colleges that teach humani-
25 ties subject […]. The modish word for this is „employability": what does history contribute to the world of employment and, by extension, society at large? Pressured to find answers to this questions, many academics
30 would now place a greater emphasis than before on the collateral benefits of studying history: the skills of organization, discrimination and communication that it fosters.

But this comes with a catch, for if the
35 main point of studying history is to acquire collateral skills, does it matter which particular bits of history are studied? The merits of studying, say, ancient Greece, medieval France, eighteenth-century North America
40 or twentieth-century Africa, will reside, not in the actual differences between these bits of the past, but in how well they happen to work as delivery vehicles for the skills of em-

ployability. It is easy to see why many historians are uneasy about this „skills turn" in 45 their subject. Interestingly, too, it is noticeable that some university history departments at least are trying to hold on to the principle that they should offer teaching in a wide chronological and geographical spread 50 of history. In other words, the idea persists that the specifics of *what* students learn matter as least as much as *how* they do it. […]

[A]lterity [is] the key to why the Middle Ages are relevant to us. Medieval people were 55 different, not only from ourselves but also from each other. In an age when many people are uneasy about the flattering out of cultural differences around the world because of globalization, and when we are being increas- 60 singly told that we are simply the visible manifestation of characteristics locked deterministically into our DNA, it is vitally important to understand the liberating richness of human diversity, across time as well as space. 65 To this end, the Middle Ages are indisputable relevant.

Marcus Bull, Thinking Medieval. An Introduction to the Study of the Middle Ages, Houndmills und New York (Palgrave Macmillan) 2005, S. 99–102 und 136.

18 Lesen Sie Text M19 und klären Sie unbekannte Ausdrücke mithilfe eines Wörterbuches.
19 Halten Sie in kurzen Sätzen den Gedankengang des Autors, Marcus Bull, fest: „Der Autor
– beschäftigt sich mit …,
– stellt die Frage …,
– behauptet …,
– argumentiert …,
– wendet sich gegen …,
– spricht sich dafür aus, dass …" usw.
20 Übersetzen Sie (Wörterbuch) *„employability"* (Z. 26, 43) und *„skills turn"* (Z. 45) ins Deutsche und erläutern Sie die Begriffe.
21 Finden Sie heraus, ob der Autor Bull hinter dem *„skills turn"* (Z. 45) steht oder nicht? Worin liegt nach seiner Auffassung die Relevanz der Mittelaltergeschichte begründet? Schreiben Sie eine Argumentation und belegen Sie Ihre Argumente mit Zitaten aus dem Text.
22 Diskutieren Sie die Thesen Bulls im Kurs.

15

2 Grundzüge der Epoche: Periodisierungen und Räume – Zeitverständnis und Weltbilder

Wann war eigentlich das Mittelalter? In der Regel wird das Mittelalter in die Zeit zwischen ca. 500 und 1500 datiert. Seit der Einteilung der Geschichte in Altertum, Mittelalter und Neuzeit durch die Humanisten an der Wende zur Neuzeit (siehe S. 13 f.) hat sich diese Festlegung als „Faustregel" erhalten, ohne die Zeit damit vorschnell auf bestimmte Merkmale festzulegen.

Europa wurde im Mittelalter von drei Kulturen geprägt:
– von der **griechisch-orthodoxen Kultur** mit dem Byzantinischen Kaiserreich im Osten;
– vom **lateinisch-römischen Katholizismus** im Westen, der mit Karl dem Großen 800 einen eigenen Kaiser erhielt und für den sich seit dem 16. Jahrhundert der Begriff des Abendlandes (**Okzident**) eingebürgert hat (in Abgrenzung zum Morgenland, dem **Orient**);
– vom **islamischen Kulturraum** im Südwesten und Südosten des Kontinents; vom 8. bis zum 12. Jahrhundert war dieser Raum Byzanz und dem Abendland kulturell weit überlegen.

Weder der Beginn noch das Ende des Mittelalters lassen sich genau datieren. Im Hinblick auf den Beginn bezieht sich die moderne Geschichtswissenschaft auf zwei Sachverhalte: auf die allmähliche Auflösung der antiken Welt sowie darauf, dass in Europa zwischen dem 4. und 6. Jahrhundert neue Strukturen entstanden. Die Teilung des **Römischen Reiches** 395 und das Ende des Weströmischen Reiches 476 zeigen den Untergang Roms an. Auf die germanische Geschichte bezogen, markieren der Beginn der **Völkerwanderung** 375 und der Sieg des **Frankenkönigs** Clodwig über den letzten römischen Statthalter Syagrius 486 einen Neubeginn. Für die Geschichte des **Christentums** waren die Alleinherrschaft des ersten christlichen Kaisers Konstantin 324, die Gründung des ersten abendländischen **Klosters** Monte Cassino 529 sowie das Wirken von Papst Gregor, des ersten „typisch mittelalterlichen" **Papstes**, um 600 entscheidende Marksteine. Auch die Ausbreitung des **Islams** seit 633 bildete einen tiefen Einschnitt in der Geschichte, da sie die alte griechisch-römische Einheit der Mittelmeerwelt zerstörte.

M 1

Religionen und Staaten in Europa um 1200

Die Epoche des Mittelalters wird in folgende Binnenperioden untergliedert:

Frühmittelalter	6.–10./11. Jh.
Hochmittelalter	10./11.–Mitte 13. Jh.
Spätmittelalter	Mitte 13.–15. Jh.

Viele Periodisierungsmodelle gehen von der **politischen Geschichte** aus. Mit Blick auf den Raum des 1871 gegründeten Deutschen Reiches wiederum wird das Hochmittelalter meist um 900 angesetzt, als mit der Umwandlung des Karolingerreiches die Vorformen des heutigen Deutschlands und Frankreichs sichtbar wurden (siehe Umschlagkarte vorne). Es endet in der Regel mit dem Stauferkaiser Friedrich II., nach dessen Tod 1250 die Staatsbildungsprozesse sich grob in die Richtung entwickelten, wie wir sie von der heutigen politischen Karte Europas kennen (siehe Umschlagkarte hinten).

Noch engere Periodisierungen beziehen sich sodann auf einzelne **Herrscherdynastien**:

Zeit der Merowinger	482–714
Zeit der Karolinger	714–843
Zeit der Ottonen	919–1024
Zeit der Salier	1024–1125
Zeit der Staufer	1138–1254

Zeit des Interregnums mit Dynastiewechseln bis zur Wahl Rudolfs von Habsburg 1273

Zeit der Luxemburger	1346–1400/1410–1437
Zeit der Habsburger	seit 1438

Wirtschafts- und Sozialhistoriker periodisieren nach den Gesichtspunkten ihrer Untersuchungsgegenstände in Verbindung mit Krisen und Konjunkturen. Sie meinen innerhalb des Mittelalters sogar mehrere „**Revolutionen**" erkennen zu können. So spricht zum Beispiel der Historiker Lynn White von einer „landwirtschaftlichen Revolution des frühen Mittelalters" (siehe S. 47). Andere wiederum, so der Forscher Friedrich Lütge, meinen, mit dem Auftreten der Pest von 1347 bis 1352 und ihren Folgen (siehe Kapitel 10) beginne bereits die Neuzeit.

Probleme der Periodisierung

Epochen sind, dessen muss man sich bewusst bleiben, keine natürlichen, sondern lediglich zur Orientierung gedachte Einteilungen. Periodisierungen leiten dazu an, im Fluss der Geschichte Bedeutsames zu erkennen und herauszustellen, doch lassen sich kaum politische, kirchliche, gesellschaftliche und wirtschaftliche Erscheinungen in einem engen Zeitraum zu einem zweifelsfreien Einschnitt bündeln, sie weisen vielmehr ihre je eigenen Gliederungsgesichtspunkte auf. Das Verhältnis von nationaler und europäischer Geschichte erhöht die Schwierigkeiten noch. Auf einige wenige Probleme und Varianten sei verwiesen:

1. Das Jahr **1500 als Endpunkt** des Mittelalters lässt sich nicht überzeugend begründen, es ist vor allem Konvention und eine Verlegenheitslösung. Der Wormser Reichtag von 1495, mit dem die Reformbewegung des 15. Jahrhunderts zum Abschluss kommt, ist indessen ein wichtiges Datum für die deutsche Geschichte. Die Entdeckungen um 1500 wirken sich hingegen erst allmählich aus.

2. Andererseits liegt ein signifikanter **Einschnitt um 1450**; in dieser Zeit wird die Kirchenreform abgebrochen, und das monarchische Papsttum wird nach seiner Anfechtung durch konziliare Ideen wieder gestärkt, während die hussitische Reformation in Böhmen als erste

Reformation eine sozialrevolutionäre und für das Reich gefährliche militärisch expansive Dynamik erhält. 1453 wird Konstantinopel von den Türken erobert; byzantinische Gelehrte begeben sich in den Westen. In Frankreich erstarkt die Monarchie unter König Ludwig XI. und etwas später in England nach den Rosenkriegen – mit der nicht unumstrittenen geschichtswissenschaftlichen Bezeichnung *„New Monarchy"* – unter dem Tudorkönig Heinrich VII.

3. Völlig andere Periodisierungen gehen vom Begriff „Mittelalter" ab. Sie bezeichnen stattdessen die Zeit von etwa 1200/1300 bis zur Französischen Revolution als **„Alteuropa"** (Jacob Burckhardt/Dietrich Gerhard) oder nehmen den engeren Zeitraum von 1300 bis 1600 in den Blick und charakterisieren ihn als „das Werden des neuzeitlichen Europa" (Erich Hassinger).

4. Einige Erscheinungen markieren im 15. und 16. Jahrhundert einen **Übergang vom Mittelalter zur Neuzeit:**

– Die Erfindung des **Buchdruckes** mit beweglichen Lettern um 1450 ist nur vergleichbar mit der modernen Medienrevolution. Mit der weiteren Verbreitung und Verfügbarkeit von Texten (gegenüber der eingeschränkten Verbreitung kopierter Handschriften) erweiterte und beschleunigte sich das Wissen.

– Nach Anfängen in Italien im späten 13. Jahrhundert (Cimabue, Giotto) und im 14. Jahrhundert (Petrarca, Boccaccio) setzen sich **Renaissance** und **Humanismus** im 15. und 16. Jahrhundert dort und auch in anderen europäischen Ländern durch. Dadurch wird das von Kirche und Glauben beherrschte, von der Scholastik geprägte mittelalterliche Weltbild durch eine neue Wissenschaft, philologische Quellenkritik sowie durch neue, von der griechisch-römischen Antike inspirierte Formen und Inhalte in Kunst und Literatur erheblich erweitert und verändert, ohne dass jedoch die christliche Grundlage beseitigt wird. Zum Ideal wird der umfassend gebildete Mensch, der sein Leben selbstbewusst gestaltete. 1543 wurde das **heliozentrische Weltbild** des Nikolaus Kopernikus veröffentlicht.

– Die **Entdeckungsfahrten** der Kastilier und Portugiesen im 15. Jahrhundert, die kastilischen und portugiesischen Entdeckungen um 1500 sowie die damit verbundenen **Eroberungen** und die Kolonisations-, Besiedlungs- und Missionspolitik in der **Neuen Welt** erweiterten den erfahrbaren geografischen Horizont der Europäer. Sie wurden mit fremden Kulturen konfrontiert und versorgten ihre **Alte Welt** mit neuen Ressourcen.

– Die nach ihrem Geschäftsumfang größten europäischen **Handels- und Bankenhäuser** des Mittelalters sind die Sieneser und Florentiner Unternehmen, die um 1300 und vor 1350 Bankrott machten. Im 15. Jahrhundert gewinnen die Medici in Florenz an Bedeutung. Im deutschen Reich können die Fugger seit dem ausgehenden 15. Jahrhundert an die früheren Größenordnungen italienischer Häuser anknüpfen. Sie steigen zur führenden Firma auf und werden in großem Stil durch Kreditgewährung an Herrscher im Montanbereich tätig. Daneben entsteht in Augsburg eine größere Anzahl von Handelshäusern mit geringerer Größe.

– Nach dem Ende der Reformkonzilien vor der Mitte des 15. Jahrhunderts und der Frühreformation der Hussiten bedeutete die **Reformation** Martin Luthers seit Beginn des 16. Jahrhunderts in Kirche und Staatlichkeit einen tiefen Einbruch, weil mit der Herausbildung der altgläubig-katholischen, der protestantischen und calvinistischen Konfessionen die kirchliche und religiöse Einheit des westeuropäischen Christentums zerbrach. Nach Ansätzen im 15. Jahrhundert gerieten die Kirchen stärker unter weltliche Aufsicht, es setzte sich in protestantischen Territorien das landesherrliche Kirchenregiment durch, und es kam – wie früher in Böhmen – zu einer ersten Säkularisierung von Kirchengütern.

5. Die Aufzählung von Neuerungen und Umbrüchen darf indes eines nicht übersehen lassen: Blickt man auf die Lebensverhältnisse und den Alltag der Bauern, und diese waren in Europa die ganz überwiegende Mehrzahl der Menschen, zeigt es sich, dass sich bis zum 18. Jahrhundert nur wenig geändert hat. Untersucht man solche Strukturen von *„langer Dauer"* (Fernand Braudel; frz. *longue durée*), drängt sich die Erkenntnis auf: Im ländlichen Europa ging erst mit der Französischen Revolution von 1789 und der österreichischen und preußischen Bauernbefreiung das Mittelalter zu Ende. In den Städten dauert mit dem Zunftwesen das Mittelalter gleichfalls bis zur Revolution fort.

Zeit- und Weltverständnis im Mittelalter

Im Mittelalter war das Denken und Handeln vieler Menschen vom Christentum geprägt. Entsprechend orientierte sich ihr Zeitverständnis an der biblisch-christlichen **Heilsgeschichte**, nach der die Weltgeschichte auf den Jüngsten Tag und das Reich Gottes auf Erden zulaufe.

Heilsgeschichtliche Vorstellungen bestimmten auch das christliche Weltbild. Eine Stadtansicht von Dortmund erscheint noch um 1480 nur im Hintergrund eines Marienbildes. Erst im 16. Jahrhundert gibt es Dortmunder Stadtansichten als eigenständige Bildmotive. Auch Weltkarten dienten bis ins 13. Jahrhundert nur dazu, biblische Bilder und Berichte zu veranschaulichen; einen praktischen Zweck hatten sie nicht. Wichtiger als die genaue Lage eines Ortes war die Frage, wo Jesus das Kreuz auf sich genommen hatte. Hier lag der „Mittelpunkt der Erde", an dem sich auch die drei damals bekannten Kontinente begegneten: Europa, Asien, Afrika.

1 Kopieren Sie Karte M2 und beschriften Sie sie mit den in der Legende genannten Elementen.
2 Welche Gebiete in M2 liegen im Zentrum? Erklären Sie Ihren Befund.
3 Unterscheiden Sie „Geschichtskarten" und „historische Karten" anhand von M1 und M2.

M2 **Weltkarte in einer Handschrift, Ende 12. Jh.** – *Die Handschrift beinhaltet die von dem flämischen Kanoniker Lambert von Saint-Omer um 1112 verfasste Enzyklopädie „Liber floridus". Die Karte ist, wie im Mittelalter üblich, nach Osten ausgerichtet. Dargestellt sind u.a.: vom Ozean umgebene Landmassen; die nördliche Hemisphäre mit der Ökumene als bewohnte Welt, die südliche Hemisphäre als unbewohnte und unbekannte Welt (Antiökumene oder Antipoden); das Paradies als sternenbekränzte Insel, in dem die vier Hauptflüsse Tigris, Euphrat, Ganges und Nil entspringen; die Ökumene mit dem T-förmigen Mittelmeer und den Kontinenten Asien, Europa und Afrika (Lybien); in Europa unter anderem die Länder Grecia (Griechenland) und die Inseln Thyle, Hybernia, Anglia (Island, Irland, England).*

Hinweise zur Arbeit mit den Materialien

Kapitel 2 ist den Grundzügen des Mittelalters als Epoche gewidmet. Die Schwerpunkte in Darstellung und Materialteil sind unterschiedlich gewichtet.

1. Die Darstellung beschäftigt sich mit Problemen der **Periodisierung** des Mittelalters.

2. Zur Unterscheidung von **Geschichtskarten und historischen Karten**: siehe M1, M2.

Der Raum ist ein „eminent kulturelles Objekt, variabel je nach Gesellschaft, Kultur und Epoche, von Ideologien und Werten durchdrungen", hat der Historiker Jacques LeGoff einmal gesagt – und ebenso die Zeit, könnte man mit Einschränkungen hinzufügen. Inwieweit unterschieden sich moderne und mittelalterliche Zeitvorstellungen und Weltbilder voneinander?

3. Der erste Abschnitt des Materialteils (M3–M5) behandelt das von der christlichen Religion geprägte **Zeitverständnis** (M3–M4; zur Bedeutung christlicher Feiertage siehe M3b); M5 gibt einen Überblick über die Entwicklung der Zeitmessung im Mittelalter. Die Arbeitsvorschläge beziehen andere Kulturräume und die Gegenwart vergleichend mit ein.

4. Welches **Bild von der Erde** hatten die Menschen im Mittelalter: Hielten sie sie für eine Scheibe, wie bis heute oft behauptet wird? M6–M14 sind als *Fallstudie* konzipiert; die Quellen (M6–M11), die Hinweise zum Kontext (M12) und ein Interpretationsansatz (M13) können zugleich als *Einstieg in die Quellenanalyse* genutzt werden.

Weiterführende Arbeitsanregungen S. 27: Einführung in den *Umgang mit Lexika (Print, Online)* am Beispiel des **Begriffs „Abendland/Okzident".**

M 3 Feiertage im Mittelalter

3 a) Übersicht über die Tage, an denen zwischen 800 und 1433 die Krönungszeremonien der Kaiser des Heiligen Römisches Reiches stattfanden:

800	Weihnachten
823	Ostern
875	Weihnachten
892	Ostern
2. Febr. 962	Mariae Lichtmess
967	Weihnachten
996	Himmelfahrt
1027	Ostern
1046	Weihnachten
1084	Ostern
1191	Ostern
29. Juni 1312	Peter und Paul
1328	Pfingsten
1355	Ostern
1433	Pfingsten

Nach: Bernd Schneidmüller, Die Kaiser des Mittelalters, München (C. H. Beck) 2006, S. 12.

3 b) Zur Bedeutung christlicher Festtage:
Weihnachten: Fest am 25. Dezember, das die Geburt von Jesus Christus feiert.
Ostern: Fest zur Erinnerung an die Auferstehung Jesu. Seit dem Konzil von Nicäa 325
5 liegt Ostern immer am ersten Sonntag nach dem Frühlingsvollmond (Frühlingsanfang: 21. März). Ostern voraus geht der Karfreitag, der an den Kreuzestod Jesu erinnert.

Mariae Lichtmess: Feiertag 40 Tage nach Weihnachten. Nach dem Gesetz Mose im Al- 10 ten Testament sollte ein neugeborenes Kind nach einer bestimmten Frist in den Tempel gebracht werden; als dies auch die Eltern von Jesus taten, sahen einige in ihm den Herrn. Im christlich-lateinischen Kulturraum ver- 15 wandelte sich dieses „Fest der Begegnung des Herrn" nach 650 in ein Fest zu Ehren Marias, der Mutter Jesu, an dem auch die Kerzen für das nächste Jahr geweiht wurden.

Himmelfahrt: Feiertag, der 40 Tage nach Os- 20 tern begangen wird. Gedacht wird der Auferstehung Jesu Christi und seiner Auffahrt in den Himmel, d. h. der Erhöhung durch Gott und der Teilhabe an der Existenz Gottes.

Peter und Paul: Fester Feiertag am 29. Juni 25 zur Erinnerung an die Hinrichtung der beiden Apostel Petrus und Paulus in Rom.

Pfingsten: Fest 50 Tage nach Ostern. Es erinnert an den Niedergang des Geistes Gottes (= Heiliger Geist) auf die Jünger Jesu, für die da- 30 mit die Zeit der Furcht, in der sie nach dem Tode Jesu gelebt hatten, zu Ende ging; in Jerusalem begannen sie, allen Menschen Jesus als Sohn Gottes zu verkünden.
Originalbeitrag der Verfasser.

M4 Zeitvorstellungen im Mittelalter

Die Historikerin Martina Hartmann schreibt in einem Studienhandbuch zur Geschichte (2004):
Die Zeit- und Zukunftsvorstellungen der Menschen im Mittelalter waren geprägt von der christlichen Religion: Geschichte war für sie Heilsgeschichte, denn alles Geschehen
5 würde sein Ende am Tag des Jüngsten Gerichts finden. Dazu hatten die Kirchenväter Augustinus (354–430) und Hieronymus (340–420) zwei unterschiedliche Deutungen der Weltgeschichte entwickelt: Augustinus
10 lehrte, dass Gott mit der Erschaffung der Welt an sechs Schöpfungstagen damit auch den Ablauf der Geschichte vorgezeichnet habe, denn jeder Schöpfungstag entspräche einem Zeitalter und mit der Geburt Christi
15 habe das letzte Zeitalter begonnen, das mit der Wiederkehr Christi enden werde. Diese Lehre bezeichnet man als die Lehre von den sechs Weltaltern.

Hieronymus dagegen entnahm seine Lehre
20 re der Bibel, genauer gesagt dem Buch Daniel im Alten Testament, das berichtet, wie der Prophet dem babylonischen König Nebukadnezar seinen Traum erklärt, in dem er ein Standbild aus Gold, Silber, Eisen und Bronze
25 gesehen hatte, das die vier Weltreiche verkörpere. Als die vier Weltreiche sah man das babylonische, das persische, das griechische und schließlich das römische Reich an. Auch nach der Lehre des Hieronymus, die im Mit-
30 telalter wesentlich weniger verbreitet war als die des Kirchenvaters Augustinus, befand man sich im letzten Weltalter, d. h. dass das Ende der Welt bevorstand. Diese Deutung wird als die Vier-Reiche-Lehre bezeichnet.
35 Sie warf natürlich für die mittelalterlichen Gelehrten das Problem auf, dass man erklären musste, warum nach dem Untergang des Römischen Reiches, den man ja mit verschiedenen Daten, spätestens aber mit der
40 Kaiserkrönung Karls des Großen im Jahre 800 ansetzen musste, der Tag des Jüngsten Gerichtes immer noch nicht angebrochen war, wenn man die Lehre des Hieronymus nicht verwerfen wollte; die Gelehrten des
45 frühen Mittelalters entwickelten daher die Vorstellung von der *translatio imperii,* die besagte, dass das Kaisertum mit der Kaiserkrönung Karls von den Römern auf die Deutschen übertragen worden sei. Dabei trat für

die Gelehrten in den Hintergrund, dass es ja 50
in Byzanz noch einen Kaiser gab, der sich als
Nachfolger des *Imperator Romanorum* verstand.

Noch Martin Luther glaubte an die Vier-Reiche-Lehre […]. Dieses verdeutlicht […] 55
die Problematik der […] Periodisierung des Mittelalters, denn Luther wie viele Menschen in der ersten Hälfte des 16. Jahrhunderts lassen sich mit ihren Vorstellungen und Weltanschauungen weder eindeutig 60
dem Mittelalter noch klar der Neuzeit zurechnen.

Da man in dem Bewusstsein lebte, auf das Ende der Welt zuzugehen, ist es menschlich verständlich, dass mittelalterliche Gelehrte 65
immer wieder versucht haben, Berechnungen anzustellen, wann genau der Tag des Jüngsten Gerichtes sein werde. […]
Aber nicht nur die Zukunftsvorstellungen waren von der Bibel und ihrer Auslegung ge- 70
prägt, auch der Ablauf des Jahres: Das neue Jahre begann im Mittelalter nicht wie bei uns mit dem 1. Januar, sondern fast überall im damaligen Europa mit dem Tag der Geburt des Herrn, also dem 25. Dezember. […] 75
Der zufällige […] Geburtstag eines Menschen spielte dagegen keine Rolle, so dass wir zwar von vielen bekannten Personen des Mittelalters wegen des Totengedenkens den Todestag kennen, nicht aber den Geburtstag. 80
Martina Hartmann, Mittelalterliche Geschichte studieren, Konstanz (UVK) 2004, S. 46 f.

M5 „Wie spät ist es?" – Möglichkeiten der Zeitmessung im Mittelalter

Die Historikerin Claudia Märtl schreibt (2006):
Vor der Erfindung der mechanischen Uhren waren die Möglichkeiten der Zeitmessung für den Großteil der Bevölkerung auf Schätzungen nach dem Stand der Sonne und der Gestirne beschränkt. Der Arbeitstag begann 5
mit Sonnenaufgang und endete bei einbrechender Dunkelheit. Die Arbeitszeiten waren daher auch extrem abhängig von den Jahreszeiten […]. In der Nähe zu Kirchen oder Klöstern gaben die zum Gebet rufenden 10
Kirchenglocken einen Anhaltspunkt für die Tageszeit. Allein für Kirchen und Klöster war eine gewisse Genauigkeit der Zeitmessung notwendig. Zum Einhalten der Stunden-

15 gebete setzte man auf Kerzen mit bestimmter Brenndauer, Sonnenuhren, Sanduhren oder Wasseruhren, die wegen der möglichen Kombination mit akustischen Signalen als „Nachtuhren" dienten.

20 Mechanische, durch Gewichte regulierte Uhren wurden im ausgehenden 13. Jahrhundert zuerst als klösterliche Weckvorrichtungen entworfen. In der ersten Hälfte des 14. Jahrhunderts wurden in italienischen
25 Städten Turmuhren installiert, die noch keine Zifferblätter oder Zeiger hatten, sondern nur die Stunden schlugen. Am Ende des 14. Jahrhunderts waren repräsentative öffentliche Uhren mit Glockenspiel und Figu-
30 renautomaten in ganz Europa verbreitet. Private Haushalte besaßen in dieser Zeit bereits mechanische Uhren. Im 15. Jahrhundert gehörten Wand- und Tischuhren zu den Prestigeobjekten fürstlicher Haushalte; auch erste
35 Taschenuhren sind aus diesem Jahrhundert erhalten. Die Einführung mechanischer Uhren erleichterte die Einteilung des Tages in 24 gleiche Stunden, was erhebliche Auswirkungen auf Zeitempfinden und Arbeitsor-
40 ganisation hatte. Allerdings war das Anzeigen der Minuten für die Menschen des Mittelalters nicht nötig; der erste Minutenzeiger ist erst aus dem Jahr 1577 bezeugt.

Claudia Märtl, Die 101 wichtigsten Fragen. Mittelalter, München (C. H. Beck) 2006, S. 105 f.

4 🏃 Welche Tage oder Zeiten empfinden Sie heute als besonderen Einschnitt im Jahr? Führen Sie in Ihrem Kurs eine Umfrage durch.

5 a) Erläutern Sie (M3a), an welchen Tagen im Mittelalter die Kaiserkrönungen im Heiligen Römischen Reich stattfanden.
b) Welche Schlüsse lassen sich aus der Wahl der Tage über das Herrschaftsverständnis der Kaiser im Allgemeinen ziehen (siehe auch M3b)?

6 🏃 Wählen Sie aus Liste M3a einen Kaiserkrönungstag aus und verfassen Sie (mithilfe von M3b) einen Brief, in dem der frisch gekrönte Kaiser seiner Gemahlin darlegt, warum ihm der gewählte und nicht ein anderer der in M3a genannten Tage als Krönungstag wichtig war.

7 🏃 Hausaufgabe: In Liste M3a taucht „Fronleichnam" als kaiserlicher Krönungstag nicht auf. Suchen Sie mithilfe von Lexika und historischen Handbüchern nach Gründen.

8 a) Erläutern Sie ausgehend von M4 folgende Begriffe: Lehre von den sechs Weltaltern, Vier-Reiche-Lehre, *translatio imperii,* Kaiser von Byzanz, Kaiser des Heiligen Römischen Reiches.
b) Arbeiten Sie zentrale Merkmale des mittelalterlichen Zeitverständnisses aus M4 heraus und vergleichen Sie mit der Bedeutung von Zeit in der Gegenwart (siehe auch M5).
c) Erläutern Sie mithilfe von M5, inwieweit sich die Möglichkeiten der Zeitmessung im Spätmittelalter verändert haben. Stellen Sie Hypothesen über mögliche Ursachen und Folgen dieser Veränderungen auf.

9 🏃 Referate: Zentrale Feiertage in der Bundesrepublik heute im Vergleich zu
a) Feiertagen im heutigen China oder
b) Feiertagen im heutigen Indien oder
c) Feiertagen in der heutigen Türkei.

M 6 Über das Bild der Erde in der Bibel

Der Historiker Peter Aufgebauer schreibt (2006):
Im 5. Buch Mose klingt die Vorstellung einer begrenzten, auf dem Ozean schwimmenden Scheibe an: „Du sollst dir kein Bildnis machen in irgendeiner Gestalt, weder von dem, was oben im Himmel, noch von dem, was 5 unten auf Erden, noch im Wasser unter der Erde ist." Im ersten Buch Samuel und in den Psalmen ruht die Erde auf Grundfesten: „Denn der Welt Grundfesten sind des Herrn, und er hat die Erde darauf gesetzt." Der Pro- 10 phet Jesaja sieht voraus, dass „sich die Schleusen der Höhe auftun und die Grundfesten der Erde erschüttern". […] Nach Psalm 136 ist die „Erde über den Wassern ausgebreitet". Hiob spricht von den „vier Ecken 15 der Erde" und von ihrer Breite. In den Psalmen ist einerseits von den Enden der Erde, andererseits auch vom „Kreis der Erde" die Rede. Von einem Erdkreis spricht auch Jeremias. Bei Hiob heißt es einmal: „Er spannt 20 den Norden aus über dem Leeren und hängt die Erde über das Nichts." Im Neuen Testament lässt der Evangelist Matthäus die Königin des Südens „vom Ende der Erde" kommen; die Offenbarung spricht von vier 25 Engeln, die an den vier Ecken der Erde stehen und die vier Winde festhalten. Die Bibellektüre ergibt also kein einheitliches Bild, es dominiert aber die Vorstellung von der Erde als einer über dem Wasser auf Säulen fest ru- 30 henden Scheibe von begrenzter viereckiger oder auch runder Gestalt.

M 7 Weltbild des christlichen Autors Laktanz

Laktanz (um 250–nach 317) war ein römischer Rhetor, der um 300 zum Christentum übertrat und sich in seinen Schriften gegen griechisches und römisches Heidentum wandte. Später war er zeitweise Lehrer des römischen Kaisers Konstantin des Großen.
In seinem Hauptwerk „Göttliche Unterweisung" (304–311) schrieb Laktanz unter anderem über Antipoden, das heißt: die „andere" Hälfte der Erde, die von dem bewohnten Bereich, der Ökumene, durch die als undurchdringlich geltende heiße Zone des Äquators getrennt war:
Nun zu denen, die meinen, dass es unseren Füßen diametral entgegengesetzte Antipoden gebe: [...] Gibt es denn wirklich jemanden, der so dumm ist, dass er glaubte, es
5 gebe Menschen, deren Füße höher als ihr Kopf sind? Oder dass die Dinge, die bei uns am Boden liegen, dort umgekehrt hängen, die Pflanzen und Bäume in der Richtung nach unten wachsen, dass Regen, Schnee und Hagel in der Richtung nach oben auf 10 die Erde fallen? [...]

Fragt man nun diejenigen, die diese abenteuerliche Vorstellung verfechten, warum dann nicht alles herunterfalle in jenen unteren Teil des Himmels, bekommt man zu 15 Antwort, es sei von Natur aus so, dass Gegenstände mit einem gewissen Gewicht zum Mittelpunkt wegstrebten, um zum Himmel zu steigen.

Was soll man bloß über diese Menschen 20 sagen, die nach ihrer falschen Ausgangsvoraussetzung permanent bei ihrer Torheit bleiben und dumme Behauptungen mit dummen Argumenten stützen?

M6 und M7 zit. nach: Peter Aufgebauer, Die Erde ist eine Scheibe. Das mittelalterliche Weltbild in der Wahrnehmung der Neuzeit, in: GWU 57, 2006, S. 427–441, hier 429f. und 431f.

M 8 Reiterstatuette Karls des Großen, Bronze, Frankreich, um 870

M 9 Darstellung der Erde in dem Buch „*Scivias*" („Wisse die Wege") von Hildegard von Bingen, Anfang 13. Jh. – *Die Illustration gibt die kosmologische Vision der Autorin wieder. Dargestellt sind u. a.: die Autorin, das All, die Erde, der jahreszeitliche Lauf des Lebens.*

M 10 Darstellung aus dem 15. Jh. – *Dargestellt sind u. a.: links der Kirchenvater Augustinus, der der Menschheit predigt. Im unteren Bildteil: Antipoden (siehe M 7).*

M 11 Darstellung der Erde in dem Buch *„De sphaera"* von Johannes von Sacrobosco, 13. Jh. – *Dargestellt sind u. a.: die Erde mit Klimazonen, die Sonne, Mondphasen. Das Werk des in Paris lehrenden Autors war allein im deutschsprachigen Raum in über 100 Handschriften verbreitet und das wichtigste astronomische Lehrbuch an spätmittelalterlichen Universitäten.*

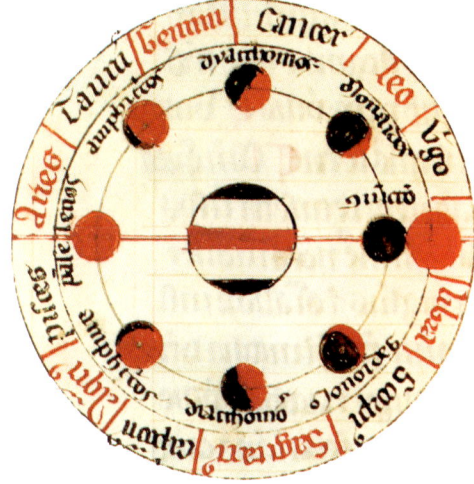

M 12 Einordnung und Gewichtung von Quellen zum mittelalterlichen Weltbild

Der Historiker Peter Aufgebauer schreibt (2006):
In der ersten Hälfte des 6. Jahrhunderts trat [neben Laktanz; siehe M 7] ein weiterer christlicher Autor auf, der die Vorstellung von der Kugelgestalt der Erde vehement be-
5 stritt: Kosmas, genannt Indikopleus, der Indienfahrer. […] Im hohen Alter, von Krankheit geplagt und vielleicht in der Obhut eines Klosters lebend, verfasste er eine „christliche Topografie", deren Anliegen es
10 war, dem aristotelisch-griechischen Weltbild ein genuin christliches, den biblischen Aussagen Rechnung tragendes Bild der Erde entgegenzustellen. […]
Die Wirkung dieser beiden Autoren auf
15 das mittelalterliche Weltbild der lateinischen Christenheit war denkbar gering: Laktanz […] wurde kirchlich als Häretiker eingestuft. Erst in der Renaissance fanden seine Schriften wegen des rhetorischen und stilistischen
20 Niveaus breitere Beachtung. Kosmas' auf

griechisch verfasstes Werk blieb dem lateinischen Mittelalter völlig unbekannt, erst im frühen 18. Jahrhundert erschien eine griechisch-lateinische Ausgabe.

25 Vielmehr dominierte im lateinischen Westen des Mittelalters im Bereich der Theologie, der Philosphie, bei den Enzyklopädisten, in der Kartografie, in der Literatur, in der Ikonografie das Bild von der Kugelgestalt der
30 Erde, das mitunter höchstens zum Bild vom Apfel oder vom Ei variiert wurde. Reinhard Krüger […], der an einer mehrbändigen Untersuchung zum Thema „Das Lateinische Mittelalter und die Tradition des antiken
35 Erdkugelmodells" arbeitet, weist mehr als fünfzig Autoren vom 5. bis zum 15. Jahrhundert nach, die die Globusgestalt der Erde lehren, darunter Beda, Gerbert von Auriliac, Hermann der Lahme von der Reichenau,
40 Hildegard von Bingen, Albertus Magnus und Thomas von Aquin, Bertold von Regensburg und Dante.
Demgegenüber stehen – neben Laktanz und Kosmas – lediglich zwei Autoren, die das Globusmodell explizit ablehnen, eine ver-
45 schwindend geringe Zahl. Dies sind noch der um 400 wirkende Prediger Severianos von Gabala sowie Papst Zacharias bzw. der Hl. Bonifatius im 8. Jahrhundert.

M 13 Scheibe oder Globus? Eine Position des Historikers Peter Aufgebauer (2006)

Wenn […] im breiten Spektrum mittelalterlicher Bildungsvermittlung, von den Handbüchern des Universitätsstudiums bis hin zu den volkstümlichen Predigten der Bettelor-
5 den, ein Bild von der Gestalt der Erde gelehrt wurde, dann war es stets das Bild des Globus, des Erdballs. […]
Woher aber kommt dann die Lehrmeinung, das Mittelalter habe an die Scheiben-
10 form der Erde geglaubt? Das 16. und 17. Jahrhundert behaupten dies nicht. Auch die mitunter wenig kirchenfreundliche Aufklärung des 18. Jahrhunderts bis hin zu den französischen Enzyklopädisten unterstellt
15 dem Mittelalter und der mittelalterlichen Kirche kein Weltbild, in dem die Erde eine Scheibe ist. Vielmehr handelt es sich offenbar, wie insbesondere die Forschungen von Jeffrey Burton Fussell ergeben haben, um

20 Konstruktionen erst des ausgehenden 18. und des 19. Jahrhunderts. Russell hat auch einige der Hauptverdächtigen vorläufig dingfest gemacht: Der chronologisch erste ist kein anderer […] als Thomas Paine (1737–
25 1809), […] einer der Gründungsväter der USA, [… ein] Deist und Kritiker jeglicher organisierter Religionsausübung. […]

Der zweite Verdächtige ist Antoine Jean Letronne (1787–1848), einer der bekanntes-
30 ten und einflussreichsten Altertumsforscher Frankreichs. […] Die wenigen Theologen, die wussten, dass die Erde eine Kugel ist, seien von der Mehrheit, die das Bild einer Scheibe propagierte, unterdrückt worden. […]

35 Vierter Verdächtiger ist Andrew Dickson White (1832–1918), Professor für Geschichte an der Universität von Michigan […]. Im Jahre 1896 veröffentlichte er ein umfangreiches polemisch-antikirchliches Werk über
40 den vermeintlichen „Krieg der Wissenschaft mit der Theologie im Christentum", das noch zu Lebzeiten des Verfassers mehr als zwanzig Mal neu aufgelegt und rasch in zahlreiche Sprachen übersetzt wurde. […]

45 Und der Holzschnitt „um 1530" [Abb. M14]? Der „deutsche Holzschnitt des 16. Jahrhunderts"? Mal datiert „um 1500" oder „etwa 1525" oder auch „um 1550", gelegentlich auch als „Kupferstich des 17. Jahr-
50 hunderts" angesprochen, andererseits aber auch als „mittelalterliche phantastische Darstellung des Weltsystems" apostrophiert? Als das Deutsche Museum in München zu Beginn der siebziger Jahre des letzten Jahrhun-
55 derts die Katalogbeschreibung für seine Reproduktion dieser Abbildung präzisieren wollte, stellte man fest, dass es keinen Publikationsnachweis dafür aus dem 15. oder 16. Jahrhundert gab. Auch für das 17. Jahr-
60 hundert ließ sich kein Nachweis führen. Daraufhin wurde das Bild selbst näher untersucht. Es ergab sich, dass es sich gar nicht um einen Holzschnitt handelte, sondern vielmehr um einen Holzstich, eine sogenannte
65 Xylografie – ein Druckverfahren, das erst um 1800 von Thomas Bewick entwickelt worden war. Jetzt war klar, wo man zu suchen hatte, und man wurde auch fündig: Der originale Publikationsort dieses Bildes ist das Werk
70 „Die Atmosphäre. Populäre Meteorologie" des französischen Astronomen und erfolgreichsten Autors vieler populärwissenschaft-

licher Schriften, Camille Flammarion (1842 bis 1925), erschienen im Jahre 1888. Er ist der fünfte Verdächtige; die von ihm veröf- 75 fentlichte Szene „Ein Missionar des Mittelalters erkennt, dass er den Punkt gefunden hat, wo Himmel und Erde sich berühren" hat rasch eine ungeahnte und unkontrollierbare Suggestivwirkung als vermeintlich zeit- 80 nahe und authentische Wiedergabe mittelalterlicher Vorstellungen ausgeübt. Weit öfter als 60 Mal wurde das Bild zwischen 1888 und 1970 in jeweils unerschiedlichem Zusammenhang reproduziert […]. Ungezählt ist die 85 Verwendung des Bildes in Schulbüchern und populären Überblickswerken.

M12 und M13: Peter Aufgebauer, Die Erde ist eine Scheibe. Das mittelalterliche Weltbild in der Wahrnehmung der Neuzeit, in: GWU 57, 2006, S. 427 bis 441, hier 432–435 und 437–441.

M 14 Holzstich aus dem Buch von Camille Flammarion „L'athmosphère", Paris 1888

10 🏃 a) Nehmen Sie eine Bibel zur Hand und suchen Sie die in M6 zitierten Passagen heraus.
b) Erläutern Sie kurz den Unterschied zwischen Altem und Neuem Testament.
c) Wie ist das Neue Testament gegliedert?
11 Welches Bild von der Erde war nach den Befunden in M6 in der Bibel vorherrschend?
12 a) Erarbeiten Sie aus den Text- und Bildquellen M7–M11 die jeweilige Vorstellung von der Erde; fassen Sie Ihre Befunde zusammen.
b) Gewichten Sie Ihre Befunde (Hilfe: M12).
13 a) Erläutern Sie die Position Aufgebauers in M13 und diskutieren Sie sie im Kurs.
14 🏃 Hausaufgabe: Begründen Sie, ob Quelle M2 Aufgebauers These stützt oder widerlegt.

Weiterführende Arbeitsanregungen

🏃 **Einführung in den Umgang mit Lexika – am Beispiel des Begriffs „Abendland/Okzident"**

Der Begriff Okzident, d. h. Abendland, ist eine Bezeichnung für die Länder West- und Mitteleuropas, die dem römisch-katholischen und dem protestantischen Christentum angehören.
– Woher kommt der Begriff?
– Welche Bedeutung hat er?
– Wogegen grenzt er sich ab?
– In welchen Zusammenhängen wurde und wird er verwendet?
– Hat er sich im Laufe der Zeit gewandelt?

1 a) Informieren Sie sich mithilfe von Lexika (Print, Online) über den Begriff des „Abendlandes".
b) Verfassen Sie ausgehend von den Fragen oben selbst einen Artikel für ein Jugendlexikon.
c) Verteilen und präsentieren Sie Ihr Ergebnis (als PowerPoint-Präsentation) im Kurs.
2 a) Stellen Sie die von Ihnen für Ihren Beitrag benutzten Lexika (Print, Online) im Kurs vor und begründen Sie, welches bzw. welche Sie als „sehr hilfreich" bezeichnen würden.
b) Stellen Sie auch Onlineseiten vor, die Sie für „nicht geeignet" befunden haben.
3 Schlussdiskussion: Das „Abendland" – ein überholter Begriff?

Literatur- und Internethinweise
– *Konrad Fuchs, Heribert Raab, Wörterbuch Geschichte, 13. Aufl., München (dtv) 2002.*
– *www.wissen.de (Internetlexikon).*
– *Claus Koch, Geht das Abendland unter? Radiobeitrag für Deutschlandradio Kultur vom 28. März 2005, zit. in: www.dradio.de/dkultur/sendungen/signale/359672/*

M 15 **Cover des Programmfolders der Kunsthalle Wien für das Festival „Islam und Abendland – der Ursprung des Westens", März 2005**

3 Annäherungen an „das Fremde“: Zur Mentalität der Menschen im Mittelalter

Der **Sachsenspiegel**, eines der bedeutendsten Rechtsbücher des Mittelalters (siehe S. 107), stellt im 13. Jahrhundert den Zweikampf dar. Dabei handelte es sich jedoch nicht, wie zu vermuten wäre, um eine Prügelei als Straftatbestand, über die ein Gericht zu urteilen hatte. Im Gegenteil, der Zweikampf wurde angeordnet und ausgetragen als Teil eines Gerichtsverfahrens: Zur Klärung der Schuldfrage ordnete der Richter an, dass Kläger und Beklagter unter seiner Aufsicht mit Schwertern um ihren Rechtsanspruch kämpfen sollten. Bei einem Sieg des Angeklagten wurde dieser freigesprochen, bei einer Niederlage galt er als schuldig und wurde verurteilt. Diese Art der Rechtsfindung war im frühen und hohen Mittelalter gängige Praxis. Sie beruhte auf der Überzeugung, dass der Ausgang des Zweikampfes nicht von der Kraft und der Geschicklichkeit der Gegner, sondern allein von Gott bestimmt werde. „Gott selber ist das Recht. Darum ist ihm das Recht lieb“, lauten die ersten Worte des Sachsenspiegels.

Heute erscheint uns dieses Gerichtsverfahren als fremd, archaisch und völlig ungeeignet zur Rechtsfindung. Doch das **Gottesurteil**, das der erwähnte Richter herbeiführen wollte, entsprach der mittelalterlichen **Mentalität**, d.h. „der Art und Weise, wie Menschen denken, handeln, wahrnehmen und empfinden“ (Hans-Werner Goetz).

Glauben und Kirche

Das Gottesurteil findet sich als Mittel magischer und sakraler Rechtsfindung in vielen archaischen Kulturen auch außerhalb Europas. Als Hüter des Rechts gibt Gott in Fällen der Unergründbarkeit einer Rechtslage durch ein Zeichen Hinweise auf Schuld und Unschuld. Als Beweismittel dienten neben dem Zweikampf auch Feuer- und Wasserprobe. Gottesurteile finden sich auch im Alten Testament, sodass von der Kirche zunächst keine Widerstände ausgingen, vielmehr versuchte sie die vielfältigen Formen der Gottesurteile zu ordnen. Doch schon früh wurden Bedenken gegen den Zweikampf laut, den die Kirche schließlich 1215 verbot.

Der Alltag vieler Menschen war aber durch **Volksfrömmigkeit** geprägt: Gott war praktisch allgegenwärtig, er griff persönlich in das Geschehen ein, belohnte durch gute Ernten oder strafte durch Pest und andere Plagen. Man glaubte an Wunder und deutete sie als Zeichen Gottes. Und neben Gott war sein Widersacher, der Teufel, als Verführer immer präsent. Die **Kirche** strukturierte mit ihren hohen Festtagen das Jahr. Für den Bau und Unterhalt der Kirchen sowie für den Unterhalt von Pfarrer und Pfarrei forderte sie den Kirchenzehnten. Sonntagsruhe und Kirchgang, Taufe, Eheschließung und Beerdigung leiteten die Gläubigen, banden sie ein und vermittelten Sinn und Geborgenheit.

Für die mittelalterliche **Theologie** war der Mensch ein Geschöpf Gottes, dazu berufen, sich die Erde untertan zu machen. Seit dem Sündenfall, der zur Vertreibung aus dem irdischen Paradies geführt hatte, lebten nach christlichem Verständnis zwei Wesen im Menschen, die miteinander rangen: Das eine war nach „**Gottes Ebenbild**“ geschaffen, das andere hatte die **Ursünde** begangen. Bei der Ausarbeitung eines christlichen Menschenbildes setzten die Theologen einmal den Akzent auf die negativen Seiten der menschlichen Existenz. Dabei entstand ein pessimistisches Menschenbild, nach dem der Mensch ein schwaches, lasterhaftes Wesen sei, das für seine Sünden büßen müsse. Diese Auffassung hat das allgemeine Bewusstsein vom 4. bis zum 12. Jahrhundert beherrscht. Danach verschwand es nicht aus dem religiösen und kirchlichen Denken, wurde aber seit dem 12./13. Jahrhundert von einem optimistischen Menschenbild überlagert. Die Aufgabe des Menschen bestand demnach darin, die Schöpfung auf Erden zu erhalten und weiterzuentwickeln. Durch ein Leben nach den göttlichen Geboten sollte und konnte der Mensch zum ewigen **Seelenheil** finden. Das Leben glich dabei oft einem Kampf zwischen **Gut und Böse**, dem der Mensch nicht immer gewachsen war.

M1 **Buchmalerei aus dem Bamberger Psalter, um 1230.** – *Ein Psalter enthält die Texte der biblischen Psalmen, manchmal ergänzt durch Vorreden, Stundengebete oder Heiligenkalender. Psalter wurden nicht nur für Geistliche angefertigt, sondern erschienen auch in prächtigen, mit Miniaturen versehenen Ausgaben für Adlige. – Dargestellt sind u. a.: Tote, Christus, vier Engel, Schwert des Jüngsten Gerichts, Thron, „Waffen Christi" (Ruten, Dornenkrone, Kreuzesnägel), Erlöste und Verdammte in irdischen Gewändern (darunter ein Bishof, ein Mönch, eine Frau), Schwert, Teufel.*

1 Verfassen Sie mithilfe der in der Legende genannten Elemente eine Bildbeschreibung von M1.
2 Welche Merkmale mittelalterlicher Mentalität lassen sich aus Bild M1 entnehmen? Erstellen Sie (mithilfe der Darstellung) eine kurze Liste.

Die Allgegenwart von Glauben und Kirche spiegelt sich in den Quellen. Die meisten **Textquellen** sind von Menschen verfasst worden, die sich wie Kleriker, Mönche und Nonnen dem Kirchen- und Glaubensleben verschrieben haben und die meist als einzige lesen und schreiben konnten. Auch Kunstwerke, Altarbilder oder Buchmalereien (**Miniaturen**), stammen häufig von Künstlern, die im Auftrag der Kirche gearbeitet haben. Auftraggeber waren neben Adligen später auch reiche Handwerks- und Kaufmannsfamilien. Um ihren Seelen einen Weg zum ewigen Heil zu ebnen, stifteten sie Altar- und Kirchenbilder als **Gute Werke** oder beauftragten sie im Rahmen von **Stiftungen** (z. B. Kapellen, Klöstern, Armenhäusern). Die **Memoria**, d. h. das Totengedenken und die Jenseitsvorsorge, hat zahlreiche **Bildquellen** hervorgebracht.

Leben und Tod

Das Leben im Mittelalter war für die meisten Menschen beschwerlich und kurz. Die durchschnittliche **Lebenserwartung** betrug 30 bis 35 Jahre. Im christlichen Mittelalter galt das Leben als Mühsal. Das Christentum verbot Frohsinn nicht, aber deutete das irdische Leben insgesamt als Leiden. Jeder Mensch hatte in der Nachfolge Christi alles Elend geduldig zu ertragen.

Der Tod erschien nicht als das Ende des Lebens, sondern als ein Einschnitt innerhalb des Lebens. Mit dem Tod endete nur die Existenz im **Diesseits**, die Seele jedes Menschen lebte danach im **Jenseits** weiter. Das Verhalten des Einzelnen auf der Erde entschied darüber, ob er gemäß dem Richtspruch Christi beim **Jüngsten Gericht** ein paradiesisches Leben im **Himmel**, dem Ort der Gerechten, führen durfte oder ewige Qualen in der **Hölle**, dem Ort der in Todsünde Verstorbenen, erleiden musste. Seit dem Hochmittelalter fand das **Fegefeuer** als neues „Gebäude" zwischen Himmel und Hölle Eingang in die Lehren vom Jenseits. Als Ort der Seelenreinigung eröffnete es u. a. Angehörigen von Berufen, die wie Kaufleute oder Geldhändler wegen maßlosen Gewinnstrebens und Wuchers eigentlich der Verdammnis anheimfielen, einen Weg zur Erlangung des ewigen Heils. Die Lebenden konnten durch Messen und Fürbitten für das Seelenheil der Toten beten und durch Ablass die Sündenstrafen mindern.

Inquisitionsprozess, Folter und Strafe

Das Gottesurteil verlor im Hochmittelalter allmählich an Bedeutung. Auch verlangte die Vielzahl der Konflikte, die in den neuen Städten zu entscheiden waren, rationalere Formen der Rechtsfindung. Ein Händler sollte nicht bei jedem Streit um sein Leben fürchten müssen.

Ab dem 12. Jahrhundert entwickelte sich das Gerichtsverfahren immer mehr zum **Inquisitionsprozess** (lat. *inquirere* = untersuchen), nachdem die Kirche diese Prozessart 1215 offiziell eingeführt hatte. Während zuvor die Klageerhebung dem Verletzten oblag und dieser die Beweislast zu tragen hatte, verband das Inquisitionsverfahren die Klage von Amts wegen und die amtliche Untersuchung miteinander. Bei der Beweiserhebung nahm das Geständnis den höchsten Rang ein. Um ein Geständnis herbeizuführen, setzten die Gerichte auch auf die Folter. Bevor allerdings ein Richter die **Tortur**, die „peinliche Befragung", anordnete und ein Scharfrichter sie nach bestimmten Regeln durchführte, waren alle erdenklichen Mittel zur Aufdeckung der Wahrheit auszuschöpfen. Bei kirchlichen **Ketzerprozessen** entfielen für den Angeklagten wichtige Schutzbestimmungen und Verteidigungsmöglichkeiten.

Im Vordergrund der **Strafe** stand die Wiederherstellung der menschlichen und gottgewollten Ordnung, die der Täter durch Friedensbruch verletzt hatte – und nicht, wie im modernen Strafrecht, die Besserung des Täters. Kriminalitätsbekämpfung, der bewahrte Rachegedanke und der alttestamentarische Vergeltungsgedanke förderten im Mittelalter die Entstehung eines blutigen Strafrechts. Aber Strafkataloge und bildliche Strafdarstellungen dürfen nicht einfach auf die Strafpraxis übertragen werden. Vielfach blieb es bei Sühneleistungen oder Verbannung, Körperstrafen konnten oft durch Geldzahlungen abgelöst werden, häufig wurde das Gnadenrecht angewandt. Die Kirche kannte als besondere Strafe die **Exkommunikation**.

Hinweise zur Arbeit mit den Materialien

Als *Einstieg* bieten sich zwei Wege an: Entweder untersucht der Kurs zunächst ein Bild (M4), oder er geht begriffsgeschichtlich vor und setzt sich mit dem **Begriff „Mentalitätsgeschichte"** (M2) auseinander. Die Leitfrage des Kapitels (Welche Merkmale kennzeichnen die Mentalität der Menschen im Mittelalter?) kann anhand folgender Teilthemen untersucht werden:

1. Auswertung einer Textquelle von Papst Innozenz III. (M3) zum **Menschenbild** im Mittelalter

2. Untersuchung einer Buchmalerei (M1) und/oder eines Stifterbildes (M5) zur Bedeutung von **Tod und Jenseits**. Die Arbeitsvorschläge 1, 2, 11, 13 sowie die Zusatzinformationen zu den Bildern (Legende zu M1; M6a und b) können genutzt werden, um typische Merkmale mittelalterlicher Bildquellen kennenzulernen und um sich fachmethodisch in einem ersten Schritt der Auswertung von *Bildern als historischen Quellen* zu nähern.

3. War das Mittelalter **ein „gewalttätiges" Zeitalter?** M7–M9 bieten Text- und Bildquellen, M10a und b Forschungspositionen, M11 einen Gegenwartsbezug aus der Welt des Fußballs.

4. Fragen nach den **Geschlechterverhältnissen** in der mittelalterlichen Gesellschaft können mithilfe der *Themensonderseite 41–43* (M12, M13) untersucht werden.

5. Die *Themensonderseite 44 f.* (M14–M16) beschäftigt sich mit **Lebensrisiken im Mittelalter im Vergleich zur Gegenwart**.

Weiterführende Arbeitsanregungen S. 46: **Biografien als „Fenster in die Vergangenheit"**.

M 2 Mentalitätsgeschichte

Der Historiker Hans-Werner Goetz über Mentalität und Mentalitätsgeschichte (1998):
Von französischen Einflüssen ausgehend, hat die Geschichtswissenschaft seit einiger Zeit ihr Interesse nicht nur an den Menschen, sondern auch am *Menschlichen* wie-
5 derentdeckt: an den anthropologischen Eigenschaften, der Lebensweise, dem menschlichen Verhalten, den Denkweisen und Vorstellungen. Betrachtet man das nicht am individuellen Einzelfall, sondern in der
10 für bestimmte soziale Gruppen (oder auch für *die* mittelalterlichen Menschen) charakteristischen Ausprägung, untersucht man also nicht das Denken, sondern die Denk*art*, nicht das Verhalten, sondern die Verhaltens-
15 *weise*, dann spricht man gern von der „Mentalität" der Menschen, auch wenn dieser Begriff keineswegs einhellig akzeptiert wird: „Mentalität" ist die Art und Weise, wie Menschen, denken, handeln, wahrnehmen und
20 empfinden. Mentalitätsgeschichte [...] führt uns vor allem näher an die Menschen heran, und sie schafft einen verständnisvollen Einblick vor allem dort, wo uns Heutigen die früheren Zeiten und Kulturen als besonders
25 fremd erscheinen müssen. Wie (scheinbar) fremd uns gerade das Mittelalter geworden

ist, zeigt sich wohl nirgends deutlicher als in den Versuchen, die Mentalität der damaligen Zeitgenossen zu erfassen. [...] Ein solcher Ansatz zählt allerdings zu den schwierigsten 30 Unterfangen, weil die Quellen uns darüber nur unzulänglich, indirekt und oft auch unabsichtlich informieren. Es verwundert daher nicht, wenn gerade in dieser Hinsicht die Meinungen oft noch auseinandergehen und 35 vor allem die frühen Versuche oft viel zu pauschal *die* mittelalterliche Mentalität von der modernen abzugrenzen suchten. Gleichwohl eröffnen uns solche Ansätze einen vertieften Einblick in die mittelalterlichen Vor- 40 stellungswelten *der* Menschen (und nicht nur der politisch Handelnden oder der großen Theologen und Denker) [...]. Am besten erfassbar ist von den Quellen her der große Bereich der mittelalterlichen Frömmigkeit 45 und Religiosität.

Gerd Althoff, Hans-Werner Goetz u. a., Menschen im Schatten der Kathedrale, Darmstadt (Wiss. Buchgesellschaft) 1998, S. 171 f.

3 Erläutern Sie den Begriff „Mentalität" (M2).
4 🏃 Sie sind Austauschschüler in China. Beschreiben Sie in einem Vortrag für Chinesen die Mentalität der Menschen Ihrer Region.
5 Zeigen Sie, worin Goetz (M2) Leistungen und Grenzen der Mentalitätsgeschichte sieht.

M3 Menschenbilder

*Papst Innozenz III. (1198–1216) – geboren
1160 als Sohn eines italienischen Adligen,
Theologie- und Kirchenrechtsstudium, Verfechter
der Kreuzzüge – führte in seiner Schrift „Vom
Elend des menschlichen Daseins" aus:*
Wer gibt nun meinen Augen Tränen, damit
ich das Elend beweine, das den Menschen
umfängt, der in die Welt tritt, damit ich die
nicht minder elende Existenz des Menschen
5 in diesem Leben und seine schwächliche
Auflösung am Ende beklage? So will ich
denn mit Tränen betrachten, aus welchem
Stoff der Mensch gemacht ist, was seine
Taten und sein künftiges Geschick sind. Aus
10 Erde geformt ist der Mensch, empfangen in
Schuld und geboren zur Pein. Er handelt
schlecht, gleichwohl es ihm verboten ist, er
verübt Schändliches, das sich nicht geziemt,
und setzt seine Hoffnung auf eitle Dinge, de-
15 ren Ende zudem noch ungewiss ist. Er endet
als Raub der Flammen, als Speise der Wür-
mer, oder er vermodert.

Um es aber noch deutlicher zu sagen:
Der Mensch ist gemacht aus Staub, Kot und
20 Asche und, noch gemeiner, aus unflätigem
Samen. Anlass zu seiner Empfängnis war der
Reiz des Fleisches und das Glühen der Begierde: in der Fülle der Ausschweifung und unter
dem Makel der Sünde.

25 Geboren wird der Mensch, damit er arbeitet, sich ängstet und leidet, und das ist elender als zu sterben. Er tut Böses und beleidigt
damit Gott, seinen Nächsten und auch sich
selber. Er handelt schändlich und setzt sei-
30 nen guten Ruf aufs Spiel, befleckt seine Person und sein Gewissen. Er hängt sich an
Nichtigkeiten und verachtet alles Ernsthafte,
Nützliche und Notwendige. Schließlich fällt
er jenem Feuer anheim, das ewig brennt und
35 unauslöschlich ist. Er wird jenem Wurm aus-
geliefert, der immer nagt und zehrt und
nicht vergeht. Sein Leib schließlich verwandelt sich in stinkenden und schmutzigen
Moder. […]
40 Auf dreierlei Art wird der Gewissenswurm
sie peinigen: Bedrängen wird sie die Erinnerung an ihre bösen Taten, verwirren wird sie
die zu späte Reue und martern wird sie die
gegenwärtige Bedrängnis. „Zitternd kom-
45 men sie zum Gericht über ihre Sünden; ihre
Vergehen treten ihnen entgegen und überführen sie." (Weisheit 4,20) Sie sprechen:
„Was nützte uns der Übermut, was brachten
uns Reichtum und Prahlerei? All das ist vor-
bei wie ein Schatten, wie eine flüchtige
50 Nachricht. Wie wenn ein Schiff durch die
wogende Flut fährt: Ist es vorbeigezogen, so
ist von ihm keine Spur mehr zu finden, kein
Pfad seines Kiels in den Wellen." (Weisheit
5,8–10). […] Sie werden mit ungeheurer Ver-
55 wirrung all das an ihrem Geiste vorüberzie-
hen sehen, was sie mit übertriebenem Ver-
gnügen ins Werk gesetzt hatten, und der
Stachel der Erinnerung und des bösen Ge-
wissens trifft die als Strafe, die vorher der Sta-
60 chel der Bosheit angetrieben hatte zur
Schuld. […]

Wer fürchtet nicht jenes Verhör, bei dem
ein und derselbe Ankläger, Zeuge und Richter ist? Seine Anklage wird lauten: „Ich war
65 hungrig, und ihr habt mir nichts zu essen gegeben; ich war durstig, und ihr habt mir
nichts zu trinken gegeben" (Matthäus
25,42). Und er selbst wird Zeuge sein, wenn
er hinzufügt: „Was ihr für einen dieser Ge-
70 ringsten nicht getan habt, das habt ihr auch
mir nicht getan" (ebd., 25,45). Richten wird
er, wenn er sie anherrschen wird: „Weg von
mir, ihr Verfluchten, in das ewige Feuer"
(ebd., 25,41). Bei jenem Gericht sind keine
75 weiteren Zeugen vonnöten, da selbst „das im
Dunkeln Verborgene" (1 Kor 4,5) ans Licht
kommt. „Denn nichts ist verhüllt, was nicht
enthüllt wird." (Matthäus 10,26)

Dann werden „Bücher aufgeschlagen"
80 (Daniel 7,10), und die Toten werden gerichtet entsprechend ihren Taten, die in den Bü-
chern aufgezeichnet sind. Welche Scham
wird dann unter den Sündern herrschen!
Welche Verwirrung, wenn die schändlichs-
85 ten ihrer Verbrechen vor allen deutlich und
bekannt werden! „Wohl jene, deren Frevel
vergeben und deren Sünden bedeckt sind!"
(Psalm 32,1) Aber keiner berufe sich auf
dieses Wort und wiege sich in Sicherheit,
90 denn der Vater überlässt jedes Urteil dem
Sohn, „der öffnet, sodass niemand mehr
schließen kann, der schließt, sodass niemand mehr öffnen kann" (Offenbarung 3,7).
„Ja, der Mund des Herrn hat gesprochen."
95 (Jesaja 58, 14)

*Lotario de Segni (Papst Innozenz III.), Vom Elend des
menschlichen Daseins, Hildesheim (Georg Olms Verlag) 1990, S. 42 f., 95 und 106 f.*

M4 Albrecht Dürer (1441–1528), „Warnung vor den falschen Freuden der Welt",
Holzschnitt, undatiert

6 🚶 Arbeitsgleiche Gruppenarbeit: Sammeln Sie Merkmale, die Ihrer Meinung nach das Menschenbild in unserer heutigen Gesellschaft kennzeichnen. Halten Sie im Kurs fest:
a) Merkmale, mit denen alle übereinstimmen;
b) Merkmale, die nicht die Zustimmung aller finden; diskutieren Sie über diese Punkte.

7 a) Strukturieren Sie mithilfe einer Mindmap die zentralen Aussagen über das Menschenbild, das Papst Innozenz III. in M3 entwirft.
b) Die Darstellung, S. 28–30, nennt zwei Menschenbilder, die im Mittelalter verbreitet waren. Ordnen Sie das Menschenbild in M3 einem der Entwürfe zu, begründen Sie Ihre Zuordnung und belegen Sie sie mit Zitaten aus der Quelle.

8 a) Informieren Sie sich mithilfe von (Internet- und Print-)Lexika über den Künstler Albrecht Dürer (M4).
b) Beschreiben Sie das Bild von Albrecht Dürer (M4).
c) Formulieren Sie eine zusammenfassende Bildaussage.

9 Erarbeiten Sie Gemeinsamkeiten und Unterschiede der Menschenbilder, die in M3 und M4 zum Ausdruck kommen.

10 Vergleichen Sie Ihr modernes Menschenbild (siehe Aufgabe 6) mit dem von Papst Innozenz III. in M3 entworfenen mittelalterlichen Menschenbild. Halten Sie Ihre Ergebnisse in einer tabellarischen Übersicht fest.

M 5 Gemälde von einem Flügel des „Palant-Altars", als Teil einer Stiftung ursprünglich bestimmt für die Pfarrkirche von Linnich bei Jülich, Tempera auf Eichenholz, um 1420/25. – *Siehe M6a und b.*

M 6 Gemälde des „Palant-Altars" –
ein mittelalterliches Stifterbild (siehe M5)

6a) Zum Auftraggeber und zur Stiftung von M5:
Das Bild ist Teil eines Retabels[1], den der aus
dem niederen Adel stammende Werner II.
von Palant mit seiner Frau Alveradis der
Pfarrkirche zu Linnich bei Jülich stiftete. Der
5 hier abgebildete Flügel war wahrscheinlich
Teil einer bereits bestehenden Altarstiftung.
Dem Priester des Familienaltars an der Vikarie[2] übergaben die Stifter eine zusätzliche
Rente von 18 Malter[3] Roggen jährlich; der
10 Priester sollte dafür vor dem Altar täglich außer dienstags und donnerstags für die Stifter
eine Messe lesen; wöchentlich sollte eine
Heilig-Kreuz-Messe und eine Messe zu Ehren
der Altarpatronin Maria zelebriert werden,
15 zudem im Kirchenjahr Messen an besonderen Heiligentagen (Petrus, Johannes der
Evangelist, Johannes der Täufer, Cornelius[4],
Nikolaus[5], Heilige Drei Könige, Katharina[6],
Barbara[7], Heilige Jungfrauen[8]) und Fürbitten
20 (d. h. Anrufungen von Heiligen um Hilfe für
die Bußzeit nach dem eigenen Tode).

1 Retabel: Altaraufsatz
*2 Vikarie: Kirchenamt ohne Seelsorge, aber mit Pfrün-
den, für die der Inhaber Messen lesen lassen musste.*
*3 Malter: ein je nach Region stark variierendes Getrei-
demaß, ca. 128 oder 174 Liter.*
*4 Cornelius: Bischof von Rom/Papst 251–253; hatte
gegenüber Christen, die unter Gewalt vom Glauben
abgefallen waren, Milde und Vergebung gezeigt.*
*5 Nikolaus von Myra (gest. um 350): Bischof; nach
einer Legende über seine stete Hilfsbereitschaft, die
immer unerkannt bleiben sollte, entstand im 10. Jahrhundert der mitteleuropäische Brauch des Nikolaus-
tages (6. Dezember); Schutzpatron zahlreicher Berufe.*
*6 Katharina von Alexandria (gest. vermutlich 306):
christliche Märtyrerin; eine der drei weiblichen Nothel-
fer; Patronin der Lehrer, Studenten u. a. Personen des
„Lehrstandes"; die Legende erzählt, Engel hätten ihren
Leib auf den Berg Sinai getragen, wo im 6. Jahrhundert
das berühmte Katharinenkloster entstand.*
*7 Barbara von Nicomedien (gest. vermutlich 306):
christliche Märtyrerin; eine der drei weiblichen Nothel-
fer; Patronin des „Wehrstandes" (Bergleute, Türme
und Festungen, Schutz gegen Feuer, Gewitter u. a.).*
*8 Heilige Jungfrauen (lat. virgines capitales):
Bezeichnung für drei (oder vier) jungfräuliche Märty-
rinnen der alten Kirche: Margareta, Barbara, Katharina, (Dorothea). Die Zusammenstellung hängt vermutlich mit ihren Patronaten zusammen: Margareta,
Katharina und Barbara sind die Patroninnen des
Nährstandes, des Lehrstandes bzw. des Wehrstandes
(Dorothea ist die Patronin der Blumengärtner, Bräute
u. a.).*

6b) Bildelemente in M5:
1. Wappen der Stifterfamilie.
2. Werner II. von Palant mit zwölf Söhnen.
3. Die Mutter Werners II., Margarethe von
Bergerhausen, und seine Frau Alveradis mit
der einzigen Tochter.
4. Zwei lateinische Spruchbänder:
Adiuva, nos d[ominu]s salutaris n[oste]r
Übers.: Hilf du uns, Gott, unser Helfer.
*et p[ropt[er] gl[or]iam no[min]is tui d[omin]e
lib[er]a nos.*
Übers.: um deines Namens Ehre willen;
errette uns.
5. Fegefeuer.
6. Vier Engel mit den „Guten Werken" der
lebenden Stifter:
– Brot für den Hungernden,
– Gewand für den Nackten,
– Getränk für den Durstigen,
– Schale mit Speisen für den Fremden.
7. Der sich nach Ableistung der Buß- und
Strafzeit öffnende Himmel mit:
– zwei Engeln,
– erlösten Seelen in einem Tuch sitzend,
– Christus.

*M6a und b zusammengestellt nach: Thomas Schilp,
Memoria: Jenseitsvorsorge und Erinnerungskultur in
der Stadt, in: Matthias Ohm u. a. (Hg.), Ferne Welten
– Freie Stadt. Dormund im Mittelalter, Bielefeld (Verlag für Regionalgeschichte) 2006, S. 236–241.*

11 a) Skizzieren Sie mithilfe von M6a die Entstehung des Bildes M5 (Auftraggeber, Zweck).
b) Beschreiben Sie mithilfe von M6b die Bildelemente und den Bildaufbau von M5.
c) Der Historiker Thomas Schilp sagte über Stiftungen im Mittelalter: „In der Stadt war dieses
Handeln … demonstrative Selbstdarstellung.
Ganz bewusst brachte die Stiftung soziale und
politische Positionen und Ansprüche zum Ausdruck, wies selbstbewusst die ökonomische Po-
tenz und Privilegierung der Stifter aus." Überprüfen Sie dies am Beispiel von M5 (mit M6).
12 🚶 Stellen Sie eine heutige Stiftung (aus
Ihrer Region, aus dem Ausland) vor und vergleichen Sie sie mit M6 (Recherche: Internet).
13 Erörtern Sie die These des Historikers Otto
Gerhard Oexle, die „Gegenwart der Toten" sei,
im Gegensatz zu heute, ein wesentliches Kennzeichen der mittelalterlichen Vorstellungswelt
gewesen (übergreifend M3–M6).
14 Bewerten Sie die gesellschaftliche Haltung
im Mittelalter gegenüber Berufen, die nur dem
Gewinnstreben dienen (Darstellung, S. 30).

M 7 Gewalt im Mittelalter – Zum Beispiel ein Streit in Goslar im Jahre 1063

Lampert von Hersfeld (vor 1028–vor 1085), ein Mönch und Verfasser historischer Werke, beschrieb in seinem Hauptwerk „Annales" (um 1078) eine Auseinandersetzung in der Kirche zu Goslar am Pfingstfest des Jahres 1063. Schon zu Weihnachten hatte der Streit, an dem der Bischof von Hildesheim und der Abt von Fulda beteiligt waren, für Unfrieden gesorgt.
Lamperts Annalen gelten als eine relativ zuverlässige Quelle, obwohl sie von seiner Parteinahme für Kirche und Papst gekennzeichnet ist:
Als sich der König und die Bischöfe zum Abendgottesdienst versammelten, kam es wegen der Aufstellung der bischöflichen Stühle wieder zu einem Tumult, nicht wie
5 das vorige Mal durch einen zufälligen Zusammenstoß, sondern durch einen seit langem vorbereiteten Anschlag. Denn der Bischof von Hildesheim, der die damals erlittene Zurücksetzung nicht vergessen hat-
10 te, hatte den Grafen Ekbert mit kampfbereiten Kriegern hinter dem Altar verborgen. Als diese nun den Lärm der sich streitenden Männer hörten, stürzten sie rasch hervor, schlugen auf die Fuldaer teils mit Fäusten,
15 teils mit Knüppeln ein, warfen sie zu Boden und verjagten die über den unvermuteten Angriff wie vom Donner Gerührten mühelos aus der Kapelle der Kirche.
   Sogleich riefen diese zu den Waffen; die
20 Fuldaer, die Waffen zur Hand hatten, scharten sich zu einem Haufen zusammen, brachen in die Kirche ein, und inmitten des Chores und der Psalmen singenden Mönche kam es zum Handgemenge: Man kämpfte
25 jetzt nicht mehr nur mit Knüppeln, sondern mit Schwertern. Eine hitzige Schlacht entbrannte und durch die ganze Kirche hallte statt der Hymnen und geistlichen Gesänge Anfeuerungsgeschrei und das Wehklagen
30 Sterbender. [...]
   Der König erhob zwar währenddessen laut seine Stimme und beschwor die Leute unter Berufung auf die königliche Majestät, aber er schien tauben Ohren zu predigen.

Lampert von Hersfeld, Annalen, hg. von Adolf Schmidt/Wolfgang Dietrich Fritz, 3. Aufl., Darmstadt 1985, zit. nach: Gerd Althoff, Hans-Werner Goetz u. a., Menschen im Schatten der Kathedrale, Darmstadt (Wiss. Buchgesellschaft) 1998, S. 5.

M 8 Der Sachsenspiegel (1220–1235) über den Zweikampf

8 a) Der Autor des Sachsenspiegels schrieb im Landrecht, erstes Buch, Kapitel 63, über die rechtlichen Grundlagen des Zweikampfes:
Wer einen seiner Standesgenossen zum Zweikampf herausfordern möchte, der muss den Richter bitten, dass er sich eines [bestimmten] Friedebrechers, den er da sehe, dem Recht entsprechend, bemächtigen dür-
5 fe. Wenn ihm durch Urteil zugesprochen wird, dass er dies tun dürfe, so soll er fragen, wo er sich seiner bemächtigen solle [...]. So wird man ihm zu Recht befinden: mit Anstand beim Halskragen. Wenn er sich so sei-
10 ner bemächtigt und ihn darauf mit Erlaubnis wieder losgelassen hat, dann soll er ihm eröffnen, warum er sich seiner bemächtigt hat [...]. Dann muss er ihn anklagen, dass er den Frieden ihm gegenüber gebrochen habe, ent-
15 weder auf des Königs Straße oder in dem Dorf. Auf welche Weise er ihn [den Frieden] gebrochen hat, auf diese Weise soll er [der Kläger] gegen ihn [den Friedebrecher] klagen. So beschuldige er ihn abermals, dass er
20 ihn verwundet und ihm Gewalt angetan habe, die er beweisen könne. So soll er die Wunde vorweisen oder die Narbe, wenn sie [die Wunde] bereits verheilt ist. Dann klage er weiter, dass er ihn seines Gutes beraubt
25 oder davon so viel genommen habe, dass es nicht unbillig sei, wenn es deswegen zum Zweikampf komme. Wegen dieser drei [schweren] Verbrechen soll er auf einmal klagen. Sofern er dabei [eines von ihnen]
30 verschweigt, so hat er seinen Kampf daran verloren. [...] Wenn die Gewährschaft ausgesprochen worden ist, so bietet jener [der Beklagte] seine[n] Unschuld[sbeweis] an, das ist ein Eid und ein gerichtlicher Zweikampf,
35 wenn der Kläger ihn zu Recht dazu aufgefordert hat und wenn es so ist, wie ich meine, wenn er [der Kläger] ihn [den Zweikampf] trotz seiner körperlichen Verletzung ausfechten kann.
40
   Jeder Mann kann den Zweikampf demjenigen verwehren, der von geringerer Geburt [Stand] ist. Wer aber von höherer Geburt ist, den kann der niedriger Geborene wegen dessen höherer Geburt nicht zurückweisen,
45 wenn er ihn zum Kampf herausfordert. Den Zweikampf kann auch derjenige verweigern,

8 b) Illustrationen zum Zweikampf aus einer Sachsenspiegel-Handschrift des 14. Jahrhunderts:

1. Die Prozessbeteiligten leisten die notwendigen Kampfeseide vor Prozessbeginn.

2. Die Prozessbeteiligten führen mit gleich zugeteilter Sonne den gerichtlichen Zweikampf.

3. Ein Fronbote und zwei Schöffen laden den säumigen Beklagten zum Zweikampf vor.

4. Der kampfbereite Kläger führt gegen den säumigen Beklagten den Stich in den Wind.

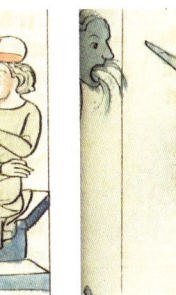

der erst nach Mittag dazu aufgefordert wird, es sei denn damit eher begonnen worden.

50 Der Richter soll auch demjenigen, den man beschuldigt, einen Schild und ein Schwert stellen, wenn er dessen bedarf. Den Zweikampf kann ferner ein Mann seinem Verwandten verweigern, wenn sie beide Ver-
55 wandte sind […]. Der Richter soll jedem von ihnen, die da fechten sollen, zwei Bevollmächtigte beigeben, die darauf zu achten haben, dass man sie nach rechter Gewohnheit rüste. Leder und Leinen dürfen sie anlegen,
60 soviel sie nur wollen. Kopf und Füße sind nach vorne hin bloß, und an den Händen sollen sie nur dünne Handschuhe tragen; ein blankes Schwert in der Hand und eines oder zwei umgegürtet, das steht ganz in ihrer
65 Wahl; einen runden Schild in der anderen Hand, an dem nur Holz und Leder sein darf, ausgenommen der Buckel, der aus Eisen sein darf; einen ärmellosen Rock über der Rüs-

tung. Dem Kampfplatz soll man Friede ge-
70 bieten bei Todesstrafe, damit sie niemand bei ihrem Zweikampf störe. Jedem von ihnen soll der Richter einen Mann beigeben, der seine Stange trage. Diese [Männer] sollen sie [die Kämpfer] in nichts behindern, außer es
75 fällt einer [der Kämpfer], dass er [der Bevollmächtigte] die Stange dazwischen steckt oder wenn einer verwundet wird oder um die Stange bittet. Doch darf er dies nicht tun, wenn er nicht die [ausdrückliche] Erlaubnis
80 des Richters dazu hat. Nachdem dem Kampfplatz Friede geboten ist, sollen sie [die Kämpfer] den Kampfplatz zu Recht begehren. Den [Kampfplatz] soll ihnen dann der Richter mit seiner Erlaubnis überlassen. Die Eisenspitzen
85 sollen sie von den Schwertscheiden brechen, sofern sie denn die Erlaubnis von dem Richter haben. Beide sollen gerüstet vor den Richter treten und schwören – der eine, dass die Anschuldigung zu Recht bestehe, um die

er ihn [den Beklagten] angeklagt habe, der
andere, dass er unschuldig sei –, sodass
ihnen Gott beistehen möge in ihrem Kampf.
Die Sonne soll man ihnen gleichmäßig zutei-
95 len, wenn sie zum ersten Male zusammen-
treffen. Wird derjenige, gegen den man ge-
klagt hat, besiegt, so richtet man über ihn.
Erkämpft er einen Sieg, dann lässt man ihn
frei […]. Der Kläger soll zuerst in den einge-
100 hegten Kampfplatz kommen. Wenn der andere [der Beklagte] zu lange zögert, dann soll
ihn der Richter durch den Fronboten in dem
Haus, in dem er sich [für den Kampf] rüstet,
herausfordern lassen […]. Erscheint er auch
zu der dritten Vorladung nicht [vor Gericht],
105 so soll der Kläger aufstehen und sich zum
Kampf erbieten, und er soll zwei Schläge und
einen Stich gegen den Wind ausführen. Damit hat er jenen der Klage überführt, wegen
der er ihn zum Zweikampf herausgefordert
110 hat, und so soll der Richter über ihn [den An-
geklagten] richten, als ob er im Kampf besiegt worden wäre.

Zit. nach: www.sachsenspiegel-online.de/cms/meteor/
jbrowser/info.jsp?id=81 (14. Dezember 2005).

15 a) Skizzieren Sie den Inhalt von Quelle M7.
b) Halten Sie fest, welche verallgemeinerbaren
Schlüsse man aus M7 ziehen kann und wo die
Aussagekraft der Quelle ihre Grenzen hat.
16 Ordnen Sie die Bilder in M8b den entsprechenden Textstellen in M8a zu.
b) Textquelle M8a ist im Original ohne Absätze
überliefert. Entwickeln Sie eine Gliederung und
entwerfen Sie Überschriften für die Absätze.
c) Erläutern Sie die gesellschaftliche Bedeutung des Zweikampfs im Mittelalter anhand
von M8.
17 a) Kopieren Sie M9 und zeichnen Sie mit
Pfeilen die abgebildeten Einzelstrafen ein.
b) Ordnen Sie die Strafen folgenden Begriffen
zu: 1. Todesstrafen, 2. Verstümmelungsstrafen,
3. Ehrenstrafen (z. B. an den Pranger stellen,
Ausstellung im Käfig), 4. Freiheitsentzug.
c) Interpretieren Sie Ihr Ergebnis.
18 🏃 „Strafen und Strafvollzug im heutigen Europa – eine Bildreportage" (PC oder
Poster).
19 🏃 Eine Debatte: „Strafvollzug in privater
Hand?" Diskutieren, ob das Betreiben von Ge-
fängnissen heute privatisiert werden sollte.

M 9 **Strafen im Mittelalter, kolorierter Holzschnitt aus dem Augsburger Laienspiegel,**
1512. – *Dargestellt sind: Stäupen, Enthaupten, Rädern, Hand abschlagen, Ohr abschneiden,*
Ertränken, Vierteilen, Verbrennen, Hängen, Blenden.

M 10 Gewalt im Mittelalter – Positionen aus der Forschung

10a) Der Historiker Gerd Althoff schreibt über das Fehdewesen (1998):
Wer sich im Mittelalter zurückgesetzt, ungerecht behandelt oder beleidigt fühlte, griff zum Mittel der bewaffneten Selbsthilfe. Er schädigte Leute oder auch Land des Gegners
5 so lange, bis der sich bereitfand, einzulenken und den Streit mittels geeigneter Genugtuungsleistungen aus der Welt zu schaffen. [...]
Gottes- und Landfriedensbewegungen[1] versuchten zwar, das Ausmaß der Gewalt zu
10 begrenzen. [... Aber erst 1495 wurde] mit dem „Ewigen Landfrieden" ein grundsätzliches Fehdeverbot ausgesprochen. [...]
In der Tat war die mittelalterliche Fehdeführung in hohem Maße menschenverach-
15 tend. Fühlte man sich ungerecht behandelt, zurückgesetzt oder beleidigt, eröffnete man einen gewalttätigen Konflikt, indem man Land und Leute des Gegners schädigte. Dies geschah in aller Regel zunächst dadurch,
20 dass man die Güter des Gegners verheerte und brandschatzte, die bäuerliche Bevölkerung gefangen wegführte oder sie sogar tötete. Die Leidtragenden einer solchen Fehde waren in erster Linie Unbeteiligte. Sinn
25 dieses barbarischen Tuns war es, den Gegner durch Demonstration der Stärke zum Einlenken und Nachgeben zu bewegen. [...]
Namentlich die Kirche hat sich immer wieder energisch dafür eingesetzt, solche
30 gravierenden Folgen bewaffneter Selbsthilfe zu mildern oder gar zu beseitigen. Die Gottesfriedensbewegung ist das nachhaltigste Zeugnis solcher Bemühungen. Ihr Ideengut ging in Deutschland in die Landfrieden ein.
35 Wesentliches Ziel solcher Bemühungen war es, die unbeteiligte Bevölkerung aus der Fehde herauszuhalten, Übergriffe auf sie zu verbieten. Um dies zu erreichen, wurden die Waffenträger überzeugt oder genötigt, sich
40 eidlich auf diesbezügliche Regeln zu verpflichten. Solche regionalen Schwureinungen überwachten dann die Einhaltung dieser Versprechungen.
Doch trotz der unbezweifelbaren Erfolge
45 solcher Bemühungen ist es unbestreitbar, dass auch am Ende des Mittelalters eine Fehde noch ähnliche Schäden verursachte wie [... im] 11. Jahrhundert. [...]

Es gibt also für das gesamte Mittelalter nichts zu bagatellisieren. Das Klischee vom 50 martialischen Mittelalter scheint [...] gerechtfertigt, die Aufgabe des Rechts auf bewaffnete Selbsthilfe und die Etablierung eines staatlichen Gewaltmonopols scheint Teil eines Zivilisationsprozesses, der aus dem 55 Gewaltmenschen des Mittelalters den seine Affekte kontrollierenden Menschen der Moderne hervorgehen ließ. Doch ist dies nur die eine Seite der Medaille.
So wenig nämlich die Waffenträger des 60 Mittelalters die Menschen und ihre Würde in allgemeiner Hinsicht achteten, so sensibel agierten sie, wenn sie unter sich waren. Die Spielregeln der Konfliktführung änderten sich, je nachdem, ob Personen von Stand, al- 65 so Adlige, beteiligt waren oder nicht. In diesem exklusiven Kreis von adligen Standesgenossen praktizierte man im Mittelalter Regeln der Konfliktführung und -beilegung, die dem Klischee von einer ungebremst ge- 70 walttätigen Zeit keineswegs entsprechen. Vielmehr kannte und nutzte man vielfältige Mittel und Wege, Gewalt dosiert einzusetzen, vor ihrer Anwendung Zeit für Verhandlungen zu lassen, den Verzicht auf Gewalt zu 75 erleichtern, ein Einlenken zu honorieren und vieles andere mehr. [...]
Auch wenn noch einmal daran zu erinnern ist, dass dieses Regelwerk nur für die Waffenträger selbst und insbesondere für 80 ihre höchsten Ränge galt, ist davon unbenommen, dass diese Regeln der Gewalt Schranken setzten und bewusst so eingesetzt wurden. Gewiss sind sie auch verletzt und gebrochen worden, doch wäre es ein funda- 85 mentales Missverständnis, ihre Verbindlichkeit deshalb geringzuschätzen. Auch unsere Gesetze werden gebrochen, ohne dabei ihren verbindlichen Charakter zu verlieren. [...]
Man hat offensichtlich nicht bis zum letz- 90 ten Blutstropfen gekämpft, sondern seinen Einsatz zu dosieren gewusst. [...] Man hat den Einsatz von Gewalt wohl öfter angedroht als wirklich praktiziert und alle Beteiligten agierten auf dem Felde der Konflikt- 95 führung mit dem Wissen um Spielregeln, die ein rechtzeitiges Einlenken unter festliegenden Konditionen erlaubten und so das Risiko der Fehdeführung kalkulierbar machten. [...] Der gesamte mittelalterliche Kommunikati- 100 onsstil ist dominiert von Zeichen, Gesten,

Gebärden und Ritualen, um deren Verständnis wir uns bemühen müssen, da es sich nicht von selbst erschließt.

Gerd Althoff, Hans-Werner Goetz u. a., Menschen im Schatten der Kathedrale, Darmstadt (Wiss. Buchgesellschaft) 1998, S. 5–15.

1 Gottesfrieden: kirchliche Anordnungen, die einer seit dem 11. Jahrhundert überhandnehmenden Gewalttätigkeit, insbesondere beim Fehderecht, entgegenwirken sollten; die Anordnungen stellten vor allem Gruppen mit geminderter Rechtsfähigkeit und bestimmte Orte unter besonderen Friedensschutz.
Landfrieden: seit dem 12. Jahrhundert territoriale Sicherheitsordnungen, die von Landesfürsten und deren Beamten gewährleistet wurden.

10 b) Der Historiker Eberhard Isenmann schreibt über alltägliche Gewalt und Gewaltbereitschaft am Beispiel mittelalterlicher Zunftstuben (= Versammlungsort einer Zunft; 1988):
Obwohl die Zunftversammlungen unter Friedenspflicht standen, ging es auf ihnen, nach den Verboten der Zunft- und Stubenordnung zu schließen, keineswegs immer
5 friedfertig zu. Dies gilt nicht nur für die geselligen Veranstaltungen auf der Stube unter Alkoholeinfluss, sondern auch für die gerichtsförmig vonstattengehenden Zunftversammlungen (Morgensprachen), auf denen
10 wichtige Beschlüsse gefasst wurden. Es war verboten, zu den obligatorischen Morgensprachen, die angeblich ursprünglich nüchtern besucht werden mussten, barfuß oder mit unbedeckten Schenkeln zu erscheinen,
15 dort ungefragt zu reden und sich ehrverletzend zu äußern. Verboten war das Mitbringen von Waffen oder von anderen als Waffen dienlichen Gegenständen. Anstandsregeln, detaillierte […] Buß- und Straftatbestände
20 mit genauen Straftaxen zeugen von einer ungebärdigen Lebenswirklichkeit und von dem Bemühen um Disziplinierung und Sozialisation. Straßburger Ordnungen des 14. und 15. Jahrhunderts belegen mit Strafen:
25 Diebstahl, Maulstreiche, die Scheltworte „Dieb" und „Bösewicht", gotteslästerliche Flüche und unzüchtige (zuchtlose) Worte, Bezichtigung der Lüge, unbefugtes Hinausweisen eines anderen aus dem Stubenhaus,
30 Bruch eines Gelübdes, die Hand am Messer, Ziehen des Messers, Werfen (man treffe oder nicht) mit Krügen, Kannen, Kübeln, Lichtstöcken und Gläsern, Zerschmeißen von Fenstern, Ofenkacheln, Kannen und Glä-

sern, Eintreten von Türen, Aufbrechen von 35 Kisten, Türfenstern und anderem oder Öffnen mit Nachschlüsseln, Brennen mit Holz, Prügeln, Körperverletzung, Totschlag (Verlust des Stubenrechts), aber auch das gewaltsame Wegnehmen von Speisen, Trinken aus 40 der Flasche oder Kanne, Spielen während der Fasten- und Osterzeit.

Eberhard Isenmann, Die deutsche Stadt im Spätmittelalter, Stuttgart (UTB) 1988, S. 310.

20 a) Arbeitsgleiche Gruppenarbeit: Lesen Sie den Sekundärtext M10a und erarbeiten Sie eine kurze Erläuterung des Begriffs „Fehde".
b) Präsentieren Sie Ihre Ergebnisse im Kurs und formulieren Sie eine gemeinsame Erläuterung.
21 a) Bestimmen Sie die Position von Althoff zur Gewalt im Mittelalter (M10a).
b) Vergleichen Sie mit der Perspektive und Position Isenmanns in M10b.
b) Nehmen Sie zu den Forschungspositionen in M10a und b kritisch Stellung.
22 Suchen Sie weitere Informationen (im Internet) zu dem in M11 Dargestellten und bewerten Sie das Verhalten des Fußballspielers Zidane.
23 🏃 Projekt: „Konflikte gewaltfrei lösen" – Stellen Sie (aus Ihrer Schule oder aus Ihrer Stadt) ein Beispiel für eine zivilgesellschaftliche, d. h. gewaltlose Form der Konfliktregelung vor.
24 🏃 Verfassen Sie einen Zeitungsartikel: „Das Mittelalter – ein gewalttätiges Zeitalter?" Beziehen Sie Ihr historisches Grundwissen über das 20. Jahrhundert und die Gegenwart mit ein.

M 11 Endspiel der Fußballweltmeisterschaft in Berlin 2006, Fernsehstandbilder. – *Der Franzose Zinedine Zidane (in weiß) verpasste dem Italiener Marco Materazzi (in blau) nach einer Beleidigung einen Kopfstoß.*

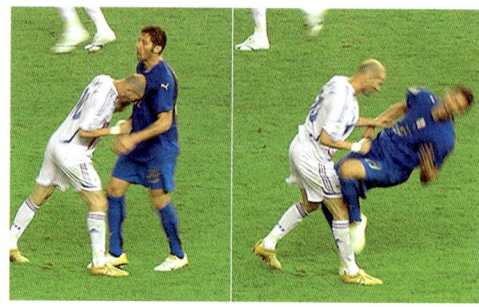

Geschlechterverhältnisse im Mittelalter

Recht und Arbeit

Die mittelalterliche Gesellschaft wies Männern und Frauen unterschiedliche Lebensbereiche und **Rollen** zu. Es gab eine Männerwelt, die nach außen gerichtet war. Die Frauen hatten sich dagegen um den inneren Lebenskreis des Hauses und der Familie zu kümmern, wobei ihnen auch die Aufsicht über im Haus lebende Gesellen und das Gesinde unterstand. Ehefrauen halfen darüber hinaus im Handwerksbetrieb oder im Handelsgeschäft des Ehemannes mit.

Die mittelalterliche Gesellschaft war eine patriarchalische Gesellschaft: Weil Frauen von Natur aus als nicht waffen- und wehrfähig galten, unterstanden sie der **Geschlechtsvormundschaft**, d. h., sie besaßen keine volle Rechts- und Handlungsfähigkeit. Vor Gericht musste sie der Mann vertreten. Bei unverheirateten Frauen war das meist der Vater, bei verheirateten der Ehemann. Verstarben beide, ging die Vormundschaft auf männliche Verwandte über. In einigen Städten führten jedoch Frauen selbstständig Prozesse. Auch waren städtische Kauffrauen, im Gegensatz zu Bäuerinnen und Ehefrauen der Oberschicht, voll rechts- und geschäftsfähig.

Obwohl die Sorge für den Lebensunterhalt bei den Männern lag, mussten **Bäuerinnen** oft bei Feld- und Erntearbeiten mithelfen, um die Existenz zu sichern. Die Arbeit der **Bürgerfrauen** in den Städten beschränkte sich zwar ebenfalls weitgehend auf das Haus, doch konnten sie bestimmte Handwerksberufe im Textilgewerbe (Wollweber, Leineweber) ausüben und Handel treiben. Im Spätmittelalter wurde bestimmt, dass eine Frau den Handwerksbetrieb ihres verstorbenen Mannes selbstständig weiterführen durfte. In der Freien Stadt Köln konnten Frauen sich sogar in eigenen Zünften organisieren. Eine Sonderstellung nahmen die Hebammen und Krankenpflegerinnen ein. Sie genossen als Heilkundige hohes Ansehen.

Die weiblichen Orden nahmen ursprünglich als **Nonnen** ausschließlich Frauen adliger Herkunft auf, damit diese eine standesgemäße Versorgung erhielten. **Adlige Frauen** wirkten auch auf das kulturelle Leben ein, wurden verehrt und als Vorbilder im **Minnesang** besungen. Gelegentlich traten adlige Frauen auch in der Politik auf, so z. B. die **Königinnen** Adelheid und Theophanu im 10. Jahrhundert (siehe S. 46, 107, 120 f.) oder die Markgräfin Mathilde von Tuscien, die im Investiturstreit zwischen König und Papst (siehe S. 154) vermittelte.

Familie und Ehe

Die mittelalterliche Familie war eine Hausgemeinschaft mit gemeinsamer Wohnung und Besitz. Sie bestand in der Regel aus Mann, Frau und minderjährigen Kindern, wobei die Söhne das Erbe weitergaben oder sich neues Erbe erheirateten. Vorherrschend war somit die **Zwei-Generationen-Familie**: Wer heiratete, gründete in der Regel einen eigenen Haushalt. Starb ein Ehepartner, gab es die Möglichkeit der Wiederverheiratung.

Wegen der hohen Sterblichkeit im Säuglingsalter (durch Hunger, ansteckende Krankheiten) blieb die Durchschnittsfamilie recht klein; Historiker haben für eine Ehe den statistischen Wert von 2,6 Kindern (heute in der Bundesrepublik: 1,4) errechnet. In West- und Mitteleuropa heirateten die Menschen relativ spät, was sich auf die Anzahl der möglichen Kinder auswirkte. Das Heiratsalter lag in der Regel bei Mitte bis Ende Zwanzig. Im Vergleich mit anderen Kulturen war die späte Heirat ungewöhnlich. Sie hatte ihren Grund darin, dass in Mittel- und Westeuropa kein kultureller oder religiöser Zwang zu einer frühen Eheschließung bestand.

In der mittelalterlichen Ständegesellschaft herrschte die Vorstellung vor, dass die Ehepartner aus dem gleichen Stand kommen sollten. Die Ehe blieb eine wirtschaftliche Gemeinschaft. Die Kirche machte den Konsens der Partner zur Grundlage der Eheschließung. Die Vorstellung von der **monogamen**, von Gott als Sakrament gestifteten und daher unauflöslichen Beziehung hat sich im Verlauf des Mittelalters in den christlichen Kulturkreisen durchgesetzt.

Themen und Methoden

M 12 **Frauen- und Männerrollen in mittelalterlichen Text- und Bildquellen**

*12 a) Auszug aus dem Sachsenspiegel, Land-
recht, erstes Buch, Kapitel 45 (1220–1235):*
Wenn ein Mann seiner Frau nicht ebenbürtig ist, so ist er doch ihr Vormund, und sie ist
seine Standesgenossin und tritt in sein Recht
ein, sobald sie in sein Bett geht. Wenn er
5 aber stirbt, dann ist sie von seinem Recht frei
und erhält den Rechtsstatus gemäß ihrer Geburt. Aus diesem Grunde muss ihr, und nicht
ihres Mannes, nächster ebenbürtiger Schwert-
mage[1] auch ihr Vormund sein. Eine Ehefrau
10 kann ohne Einwilligung ihres Mannes nichts
von ihrem Gut veräußern noch Grundeigentum verkaufen oder ihr Leibgedinge auflas-
sen, weil er [ihr Mann] mit ihr zusammen in
der Gewere[2] sitzt. Mädchen aber und unver-
15 heiratete Frauen verkaufen ihr Grundeigentum ohne Erlaubnis ihres Vormunds, es sei
denn, er sei der Erbe davon. Mädchen und
Frauen müssen allerdings bei jeder Klage einen Vormund haben, weil man sie nicht des-
20 sen überführen kann, was sie vor Gericht
sprechen oder tun.
*Zit. nach: http://www.sachsenspiegel-online.de/cms/
meteor/jbrowser/descriptionInfo.jsp?id=10275
(14. Dezember 2005).*

1 Verwandter von männlicher Seite her

2 Herrschaftsrecht über Sachen

*12 c) Aus dem Amtsbrief der Kölner Garnma-
cherinnen vom 14. April 1397. Die Zunft wurde
zwischen 1370 und 1397 gegründet:*
§ 1. Zum Ersten, welche Person oder Magd
das Garnamt [Amt: genehmigtes Handwerk]
in Köln lernen will, die soll vier Jahre dienen
und nicht weniger, damit sie lerne, Kaufmannsgut zu machen und zu bereiten. [...]   5
§ 2. Weiterhin, eine Frau oder Tochter, die
das Amt selbst mit der Hand ausübt und eine
Lehrmagd für weniger als vier Jahre dingt,
was wider das Amt ist, die soll zwei Gulden
Strafe zahlen. [...]   10
§ 3. Weiterhin, wenn eine Person ihre vier
Jahre gedient hat und sich [...] niederlassen
will, um selbstständig zu arbeiten, so sollen
die Frauen, die darauf vereidigt worden sind,
ihre Arbeit prüfen, ob das Kaufmannsgut ist   15
oder nicht. [...]
§ 5. Und welchem Mann seine Frau stirbt,
der Mann darf das Amt mit seinem Gesinde
weiter ausüben. [...]
§ 8. Weiterhin soll keine Frau mehr Gesinde   20
halten als drei Mädchen oder Lohnarbeite-
rinnen. [...]
§ 10. Und wer dem anderen sein Gesinde
entzieht oder abmietet [...], die soll, wenn
man sie dessen überführen kann, zwei Gul-   25
den als Strafe zahlen und den Dienstboten
entlassen.
*Zit. nach: Peter Ketsch, Frauen im Mittelalter, Bd. 1,
Düsseldorf (Schwann-Bagel) 1983, S. 173 f.*

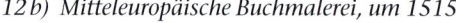

12 b) Mitteleuropäische Buchmalerei, um 1515

12 d) Buchmalerei aus Verona, Ende 14. Jh.

M 13 Standpunkte

13 a) Der Historiker Ferdinand Seibt (1987):
Natürlich war diese Gesellschaft weit entfernt von einer Gleichheit zwischen Mann und Frau. Die Fragen, die man heute in diesem Zusammenhang stellt, sind Fragen
5 unserer industrialisierten, vom Phänomen der Gleichberechtigung durchdrungenen Welt. […] Wir müssen den gegebenen Dualismus verstehen, der Männern und Frauen besondere Lebenswelten zuteilte, als unver-
10 änderlicher Bestand der Welt in den Köpfen gegenwärtig. Die prinzipielle Herrschaftsposition der Männer korrespondiert, im Rahmen der gesellschaftlichen Zwänge, immer deutlicher mit der Anerkennung weiblicher
15 Funktionen in vielen allmählich wachsenden Aufgabenbereichen. In der religiösen Laienbewegung, als Regentin, im Zunftgewerbe, das „Frauenzünfte" akzeptiert: Das 15. Jahrhundert bringt die „ehrsame Haus-
20 frau" im bürgerlichen Lebenskreis in ein Bezugssystem zu Kirche, Küche und Kindern, nach Idee und Begriff. […]. Nicht das Anliegen der Gegenwart, sondern das zeitgenössische gilt es zu suchen. Das zeitgenössische
25 Anliegen aber bestand in einer eigenen Männer- und einer besonderen Frauenwelt. […]
　Die mittelalterliche Kirche ging mit der Weiblichkeit allem Anschein nach sehr ambivalent um. Das hängt wohl mit der Mönchs-
30 askese zusammen. „Ohne Frauen wären wir Gott näher", heißt es im selben 12. Jahrhundert, in dem Kirchenobere mit großem Respekt die religiöse Kraft der Frauenbewegung entgegennehmen. Noch Thomas von Aquin,
35 der Dominikanermönch, teilt in seinen anthropologischen Erwägungen die vollkommenere Menschlichkeit unverkennbar nur dem Mann zu. Dennoch verschafft sich die Frau Bewegungsfreiheit in der Kirche, auch
40 Gehör, obwohl ihr das Priesteramt nicht offen steht; die Abtswürde schon. Immerhin weicht die Geringschätzung. […] Die Troubadours hatten die Weiblichkeit als solche auf den Schild gehoben. […] Inzwischen hatte
45 die bürgerliche Schwankliteratur […] über ganz Europa ein anderes Bild von der Frau verbreitet: lebensfroh, listenreich, ihres erotischen Wertes sich bewusst.
Ferdinand Seibt, Glanz und Elend des Mittelalters, Berlin (Siedler) 1987, S. 378–384.

13 b) Die Historikerin Edith Ennen schreibt über Frauen im Berufsleben am Übergang vom Mittelalter zur Neuzeit (1994):
Die Schulbildung der Kauffrauen [in der mittelalterlichen Stadt] reichte offenbar aus, die in einem kaufmännischen Betrieb anfallenden schriftlichen Arbeiten zu erledigen.
5 Seit dem 15. Jahrhundert kam es allerdings zu einem Bildungsgefälle zwischen Jungen und Mädchen; die jungen Bürgersöhne besuchten jetzt die Universitäten, die nun auch in Mitteleuropa verbreitet sind. Die Frauen
10 tun das höchstens in romantisch-abenteuerlichen Ausnahmefällen. Damit bahnt sich im Spätmittelalter eine Entwicklung an, die für die Frauen zu einem schweren Handikap im Berufsleben wurde. Denn die „Gelehrten"
15 eroberten sich immer neue Positionen. Sie drangen in die Stadträte ein wie in die landesherrlichen Kollegialbehörden. Ärzte, Notare, Lizentiaten, Prokuratoren hatten an einer Universität studiert. Dass Frauen immer
20 wieder in die zweitrangige, die assistierende, helfende Position gedrängt wurden, lag großenteils an ihrer fehlenden akademischen Ausbildung. Sie waren Krankenpflegerinnen, aber nicht Ärzte, Lehrerinnen, aber nicht an
25 den jetzt aufkommenden humanistischen Gymnasien, sie waren keine Beamte in leitenden Funktionen und keine Richter. Im Gewerbe waren es andere Gründe, die Verknappung des Erwerbsspielraumes, das Auf-
30 kommen neuer Produktionsformen, die dazu führten, dass die Zünfte sich gegen Frauenarbeit sperrten; das zeigt sich im 16. Jahrhundert schon sehr entschieden. Daher ist in der Neuzeit, vor etwa 1918, die Be-
35 nachteiligung der Frau im Berufsleben größer gewesen als im Spätmittelalter.
Edith Ennen, Frauen im Mittelalter, 5. Aufl., München (C. H. Beck) 1994, S. 242 f.

25 a) Arbeiten Sie aus M12a–d Befunde über die Geschlechterrollen im Mittelalter heraus.
b) Formulieren Sie Thesen zu Ihren Befunden.
26 Diskutieren Sie über die Positionen und die erkenntnisleitenden Interessen in M13a und b.
27 ⚐ Referat: „Frauen an der Macht? Reichsäbtissinnen im Heiligen Römischen Reich"
(s. auch S. 50).
Literatur: Ute Küppers-Braun, Die hohen Damen des Alten Reichs, in: Die Zeit. Geschichte Nr. 4, 2006, S. 60–65.

Themen und Methoden

„Dem Tod ja keine Herrschaft gönnen"
Lebensrisiken – im Mittelalter und in der Gegenwart

M 14 Der Historiker Otto Borst (1983)

Unsere Maxime, unser krampfhaft verfolgtes Finale: dem Tod ja keine Herrschaft gönnen.

Im Mittelalter hat man gerade andersherum gedacht: unter der Herrschaft des Todes Leben zu haben. Dieses Leben steht im Vergleich zu unserer Lebenssituation mehr als ungeschützt da. […] Die Überantwortung des Todes an Sterbekassen und Friedhofsämter, die mit den aus der Gründerzeit herkommenden Bestattungsgesellschaften auch ein gehöriges Stück „Technik" in das Geschäft mit dem Tode brachte, ist dem Mittelalter schon deshalb unbekannt, weil statt der anonymen Organisation immer noch das Unmittelbare und Zufällige die Überhand hat: Im Mittelalter ist der Einzelne sehr viel mehr als heute seiner Umwelt und den irdischen Mächten ausgesetzt.

M 15 Reisen im Mittelalter, Holzschnitt, um 1400. – *Ein Krämer bleibt mit seinem Esel in einer Lache oder Furt stecken, während sich ein Mann (Räuber oder Mörder?) nähert.*

Ein paar Beispiele belegen das. Die Natur ist noch lange nicht in dem Maße dem Menschen unterworfen, sozusagen domestiziert, wie heutzutage. […] Der Mensch des Mittelalters vereinigt sich schon nicht mehr völlig mit der Natur, aber er stellt sich ihr auch noch nicht gegenüber. Man ist sich der Grenze zwischen beidem nicht bewusst. Die Natur ist (noch) nicht empirische Welt für sich, eine außerhalb des Menschen befindliche Gegebenheit, und eben darin noch nicht bewältigt, „kontrolliert", sondern ein Stück unberechenbaren Gotteswerks an der Seite des Menschen. […]

Erst spät, am Ausgang dieser Epoche haben sich die Maler an eine realistischere Darstellung ihrer Konturen gewagt […]. Man ist jedes Mal heilfroh, den möglichen Zugriffen der Natur ungeschoren entronnen zu sein. Schnee ist nicht Anlass zu Wintersport, sondern Mühsal und Gefahr, vor der man sich zu schützen sucht, so gut das geht. Bergland und Gebirgspässe bringt man hinter sich, schwer genug; von der Freundlichkeit oder gar von der Schönheit der Alpenwelt kann keine Rede sein. […]

Wir verlassen uns heutzutage auf halb oder sorgfältig gehörte Wetterprognosen, die Hotel oder Urlaubsbestellung auch über Kontinente hin ist längst keine Sensation mehr. Wir brauchen nicht erst mündliche Nachrichten abzuwarten und sie auf ihre Glaubwürdigkeit zu überprüfen. […]

Seuchen kennt das Mittelalter in verheerendem Maße. Die „Pest" ist das Schreckenswort, das durch die Gassen und Treppenhäuser gehallt haben muss wie nur irgendeine Vokabel, die lähmendes Entsetzen hervorruft. […] Die Beulenpest, die Boccaccio [in seinem um 1350 entstandenen Decamerone] beschreibt, hat wahrscheinlich seit 1332 ihren Lauf von Indien aus genommen. […] Linderungsmöglichkeiten und Betäubungsmittel fehlen fast ganz. […] Die Medizin kann den Tod nicht dosieren. […] Es bleibt kein anderer Weg für den im Mittelalter lebenden Menschen, als dem Tod wie einem Begleiter an die Hand zu gehen, scheu, zu-

ckend, aber doch in der Erkenntnis, dass er, der Allgegenwärtige, im Erdenleben dazuge-
70 hört.

Otto Borst, Alltagsleben im Mittelalter, Frankfurt/Main (Insel) 1983, S. 589–600.

M 16 **Der Soziologe Ulrich Beck schreibt nach der Atomreaktorexplosion in Tschernobyl über Risiken in der Moderne (1986)**

Arm an geschichtlichen Katastrophen war dieses Jahrhundert wahrlich nicht: zwei Weltkriege, Auschwitz, Nagasaki, dann Harrisburg und Bhopal, nun Tschernobyl. Das
5 zwingt zur Behutsamkeit in der Wortwahl und schärft den Blick für die historischen Besonderheiten. Alles Leid, alle Not, alle Gewalt, die Menschen Menschen zugefügt haben, kannte bisher die Kategorie der „an-
10 deren" – Juden, Schwarze, Frauen, Asylanten, Dissidenten, Kommunisten usw. […] Dies alles gibt es weiter und gibt es seit Tschernobyl nicht mehr. Es ist das *Ende der „anderen",* das Ende all unserer hochgezüch-
15 teten Distanzierungsmöglichkeiten, das mit der atomaren Verseuchung erfahrbar geworden ist. *Not lässt sich ausgrenzen, die Gefahren des Atomzeitalters nicht mehr.* Darin liegt ihre neuartige kulturelle und politische Kraft. […]
20 In der entwickelten Moderne, die angetreten war, um die Beschränkungen durch Geburt aufzuheben und den Menschen über eigene Entscheidung und Leistung eine Stelle im gesellschaftlichen Gefüge zu eröffnen,
25 entsteht ein neuartiges […] *Gefährdungsschicksal,* aus dem es bei aller Leistung kein Entrinnen gibt. […] Anders als Stände oder Klassenlagen steht es auch nicht unter dem Vorzeichen der Not, sondern unter dem Vor-
30 zeichen der Angst und ist gerade *kein* „traditionelles Relikt", sondern ein *Produkt* der Moderne. […]
Die Gegenüberstellung von Natur und Gesellschaft ist eine Konstruktion des
35 19. Jahrhunderts, die dem Doppelzweck diente, die Natur zu beherrschen *und* zu ignorieren. […] Im Zuge ihrer technisch industriellen Verwandlung und weltweiten Vermarktung wurde Natur in das Industriesystem hereingeholt. Zugleich ist sie auf die-
40 se Weise zur unüberwindlichen Voraussetzung der Lebensführung im Industriesystem

geworden. Konsum- und Marktabhängigkeit bedeutet nun auch wieder in neuer Weise „Natur"abhängigkeit […]. Gegen die Bedro-
45 hungen der äußeren Natur haben wir gelernt, Hütten zu bauen und Erkenntnisse zu sammeln. Den industriellen Bedrohungen der in das Industriesystem hereingeholten Zweitnatur sind wir nahezu schutzlos ausge-
50 liefert. […] Alltägliche Lebensregeln werden auf den Kopf gestellt. Märkte brechen zusammen. Es herrscht Mangel im Überfluss. Anspruchsfluten werden ausgelöst. Rechtssysteme fassen die Tatbestände nicht. Nahe-
55 liegendste Fragen ernten Achselzucken. Medizinische Betreuungen versagen. Wissenschaftliche Rationalitätsgebäude stürzen ein. Regierungen wackeln. Wechselwähler laufen weg. […] Das ist das Ende des 19. Jahrhun-
60 derts, das Ende der *klassischen* Industriegesellschaft mit ihren Vorstellungen von nationalstaatlicher Souveränität, Fortschrittsautomatik, Klassen, Leistungsprinzip, Natur, Wirklichkeit, wissenschaftlicher Er-
65 kenntnis usw.

Ulrich Beck, Risikogesellschaft, Frankfurt/Main (Suhrkamp) 1986, S. 7–10.

M 17 **Fotografie, Pirna, August 2006**

28 🏃 Arbeitsteilige Gruppenarbeit:
a) Arbeiten Sie die Vorstellungen von Borst (M14) bzw. Beck (M16) über Lebensrisiken im Mittelalter bzw. in der Moderne heraus.
b) Prüfen Sie, ob Bild M15 den Text M14 bzw. Bild M17 den Text M16 stützt oder widerlegt.
29 Diskutieren Sie die Thesen von Borst und Beck. Gehen Sie dabei auch auf den Begriff der „strukturellen Gefährdungen" ein.

Weiterführende Arbeitsanregungen

🏃 Hausarbeiten: Menschen im Mittelalter – Biografien als „Fenster in die Vergangenheit"

„Männer machen Geschichte!" – Diese entweder vorwurfsvoll oder ironisch benutzten Worte waren in der Vergangenheit häufig zu hören, wenn sich jemand mit Biografien beschäftigte. Tatsächlich wurden bis in die 1960er-Jahre fachwissenschaftliche ebenso wie populäre Biografien meist „großen" Persönlichkeiten gewidmet. Damit verbunden war eine Vorstellung von Geschichte, die in Dauer und Wandel vor allem das Handeln und die Leistungen einzelner Menschen/Männer sah. Seit sich die Geschichtswissenschaft stärker der Mentalitäts- und Kulturgeschichte widmet, werden jedoch neue Fragen gestellt, z. B. wie eine Person mit ihren Erfahrungen und Wahrnehmungen, ihrem Denken und Handeln in einer Epoche verwurzelt ist. Dieser „biografische Zugriff" nutzt die bisherigen Vorteile der Biografie – Lebensnähe und Anschaulichkeit – und öffnet zugleich ein Fenster, um abstrakte „Prozesse" und „Strukturen" z. B. von politischer Herrschaft im Mittelalter, von der Ständegesellschaft, vom Leben in der mittelalterlichen Stadt oder in den Klöstern zu verstehen.

1 Kaiserin Adelheid und Kaiser Otto I.
Adelheid (931–999) wurde von ihrem Gatten, Kaiser Otto I., dem Großen (912–973), *consors regni*, Teilhaberin der Macht, genannt. Besaßen Frauen im Mittelalter politische Macht?
– *Bruno Keiser, Adelheid. Ein Leben in bewegter Zeit, München (Piper) 1999 (TB).*

2 Mathilde, Gräfin von Canossa
Auf der Burg Mathildes (1046–1115) fand der berühmte „Gang nach Canossa" statt. Welche Rolle spielte Mathilde im Investiturstreit? Wie funktionierte Politik im Mittelalter?
– *Vito Fumagalli, Mathilde von Canossa, Berlin (Wagenbach) 1998.*

3 Hildegard von Bingen
Hildegard von Bingen (1098–1179) war Äbtissin, Mystikerin, Dichterin, Musikerin und Verfasserin naturheilkundlicher Schriften. Was kann das Leben dieser Frau über die Mentalität im Mittelalter vermitteln? Welche Rolle spielten Klöster in der mittelalterlichen Gesellschaft?
– *Michaela Diers, Hildegard von Bingen, München (dtv) 1998 (TB).*
– *Heinrich Schipperges, Hildegard von Bingen, München (C. H. Beck) 1995 (TB).*
– *Helene M. Kastinger Riley, Hildegard von Bingen, Frankfurt/Main (rororo) 1997 (TB).*

4 Friedrich II. von Hohenstaufen
Friedrich II. (1194–1250) war der letzte Stauferkaiser. In seinem ganzen Leben residierte er nur zehn Jahre in Deutschland, und mit dem Papst stand er in ständigem Konflikt. Was sagt uns das Leben dieses Kaisers über das Verhältnis von Kirche und Staat im Mittelalter?
– *Ekkehart Rotter, Friedrich II. von Hohenstaufen, München (dtv) 2004 (TB).*

5 Marco Polo
War der Reisende Marco Polo (1254–1324) tatsächlich in China oder ist sein Bericht eine Fabel? Wie zuverlässig sind mittelalterliche Quellen? Wie verbreitet waren Fälschungen?
– *Otto Emersleben, Marco Polo, Frankfurt/Main (rororo) 2002 (TB).*

Sammelband
– *Werner Goetz, Lebensbilder aus dem Mittelalter, 2. Aufl., Darmstadt (Wiss. Buchgesellschaft) 1998.*

M 18 Adelheid und Otto I., Statuen im Meißener Dom, 13. Jh.

4 Auf dem Lande – eine verlorene Welt der Stabilität?

Wenn „wir die Urkunden älterer Zeiten befragen", schrieb der Staatsphilosoph Adam Müller 1819 im Rückblick auf das Mittelalter, hatte „jeder Mensch …, außer seinem täglichen Unterhalte, noch eine Basis der Existenz, einen bleibenden Zustand oder Stand, dem er angehörte … Er war einer Familie, … einer Gemeinde, einem Stande für immer verpflichtet …, und dieser Zustand oder Stand hatte seinesteils wieder die Verpflichtung, für ihn zu sorgen. Eine solche Vorsorge war kein Almosen, welches den Empfänger erniedrigt, sondern eine strenge Verpflichtung, deren Erfüllung das edlere Selbstgefühl der Menschen niemals verletzen konnte." In solch einer „wahrhaft natürlichen Ordnung", lautete sein Fazit dreißig Jahre nach der Französischen Revolution, wäre „für jeden Bürger dieser Erde sein Tisch zu rechter Zeit gedeckt."

Die **Mittelalter-Nostalgie** des 19. Jahrhunderts hat heutzutage viel von ihrer Glaubwürdigkeit verloren – allerdings nur auf den ersten Blick. Zeichnen die Veranstalter mittelalterlicher Ritterturniere und Jahrmärkte oder die Autoren auflagenstarker Mittelalterromane nicht ebenfalls ein romantisch verklärtes Bild der Vergangenheit? Bot das Leben im Mittelalter mit seinen vielen Bindungen wirklich größere Vorteile als die auf das Individuum bauende Industrie- und Informationsgesellschaft der Moderne? Auch stellt sich die Frage, ob die Agrar- und Ständegesellschaft überhaupt so von **Dauer** gekennzeichnet war, wie es die romantischen Bilder nahelegen. Gab es nicht auch im Mittelalter Lebensbereiche, die einen **Wandel** erfuhren?

Grundlagen der mittelalterlichen Gesellschaft: Die Agrarwirtschaft

Im Mittelalter arbeiteten die meisten Menschen in der Landwirtschaft – zu Beginn fast alle, in den meisten Regionen Europas um 1500 immer noch zwischen 80 und 90 Prozent.

Wie in der Gegenwart, so hing auch im Mittelalter die landwirtschaftliche Produktivität neben der Bodenbeschaffenheit, dem Klima und dem Wetter von den Arbeitsgeräten, den Anbaumethoden und der richtigen Auswahl der Kulturpflanzen ab. Im Bereich der Agrartechnik kam es schon im Frühmittelalter zu bedeutenden Veränderungen. Die Ablösung des einfachen **Hakenpflugs** durch den **Beetpflug**, der sich mit seiner eisernen Pflugschar und Rädern rasch zum „Leitinstrument" der Landwirtschaft entwickelte (Dieter Hägermann), veränderte die bäuerliche Tätigkeit von Grund auf. Das gilt auch für den Einsatz der Pferdekraft, die durch die Einführung von **Kummet** und **Hufeisen** effizienter genutzt werden konnte. In der Karolingerzeit begann sich auch die **Dreifelderwirtschaft** durchzusetzen, bei der Winterfrucht, Sommerfrucht und Brache einander abwechselten. Insgesamt brachten die Neuerungen der bäuerlichen Bevölkerung Arbeitsersparnis und verbesserte Erträge. Eine weitere Neuerung war der Anbau von **Roggen** und **Hafer**. Beide Getreidearten erschöpften den Boden weit weniger als Weizen und gediehen unter den klimatischen Bedingungen Mitteleuropas – wo es wesentlich kühler als im Mittelmeerraum ist – hervorragend. Außerdem erweiterten beide Getreidesorten das Nahrungsangebot. Der Historiker Lynn White bezeichnet die Veränderungen zusammenfassend als „landwirtschaftliche Revolution des frühen Mittelalters".

Am Übergang zum Hochmittelalter setzte der innere **Landesausbau** ein: Undurchdringliche Wälder und sumpfiges Ödland wurden in Ackerboden umgewandelt, die höheren Lagen der Mittelgebirge landwirtschaftlich erschlossen und neue Dörfer angelegt. Die **Bevölkerungszahl** Europas stieg zwischen 1000 und 1300 um das Drei- bis Vierfache. **Städtegründungen** und die seit der Antike erstmals wieder aufkommende **Geldwirtschaft** (siehe dazu ausführlich Kapitel 5) veränderten auch die Wirtschaft auf dem Lande. Vielerorts entstanden **Märkte**, wo Bauern Waren verkauften, die sie nicht für den Eigenbedarf oder für Abgaben benötigten.

Seit dem 14. Jahrhundert verschlechterten sich die Lebensbedingungen dramatisch. Die Große Pest 1348–1352, Missernten und Klimaverschlechterungen („kleine Eiszeit") stürzten **Europa im Spätmittelalter in eine große Krise** (siehe dazu ausführlich Kapitel 10).

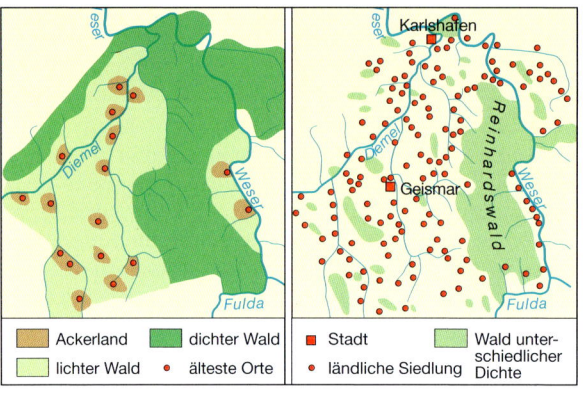

M 1 Wandlungen im Siedlungsbild der Diemellandschaft (Nordhessen) um 500 bis um 1290

Grundherrschaft und Lehnswesen – ein Ersatz für den Staat?

Das Leben der Menschen in der mittelalterlichen Agrargesellschaft war durch feste Gehorsams- und Leistungspflichten geprägt, die sich aus den beiden großen Ordnungssystemen, der Grundherrschaft und dem Lehnswesen, ergaben. Beide Systeme gründeten auf **persönlichen Abhängigkeiten** und waren durch wirtschaftliche Belange miteinander verwoben.

Bei beiden ging es darüber hinaus um Herrschaft über andere, also um politische Macht, beim Lehnssystem allerdings um Kriegs- und Verwaltungsaufgaben größerer Gebiete. Denn um politische Herrschaft in den Stammesgebieten oder im Gebiet eines Königtums zu organisieren, gab es noch nichts, was mit den Einrichtungen unseres modernen Staates auch nur im Entferntesten vergleichbar wäre. Sicherheit, Stabilität und die Verteilung politischer Macht wurden nicht, wie z. B. bei uns durch ein „Grundgesetz", für alle gleich und verbindlich geregelt und durchgesetzt. Der mittelalterliche Herrscher konnte Herrschaft nur dort durchsetzen, wo er anwesend war. Er musste Gefolgsleute finden, die seine Interessen durchsetzten, und er musste sie durch Entgegenkommen immer wieder persönlich an sich binden, um anerkannt zu werden. Diese Ordnung war „ein schwer durchschaubares System … von Dienst und Belohnung, ein System, in dem … Gaben und Gegengaben eine entscheidende Rolle spielten. Unterschiedliche Erwartungen und Ansprüche mussten austariert, Gunst möglichst geschickt verteilt … werden, damit die Ordnung in diesem **Personenverband**, die auf einer **Rangordnung** basierte, nicht gestört wurde" (Gerd Althoff, Hermann Kamp).

Grundherrschaft und Lehnssystem waren miteinander verwoben, unterschieden sich aber in einem Punkt: Das Lehnssystem versuchte die kleine Gruppe der **freien Oberschicht**, d. h. die Adligen, die Ritter und Geistlichen (Bischöfe, Äbte) zu binden, die Grundherrschaft hingegen band die **Masse der Unfreien**.

„Herrschaft über Land und Leute": Die Grundherrschaft

Eine Grundherrschaft war mehr als nur ein Grundeigentum, da sie zugleich Herrschaft über die Personen ausübte, die den Boden bearbeiteten. Auch ein wohlhabender freier Bauer konnte nie **Grundherr** werden, denn dafür musste er dem Adelsstand angehören und über das angestammte Herrschaftsrecht der Gerichtsgewalt verfügen. Mit der Entstehung der Städte erwarben auch Bürger Grundherrschaften im städtischen Umland. Die Grundherrschaft erfüllte Aufgaben, die wir heute als „öffentlich" bezeichnen; für sie ist bei uns „der Staat" zuständig.

Grundherr konnte ein Adliger, aber auch eine kirchliche Einrichtung, z. B. ein Kloster, sein. Diese gaben Land an abhängige Untereigentümer – meist an unfreie **Hörige**, aber auch an freie Bauern – zur Bewirtschaftung aus. „An der Ruhr," erläutert der Historiker Ludolf Kuchenbuch,

„war einer der großen Grundherren das Kloster Werden, ein anderer das Stift Essen. Auf den Burgen saßen viele kleine Adlige und darüber die Grafen von der Mark und der Bischof von Münster, der Erzbischof von Köln und schließlich der Kaiser beziehungsweise König." Sie alle waren Grundherren. Als Gegenleistung zu den Abgaben und Diensten der Hörigen (**Frondiensten**) gewährte ihnen der Herr Schutz. Die Hörigen waren an den von ihnen bearbeiteten Boden gebunden und konnten mit ihm verkauft oder verschenkt werden. Die Unfreiheit der Hörigen muss allerdings von der Unfreiheit eines **Leibeigenen** oder **Sklaven** abgegrenzt werden. Hörige konnten im Gegensatz zu Leibeigenen bewegliches Eigentum erwerben. Sklaven hatten, im Gegensatz zu Hörigen, keine Personenrechte.

Es gab drei Arten der Grundherrschaft: 1. Die **Villikation** bestand aus der Eigenwirtschaft des Herrn mit **Salland** (Herrenland), **Salhof** (Herrenhof) und **Fronhöfen**; der größere Teil war in **Hufen** aufgeteilt, auf denen Hörige wirtschafteten und Frondienste leisteten. 2. Die **Zinsgrundherrschaft** hatte keine größere Eigenwirtschaft; sie lebte von den Abgaben der Bauernhöfe. 3. Die **Gutsherrschaft** wiederum bestand nur aus der Eigenwirtschaft mit Leibeigenen.

Typisch war die **Streulage** der Güter. Grundherrschaften, so der Historiker Kuchenbuch, „waren keine geschlossenen Gebilde, sondern bestanden mal aus diesem, mal aus jenem Hof, dann kam mal ein halbes Dorf dazu oder auch nur ein bestimmtes Recht – wie das **Marktrecht** darin oder die **Vogtei**, der Vorsitz im Gericht. So musste ein Bauer womöglich fünf Herren dienen, hatte etwa die Roggenabgabe an das Kloster Werden zu entrichten, den **Zehnten** an den Pfarrer, das Marktgeld an den Grafen von der Mark usw."

Seit der Karolingerzeit gab es in Europa kaum noch freie Bauern. Die großen Grundherrschaften hatten die freien Bauern nach und nach in ihre Abhängigkeit gebracht, was allerdings häufig freiwillig geschah. Denn durch den Verzicht auf seine Freiheit konnte sich der Bauer der kostspieligen Pflicht des Freien zum damals häufig anfallenden Kriegsdienst entziehen.

Die Grundherrschaft prägte die Wirtschaftsweise und das Leben der Bauern in Europa weit über das Mittelalter hinaus bis ins 19. Jahrhundert. Doch hat sich das System im Laufe der Zeit auch gewandelt. Seit dem 12./13. Jahrhundert tauchten vermehrt bäuerliche Gemeinden oder **Dörfer** auf, die gelockerte oder gar keine grundherrlichen Bindungen aufwiesen. An ihrer Spitze stand ein Schultheiß, Schulze oder *burmester* (Bauernmeister), der den Vorsitz der Gemeindeversammlung und des Dorfgerichts innehatte. Die Gründe für den Wandel waren vielfältig. Die **Ostsiedlung** (siehe dazu ausführlich Kapitel 6, S. 124–128) bot den Bauern die Möglichkeit, in Gebiete zu ziehen, die neue Lebenschancen und bessere Rechte als im **Altsiedelland** versprachen. Desgleichen bewirkte der innere Landesausbau (siehe oben, S. 47). Auch mussten Grundherren vielerorts damit rechnen, dass Bauern in die neuen Städte abwanderten – und waren daher in Konflikten häufiger zu Zugeständnissen bereit.

„Schutz und Schirm für Rat und Hilfe": Das Lehnswesen

Das Lehnswesen bildete sich in Europa im 7. und 8. Jahrhundert heraus. Der König gebot über freie Gefolgsleute (**Vasallen**), die ihm militärische **Dienste** (lat. *auxilium*) und **Rat** (lat. *consilium*) leisteten und die **Treue** geloben mussten. Als Gegenleistung gewährte ihnen der König **Schutz** und sorgte für ihren Lebensunterhalt. Er genügte dieser Pflicht durch Verleihung eines **Lehens**. Dies war meist ein Gut (lat. *feudum* oder *beneficium*), manchmal ein nutzbares Recht (z. B. Zolleinnahmen) oder ein Amt, wie z. B. das des Herzogs (Vertreter des Königs für ein Stammesgebiet, wie z. B. der Baiern), das des Markgrafen (Inhaber einer Grafschaft in Grenzgebieten) oder das des Pfalzgrafen (Verwalter einer Königsunterkunft). Doch nicht nur der König war **Lehnsherr** und vergab Lehen an hohe geistliche und weltliche Fürsten. Auch diese sog. **Kronvasallen** verliehen wieder Lehen an sog. **Untervasallen**. So entstand, um Kriegs- und Verwaltungsaufgaben zu erledigen, eine komplexe **Lehnspyramide**. Die Zahl der Kronvasallen Karls des Großen wird auf 1 500 bis 2 000, die der Untervasallen auf 30 000 geschätzt.

Ursprünglich nur zur lebenslangen Nutzung übertragen, setzte sich im Laufe des 9. Jahrhunderts die Erblichkeit der „Leiheländer" – Herzogtum, Grafschaft, Bistum usw. – durch. Seit dem 13. Jahrhundert entwickelten sich diese zu eigenständigen Territorien (siehe Kapitel 7), in denen die Vasallen weitgehend unabhängig vom König Herrschaft ausübten.

Frauen konnten prinzipiell kein Lehnsverhältnis eingehen, weil sie nicht waffenfähig waren. Dennoch sind seit dem 12. Jahrhundert Lehnsverhältnisse z. B. von Reichsäbtissinnen bezeugt. Sie erhielten Lehnsgüter, mussten dafür aber einen männlichen Vertreter einsetzen.

Einige Forscher sprechen im Zusammenhang mit dem Lehnswesen von **Feudalismus** bzw. **Feudalgesellschaft**. Sie beziehen damit die Grundherrschaft als wirtschaftliche Basis des Lehnssystems mit ein, da jeder Herr und Vasall ein Grundherr war und auch Bauern ihr Land in der Rechtsform der Leihe besaßen und auf der untersten Stufe der Lehnskette standen.

Ständegesellschaft und Ständelehre

Im Zentrum des modernen Menschenbildes stehen das freie Individuum und die rechtliche und politische Gleichheit der Menschen. Das mittelalterliche Denken über den Aufbau der Gesellschaft beruhte hingegen auf der Annahme einer grundsätzlichen Ungleichheit. Und diese **Ungleichheit von Menschen**, schreibt der Historiker Frank Rexroth, „bemaß sich an den Verdiensten, die sich ein Stand vor Gott erwarb."

Im Frühmittelalter bestimmte die Kirche maßgeblich die Kategorien, in die die Menschen eingeteilt wurden und die ihre Rechte und ihren Sozialstatus festlegten. Dabei grenzte sie **Kleriker** und **Laien** voneinander ab. Hinzu kam mit den **Mönchen** und **Nonnen** noch eine dritte Gruppe, nämlich Laien, die ihr Leben dem Gebet widmeten. Die vielfältige Welt der Laien wurde darüber hinaus untergliedert in **Freie** und **Unfreie**. „Es gibt nur Freie und Unfreie" – so beschrieb Karl der Große einmal die Gesellschaft seiner Zeit unterhalb des Adels. Die Tatsache, ob jemand frei war, also im vollen Umfang über sich und seinen Körper bestimmen oder reisen konnte, oder unfrei, sagt nichts über die wirtschaftliche Situation aus. Es gab arme Freie und wohlhabende Unfreie, und mit der Zunahme sozialer Mobilität während des 9. bis 11. Jahrhunderts auch Auf- und Absteiger. Im 10./11. Jahrhundert setzte sich allmählich eine Ständegliederung durch, die die Menschen vornehmlich nach ihrer Tätigkeit beurteilte. Für den ländlichen Raum bürgerten sich Ständemodelle mit einer Dreiteilung in Adel, Klerus und Bauern ein. Städtische Modelle sprachen hingegen von Ober-, Mittel- und Unterschichten.

Im Mittelalter gab es eine Vielzahl von **Ständelehren**, also Deutungsschemata der gesellschaftlichen Wirklichkeit, die nicht nur die zeitgenössischen Erfahrungen verarbeiteten, sondern auch ihrerseits die Realität beeinflussten oder zum Teil bissige Kritik übten.

M2 Die Wartburg in Eisenach, Thüringen, Fotografie, 1991. – *Die Burg entstand im 11. Jahrhundert als hölzernes Befestigungswerk und wurde seit dem 12. Jahrhundert als steinerne Anlage ausgebaut. Sie war Herrschaftssitz der Thüringer Landgrafen. Der mittelalterliche Dichter Walther von der Vogelweide (siehe M14) hielt sich zeitweise hier auf. Siehe auch: www. wartburg-eisenach.de*

Adel im Wandel: Burgen, Ministeriale, Ritter und höfische Kultur

Seit der Mitte des 11. Jahrhunderts veränderte sich das Leben des Adels. Dies gilt besonders für die hochadligen Geschlechter, die über großen, weit gestreuten Grundbesitz verfügten und von denen viele mit dem Bau von Höhenburgen begannen. Die **Burgen** dienten nicht nur zur Sicherung und Verteidigung von Land und Herrschaft, sondern sollten auch das gestiegene Selbstbewusstsein ihrer Besitzer verdeutlichen. Bis heute werden diese Adelsgeschlechter – z. B. Hohenzollern, Habsburger, Wittelsbacher – nach ihren Stammburgen benannt.

Eine neue soziale Gruppe bildeten die Dienstmannen (**Ministerialen**). Dabei handelte es sich um ursprünglich Unfreie aus der Grundherrschaft von Königen und Hochadligen. Ohne Ansehen ihrer Herkunft wurden sie nur aufgrund besonderer Fähigkeiten als Aufseher, Verwalter (**Meier**) oder auch Krieger zu Pferde eingesetzt und waren daher ihrem Herrn gegenüber besonders loyal. Nach und nach verloren sie die Unfreiheit und stiegen im Spätmittelalter in den niederen Adel auf.

Unterhalb des Hochadels entstand die Schicht der **Ritter**. Die Anfänge des Rittertums waren alles andere als edel. Ritter waren im Frühmittelalter und weit über diese Zeit hinaus unzivilisierte Haudegen. In den Kriegen des 9. und 10. Jahrhunderts nutzten sie die Schwäche des Königtums und den Mangel an Staatlichkeit, um sich selbst zu Herren aufzuschwingen, indem sie bei Gefahr ein Stück Land verteidigten oder einen Palisadenzaun zum Schutz von Bauern errichteten. Im Hochmittelalter entwickelten sich die Ritter zu einer freien Kriegerelite, die erst über den Anspruch, Gott zu dienen, Anerkennung fand und sich zu einem eigenen Stand entwickelte. Als Vasallen von Königen, Bischöfen, Äbten und Hochadligen empfingen sie Lehen, die bald als erblicher Eigenbesitz galten, und sie begannen, Burgen zu bauen und sich nach ihnen zu benennen.

Im 12. Jahrhundert wird in den Quellen immer häufiger über die **Ritterideale** geschrieben. Der „wahre" Ritter sollte ein tugendhafter Held sein, der sich durch *staete* (Beständigkeit), *mâze* (maßvolles Handeln) und *hövescheit* („Höfischkeit", Höflichkeit) auszeichnet. Seine Aufgabe bestand darin, gegen die Ungläubigen zu kämpfen, Arme und Wehrlose zu schützen und den Frieden im Land zu wahren. Als höfischer Held sollte der Ritter in der Lage sein, sich in der vornehmen Welt des Adels mit ihren festgelegten Verhaltensformen zu bewegen. Im Rahmen einer langen Lehr- und Erziehungszeit musste er die Pflichten und Lebensformen seines Standes erlernen, bevor er mit 20 Jahren den Ritterschlag erhielt.

Höfischer Roman und **Minnesang** feierten als neue volkssprachliche Literaturgattungen den tapferen Ritter, der allen Anfechtungen widerstand und der in der Minne die Liebe zur adligen Frau besang. Mit der ritterlich-höfischen Dichtung, zu deren bekanntesten Vertretern Wolfram von Eschenbach und Walther von der Vogelweide zählten, entstand im 12./13. Jahrhundert erstmals eine weltliche Bildung jenseits der Kirche und der lateinischen Sprache. Gekennzeichnet war sie durch die Hinwendung zum Diesseits und zu einem „Ich", das als Individuum zu seinem Publikum sprach.

Diese Bildung war Teil einer neuen **höfischen Kultur**, die sich in höfischen Festen (mit Ritterturnieren und Sängerwettstreit) zeigte sowie in einer allmählichen Veränderung des Benehmens. Verhaltensweisen, die uns heute selbstverständlich sind, haben im Mittelalter ihren Ursprung: Hierzu gehört, dass nicht mehrere Personen von einem Teller essen, dass man sich vor und nach den Mahlzeiten die Hände wäscht, sowie das Verbot zu spucken. Ganz am Ende des Mittelalters wurde bei Tisch der Gebrauch der Gabel eingeführt.

Der Soziologe Norbert Elias (1897–1990) hat diesen Vorgang der Verfeinerung der Lebensweise als „**Prozess der Zivilisation**" bezeichnet. Damit nahm er nicht nur die Tischsitten der weltlichen Oberschichten in den Blick, sondern er interpretierte auch andere Veränderungen im Denken, Fühlen und Handeln der Menschen seit dem Mittelalter als Zivilisationsfortschritte: das Zurückdrängen spontan ausgelebter Affekte, die Abnahme von staatlichen und gesellschaftlichen Fremdzwängen, die Zunahme individueller Selbstkontrolle und die Heraufsetzung von Peinlichkeits- und Schamschwellen. Darüber hinaus verbindet sich bis heute mit dem „Prozess der Zivilisation" die Hoffnung auf ein Leben möglichst ohne Gewalt und Krieg.

Hinweise zur Arbeit mit den Materialien

Kapitel 4 und 5 sind den zentralen Lebenswelten des Mittelalters gewidmet: dem Landleben (im vorliegenden Kapitel 4) und dem Leben in der Stadt (siehe das folgende Kapitel 5).

Das Mittelalter war in starkem Maße vom **Leben auf dem Lande** geprägt: von den Bauernhöfen, Dörfern und Burgen, von den Adligen und Rittern, den Grundherren, den Bauern und von der Arbeit in der Landwirtschaft. Als Teilthemen für die Kursarbeit bieten sich an:

1. Dauer oder Wandel in der **Landwirtschaft**? Agrartechnik am Beispiel des Pfluges (M3).

2. Gesellschaft im Mittelalter – Ordnung durch persönliche Abhängigkeiten? Unter dieser Frage können die großen gesellschaftlichen Organisationsformen, die **Grundherrschaft** (M4–M6) und das **Lehnswesen** (M7–M10; M20–M21 mit *Gegenwartsbezug*), erarbeitet werden.

3. Jede Gesellschaft ist gegliedert und entwirft Leitbilder von sich selbst. Wie sah das Bild der mittelalterlichen **Ständegesellschaft** aus? Wie verhielt es sich zur Realität? (M11, M12)

4. Unser Mittelalterbild wird bis heute von den unterschiedlichsten Wahrnehmungen des Rittertums geprägt. M2, M13–M16 bieten Materialien, um die **Ritter** und den Begriff der „**Ehre**", der mit dem Ideal der Ritterlichkeit eng verbunden war, kritisch zu diskutieren.

5. M17 und M18 sind der Herausbildung der **höfischen Kultur** und ihrer Rolle im „Prozess der Zivilisation" (Norbert Elias) gewidmet. Sie könnten unter der Leitfrage untersucht werden: Erlebt unsere Gesellschaft heute einen Prozess der „Entzivilisierung"?

Methodensonderseite 65–67 führt in die **Interpretation mittelalterlicher Textquellen** ein, *Methodensonderseite 68 f.* in **Präsentationen** am Beispiel einer heutigen Lehnsherrschaft.

Weiterführende Arbeitsanregungen, S. 70: **Burgenbau als archäologisches Experiment**.

M 3 „Ackern ohne Trecker":
Agrartechnik im Mittelalter

3 a) Hakenpflug, Zeichnung, 1998

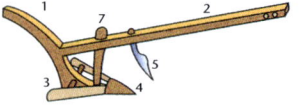

3 b) Beetpflug, Zeichnung, 1998

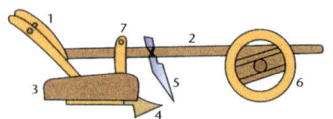

1 Sterz
2 Pflugbaum (Grindel)
3 Streichbrett
4 Schar
5 (Vor)messer (Sech)
6 Radvorgestell
7 Griessäule

3 c) Der Historiker Dieter Hägermann über frühmittelalterliche Pflüge (= Schollen wendende Beetpflüge) und Haken (= Hakenpflüge) (1990):
Pflüge [...] waren durch eine Vierkant- oder Vierseitenkonstruktion ausgezeichnet, die sich horizontal aus Grindel (Pflugbaum) und Sohle, vertikal aus Griessäule und Sterz(e) zu
5 sammensetzte. Der Grindel beziehungsweise dessen Ende führte direkt zum Joch der Zugtiere oder zu einem Radvorgestell, auf dem dieser jeweils auflag. Entscheidend für die Funktion des Pfluges war die asymmetrische Schar beziehungsweise die einseitige Füh 10 rung der symmetrischen Schar in Verbindung mit dem Streichbrett, die erst das einseitige Schollenwenden ermöglichte. Unterstützt wurde das Ritzen des Hakens wie das Aufreißen des Pfluges durch den Einsatz 15 des Vormessers oder Sechs, das den Boden vor dem Hauptarbeitsgang vertikal durchschnitt und die Schar führte. Da von der Schar, dem Grindel und Streichbrett einseitige Kräfte ausgingen, war zur Stabilisierung 20 des Gerätes zumeist der Vorspann eines zweirädrigen Karrengestells erforderlich. Radvorgestell und Pflug gehörten funktionell zusammen, während eiserne Schar und Sech bereits Teile des technisch ausgereiften Ha 25 kens sein konnten. Der Haken war das „klassische" Bodenbearbeitungsinstrument der mediterranen Welt, deren Böden leicht, krümelig, von Erosion und Austrocknung bedroht, nur ein Ritzen und Auflockern vertru 30 gen. Doch blieb dieses Instrument auch in Gebirgszonen und auf steinigen Böden verbreitet, die ein eigentliches Pflügen in langen Streifen nicht zuließen. Der Pflug wurde primär auf schweren, vor allem nassen Bö 35 den eingesetzt. [...]

Für die Bronze- und ältere Eisenzeit sind […] Böden [nachzuweisen, die] im Saatfurchenbau mit Haken oder Jochhaken über Kreuz bearbeitet worden sind, was zur Ausbildung von quadratischen Feldern, den *Celtic fields,* geführt hat. Bei einem Abstand von 25 Zentimetern und bei einer Sohlenbreite von 18 Zentimetern blieb zwischen den Furchen ein unbearbeiteter Streifen von 7 Zentimetern. Zwar verringerte die Überkreuzbearbeitung die unbehakte Fläche, doch 10 Prozent oder mehr der Felder blieben als quadratische Reststücke von 50 Quadratzentimetern übrig. […] Diese Art der Bearbeitung und die entsprechende Form der Felder ließen zumeist nur eine ungeregelte Feldgraswirtschaft zu: Ackerbau und Viehweide im Wechsel.

Im Gegensatz dazu erlaubte der einseitig arbeitende Wendepflug den Vollumbruch der gesamten Bodenoberfläche; der Einsatz des Rädervorgestells ermöglichte das Ziehen langer und gerader Furchen, die, um häufiges und zeitraubendes Wenden zu vermeiden, zur Entstehung von Langstreifenfluren führten. […] Die Umstellung erfolgte im Laufe des 8. Jahrhunderts. Erst der Einsatz des Wendepflugs ermöglichte die Düngung von Sandböden des Münsterlandes und der norddeutschen Geest durch Humusplaggen aus den angrenzenden Heiden, die regelrecht untergepflügt wurden. Eine solche Form der Bodenbearbeitung samt Düngung war in diesen Regionen die Voraussetzung für den vermehrten Roggenanbau. […] Man hat den Roggen als „echte Entdeckung des Frühmittelalters" (U. Dirlmeier) bezeichnet, der auch mit kargeren Böden und schlechteren, das heißt kaltfeuchten Witterungsverhältnissen vorliebnimmt.

Bereits für das Frühmittelalter lässt sich die Einteilung des Herrenlandes […] in langgezogene Schläge feststellen. Der Einsatz des Pflugs und die Ausformung von Langstreifenfluren begünstigten die Verbreitung der regelmäßigen Dreifelderwirtschaft mit Brache, Wintergetreide (Weizen, Roggen) und Sommergetreide (Hafer, Gerste). Eine derart geregelte Anbaufolge nutzte den Boden intensiver und abwechslungsreicher. […]

Diese Anbaufolge steigerte durch den Fruchtwechsel die Getreideerträge bis zu 50 Prozent im Verhältnis zu den älteren Feldnutzungssystemen, verteilte die Pflugarbeiten, Einsaat und Ernte über das ganze Jahr und führte damit zu einer besseren und vermehrten Nutzung der bäuerlichen Arbeitskraft und zu häufigerem Einsatz der technischen Ausrüstung. […]

3 d) Monatsbild aus dem „Speculum Salvationis" („Heilsspiegel"), Frankreich, 1475

Hinzu kam, dass die Langstreifenflur dem Einsatz von Räderpflug und Ochsengespann entsprach, die zumindest im 9. Jahrhundert
100 zur Grundausstattung der allermeisten Bauernhöfe gehörten. [...]

[Es] kann davon ausgegangen werden, dass Herrenland und Bauernacker in Gemengelage einer einheitlichen Bodennutzung
105 unterworfen gewesen sind.

Dieter Hägermann, Technik im frühen Mittelalter zwischen 500 und 1000, in: Wolfgang König, Propyläen Technikgeschichte, Bd. 1, Berlin (Propyläen) 1991 , S. 381–397.

1 a) Kopieren Sie M3d, beschriften Sie die Bestandteile des dort abgebildeten Pfluges mithilfe von M3a–c und verfassen Sie eine Bildüberschrift zu M3d.
b) Welches Bildelement zeigt an, dass M3d nicht dem Früh-, sondern dem Spätmittelalter entstammt? Begründen Sie Ihre Auswahl.
c) Finden Sie heraus, was die Bauern im nordalpinen Europa dazu bewogen haben könnte, einen Beetpflug zu entwickeln (M3c).
2 Ordnen Sie die Entwicklung und Verbreitung des Beetpfluges in Mitteleuropa in den Kontext der „landwirtschaftlichen Revolution des frühen Mittelalters" ein (M3a–d, Darstellung, S. 47) . Gehen Sie dabei auch auf die These des Historikers Dieter Hägermann ein, der Beetpflug sei das „Leitinstrument" der mittelalterlichen Landtechnik gewesen.
3 🏃 Vortrag mit PowerPoint-Präsentation:
a) Informieren Sie sich (Lexika, Internet) über weitere mittelalterliche Neuerungen im Agrarbereich – z. B. Sense, Kummet, Hufeisen oder vierrädrige Wagen –, und erörtern Sie die kurz- und/oder langfristigen Folgen für Wirtschaft und Gesellschaft des Mittelalters.
b) Ziehen Sie einen Vergleich zu „Schlüsselerfindungen" anderer Epochen (z. B. aus der Zeit um 1900 oder um 2000).

M 4 Die Grundherrschaft

4 a) Das Benediktinerinnenkloster Kitzingen am Main, das zum Bistum Bamberg gehörte, ließ als Grundherr um 1070 Besitzungen und Einkünfte seiner Grundherrschaft aufzeichnen (Auszug):
Dies ist die Gesamtheit der Besitzungen und Eigengüter, die zum Kloster Kitzingen gehören, und zwar: vierzehn Fronhöfe [in der

näheren und weiteren Umgebung von Kitzingen] [mit] 254 Hufen, 120 Joch[1] Weinbergen, von denen achtzehn wüst[2] liegen, 5
sechs Pfarreien, zwölf Mühlen, drei Fähren [auf dem Main] und zwölf Fischer mit ihren Lehen[3].

Zum Fronhof Kitzingen [zum Kloster gehörende Siedlung] gehören 31 Hufen, welche Mastschweine und für die Frauenarbeit [als Ersatz für die sonst üblichen weiblichen Tätigkeiten in der Textilherstellung] elf Pfennige und zehn Eier abliefern; sie dienen drei 15
Tage in der Woche [d. h. die auf den Hufen sitzenden Hörigen leisten drei Tage pro Woche Frondienst auf dem in diesen Aufzeichnungen nicht erwähnten Salland des Klosters], pflügen dreißig Joch [des Sallandes] 20
und leisten darüber hinaus sechs Wochendienste pro Jahr, die auf deutsch „Schar"[4] heißen. Dazu gehören auch zwei Mühlen, die 24 Maß [Mehl oder Salz] abgeben, eine Fähre, welche vier Pfund [d. h. Pfennige] 25
entrichtet, ein Markt, der neun Unzen[5] einbringt, ein Forst, welcher 1 500 Eier, vierzig Hühner und Eisen für zwölf Pferde wert ist; weiterhin neun Fischer und sieben Weinbauern mit ihren entsprechenden Lehen. 30
Darüber hinaus gehören zu diesem Fronhof der Weiler Hoheim, der elf Hufen umfasst, die je dreißig Pfennige entrichten, sowie ein Wald [und weitere 50 Hufen in elf Dörfern]. 35

Zum Fronhof Etwashausen [gehören] fünf Hufen, von denen drei Schweine und sechzehn Pfennige entrichten, [die anderen] zwei vierzig Eimer Bier und sechzehn Pfennige und zehn Eier; sie dienen pflügen und leisten 40
ten Wochendienst. [...]

Zum Fronhof Volkersdorf [gehören] neun Hufen; vier geben sieben Maß Malz, fünf Hufen ein Pfund Leinen und ein Wollgewand, ein Huhn und zehn Eier. 45

Zit. nach: Klaus Arnold, Das Mittelalter, Paderborn (Schöningh) 1991, S. 48.

1 Joch: Größe einer Ackerfläche, die an einem Vormittag von einem Ochsengespann gepflügt werden kann.
2 wüst: zeitweise oder dauernd unbebaut
3 Lehen: hier Fischereirechte auf dem Main. Die Begriffe „Lehen" bzw. „leihen" finden in mittelalterlichen Quellen in der Regel im Zusammenhang mit der Vergabe von Grund oder Ämtern durch König und Adel an freie Gefolgsleute (andere Adlige, Bischöfe, Klöster = Vasallen) Verwendung (siehe S. 58 f.); sie

4 b) Vereinfachtes Schaubild der mittelalterlichen Grundherrschaft, 2005

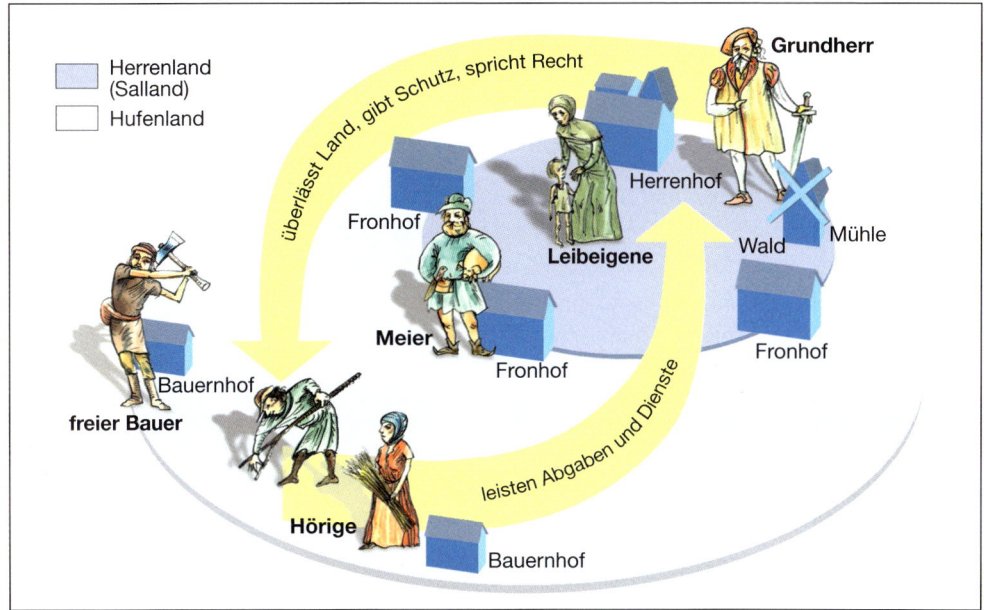

werden aber auch im Rahmen der Grundherrschaft benutzt und bezeichnen Nutzungsrechte oder Grundleihen von unfreien Bauern, Weinbauern, Bäckern, Fischern u. a.
4 Schar: Boten- und Spanndienste (wie z. B. Erntetransporte, Holzfuhren)
5 1 Unze = 20 Pfennige

4 a) Lesen Sie Quelle M4a über die Grundherrschaft des Benediktinerinnenklosters und setzen Sie die Befunde, die Sie der Quelle zum System der Grundherrschaft entnehmen können, in ein an M4b angelehntes Schaubild um.
b) Erläutern Sie es in einem kurzen Begleittext. Beachten Sie, dass Sie nicht zu allen Merkmalen, die in Schaubild M4b aufgeführt sind, Informationen in der Quelle finden. Klären Sie Fachbegriffe mithilfe der Darstellung (S. 48 f.) und des Begriffslexikons (s. Anhang, S. 226 ff.).
5 🏃 Versetzen Sie sich in die Rolle einer weiblichen oder eines männlichen Hörigen, die/der auf dem Fronhof Kitzingen lebt, und beschreiben Sie aus ihrer/seiner Sicht die Grundherrschaft des Klosters ausgehend von M4a.

M5 Ein Mönch über das Leben in einer bischöflichen Grundherrschaft

In der Vita des Bischofs Meinwerk von Paderborn (1009–1036) schrieb der Autor, ein Paderborner Mönch, im 12. Jahrhundert:
Kap. 146. Nachdem wir von seiner Charakterstärke gehört haben, auf die er bei der Ausübung seiner Gerichtsbarkeit wie ein Löwe vertrauen konnte, wollen wir etwas über die Zeichen seiner Demut und Frömmigkeit 5
hören: Die Fronhöfe des Bistums besuchte er häufig, besserte Verfallenes wieder aus, festigte das Wiederhergestellte sorgfältig durch seine Schutzmaßnahmen, ebenso tüchtig bei den Erwebungen wie gewissenhaft im Be 10
wahren der Besitzungen. Die harten Bedingungen der alten Knechtschaft der Liten[1] linderte er durch einen neuen Gnadenerweis seiner väterlichen Fürsorge und setzte fest, dass sie zur Erntezeit von den Meiern mit 15
Speise und Trank versorgt würden, was zuvor nicht geschehen war. […]
Kap. 148. Einmal kam er und fand einen Garten mit Ausnahme eines kleineren Platzes in der Mitte bedeckt mit Brennnes 20
seln, Ranuken und anderem Unkraut; die

Frau des Meiers ließ er daraufhin ihres eitlen Gewands entkleiden und so lange durch den ganzen Garten schleifen, bis das Unkraut,
25 das in die Höhe gewachsen war, dem Erdboden gleichgemacht war. Die traurige Frau tröstete er mit den von ihm gewohnten schmeichelnden Worten und heiterte sie mit seiner Freundlichkeit wieder auf. Als er im
30 nächsten Jahr den ganzen Garten mit aller Sorgfalt und allem Vermögen gepflegt vorfand, erwies er ihr noch mehr Gunst und beschenkte sie reich. […]
Kap. 150. In der Adventszeit, wenn die
35 Meier ihre Schweineabgabe abzuliefern pflegen, stand er einmal auf der Laube des Bischofshauses und sah eine Frau mit ihrem einzigen Sohn bitterlich weinend hinter einem Schwein hergehen; er rief sie sofort zu
40 sich und fragte sie teilnahmsvoll, warum sie denn so weine. Sie klagte, ihr Mann sei gestorben und sie sei von jeder menschlichen Hilfe verlassen und weil der Meier von Enenhus, der für sie zuständig war, mit Gewalt ein
45 Schwein von ihr verlangte, habe sie es von dem Brot gemästet, das ihr Sohn zusammenbettelte. Da seufzte der Bischof tief, schlug sich mit eigenen Händen auf die Brust und sprach unter Tränen: Weh dir, du elender Bi-
50 schof Meinwerk! So stoßen die unglückseligen Menschen aus Gewinnsucht deine Seele in die Hölle! Da er das Schriftwort kannte: „Wer sich des Armen erbarmt, der leihet dem Herrn", rief er den Meier, übergab ihm die
55 Hufe der Witwe, befreite sie mit ihrem Sohne aus dessen Amtsgewalt und befahl, sie auf Lebzeiten von seinen Almosen zu versorgen.
Kap. 151. Als seinerzeit eine große Hungersnot ausgebrochen war, schickte er Abge-
60 sandte, um in Köln Getreide zu kaufen, ließ zwei beladene Lastkähne in die Niederlande bringen und ordnete an, wie die Meier an der Velva und in Testerbant das Getreide verteilen sollten: ein Teil an die Eigenleute[2], ein
65 Teil den Bedürftigen der *Familia*[3] nach der Zahl der Hausbewohner, der dritte Teil sollte Saatgut sein, der vierte für die Bettler. Diese Anordnung des Bischofs suchte der Meier an der Velva treu zu erfüllen, jener in Testerbant
70 scheute sich nicht, den für die Armen vorgesehenen Teil zu unterschlagen. Als der Bischof dies hörte, empfand er Mitleid nicht für den Betrogenen, sondern für den Betrüger und sagte ihm voraus, dass nach der

vierten Generation keiner seiner Nachkom- 75
men mehr das Amt seiner Vorfahren innehaben würde.
Zit. nach Peter Hilsch, Mittelalter, 2. Aufl., Weinheim (Beltz, Athenäum) 1995, S. 89 f.

1 Liten: Halbfreie
2 Eigenleute: mittelalterlicher Begriff für zu Diensten und Abgaben verpflichtete Bauern; „eigen" kann aber auch leibeigen bedeuten.
3 Familia: der gesamte Personenverband einer Grundherrschaft (Familie des Grundherrn, Hausgenossen, freie und unfreie Angehörige).

6 Charakterisieren Sie anhand von Quelle M5
a) die Pflichten eines Grundherren und
b) die Aufgaben der Menschen, die vom Grundherren abhängig waren.
7 Klären Sie mithilfe der Darstellung, S. 48 f., wer im Mittelalter ein Grundherr sein konnte.

M6 Die Grundherrschaft im Spiegel einer Verordnung Karls des Großen über die königlichen Güter

Die Verordnung stammt aus dem Capitulare de villis, dem berühmtesten Kapitular (= Gesetzbuch) von König Karl dem Großen. Für die Geschichtsschreibung ist es die wichtigste Quelle zur Verwaltung und Organisation des Königsgutes in der Zeit des Frankenreichs (um 795):
1. Wir befehlen: Unsere Güter, die wir eingerichtet haben, um unseren Hof zu beliefern, sollen allein unserem Bedarf dienen und niemandem sonst.
2. Unsere Familia soll wohl versorgt sein 5
und darf von niemandem in Schuldknechtschaft gebracht werden.
3. Die Amtleute sollen es nicht wagen, unsere Familia in ihren eigenen Dienst zu stellen; sie dürfen sie nicht zu Frondiensten, 10
zum Holzfällen oder zu anderen Arbeiten zwingen und keine Geschenke von ihnen annehmen: weder Pferd, Ochsen, Kuh, Schwein, Hammel, Ferkel, Lamm noch sonst etwas, außer Getränken, Gemüse, 15
Obst, Hühnern oder Eiern.
4. Hat ein Angehöriger unserer Grundherrschaft unserem Eigentum durch Diebstahl oder Nachlässigkeit Schaden zugefügt, so muss er den vollen Wert ersetzen und soll 20
überdies nach Hofrecht durch Prügel bestraft werden; dadurch kann man das Strafgeld er-

setzen, außer bei Totschlag und Brandstiftung. […]

25 5. Wenn unsere Amtmänner Arbeiten wie Säen, Pflügen, Ernten, Heumachen oder Weinlesen für uns durchführen müssen, so soll ein jeder zur Zeit der Arbeit überall nach dem Rechten sehen und genaue Anweisun-
30 gen zur Durchführung geben, damit alles erfolgreich abläuft. […]

6. Wir wollen, dass unsere Amtmänner den vollen Zehnten von allen Erträgen an die Kirchen auf unseren Gütern abliefern; an
35 Kirchen eines anderen Herrn darf der Zehnt nicht geleistet werden, außer es ist von altersher so festgelegt. Nur Kleriker aus unserer Familia oder unserer Hofkapelle sollen diese Kirchen innehaben. […]

40 9. Jeder Amtmann soll in seinem Amtsbezirk ein Eichmaß für Scheffel, Sester – acht Seidel pro Sester – und für Körbe in der Größe haben, wie wir sie in der Pfalz besitzen.

10. Unsere Meier, Förster, Gestütsverwal-
45 ter, Kellermeister, Dekane, Zöllner und die übrigen Dienstleute sollen Pflugreihendienst leisten und Ferkel aus dem Ertrag ihrer Hufen abliefern, statt Frondiensten sollen sie ihre Ämter gut versehen. Und wenn ein Mei-
50 er ein Amtslehen hat, soll er seinen Stellvertreter schicken, damit dieser für ihn Fron- und andere Dienste leistet. […]

16. Was wir oder die Königin einem Amtmann befehlen bzw. was unsere Dienstleute,
55 der Seneschall oder der Schenk, in unserem oder der Königin Auftrag den Amtleuten befehlen, das sollen sie so erfüllen, wie es ihnen aufgetragen wurde. […]

23. Auf jedem unserer Güter sollen die
60 Amtleute einen möglichst großen Bestand von Kühen, Schweinen, Schafen, Ziegen und Böcken halten, fehlen dürfen sie niemals. […]

26. Die Meier sollen nicht mehr unter ih-
65 rer Leitung haben, als was sie an einem Tag umgehen und beaufsichtigen können. […]

43. An unsere Frauenarbeitshäuser soll, wie festgesetzt, zur rechten Zeit Folgendes geliefert werden: Flachs, Wolle, Waid, Schar-
70 lach, Krapp, Wollkämme, Kardendisteln, Seife, Fett, Gefäße und andere kleine Geräte, die man dort braucht. […]

49. Unsere Frauenarbeitshäuser sollen in guter Ordnung gehalten werden, die Wohn-
75 häuser wie die Werkstuben, die gedeckten Schuppen bzw. Webkeller. Sie sollen auch mit festen Zäunen umgeben sein und feste Türen haben, damit die Frauen unsere Arbeitsaufträge ungestört erfüllen können. […]

62. Jeder Amtmann soll jährlich über un-
80 seren Gesamtertrag berichten: was die Rinderhirten mit den Ochsen einbrachten, was von den Hufen, die Pflugdienst leisten, einkam, was an Schweine- und sonstigem Zins,
85 was an Bußgeldern wegen Treu- und Friedensbruch und wegen Wilderei in unseren Wäldern, was an verschiedenen Strafgeldern einlief, was an Abgaben von Mühlen, Forsten, Weiden, an Brücken und Schiffzöllen,
90 was von Freien und den Centbezirken [= Gerichtsbezirken], die uns dienen, einkam, was an Marktgebühren, an Erträgen aus den Weinbergen und von den Weinzinspflichtigen, wie viel Heu, Brennholz, Fackeln, Schin-
95 deln und anderes Bauholz, was von Ölmühlen einkam, wie viel Hülsenfrüchte, Hirse, Wolle, Flachs und Hanf, Obst, Wal- und Haselnüsse, was von gepfropften Bäumen, aus Gärten, Rübenäckern und Fischteichen, wie viel Häute, Felle, Gehörne, Honig und
100 Wachs, Talg und Fett, Seife, Brombeerwein] – das alles haben sie uns in einer detaillierten, genau geordneten Aufstellung bis Weihnachten mitzuteilen, damit wir wissen, was und wie viel wir von den einzelnen Dingen
105 haben.

Zit. nach Peter Hilsch, Mittelalter, 2. Aufl., Weinheim (Beltz, Athenäum) 1995, S. 85 ff.

8 a) Klären Sie unbekannte Begriffe aus M6 mithilfe von Lexika (s. auch Anhang, S. 226 ff.).
b) Untersuchen Sie anhand von M6, welche Menschen auf dem grundherrschaftlichen Königsgut lebten, welche Arbeiten sie zu verrichten hatten und welche Güter sie herstellten.
9 Erörtern Sie, ob die Quellen M4a, M5, M6 Idealbilder der Grundherrschaft zeichnen oder Realitäten. Begründen Sie Ihre Antworten.
10 Zusammenfassend zu M4–M6:
a) Charakterisieren Sie die Funktionsweise der Grundherrschaft: Wer war mit der Produktion von Gütern beschäftigt? Womit beschäftigte sich der Rest der Bevölkerung und wer ernährte diese? Wer hatte welche Rechte und Pflichten?
b) Klären Sie die Fragen aus Aufgabe 10a für die Gegenwart und vergleichen Sie mit dem Mittelalter.

M 7 Bischof Fulbert von Chartres über das Lehnswesen (1020)

Bischof Fulbert von Chartres, Theologe und Jurist (gest. 1028), schrieb auf Bitten des Herzogs Wilhelm V. von Aquitanien 1020 eine Art Gutachten über Treue und Lehnswesen:

An Wilhelm, den glorreichen Herzog der Aquitanier, Bischof Fulbert mit einer Fürbitte. Ihr hattet mich gebeten, etwas über das Wesen der Lehnstreue zu schreiben; so habe
5 ich Euch das Folgende, gestützt auf die Autorität der Bücher[1], aufgezeichnet. Wer seinem Herrn den Treueeid leistet, muss folgende sechs Punkte immer im Gedächtnis haben: gesund und unversehrt, sicher, ehrenhaft,
10 nützlich, leicht, möglich. Gesund und unversehrt: dass der Herr durch ihn an seinem Körper keinen Schaden erleide. Sicher: dass er seinem Herrn nicht durch Verrat seines Geheimnisses oder seiner Befestigungen, die
15 seine Sicherheit garantieren, Schaden zufüge. Ehrenhaft: dass er die Gerichtsbarkeit seines Herrn oder andere ihm zustehende und zur Ehre gereichende Rechte nicht antaste. Nützlich: dass er den Besitz seines Herrn
20 nicht antaste. Nützlich: dass er den Besitz seines Herrn nicht schädige. Leicht und möglich: dass er seinem Herrn nicht erschwere, Gutes zu tun, wenn dieser es leicht tun könnte, und dass er nicht unmöglich
25 mache, was seinem Herrn möglich wäre. Es gehört sich von Rechts wegen, dass der Vasall diese Schädigungen vermeide. Aber sein Lehen verdient er damit noch nicht; denn es genügt nicht, sich des Schlechten zu enthal-
30 ten, sondern man muss das Gute tun. Er soll also die sechs genannten Forderungen so erfüllen, dass er seinem Herrn treu Rat und Hilfe leiht, wenn er seines Lebens würdig erscheinen und seinen Treueschwur halten
35 will. Der Herr muss sich auf allen diesen Gebieten seinem Lehnsmann gegenüber genauso verhalten. Täte er es nicht, so würde er mit gutem Recht für treulos erklärt; ebenso würde sich ein Vasall, den man dabei er-
40 tappt, wie er durch Tat oder Bildung seine Pflichten verletzt, der Untreue und des Meineids schuldig machen.

Peter Hilsch, Mittelalter, Frankfurt/Main (Athenäum) 1989, S. 93.

1 „Bücher" meint hier Rechtsbücher.

M 8 Die Zeichensprache des Lehnswesens

Ähren (anbieten): Bereitschaft, das Lehnsverhältnis fortzusetzen.

Fahne (halten, übergeben): allgemeines Herrschaftszeichen; im Lehnswesen Symbol für ein Fahnenlehen, d. h. ein unmittelbar 5 vom König verliehenes Lehen an einen weltlichen Fürsten; meist verbunden mit der herzoglichen Amtsgewalt; häufig Verleihung mehrerer Fahnen als Zeichen des Rechts der Weiterverleihung einzelner Rechte. 10

Gabel (an den Hals setzen): Drohung, das Lehen zu entziehen.

Hände (in die Hände eines anderen legen): Beim Homagium (Handgang, Mannschaft) gab der Vasall seine Hände in die 15 Hände des Lehnsherrn, der sie umschließt (= Kommendation: Ergebung des Vasallen in die Herrschaft des Lehnsherrn).

Handschuh: Zeichen der Belehnung.

Kniefall: Geste der Huldigung (Huld: 20 Treue) und der Unterwerfung.

Kreuz: Hauptsymbol des Christentums; auch Symbol christlicher Weltherrschaft.

Krone: Zeichen königlicher Herrschaft.

Kugel, Reichsapfel: ein Zeichen monar- 25 chischer Herrschaft (Kugel = Erde); mit Kreuz als Sinnbild christlicher Herrschaft.

Schwert: Zeichen der Macht, der Stärke und der Gerechtigkeit.

Wappen: schildförmige, festgelegte Ab- 30 zeichen, die Personen oder Einrichtungen repräsentieren, die erblich oder dauernd verliehen sind; Kreuzzüge und Ritterwesen waren für die Entstehung der Wappen von großer Bedeutung; die Ausgestaltung der „Leiheländer" 35 zu Territorien seit dem 13. Jahrhundert führte zur Ausbildung von Landeswappen.

Zeigefinger: 1. auf jemanden richten: Geste der Ermahnung, des Benennens; 2. nach unten halten: Geste des Zeigens. 40

Zepter (halten, übergeben): als symbolische Verlängerung des Armes ein Zeichen königlicher Herrschaft; im Lehnswesen Symbol für ein Zepterlehen, d. h. das seit dem Investiturstreit (s. Kapitel 8) durch das Zepter 45 an einen Geistlichen übertragene Reichskirchengut (Stifte, geistliche Fürstentümer).

Zusammengestellt nach: Konrad Fuchs/Heribert Raab, Wörterbuch Geschichte, 13. Aufl., München (dtv) 2002; Jean Chevalier, Alain Gheerbrant, Dictionnaire des Symboles, Paris (Laffont/Jupiter) 1982.

M9 Illustrationen aus einer Handschrift des Sachsenspiegels (1220–1235) zum Lehnswesen, 14. Jh.

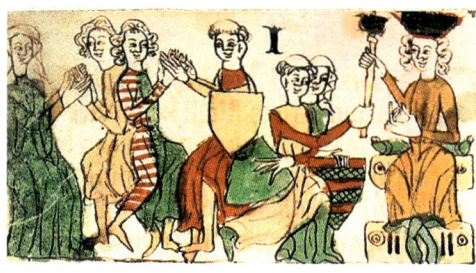

M10 Hinweise zu den Sachsenspiegel-Illustrationen zum Lehnswesen (siehe M9)

Bild A: Zwei Personen erhalten ein Reichsgut. Beide nehmen eine weitere Belehnung vor.

Bild B: Wegnahme des Grundstücks. Der Herr zündet das Haus des Vasallen mit einer Fackel an. Der Herr zieht die Hand zurück und nimmt die Einkünfte an sich. Der Vasall bietet Ähren an. Rechts daneben: Der Herr übergibt einen Handschuh.

Bild C: Der sitzende König verleiht zwei Arten von Lehen.

Bild D: Zwei Fürsten mit Wappenschildern. Der Vasall lehnt das Lehnsangebot des einen Fürsten ab und nimmt das Fahnenlehen des anderen entgegen.

Zusammengestellt nach: Hans-Otto Regenhardt, Szenen aus dem Sachsenspiegel, in: Forum Geschichte, Niedersachsen 7, Berlin (Cornelsen) 2005, S. 57.

11 Lesen Sie die Darstellung über das Lehnswesen (S. 48–50) und verfassen Sie für ein „Schülerlexikon Geschichte" einen kurzen Lexikoneintrag zu der Frage „Was ist ein Lehen?".

12 Arbeiten Sie aus Quelle M7 die Rechte und Pflichten eines Vasallen und eines Lehnsherrn heraus.

13 Sehen Sie sich die Abbildungen zum Lehnswesen in M9 an und prüfen Sie, welche der Bildbeschreibungen A–D (M10) auf welches Bild in M9 passt. Begründen Sie Ihre Auswahl.

14 ⚲ Arbeitsteilige Gruppenarbeit:
a) Wählen Sie aus M9 zwei Bilder aus und formulieren Sie die Hinweise in M10 in zwei ausführliche Bildlegenden um (Hilfe bietet M8).
b) Ordnen Sie Ihre Befunde historisch ein.
c) Präsentieren Sie Ihre Ergebnisse im Kurs und diskutieren Sie gemeinsam über die Frage, welche Aufgaben einer Gesellschaft das Lehnswesen im Mittelalter regeln sollte.

15 Aus M7–M10 und der Darstellung (S. 48 bis 50) lassen sich neben Befunden zur Theorie des Lehnswesens auch Hinweise über die Probleme der Wirklichkeit entnehmen: Formulieren Sie Hypothesen zu der Frage, wie Ihrer Meinung nach die Praxis des Lehnswesens ausgesehen haben könnte, und begründen Sie sie.

16 ⚲ Fertigen Sie, ähnlich wie in den Bildern in M9, selbst eine Illustration zu einem Aspekt des Lehnswesens an und verfassen Sie eine erläuternde Legende (wie in M10).

M 11 Über die Ständegesellschaft

11 a) Bischof Adalbero von Laon (um 1017):
Im Glauben ist die Christenheit einheitlich,
doch gliedert sie sich in drei Stände. Das
weltliche Recht zeigt hingegen eine Teilung
in zwei Standesgruppen: Der Freie und der
5 Knecht haben ja nicht dasselbe Recht. An
der Spitze stehen zwei, der eine ist der König,
der andere der Kaiser; durch deren Gebot soll
der Staat gesichert dastehen. Dann gibt es
solche, die keiner Macht unterworfen sind,
10 sofern sie keine Verbrechen begehen, welchen die Macht der Könige Schranken setzt.
Das sind die Krieger, die Beschützer der Kirchen. Sie verteidigen das ganze Volk, die
Größeren wie die Geringeren, wie sie auch
15 sich selber verteidigen. Die andere Standes-
gruppe ist die der Knechte. Sie sind ein
schwer belastetes Geschlecht, das sich seinen
Besitz mühsam erarbeiten muss. Wer vermag
selbst mit dem Rechenbrett die vielfältige
20 Tätigkeit der Knechte, ihre großen Anstren-
gungen und Mühen zu ermitteln? Schätze,
Kleidung und Nahrung für alle bieten die
Knechte auf – denn ohne die Knechte vermag kein Freier zu existieren. Wenn eine Ar-
25 beit zu verrichten ist, wenn sie etwas zum
Verbrauch haben wollen, so scheinen König
und Priester eher die Sklaven der Knechte zu
sein; denn der Herr wird vom Knechte ernährt, während er vermeint, ihn zu ernäh-
30 ren. So sind auch die Tränen und Seufzer der
Knechte unendlich. So gliedert sich also das
Haus des Herrn, obschon einheitlich dem
Glauben nach, in drei Teile: Die einen beten,
die anderen kämpfen, die dritten arbeiten.
35 Diese drei existieren zugleich und sind un-
trennbar verbunden. Von dem Dienst des einen hängt die Tätigkeit der beiden anderen
ab, so unterstützen sie sich alle wechselsei-
tig. So ist also dieser Verband einheitlich und
40 gleichzeitig dreigeteilt.
Zit. nach: Siegfried Epperlein, Bäuerliches Leben im
Mittelalter, Köln (Böhlau) 2003, S. 245.

11 b) Eberhard Isenmann, Historiker (2004):
Im herrenständisch-feudalen und agrar-
wirtschaftlichen Bereich herrscht seit dem
frühen Mittelalter die soziale Dichotomie
zwischen Reich und Arm, zwischen den
5 herrschenden, schutzgewährenden, von der
Grundrente lebenden „Reichen" und zugleich „Mächtigen" (*divites/potentes*) und
den mit ihrer Hände Arbeit die Felder bestel-
lenden „Armen" (*pauperes*), die nicht nur relativ arm, sondern auch schutzbedürftig 10
sind. […]
Die rechtlich egalitäre stadtbürgerliche
Gesellschaft des Mittelalters, in der wirtschaftlicher, vor allem nun auch erwerbs-
wirtschaftlicher Reichtum ein überragendes 15
Merkmal der Statusdefinition darstellt, erscheint als geschichtete Gesellschaft. Die
Unterscheidung in die beiden Schichten
„Reich" und „Arm" wird in der sozialen Sprache gelegentlich durch die Einführung der 20
Kategorie der „Mittelbürger", in Italien der
mezzana gente, zu einem Dreischichtmodell
erweitert. […] Aegidius Romanus [gest. 1316]
entwickelt […] für das Mittelalter eine regel-
rechte Mittelstandstheorie, wonach ein 25
möglichst breiter, durch mittleren Besitz de-
finierter Mittelstand die Stabilität des Ge-
meinwesens am besten gewährleiste. […]
Wenn seit dem frühen Mittelalter, das
noch keine formierten Stadtgemeinden 30
kennt und ökonomisch an der Agrarwirtschaft orientiert ist, ein gesamtgesellschaft-
liches Modell entworfen wird, so ist es funk-
tional konzipiert und teilt die Gesellschaft
[…] in *oratores* (Betende), *bellatores* (Krieger) 35
und *laboratores* (Arbeiter) ein. […]
Die mittelalterlichen Quellen geben dem
modernen Historiker ein begriffliches Instru-
mentarium zur Hand, um die wirtschaftlichen, sozialen und politischen Verhältnisse 40
und den Status des Einzelnen genauer zu
analysieren und zu beurteilen, indem sie den
Begriff des *status* (Stand) durch ein […] Wort-
feld erläutern, und zwar mit den Ausdrücken
conditio (Wesen, Eigenschaft) – *honor* (Ehre) – 45
officium (Amt) – *dignitas* (Würde). […] Den
höchsten Prestigewert besaßen Grundherrschaft, Grundbesitz und arbeitsloser Grund-
rentenbezug, die am besten für Herrschaft
und Politik qualifizierten. […] Die Verbin- 50
dung von *status* und *conditio* macht zunächst
den sozialen Stand aus, der durch adlige und
patrizische Geburt […] zum politischen
Stand durch die Übernahme von Ämtern […]
erweitert wird. 55

Eberhard Isenmann, Die Bedeutung der Sozial- und
Wirtschaftsgeschichte für die allgemeine Geschichte
des Mittelalters, in: VSWG-Beiheft 169, Wiesbaden
(Franz Steiner) 2004, S. 484–489.

M 12 Miniaturmalerei aus der französischen Übersetzung der Schrift von Aristoteles *„Politica et Economica"*, übersetzt von Nicolas Oresme, Bischof von Lisieux und königlicher Rat, **um 1375.** – *Transkription und Übersetzung der Schriftzüge: gens d'armes (Ritter), gens de conseil (Räte, Ratgeber), gens sacridotal (Geistliche), cultiveurs de terres (Bauern), gens de mestiers (Handwerker), marcheans (Kaufleute)*

17 a) Wie wird die Gesellschaft in M11a dargestellt, begründet und gerechtfertigt?
b) Begründen Sie, ob Sie die in M11a dargestellte Gesellschaft als „Ideal", „Modell" oder „soziale Realität" bezeichnen würden.
18 a) Beschreiben Sie die Gesellschaft in M12.
b) Vergleichen Sie mit Quelle M11a.
19 Setzen Sie sich ausgehend von M11b mit der folgenden These des Historikers Eberhard Isenmann auseinander: „Der universelle soziologische Zentralbegriff des vorrevolutionären Alteuropa ist derjenige des Standes."

20 Ständebilder im Mittelalter – Einheit oder Vielfalt? Diskutieren Sie (M11a, b; M12).
21 ⚐ Formulieren Sie in Partnerarbeit einen Text, in dem Sie, ähnlich wie in M11b, die Grundlagen unserer Gesellschaft heute beschreiben (z. B. Bedeutung der Freiheit, der Geschlechter, der Nahrungsbeschaffung).
22 ⚐ Zukunftsdebatte: „Mehr Freiheit oder mehr Abhängigkeit?" Diskutieren Sie, ob die Abhängigkeiten des Menschen im Zeitalter der Globalisierung ab- oder zunehmen. Könnte eine neue Art der Ständegesellschaft entstehen?

M 13 Fränkischer Panzerreiter, Buchmalerei, 9. Jh.

M 14 Ritterlichkeit – eine Frage der Ehre?

*Walther von der Vogelweide (um 1200) schrieb
in der ersten Strophe seines „Reichs-Tons" (Stro-
phenreihe über politische Themen):*

> Ich saß auf einem Stein
> und schlug ein Bein über das andere.
> Darauf stützte ich den Ellenbogen.
> Ich hatte in meine Hand geschmiegt
> 5 das Kinn und meine eine Wange.
> So erwog ich in aller Eindringlichkeit,
> wie man auf dieser Welt zu leben habe.
> Keinen Rat wusste ich zu geben,
> wie man drei Dinge erwerben könne,
> 10 ohne dass eines von ihnen verloren ginge.
> Zwei von ihnen sind Ehre und Besitz,
> die einander oft Abbruch tun,
> das dritte ist die Gnade Gottes,
> weit höher geltend als die beiden andern.
> 15 Die wünschte ich in ein Gefäß zu tun.
> Aber zu unserm Leid kann das nicht sein,
> dass Besitz und Ehre in der Welt
> und dazu Gottes Gnade
> zusammen in ein Herz kommen.
> 20 Weg und Steg ist ihnen verbaut,
> Verrat lauert im Hinterhalt,
> Gewalttat zieht auf der Straße,
> Friede und Recht sind todwund:
> bevor diese beiden nicht gesunden,
> 25 haben die Drei keine Sicherheit.

*Zit. nach der Übertragung aus dem Mittelhochdeut-
schen von Peter Wapnewski, in: Lesen, Darstellen,
Begreifen, Berlin (Cornelsen) 1988, S. 116 f.*

**M 15 Ein mittelalterlicher Philosoph über
die Ritter**

*Der englische Philosoph Johannes von Salisbury
(um 1115–1180) verfasste mit seinem „Policra-
ticus" eine kritische Herrschafts- und Gesell-
schaftslehre. In dem Werk, das er dem englischen Erzbischof und Lordkanzler Thomas
Becket widmete, schrieb er über die Ritter:*
Der Privatmann wie der Krieger dienen Gott,
wenn sie denjenigen treu lieben, der auf Gottes Veranlassung herrscht. Sie [die Ritter]
schwören […], alles das eifrig zu tun, was der
Fürst befahl, niemals aus der Ritterschaft zu   5
desertieren oder den Tod für das Gemeinwesen zu verschmähen, dessen Ritterschaft sie
angehören. Wenn sie aber diesen Schwur ab-
gelegt haben, werden sie mit dem Rittergür-
tel und den entsprechenden Vorrechten ver-   10
sehen. […] Was ist denn die gewöhnliche
Aufgabe der von Gott eingesetzten Ritterschaft? Die Kirche zu schützen, den Unglauben zu bekämpfen, das Priestertum zu vereh-
ren, Unrecht von den Armen abzuwehren,   15
im Land Frieden zu schaffen, für seine Brüder (wie es der Wortlaut des Eides besagt)
sein Blut zu vergießen und, wenn nötig, das
Leben zu lassen. Mit dem Lobpreis Gottes im
Munde und mit dem zweischneidigen   20
Schwert in ihren Händen sollen sie Vergel-
tung üben gegen die heidnischen Stämme,
die Völker tadeln, ihren Königen Fußfesseln
und ihrem Adel Handschellen anlegen. Zu
welchem Zweck? Um ihrem eigenen Wüten,   25
ihrer eigenen Eitelkeit, ihrer Habsucht oder
dem eigenen Mutwillen zu frönen? Keineswegs. Sondern: um an ihnen das festgelegte
Urteil zu vollstrecken; dabei folgt jeder nicht
so sehr seinem Urteil, sondern dem gerech-   30
ten und allgemein nützlichen Urteil des Gottes der Engel und Menschen. […]
Diese Vorschrift ist der ganzen Ritterschaft gegeben, dass zuerst Gott die geschul-
dete Treue zu leisten ist, dann soll sie dem   35
Fürsten und dem Gemeinwesen unversehrt
dienen. […] Zu Recht hat die Ritterschaft
viele Privilegien, wie sie aufgrund alten
Rechts offenbar sind: Denn sie sind freier
und erfreuen sich vieler Immunitäten: von   40
Fronarbeit und anderen Lasten, von schmutzigen Arbeiten sind sie frei, rechtliche Beschränkungen ignorieren sie rechtmäßig,
Burgvermögen, wenn es in ihrer Verfügung

45 ist, können sie vererben und, was das Größte ist, die Vorsorge der Allgemeinheit lässt nicht zu, dass sie Mangel leiden, und anderes dieser Art.

Zit. nach: Peter Hilsch, Mittelalter, 2. Aufl., Weinheim (Beltz/Athenäum) 1995, S. 205 f.

23 Beschreiben Sie das Erscheinungsbild des Ritters in Bild M13.

24 a) Fassen Sie anhand von M15 die Rechte und Pflichten eines Ritters zusammen.
b) Untersuchen Sie die Begründung für dessen Aufgaben und Funktionen (M15).
c) Arbeiten Sie heraus, wie gesellschaftliche Unterschiede zwischen Rittern und anderen sozialen Gruppen in M15 begründet werden. Vergleichen Sie mit heutigen Begründungen gesellschaftlicher Gleichheit und Ungleichheit.

25 Untersuchen Sie M15 mithilfe der Darstellung unter der Frage „Ideal oder Wirklichkeit?".
26 Analysieren Sie, wie der Minnedichter Walther von der Vogelweide in M14 über die Ideale des Rittertums reflektiert.
27 🏃 Was bedeutet „Ehre" heute? Suchen Sie Beispiele für die Verwendung des Begriffs: Wer benutzt ihn, in welchem Kontext, zu welchem Zweck? Recherchehilfe: Internet, Wörterbücher.
28 a) Erörtern Sie anhand von M14 und M16 die gesellschaftliche Bedeutung des Begriffs „Ehre" im Mittelalter.
b) Braucht unsere Gesellschaft heute im Hinblick auf ein zivilgesellschaftliches Zusammenleben den Begriff der „Ehre"? Diskutieren Sie von dieser Frage ausgehend über die Bedeutung des Begriffs der Ehre in der Gegenwart.

M 16 **Illustration aus einem Ritterroman, Anfang 15. Jh.** – *Dem ritterlichen Ehrenkodex folgend tötet ein Sohn seine Mutter, weil sie Ehebruch begangen hat; den neben ihr liegenden Ritter lässt er ungeschoren, weil ein unbewaffneter Ritter nicht getötet werden darf.*

M 17 Höfische Kultur im Mittelalter

Der Germanist Joachim Bumke schreibt über höfische Tischsitten im Mittelalter (2002):
Geht man davon aus, dass die Tischzuchten [= „Benimmbücher"; meist von gebildeten Hofklerikern verfasst] einen praktischen Sinn hatten und dass sie helfen sollten, tat-
5 sächlichen Nachlässigkeiten entgegenzuwirken, dann bekommt man ein sehr negatives Bild von den wirklichen Tischsitten, das mit den hochstilisierten höfischen Festmahlbeschreibungen der Dichter nur schwer in Einklang zu bringen ist. [...]
10 Die meisten Tischregeln lassen sich als Hygienevorschriften erklären, die auf die realen Gegebenheiten beim Essen Bezug nahmen. Die höfische Gesellschaft des hohen Mittelalters aß mit den Fingern. Die Gabel
15 war zwar bekannt, wurde aber nur zum Vorlegen benutzt. Messer und Löffel dienten zum Tranchieren und zum Austeilen. Die bildlichen Darstellungen der Zeit zeigen, dass meistens nur wenig Besteck, zum ge-
20 meinsamen Gebrauch, auf dem Tisch lag. Als Teller diente eine Scheibe Brot. Man musste in die gemeinsamen Schüsseln greifen und häufig hat man sich auch das Trinkgefäß mit seinem Nachbarn geteilt. Im Hinblick auf die-
25 se Verhältnisse gewinnt die Vorschrift, dass man nicht mit fettigem Mund trinken sollte, einen praktischen Sinn. Wollte man den Regeln der Tischzucht genügen, so bot sich zum Abwischen des Mundes, da es keine in-
30 dividuellen Servietten gab, zuerst das Tischtuch an. Das wurde aber von mehreren Tischzuchten verboten. Stattdessen empfahl die „Ulmer Hofzucht": „Wisch den Mund mit deiner Hand ab!" Andere Tischzuchten
35 wendeten sich jedoch gegen eine solche Praxis, sodass der höfische Esser sich in einer echten Verlegenheit befand. Am besten zog er sich aus der Affäre, indem er seine eigene Kleidung zum Abwischen benutzte. Ähnlich
40 verhielt es sich beim Schnäuzen: Wenn man weder das Tischtuch noch die Hand benutzen durfte, blieb nur der Ärmel. [...]
Viele Verhaltensregeln setzten eine hohe Tischkultur voraus. Bei Thomasin von
45 Zirklaere wurde zum Beispiel gefordert, dass man erst den Becher absetzen sollte, bevor man sich seinem Tischnachbarn zuwandte, oder dass man nur mit der dem Nachbarn

abgewandten Hand essen sollte. [...] Die Tischzuchten wurden von der Überzeugung 50 getragen, dass die höfische Gesellschaft sich durch die Einhaltung solcher Regeln von den Dörpern [= Dörflern] unterschied. „Manch einer beißt von einer Teigschnitte ab und wirft sie wieder in die Schüssel, wie es 55 die Bauern tun. Solche Ungesittetheit legen höfische Menschen ab." Insofern sind diese Texte wichtige Zeugnisse für das Selbstbewusstsein der höfischen Gesellschaft und zugleich für die Verfeinerung der gesellschaft- 60 lichen Umgangsformen in der höfischen Zeit.

Joachim Bumke, Höfische Kultur, 10. Aufl., München (dtv) 2002, S. 269 ff.

29 a) Beschreiben Sie mithilfe von M17 und M18 Dauer und Wandel mittelalterlicher Tischsitten.
b) Beurteilen Sie, welchen Wert die von Bumke (M17) ausgewerteten „Tischzuchten" als Quellen für Tischsitten im Mittelalter besitzen.
c) Erläutern Sie die Funktionen der verfeinerten Tischsitten für die höfische Kultur des Mittelalters (siehe auch die Darstellung S. 51).
30 🕴 „Leben wir in einer Zeit der ‚Entzivilisierung'"? Debattieren Sie unter dieser Frage über die Bedeutung von Höflichkeit und Tischsitten in der Gegenwart. Zur Vorbereitung:
a) Erläutern Sie, was man unter dem „Prozess der Zivilisation" versteht (Darstellung S. 51).
b) Informieren Sie sich über den Ursprung des Wortes „höflich" (Hilfe: siehe Herkunftswörterbuch).

M 18 Tafelszene, Illustration aus dem Versroman „Tristan und Isolde" von Gottfried von Straßburg, 13. Jh.

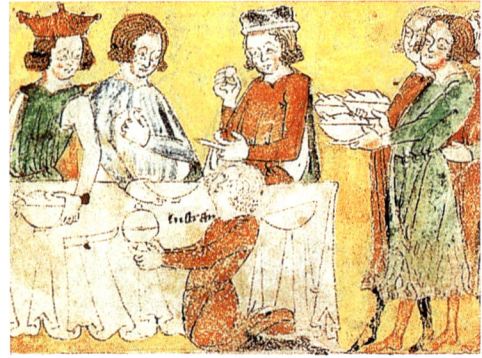

Eine mittelalterliche Textquelle interpretieren

Mittelalterliche Textquellen: Umfang, Gattungen, Besonderheiten (Autoren, Themen, Perspektiven)

Auffällig ist, dass im mittelalterlichen Europa die Zahl der Textquellen und die Vielfalt im 12./13. Jahrhundert sprunghaft ansteigen. Folgende Textgattungen sind zu unterscheiden:

Erzählende Quellen	
Annalen:	ein nach Jahren gegliederter Bericht von Ereignissen.
Chroniken:	Darstellung der Weltgeschichte von einem angenommenen Schöpfungsdatum bzw. Christi Geburt bis in die eigene Gegenwart.
Gesta:	Bericht über Taten einer Person, eines Volkes.
Origines gentium:	die oft sagenhafte Geschichte eines bestimmten Volksstammes.
Viten:	Biografien von Kaisern und Königen.

Dichtung	
Epik:	Heldendichtung, z. B. die Sagen um König Artus.
Lyrik:	Minnesang, Vagantendichtung.

Nicht-erzählende Quellen	
Urkunden:	Königs-, Papst-, Privaturkunden.
Briefe:	Einzelbriefe, Briefsammlungen; oft auch Ausdruck für Urkunden.
Privilegien:	Sonderrechte; kirchliche Urkunden, auch königliche Urkunden zur Kirche.
Kapitularien:	Erlasse des fränkischen Königs.
Konstitutionen:	Verfassungen.
Satzungen/Gesetze:	Rechtsvorschriften.
Rechtsbücher:	Rechtssammlungen, auch *Spiegel* genannt (z. B. „Sachsenspiegel").
Weistümer:	Aufzeichnungen des herkömmlichen deutschen Gewohnheitsrechts.
Urbare:	Besitz- und Einkünfteverzeichnisse von kirchlichen und königlichen Grundherrschaften.
Kanones:	Beschlüsse von Kirchenversammlungen.
Klosterregeln:	allgemeine oder besondere Ordensregeln (z. B. der Benediktiner).

Schriftliche Quellen aus dem Mittelalter weisen zahlreiche Besonderheiten auf:

1. Autoren sind oftmals Kleriker, Mönche (vereinzelt auch Nonnen), weil **Angehörige der Kirche** im Mittelalter meist die einzigen waren, die lesen und schreiben konnten.

2. Viele Quellen stammen aus der Feder von Angehörigen der **Oberschicht** und berichten auch häufiger über die Reichen, die Mächtigen und die Gebildeten.

3. Mittelalterliche Textquellen wurden häufiger von **Männern** als von Frauen verfasst und berichten auch häufiger über Männer als über Frauen.

4. Die Quellen erzählen mehr vom **kirchlichen Leben** als von weltlichen Dingen, wobei allerdings zu beachten ist, dass Kirchliches und Weltliches im Mittelalter stark miteinander verwoben waren (anders als bei uns heute in den westlichen Gesellschaften).

5. Die Quellen sprechen häufiger über **öffentliches Leben** und weniger über Privates.

6. Obwohl mittelalterliche Autoren ein ausgeprägtes historisches Bewusstsein besaßen, finden sich selten Langzeitbetrachtungen, z. B. über Wirtschaftswachstum oder Bevölkerungsentwicklungen; die meisten Quellen thematisieren **Kurzzeitiges**, Ereignisse und kurze Zeiträume, oder sie listen vieles einfach nur auf (Abgaben, Rechte usw.).

7. Textquellen sind häufig normative Quellen, das heißt: Sie sprechen häufiger von **Idealen**, also wie etwas *sein soll,* und seltener von sozialen Realitäten, also wie etwas *tatsächlich war.*

8. Viele Quellen berichten aus **christlicher Sicht**, weniger aus jüdischer oder muslimischer; äußerst rar sind Textquellen, die außereuropäische Perspektiven einfangen.

Systematische Schritte zur Interpretation schriftlicher Quellen

Analyse der formalen und inhaltlichen Merkmale (= Anforderungsbereich I)
Die formalen Merkmale einer Textquelle können mithilfe der fünf „W-Fragen" ermittelt werden:
1 WER? Bestimmen Sie die Persönlichkeit des **Autors/der Autorin**. Bekleidete er/sie eine öffentliche Stellung, ein Amt? Aus welcher sozialen Schicht kam er/sie? In welchem Verhältnis stand er/sie zum Geschehen und zu Beteiligten? Aus welcher Perspektive/Weltanschauung urteilt bzw. wertet er/sie?
2 WAS? Bestimmen Sie das **Thema**, über das der Autor/die Autorin spricht.
3 WANN? Bestimmen Sie den **Entstehungsort**, nehmen Sie eine **Datierung** vor.
4 WIE? Bestimmen Sie **Textart** und **Sprachstil** (polemisch, argumentativ, beschreibend).
5 WARUM? Bestimmen Sie den/die **Adressaten** (Freunde, Öffentlichkeit, Machtträger, Nachwelt).
Bei der Analyse der inhaltlichen Merkmale wird Folgendes erwartet:
6 Kernaussagen, Hauptanliegen, Leitgedanken sind zu erfassen. Dies soll mit eigenen Worten geschehen. **Zentrale Begriffe** und Aussagen sind mit Zitaten aus der Quelle zu belegen.

Einordnung in den historischen Zusammenhang (= Anforderungsbereich II)
7 Sie sollen einen Sachverhalt, der in einer Quelle thematisiert wird, durch zusätzliche historische Informationen (Ereignisse, Personen, Prozesse, Begriffe) verständlich machen und sinnvoll zu Entwicklungen oder Strukturen verknüpfen. Erläutern Sie **Anlässe/Ursachen** und **Wirkungen**; unterscheiden Sie zwischen (kurzfristigen) Anlässen und (längerfristigen) Ursachen, kurz- und langfristigen Folgen. Vergleichen Sie ggf. mit anderen Quellen und Sichtweisen.

Historische Beurteilung des Sachverhalts und Bewertung (= Anforderungsbereich III)
8 Die Quelle und der historische Sachverhalt sind zu problematisieren. Es soll eine strukturierte Argumentation vorgebracht werden, die verschiedene Standpunkte berücksichtigt. Thesen können unterstützt, verworfen oder differenziert werden. Aus Vergleichen sind Schlüsse zu ziehen. Urteile und Wertungen können andere Epochen oder die Gegenwart einbeziehen.

M 19 <u>Poppo</u>, Abt des <u>Klosters St. Maximin bei Trier</u>, über einen <u>Vergleich zwischen dem Kloster St. Maximin und den Bauern von Wasserbillig</u>, <u>1042–1047</u>

Im Namen der heiligen und unteilbaren Dreiheit. Da es durch das Zeugnis des göttlichen Gesetzes positiv und sicher veröffentlicht und festgestellt ist, dass die kirchlichen Güter glückselig sein würden, wenn kirchliche und glänzende Männer sie leiteten und
5 ordneten und wenn es glückte, dass ihre Vorsteher wirklich dafür arbeiteten, so glauben wir, mit Recht müsse alles gebilligt und festgelegt sein, was mit Zustimmung solcher Männer anerkannt wird. Daher wisse <u>der Eifer aller Getreuen, gegenwärtiger wie zukünftiger,</u> was der ehrwürdige Vater Poppo, dieses Klosters, nämlich des heili-
10 gen Maximin, denkwürdiger und höchst würdiger Abt, an des Berichtens und der Erinnerung Würdigem zum Nutzen <u>der ihm anvertrauten Güter</u> getan hat. Denn da es sicher ist, dass die Männer unseres <u>Hörigenverbandes</u>, die nämlich von dem <u>Dorfe, welches Billig heißt</u>, im Leisten der Abgaben des schuldigen Zinses und der
15 Dienste stets hartnäckig und in beharrlicher Weise rebellisch und vor dieser Zeit nahezu unüberwindlich gewesen sind, so hat der vorgenannte treue Vater als vorsichtiger Haushalter im Hause des

Randnotizen

Autor: Poppo, Abt des Klosters St. Maximin

Thema: Vergleich zwischen dem Kloster St. Maximin und den hörigen Bauern

Entstehungsort: Kloster St. Maximin; Weinbaugegend

Datierung: zwischen 1072 und 1074

Textart: Urkunde. Typische Merkmale mittelalterlicher Urkunden: z. B. *invocatio* (Anrufung Gottes), *intitulatio* (Name und Titel des Ausstellers), *apprecatio* (Segenswunsch).

Sprachstil: beschreibend

Adressat: alle am Vergleich Beteiligten, deren Nachkommen

Themen und Methoden

Herrn, als er dies mit nicht taubem Ohre erfuhr, <u>nach gemeinsamer</u>
<u>Beratung</u>, wie es die Sache erforderte, mit dem erlauchten <u>Herzog</u>

20 Heinrich [von Bayern, Grafen von Luxemburg], zu der Zeit <u>Vogt</u>
dieser Stätte, und seinen Getreuen, nämlich [den <u>Untervögten</u>]
<u>Graf</u> Bezelin [von Bitburg], Wigerich und Gerhard, beschlossen, die
so maßlose Hartnäckigkeit dieser Leute auszumerzen, nachdem ihnen ein entsprechendes <u>Gesetz oder Vertrag über den ganzen Zins</u>

25 <u>und Dienst</u> angesagt worden ist, wie er nämlich <u>ihnen nicht sehr</u>
<u>unerträglich und uns nicht sehr schädlich ist</u>. Und da es heißt, dass
sie 60 <u>Hausstätten</u>, die auch <u>Höfe</u> genannt werden, <u>erblich besit-</u>
<u>zen</u>, so ist bestimmt worden, dass, wie viele Besitzer der genannten
Höfe es auch immer mehr oder weniger geben mag, diese in jedem

30 Jahre von jedem Hofe 3 Schilling Pfennige, die <u>9 Pfund</u> ergeben,
am Festtage des heiligen Paulinus [dem 31. August] und eine so genannte Pippins Ohm[1] <u>Wein entrichten</u> sollen, jedoch mit der Bedingung, dass sie gemäß dem Wachstum der Weingärten, das der
Verwalter der Herrengüter am Tage der Himmelfahrt der Gottes-

35 mutter Maria [dem 15. August] zu besehen hat, anstatt der einzelnen Schillinge Pfennige ebenso viele Ohm Wein entrichten sollen[2]
nach dem genauesten Trierer Maß, das zu der Zeit bei ihnen ganz
rechtmäßig gängig ist, und zwar mit der erwähnten Pippins Ohm
Weines. Ferner auch ist aufs sorgsamste festgesetzt worden, dass sie

40 das oben erwähnte Geld, wie groß auch immer die Menge ist, die
aus der Fruchtbarkeit der Weingärten hervorgeht, nach Kräften <u>mit</u>
<u>Wein ablösen</u> sollen. Übrigens sollen sie, wie gesagt, den vorge-
schriebenen Zins ohne jeglichen Widerspruch und Verzug entrichten. Außerdem ist befohlen und gelobt worden, die <u>Fischwehre zu</u>

45 <u>reparieren, Ackerdienste zu leisten und zum Burgwerk zu kommen</u>,
alles nach den alten Gebräuchen zu erfüllen. […] Damit dies alles
fest, beschlossen und unerschüttert auf ewig daure, hat man dafür
gesorgt, es in dieser Schrift aufzuzeichnen, und es hat beliebt, dass
wenn jemand diese Notiz verletzen wollte, was ferne sei, er <u>100</u>

50 <u>Pfund in den öffentlichen Schatz des Königs zahle</u>, und obendrein
treffe ihn das verdiente Geschoss der <u>Exkommunikation</u>. <u>So sei es,</u>
<u>sei es, sei es, amen, amen.</u>

Urkundenbuch zur Geschichte der jetzt die preußischen Regierungsbezirke
Coblenz und Trier bildenden Territorien, Bd. 1, Coblenz 1860, S. 385, Nr. 332.
Zit. nach: Ernst Pilz (Hg.), Lust an der Geschichte. Leben im Mittelalter, Mün-
chen (Piper) 1990, S. 264 f.

1 Ohm: Hohlmaß für Flüssigkeit.
2 Je nach erwarteter Ernte und den zu erwartenden Preisen behielt sich der
Grundherr die Forderung in Naturalien vor.

31 Suchen Sie aus den Kapiteln 1 bis 4 Beispiele für die auf S. 65 aufgeführten mittelalterlichen Textquellenarten heraus.
32 Erläutern Sie anhand einer Textquelle aus Kapitel 4 die auf S. 65
erläuterten Besonderheiten mittelalterlicher Textquellen.
33 Interpretieren Sie Textquelle M19 mithilfe der systematischen
Arbeitsschritte, S. 66, sowie der Unterstreichungen und der Randnotizen. Beachten Sie, dass die Randnotizen nicht vollständig sind. Weitere
Hintergrundinformationen: siehe Darstellung S. 47–51.
34 Interpretieren Sie nach der Übung in Aufgabe 33 eine weitere Textquelle aus diesem Kapitel (z. B. M5, M7, M11a oder M15).

Zentrale Begriffe:
– Gesetz oder Vertrag über
  den ganzen Zins und
  Dienst
– Hausstätten (= Höfe) erb-
  lich besitzen
– Zins zahlen
– mit Wein ablösen
– Dienste leisten
– Strafe 100 Pfund und Ex-
  kommunikation
– „ihm anvertraute Güter"
  (= Grundherrschaft)

Kernaussagen:
Nach vorausgegangenen Auseinandersetzungen wird ein
Vertrag zu beiderseitigem Nutzen abgeschlossen zwischen
dem Kloster St. Maximin und
seinen Hörigen.
Bestimmungen: Die Bauern
zahlen mit Geldzins und leisten Dienste, sie setzen dafür ihr
Erbrecht an den Hofstellen
und die Verdinglichung des
Zinses durch.

Historischer Zusammen-
hang:
– Seit dem 11. Jh.: Wachstum
  der Bevölkerung, damit
  verbunden ein wirtschaftlicher Aufschwung; Städtegründungen; Einführung
  der Geldwirtschaft.
– Grundherren gründen in
  ihren Forsten neue Dörfer
  und in bestehenden Siedlungen Märkte; Anreiz für
  Bauern, die Produktion zu
  steigern und dem Grund-
  herrn Abgaben, statt in
  Form von Diensten und
  Produkten, in Form von
  Geld anzubieten.

Beurteilung:
Am Beispiel einer Weinbaugegend werden die gesellschaftlichen und wirtschaftlichen
Veränderungen seit dem 11. Jh.
auf dem Lande deutlich.
Fragen:
Ist die Quelle ein Beleg für die
Abnahme grundherrlicher Bindungen im Hochmittelalter?
Wie typisch sind die dargestellten Regelungen (z. B. Vergleich
zu anderen Regionen und Ländern)?

Lehnsherrschaften im heutigen Europa? – Eine Übung zu Präsentationen im Fach Geschichte

Eine Präsentation ist eine gründlich vorbereitete, themen- und zielgruppenbezogene Vorstellung von Inhalten, die informieren, überzeugen oder motivieren will. Sie kann die Zielgruppe einbeziehen, d. h. zu Nachfragen animieren oder Stellungnahmen provozieren. In allen Schulfächern, aber auch im Beruf, spielt sie eine immer größere Rolle. In manchen Bundesländern kann sie Bestandteil von Abschlussprüfungen werden. Präsentieren will also gelernt sein.

Formen der Präsentation und Kriterien einer gelungenen Präsentation

Die häufigste Form der Präsentation, zumal in Abschlussprüfungen im Fach Geschichte, ist das Referat. Bevor einige methodische Hinweise zur Vorbereitung und Präsentation eines Referats vorgestellt werden, sei (im Anschluss an Peter Adamski) darauf hingewiesen, dass sich für den laufenden Geschichtsunterricht eine Vielfalt von Präsentationsformen anbietet:
a) *schriftliche:* Referat, Thesenpapier, Facharbeit, Rezension;
b) *visualisierte:* Wandzeitung, Lernplakat, Collage, Zeitstrahl, Strukturbild, Geschichtsfries;
c) *auditive:* Rede, Vortrag, Reportage, Interview;
d) *gestalterische:* Ausstellung, Rekonstruktion, Modell.
   Die gelungene Präsentation entspricht folgenden Kriterien:
1. Sie ist inhaltlich und sprachlich richtig.
2. Sie macht Prozesse, Strukturen und Zusammenhänge deutlich.
3. Sie bezieht Unterrichtsinhalte mit ein.
4. Sie überträgt die Inhalte auf andere Bereiche (Transfer).
5. Sie wendet Fachmethoden (Textquellen-, Bild-, Statistikanalyse usw.) richtig an.
6. Sie nutzt Medien in angemessener Form.

Hinweise zur Vorbereitung und Präsentation eines Referats

1 Thema eingrenzen
– Das heißt: Frage formulieren, Zeitraum bestimmen, geografischen Raum festlegen.
2 Recherchieren
– Recherchieren heißt: Informationen sammeln, in Lexika, Expertengesprächen, Bibliotheken (Stichwort-/Autorenkatalog), im Internet (aber nie alleine auf das Internet verlassen).
– Kopieren heißt: nicht alles kopieren, sondern nur Basistexte, Basisquellen, Übersichten.
– Exzerpieren heißt: Stichpunkte notieren (für jeden Teilaspekt eine Karteikarte anlegen).
– Zitieren bedeutet: etwas wortwörtlich übernehmen, aber nur bei ganz zentralen Aussagen.
3 Informationen verarbeiten
– Material gliedern: Karteikarten und Zettel zu Teilbereichen gruppieren.
– Material gedanklich verarbeiten: Grafiken, Tabellen, Mindmaps usw. anfertigen.
– Gliederung erstellen und Kapitelüberschriften formulieren.
4 Vortrag vorbereiten
– Visuelle Unterstützung überlegen (Gliederung als Tafelbild, Folie, auf PC; Handout).
– Zentrale Fakten und schwierige Daten, Begriffe, Zitate auf Karteikarten farbig markieren.
5 Vortrag halten
– Erst jeweils die Teilbereiche benennen, dann in die Details gehen.
– Frei sprechen, Pausen machen, Redetempo und Lautstärke den Inhalten gemäß variieren.
– Reaktionen der Zuhörer/-innen aufnehmen, Gedanken ggf. nochmals präzisieren.

M 20 Ein „*lovely* Feudalsystem" auf Sark?

Der Journalist Wolfgang Koydl über einen Besuch der Kanalinsel Sark im November 2006:
Michael Beaumont ist der 22. Seigneur, der die fünf Quadratkilometer kleine Kanalinsel [Sark] als Lehen regiert – verliehen von ihrer Majestät Elisabeth II., von Gottes Gnaden
5 Königin des Vereinigten Königreiches. Sark befindet sich seit 1565 im Kronbesitz, als die erste Elisabeth den Edelmann Helier de Carteret von der Nachbarinsel Jersey „in alle Ewigkeit" damit belieh, damit er das Eiland
10 gegen Franzosen und Piraten verteidigte. Er holte 40 Familien, unter denen er den Grund und Boden aufteilte und deren Aufgabe die Landesverteidigung war. Sie zahlten einen Pachtzins an den Seigneur, der wiederum sei-
15 nen Obolus an die Krone abführte: Der zwanzigste Teil eines Ritterlehens war das […], [heute] exakt ein Pfund und 79 Pence, die er der Königin jedes Jahr überweist.
   Höchster Beamter ist – wie bereits bei Karl
20 dem Großen – der Seneschall, der die Funktionen eines obersten Richters und des Parlamentspräsidenten verbindet. Ihm stehen der sogenannte Greffier und der Prevôt sowie zwei Constables zur Seite, die für Ruhe
25 und Ordnung sorgen. Zurzeit sitzt Reginald Guille über die Inselbewohner zu Gericht – alleine, ohne Schöffen oder Beisitzer. Eine juristische Ausbildung hat der pensionierte Oberstleutnant der britischen Armee nicht
30 genossen. „Ich urteile nach dem gesunden Menschenverstand, und wenn mir ein Fall zu groß erscheint, gebe ich ihn sowieso nach Guernsey ab", erklärt Guille. […]
   In 450 Jahren hat sich wenig verändert
35 auf Sark, wenn man davon absieht, dass die Bewohner den Seigneur nicht mehr um Erlaubnis bitten müssen, wenn sie heiraten wollen, und dass er auch nicht mehr den zehnten Teil der Ernte für sich behält. Inzwi-
40 schen hat man sogar den Tod durch den Strang abgeschafft. Das war erst im Januar vergangenen Jahres, aber niemand kann sich daran erinnern, dass man jemals jemanden gehängt hätte.
45 Sark ist bis heute nicht Teil des Vereinigten Königreiches, und auch mit der Europäischen Union ist die Insel nur assoziiert. Die Sarkesen haben britische Pässe, dürfen aber in Großbritannien nicht wählen. Sie machen sich ihre Gesetze selber und erhalten sich ein 50 paar Eigenheiten in den Statuten: Männer dürfen tagsüber nicht stricken, dafür genießen sie das Recht, ihre Ehefrauen zu verprügeln – vorausgesetzt, der Stock ist nicht mehr als fingerdick und es fließt kein Blut. […] 55
   Indes, der Wind des Wandels, so Beaumont, hat letztlich auch die Insel Sark erreicht. […] Vor kurzem wurde eine Revolution in dem kleinen Inselparadies im Ärmelkanal vollzogen, die anderen epochalen 60 Umstürzen wie dem Ende der Sowjetunion beinahe ebenbürtig ist: Mit einer Mehrheit von 234 zu 184 Stimmen entschieden sich die Sarkesen dafür, ihr seit knapp einem halben Jahrtausend praktiziertes mittelalter- 65 liches Regierungssystem durch eine moderne Demokratie zu ersetzen. […]
   „Sehr verärgert und besorgt" sei sie über die Veränderungen, meint beispielsweise Phyllis Rang. […] „Schön und gut, wir haben 70 ein Feudalsystem, aber es ist doch ein *lovely* Feudalsystem", erregt sie sich. […] Ganz genau kann sie den Zeitpunkt terminieren, an dem das Unheil begann: An jenem Tag im Jahr 1970 war es, an dem Sark der Europä- 75 ischen Menschenrechtskonvention beitrat. Ganz freiwillig geschah das nicht, sondern auf sanften Druck von Großbritannien.
Wolfgang Koydl, Herr Beaumont und seine Untertanen, in: Südodt. Zeitung, 18./19. November 2006, S. 3.

35 🚶 Erarbeiten Sie eine Präsentation (siehe S. 68) über Wirtschafts- und Herrschaftsstrukturen auf der Insel Sark, wie sie bis 2006 bestanden (M20). Vergleichen Sie sie mit dem Mittelalter. Gehen Sie auch auf Ursachen und Stand der 2006 beschlossenen Demokratisierung ein.

M 21 Herrenhaus auf Sark, Foto, 2006

Weiterführende Arbeitsanregungen

🚶 **Burgenbau als archäologisches Experiment – Vorschläge für Referate und Projekte**

1 Neubau einer mittelalterlichen Burg – auf der Baustelle der Burg Guédelon in Burgund
Im französischen Guédelon wird seit 1997 nach den Maßstäben des 13. Jahrhunderts eine Burg errichtet. Erst 2023 soll sie fertig sein, denn nur Hammer, Meißel, Seile, hölzerne Hilfsmittel und Pferde sind erlaubt, Bohrmaschinen verboten. Untersuchen Sie dieses Projekt unter der Frage: Guédelon – ernstzunehmendes wissenschaftliches Experiment oder Touristenattraktion?
Zur Einführung siehe: Markus Becker, Burgen bauen wie im Mittelalter, in:
www.spiegel.de/wissenschaft/mensch/0,1518,435730,00.html
Ausführliche Informationen bietet die Website des Projekts (in Englisch): *www.guedelon.com.*
Zu Handwerkstechniken und Arbeitsvorgängen siehe (in Französisch, aber mit interessanten Fotos):
www.futura-sciences.com/comprendre/d/dossier636-1.php

2 Experimentelle Archäologie – alles nur frei erfunden?
Welche Voraussetzungen müssen experimentelle Archäologen beachten, wenn sie etwas nachbauen oder nachstellen? Siehe zu dieser Frage: *Mamoun Fansa, Experimentelle Archäologie in Deutschland, in: www.uni-kiel.de/cinarchea/text/exparch-d.htm*
Siehe auch: *Erwin Keefer (Hg.), Lebendige Vergangenheit. Vom archäologischen Experiment zur Zeitreise, Stuttgart (Theiss) 2006.*

3 Bauen im Mittelalter – wie hart war damals die „Plackerei"?
Wer entwarf im Mittelalter ein Bauwerk? Wer führte die Arbeiten aus und wer beaufsichtigte sie? Welches Gerät und welche Materialien wurden benutzt? Wie hart war die Arbeit und wie wurde sie entlohnt? Siehe zu diesen Fragen: *Karl-Heinz Ludwig, Technik im hohen Mittelalter, in: Wolfgang König (Hg.), Propyläen Technikgeschichte, Bd. 2: Metalle und Macht, Berlin (Propyläen) 1990, S. 131–138.*

Weblinks zu archäologischen Experimenten in Deutschland
– Bachritterburg Kanzach: *www.bachritterburg.de*
– Langobardenwerkstatt Zethlingen/Altmark: *www.langobarden-zethlingen.de*
– Archäologisches Freilichtmuseum Oerlinghausen: *www.afm-oerlinghausen.de*
– Freilichtmuseum Sachsenhof, Greven-Pentrup:
www.heimatverein-greven.de/der-sachsenhof.html
– Museumsdorf Düppel bei Berlin: *www.dueppel.de/index.htm*
– Bajuwarenhof Kirchheim: *www.bajuwarenhof.de*

M 22 Burgbaustelle in Guédelon, Fotografie, 2006

5 Die europäische Stadt im Mittelalter

Köln im Jahre 1074. Schon lange hat sich in der Bürgerschaft Unmut gegen den überheblichen und strengen Stadtherrn, Erzbischof Anno, angestaut, wie der Mönch Lampert von Hersfeld (vor 1028–nach 1081) berichtet. Als am Ende der Ostertage der Erzbischof ein geeignetes Schiff für die Abreise des zu Besuch weilenden Münsteraner Bischofs sucht, beschlagnahmt Anno einfach das Schiff eines reichen Kaufmanns – und löst damit einen **Aufstand der Kölner** gegen ihren erzbischöflichen Stadtherrn aus. Zwar gelingt es Anno, den Aufstand mithilfe von außen niederzuschlagen. Aber gut dreißig Jahre später vertreiben die selbstbewusster gewordenen Kölner ihren Stadtherrn, Erzbischof Friedrich I., und beginnen sich im 12. und 13. Jahrhundert immer stärker aus der bischöflichen Herrschaft zu lösen. Während für die Kommune am Ende dieses Machtkampfs die weitgehende Unabhängigkeit als „Freie Stadt" steht, bleiben dem Stadtherrn nur noch Rechte am Stadtgericht.

Die Ereignisse und Vorgänge in Köln sind ein eindrucksvolles Beispiel dafür,
– wie sich in Europa im Verlauf des Mittelalters die Stadt als ein von der adlig-agrarischen Lebenswelt **unabhängiger Herrschafts- und Rechtsbereich** herausgebildet hat und
– wie stark dieser Wandel mit dem Aufstieg des **Bürgertums** verbunden war: d. h. mit den Handwerkern und den Groß- und Fernkaufleuten als politischer Führungsgruppe, für die der **Markt** zum zentralen Ort des Wirtschaftslebens wurde.

Herausbildung und Merkmale mittelalterlicher Städte

Eine wesentliche Voraussetzung der Städtebildung war die **landwirtschaftliche Mehrproduktion** seit dem frühen Mittelalter (siehe Kapitel 4, S. 47). Sie ermöglichte es, dass sich mehr Menschen der Herstellung gewerblicher Erzeugnisse oder dem Handel zuwenden und in nicht agrarischen Siedlungen mit einem Markt niederlassen konnten. Hinzu kamen wirtschaftliche und finanzielle Interessen von Königen, Herzögen, Grafen, Bischöfen und Äbten, die sich von Märkten und Städten, denen sie besondere Vorrechte gewährten, Vorteile versprachen. Eng verbunden mit der Herausbildung von Märkten und Städten war (ausgehend von Oberitalien) das Aufkommen der **Geldwirtschaft** und die verstärkte Abkehr vom Tausch Ware gegen Ware zugunsten einer Ware-Geld-Beziehung. Handwerker und Bauern produzierten bald für den regionalen Markt und brachten ihre Lebensmittel gegen Geld an den Kunden.

Seit Ende des 11. Jahrhunderts nahmen Städtegründungen in Europa sprunghaft zu. Bevorzugt entwickelten sich Städte (1) im Umfeld einer Burg, einer Pfalz oder eines Klosters; (2) an Wegkreuzungen oder Flussübergängen; (3) aus einem bereits bestehenden Marktplatz; (4) im Umfeld einer großen Grundherrschaft; (5) aus ehemaligen römischen Verwaltungszentren, die die Völkerwanderung überstanden hatten, wie die Bischofssitze Köln, Trier, Mainz, Regensburg oder Worms. Könige, Herzöge oder Bischöfe ließen aber auch neue Städte errichten.

Ende des 14. Jahrhunderts zählten ca. 95 Prozent der deutschen Städte nur 200–2 000 Einwohner, in Frankreich 1 500–2 000; lediglich in Italien lagen die Zahlen höher. Köln war mit 40 000 Einwohnern die größte Stadt im deutschen Reich, Paris die größte Stadt Europas mit 80 000 Einwohnern (vor der Großen Pest waren es 200 000). Im Gegensatz zu Europa hatten Großstädte im islamischen Kulturraum mehr Einwohner. Bereits im 12./13. Jahrhundert lebten in Damaskus, Aleppo, Samarra und Bagdad schätzungsweise 200 000–400 000 Menschen.

Die Städte im Reich lassen sich im Hinblick auf ihre Stadtherren zur Hauptsache in (1) Königs-, später Reichsstädte, (2) Freie Städte (ehemalige Bischofsstädte), (3) Land- oder Territorialstädte und (4) grundherrliche Städte unterteilen. Orientiert man sich an der prägenden Wirtschaftsform, so kann man unterscheiden: (a) Ackerbürgerstädte (Landwirtschaft), (b) Gewerbe- und Handelsstädte mit überwiegend lokalem Absatz, (c) Exportgewerbe- und Handelsstädte. Einige Orte, wie Frankfurt am Main, zeichneten sich durch ihre Handelsmessen aus.

Stadtherrschaft und kommunale Bewegung

Die Stadtherrschaft hatten in Europa die Bischöfe der alten Römerstädte und die **Städtegründer** inne. In oberitalienischen Städten breitete sich seit dem 11. Jahrhundert durch den Zusammenschluss von stadtsässigem Adel und nichtadligen Bürgern die **Kommunebewegung** mit dem Ziel der Freiheit und Selbstregierung aus. Später brachen kommunale Bewegungen auch nördlich der Alpen, wie z. B. in Köln (siehe oben), aus, und es kam, wie in den meisten europäischen Städten, zur Etablierung einer **Ratsherrschaft**. In Italien konnten sich einzelne Herren der Stadtherrschaft bemächtigen und sie zu einer Alleinherrschaft **(Signorie)** umformen.

Die autonomen Städte Oberitaliens erkannten nur noch eine nominelle oder überhaupt keine Oberherrschaft des Kaisers mehr an. Im römisch-deutschen Reich blieben trotz erreichter städtischer Autonomie der König, Bischöfe und weltliche Fürsten übergeordnete **Stadtherren**. Bischofsstädte, die sich weitgehend von der bischöflichen Stadtherrschaft emanzipieren konnten, kannten als „**Freie Städte**" (z. B. Worms, Speyer, Köln, Straßburg, Basel) keinen Stadtherrn mehr; über ihnen stand nur noch der König als Reichsoberhaupt. Ein vergleichbares Maß an Selbstregierung erlangten die Königsstädte, die später **Reichsstädte** genannt wurden, doch blieb der König ihr Stadtherr **(Reichsunmittelbarkeit)**. Zusammen mit den Freien Städten wurden sie seit der Mitte des 13. Jahrhunderts zu den Hoftagen und seit Ende des 15. Jahrhunderts regelmäßig zu den Reichstagen berufen. Viele Landesherren zwangen ihre Städte seit dem ausgehenden 15. Jahrhundert wieder unter ihre Herrschaft. Einige reichsunmittelbare Städte wurden durch Fürsten **mediatisiert**, d. h. unter deren Herrschaft gebracht.

Deutlicher als die antiken und die modernen Städte waren die Städte des Mittelalters ein vom Land geschiedener Rechtsbereich. Mauern, Graben und Tore, die auf Stadtsiegeln abgebildet wurden, markierten den städtischen Rechts- und Friedensbereich. Das **Rathaus** war das Symbol der Autonomie und Selbstregierung, Kirchen verwiesen auf die Stadtgemeinde als Gemeinschaft in Glauben und Religionsausübung. Einige Städte wie Nürnberg, Ulm oder Bern erwarben allerdings vor den Mauern ein ausgedehntes städtisches Territorium.

Die **Bürger** erreichten für alle **Bewohner** die Freiheit von persönlicher Unfreiheit, von Einschränkungen bei Heirat, Besitz und Erbe. Wer als Unfreier vom Land in die Stadt zog, sollte nach Jahr und Tag als frei gelten und nicht mehr vom Grundherrn zurückgefordert werden („**Stadtluft macht frei**"). Doch machten im Spätmittelalter viele Städte die persönliche Freiheit auch zur Bedingung für die Verleihung des Bürgerrechts; nach großen Seuchen wiederum ging man bei der Aufnahme von Neubürgern sehr pragmatisch vor. Nicht alle Stadtbewohner waren Bürger. Es gab auch nichtverbürgerte „**Beisassen**" oder „**Inwohner**", die allerdings ebenfalls zu Wach- und Wehrdiensten, Bürgerfronen und Steuern herangezogen wurden.

Die Räte und die Kämpfe um das Stadtregiment

Die Bürger bildeten im Reich im späteren 12. Jahrhundert häufig in Form von **Schwurgemeinschaften** (lat. *coniurationes*) eine bürgerliche Gemeinde und setzten einen Rat und kommunale Amtsträger ein, auch bildeten sich bereits erste **Zünfte**. Seit 1250 setzte sich schubartig in einer Vielzahl von Städten ein bürgerschaftlicher Rat unter Vorsitz und Leitung von **Bürgermeistern** durch und wurde schließlich zur Regel. Der Rat war für den städtischen Frieden und die öffentliche Ordnung zuständig und hatte für den „gemeinen Nutzen" zu sorgen.

Neben dem regierenden Rat wurden zur Repräsentation der Bürgerschaft in vielen Städten „Große Räte" mit erheblich höheren Mitgliederzahlen gebildet, die in existentiellen Angelegenheiten wie Krieg und Frieden Mitwirkungsrechte erhielten und vom nunmehr „Kleinen Rat" einberufen wurden. Schließlich konnten auch Versammlungen aller Bürger stattfinden.

Im 14. Jahrhundert kam es in vielen deutschen Städten zu einer schubartigen Ausweitung der **politischen Partizipation**, als sich Zunfthandwerker den Zugang zum Rat erstreiten und das Herrschaftsmonopol der alten „Geschlechter" (Patriziat) brechen konnten. Ihr Recht auf Mitregierung begründeten sie mit einem völlig neuen Ehrbegriff, dem „Ethos der Arbeit".

Die soziale Struktur der Stadtgesellschaft

Am Anfang der Stadtentstehung bildeten die **Ministerialen** des Stadtherrn, die mit der Herrschaft in der Stadt, den Aufgaben in Gericht und Verwaltung, mit Friedensschutz und Verteidigung betrauten waren, einen eigenen sozialen Kreis. Einige Ministeriale verbanden sich geschäftlich oder durch Heirat mit den reichen Groß- und Fernkaufleuten. Aus dieser Gruppierung oder auch nur aus den Kaufmannsfamilien gingen die alten „Geschlechter", das **Patriziat**, hervor, dessen Angehörige als Ratsherren zunächst die bürgerliche Gemeinde regierten.

Legt man die Vorstellung einer sozialen Schichtung zugrunde, wobei Personen mit vergleichbaren Lagemerkmalen (Reichtum, Lebensführung) einer Schicht zugeordnet werden, so stellten die in der Stadt lebenden Adligen mit Grundbesitz und die Patrizier die Oberschicht.

Zur oberen Mittelschicht zählten die nicht patrizischen oder nicht den Ratsfamilien zugehörigen Kaufleute, die Krämer und die Vertreter angesehener **Handwerkerzünfte**. Zur breiten Mittelschicht gehörten die Vielzahl der durchschnittlichen Handwerker sowie die städtischen Bediensteten. Darunter standen die Handwerksgesellen und Handlungsdiener.

Die Unterschicht setzte sich aus Hausknechten, Dienstmägden, nichtzünftigen Tagelöhnern, den Armen ohne nennenswerte Beschäftigungsverhältnisse sowie den öffentlichen Bettlern zusammen. Eine eigene Kategorie waren die Angehörigen der „**unehrlichen Berufe**", der Scharfrichter, Abdecker, Barbiere, in einigen Städten sogar die Gerber und die Leineweber.

Der **Klerus** bildete in der Stadt einen eigenen, vom Laien geschiedenen geistlichen Stand, der mit Ausnahme des niederen Klerus teilweise in ummauerten **Immunitätsbezirken** lebte. Die **Juden** stellten eine Gemeinde mit eigenem Glauben und Recht dar, eigenen Lebensformen, Institutionen und mit Bauten wie Synagoge, Schule, Mikwe oder Tanzhaus.

Bildungswesen und neue urbane Kultur

Die Städte durchbrachen durch die Gründung von **städtischen Schulen** das Bildungsmonopol der Kirche. Vor allem Fernkaufleute mussten lesen, schreiben und rechnen können, um von ihren „Skrivekamern" aus ihre Geschäfte zu leiten. Die **Universitäten** entwickelten sich zu neuen Zentren der Wissenschaft und Bildung, die in dieser Funktion allmählich Domschulen und Klöster ablösten. Im 12. Jahrhundert gingen aus der Rechtsschule von Bologna und der philosophisch-theologischen Hochschule zu Paris die beiden ältesten Universitäten Europas hervor. Unter lat. *universitas* versteht man seitdem eine übernationale Körperschaft von Lehrern und Studenten, die sich selbst verwaltet. Die Universitäten, deren innere Entwicklung seit dem 14. Jahrhundert abgeschlossen war, besaßen vier **Fakultäten**: Theologie, Medizin, Rechtswissenschaft und Philosophie. Vor dem eigentlichen Studium mussten die Studenten die **sieben „freien Künste"** absolvieren: Grammatik, Rhetorik, Dialektik, Arithmetik, Geometrie, Musik, Astronomie. Kaiser Karl IV. gründete in Prag 1354 die erste deutsche Universität, in Köln trat 1388/89 die erste kommunale Universität nördlich der Alpen ins Leben.

Mit dem Stadtbürgertum trat neben die bäuerliche Volkskultur und die ritterlich-höfische Kultur (siehe Kapitel 4) die bürgerlich-urbane Kultur, die jedoch keineswegs einheitlich war. Die Kaufleute waren an Risikobereitschaft (mittelhochdt. *abenteuer*), wirtschaftlicher Rationalität und Gewinnstreben orientiert. Dem Handwerker als Handarbeiter wurde von den Patriziern eine ständische Ehre abgesprochen. Daher verlief zwischen beiden eine soziale und mentale Barriere. In größeren Städten orientierten sich

M 1 **Das Rathaus von Stralsund, errichtet im 13. Jh., Fotografie, 1985**

reiche Kaufleute zugleich an ritterlich-adligen Lebensformen; am Ende des Mittelalters wurden sie Teil des Landadels, der Turniere veranstaltete und sogar Lehnsbindungen einging.

Die Kaufleute waren Schrittmacher des Kapitalismus und damit der europäischen Moderne. Aus der Sicht einer vorherrschend agrarisch-naturalwirtschaftlichen Gesellschaft und der Kirche machten Gewinnstreben und Gelderwerb den Kaufmann jedoch verdächtig. Für die Kirche bedeutete **Zinsnahme** sündhaften Wucher, der den Verlust des Seelenheils zur Folge hatte. Doch wies die Kirche auch Wege für die Umgehung des Zinsverbots.

Städte als Machtfaktoren im Reich

Da die Städte große Anziehungskraft auf die abhängigen Bauern vom Land ausübten, versuchten weltliche und geistliche Grundherrn die Abwanderung in die Stadt gesetzlich einzuschränken. Wenngleich ohne Erfolg, führten diese Versuche doch zu Spannungen zwischen Stadt und Land, ebenso wie das Ausgreifen der Städte auf das Umland (siehe oben, S. 72).

Auf Spannungen mit den erstarkenden Territorialfürsten antworteten die Städte, indem sie **Städtebünde** gründeten. Die großen Städtebünde (Rheinischer Städtebund, Schwäbischer Städtebund) waren Zusammenschlüsse mit militärischer Hilfsverpflichtung gegen Friedensbrecher. Sie waren Friedensbündnisse, die für die Erledigung von Konflikten zwischen Mitgliedern Schiedsgerichte vorsahen. Es handelte sich häufig nicht um reine Städtebünde, da auch Fürsten und Adlige beitraten. Mit den Bünden wollten die Städte ihren Handel und damit ihre wirtschaftliche Prosperität absichern. Die Reichsstädte wollten verhindern, dass die deutschen Könige sie aus Geldnot an die Fürsten verpfändeten, was immer wieder vorkam. Obwohl die Städtebünde in den militärisch-politischen Auseinandersetzungen mit den Territorialfürsten im 14. Jahrhundert unterlagen, waren die Städte reich und mächtig genug, um sich zunächst von derartigen Niederlagen zu erholen. Um 1450 endete jedoch die Zeit der Städtebünde.

Kaiser Sigmund hatte im 15. Jahrhundert den Städten noch nahegelegt, neben den Fürsten eine weitere politische Kraft im Reich zu bilden, doch stieß er damit bei den realistischen Städten auf keine Resonanz. Friedrich III. berief seit 1440 immer wieder bestimmte Freie Städte und Reichsstädte zu den sich seit 1471 deutlicher formierenden Reichstagen, bis seit 1495 ihre regelmäßige Ladung üblich wurde. Auf den **Reichstagen** bildeten die „**Freien und Reichsstädte**" neben Kurfürsten und Fürsten eine dritte **Kurie**, auch „Rat" oder „Stand" genannt.

Im Unterschied zu vielen anderen Städtebünden blieb die primär wirtschaftlich ausgerichtete, in Konflikten aber auch militärisch aktive **Hanse**, die sich von einem Kaufmanns- zu einem Städtebund wandelte, noch bis in die Frühe Neuzeit hinein bestehen.

Wirtschafts- und Städtezentren im mittelalterlichen Europa

Die wichtigsten Wirtschafts- und Städtezentren im mittelalterlichen Europa waren Süddeutschland, Flandern, der Hanseraum und Oberitalien. In **Flandern** gelangten im 13. Jahrhundert vor allem die Städte Brügge, Gent, Kortrijk und Ypern durch Handel und Tuchherstellung zu wirtschaftlicher Macht, während Lübeck als Umschlagplatz im Ost-West-Handel die Führung im **Hanseraum** übernahm. In **Oberitalien** waren Venedig, Genua und Pisa die größten Hafen- und Handelsstädte. Der Transport der Kreuzfahrer (siehe S. 181 f.) und die Versorgung ihrer Staaten machten Genua und Venedig zu Handelsreichen, die auch vom Zusammenbruch der Kreuzfahrerstaaten am Ende des 13. Jahrhunderts nicht gefährdet wurden. Der lukrative Orienthandel blieb in der Hand der Italiener. Florenz war das Bankenzentrum, und der hier geprägte Goldgulden wurde ein Vorbild für Goldprägungen, neben den venezianischen Dukaten und den ungarischen Gulden.

Nachdem die **Messen in der Champagne** im 14. Jahrhundert ihre Bedeutung verloren hatten, nahm ein Großteil des Handels zwischen Italien und Nordwesteuropa den Weg durch **Süddeutschland** und ließ Handel und Gewerbe in Nürnberg, Augsburg und Ulm aufblühen.

Hinweise zur Arbeit mit den Materialien

Als Ausgangspunkt für die Formulierung von *Leitfragen* zur Stadt im Mittelalter bieten sich die folgenden Thesen an: „Die Stadt", so der Soziologe Alexander Rüstow, „ist das typische Produktionszentrum aller Hochkulturen. Alle Hochkultur ist Stadtkultur." Und der Sozialpsychologe Alexander Mitscherlich präzisiert: „Die Stadt ist der Geburtsort dessen, was wir bürgerliche Freiheit nennen, dieses Lebensgefühl, das sich dumpfen Herrschaftsgewalten widersetzte."

Um das politische Kräftefeld auszuleuchten, in dem sich mittelalterliche Stadtentwicklung abspielte, könnte als *Einstieg* in die Kursarbeit eine Kurzanalyse des Bildes M2 erfolgen.

Grundlegend für die Bearbeitung der Teilthemen sind die *Basismaterialien* M3–M8: **Entstehung** der Stadt, **Merkmale**, große **Entwicklungslinien**. Als Teilthemen bieten sich an:

1. **Menschen** in der Stadt (M9–M12): Biografien und Bilder verschiedener sozialer Gruppen (Stationen I und II); die soziale Gesamtstruktur einer Stadt am Beispiel Basel (Station III).

2. Bildungsmöglichkeiten in der Stadt: **Schulen und Universitäten** (M13a–c).

3. Wirtschaftliche Grundlagen am Beispiel von **Handwerk und Zunftwesen** (M14a–e).

4. Politische Organisation: Kämpfe um **Selbstbestimmung** (M17); **innerstädtische Konflikte im Spätmittelalter** (*Fallbeispiele:* Augsburg, M15a–c, und Braunschweig, M16a–c).

5. **Städte als Machtfaktoren im spätmittelalterlichen Reich** (M18–M21): Städtebünde (Station I); Städte und Landesherren (Station II); die Städte und die Reichsreform (Station III).

6. *Vertiefung* der wirtschaftlichen Grundlagen am Beispiel des **Fernhandels** im Raum der **Hanse** (*Themensonderseite 91–95*) und in **Oberitalien** (*Themensonderseite 96–100*).

7. *Schlussdiskussion:* a) Welche Merkmale charakterisieren die Stadt am Ende des Mittelalters (M36)? b) Die europäische Stadt im Mittelalter – Keimzelle der Moderne (M37, M38)?

Weiterführende Arbeitsanregungen S. 104: Die vormoderne **Stadt im islamischen und chinesischen Kulturraum** (*Hausarbeiten*). – **Weltreisende aus drei Kulturkreisen** (*Präsentationen*).

M2 Miniaturmalerei aus einer **Lüneburger Handschrift** des „Sachsenspiegels" (1220–1235) von **1442.** – *Dargestellt sind u.a.: Kaiser Friedrich II. (Reg. 1212–1250), der Herzog Otto I. (Reg. 1235–1252) eine Lehnsurkunde für das Herzogtum Braunschweig-Lüneburg überreicht und ihn zum Reichsfürsten erhebt (1235); Herzog Otto I., der Vertretern der Stadt Lüneburg das Stadtprivileg von 1247 überreicht; das Wappen des Herzogtums Braunschweig-Lüneburg; das Lüneburger Stadtwappen; 24 Wappen Lüneburger Patrizierfamilien.*

1 Skizzieren Sie anhand von M2 das politische Kräftefeld, in das die mittelalterliche Stadtentwicklung eingebettet war. Klären Sie unbekannte Begriffe mithilfe des Lexikons, S. 226ff.

M 3 Stadtgründungen und Bevölkerungsentwicklung in Mitteleuropa 1150–1600

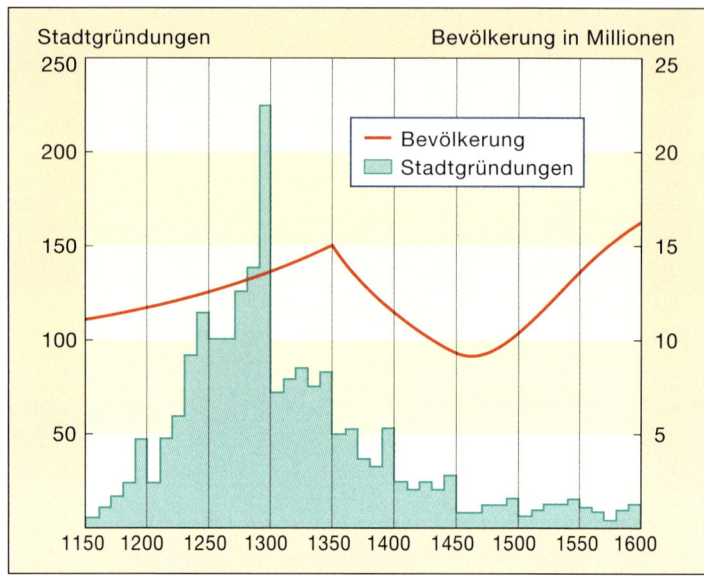

Stadtgründungen | Bevölkerung in Millionen

— Bevölkerung
▢ Stadtgründungen

M 4 Stadtgründungen in Norddeutschland

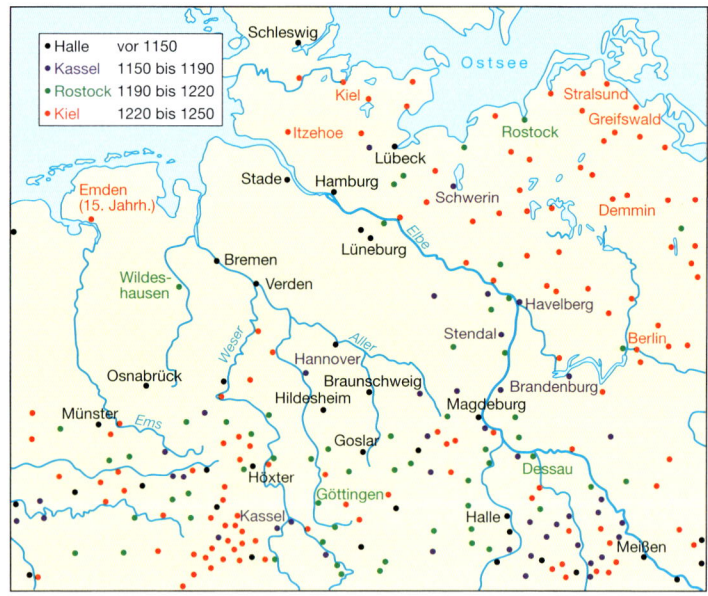

- Halle vor 1150
- Kassel 1150 bis 1190
- Rostock 1190 bis 1220
- Kiel 1220 bis 1250

M 5 Gründungsurkunde des Herzogs Konrad von Zähringen (1095–1152) für die Stadt Freiburg im Breisgau (1122)

Kund sei allen, sowohl Künftigen wie jetzt Lebenden, dass ich, Konrad, an einer Stätte meines eigentümlichen Rechtes, nämlich Freiburg, einen Markt errichtet habe im Jah
5 re nach der Fleischwerdung des Herrn 1120.

Deshalb habe ich beschlossen, den angesprochenen, von überallher zusammengerufenen Kaufleuten mittels einer eidlichen Vereinbarung diesen Markt anzufangen und auszubauen. Daher habe ich jedem einzelnen 10 Kaufmann ein Grundstück auf dem errichteten Markt zugeteilt für unter Eigentumsrecht zu erbauende Häuser und ich habe verfügt, dass von jedem Grundstück 1 Schilling öf

15 fentlicher Münze mir und meinen Nachkommen als Zins alljährlich am Fest des heiligen Martin [11. November] zu zahlen sei.
Daher sei allem kund, dass ich gemäß ihren
Bitten und Wünschen die Privilegien, welche
20 folgen, gewährt habe. Und es hat mich ein
heilsamer Rat gedünkt, wenn sie als Chiro-
graph [= Handschrift] niedergeschrieben
werden würden, damit man sie auf lange Zeit
im Gedächtnis behalte, sodass meine Kauf-
25 leute und ihre Nachfahren von mir und meinen Nachfahren dieses Privileg auf ewig behalten. [1.] Ich aber verspreche allen, die
meinen Markt aufsuchen, Frieden und Sicherheit des Weges binnen meiner Gewalt
30 und Herrschaft. Wenn einer von ihnen in
diesem Bereich beraubt wird, werde ich,
wenn er den Räuber benennt, entweder das
Geraubte zurückgeben lassen oder es selbst
bezahlen. [2.] Wenn einer meiner Bürger
35 stirbt, soll seine Ehefrau mit ihren Kindern
alles besitzen und ohne jede Bedingung erhalten, was ihr Mann hinterlassen hat. [3.]
Ich gewähre, soweit ich kann, dass alle
(Grund-)Besitzer des Marktes Teilhaber der
40 Rechte meiner Leute und der Landleute
seien, damit sie nämlich ohne Strafgebot
Weiden, Gewässer, Auwälder und Forsten benutzen mögen. [4.] Allen Kaufleuten erlasse
ich den Zoll. [5.] Niemals werde ich meinen
45 Bürgern einen anderen Vogt, niemals einen
anderen Priester ohne Wahl vorsetzen, sondern, wen immer sie dazu erwählen, den sollen sie von mir bestätigt erhalten. [6.] Wenn
ein Streit oder eine Klage unter meinen Bür-
50 gern entsteht, soll sie nicht nach meinem
oder ihres Vogtes Gutdünken diskutiert werden, sondern sie soll nach gewöhnlichem
und legitimem Recht aller Kaufleute, vorzüg-
lich aber der Kölner, im Gericht geprüft wer-
55 den. [7.] Wenn einer sich in einen Mangel an
notwendigen Dingen verstrickt, mag er seinen Besitz verkaufen, an wen er will. Der
Käufer aber entrichte von dem Grundstück
den festgesetzten Zins. Damit meine Bürger
60 den angeführten Zusagen nicht geringeren
Glauben schenken, habe ich mit zwölf meiner angesehensten Ministerialen, die auf die
Reliquien der Heiligen einen Eid leisteten, Sicherheit gegeben, dass ich und meine Nach-
65 kommen das eben Angeführte immer erfüllen werden. Und damit ich diesen Eid nicht
aus irgendeinem Grunde breche, habe ich

durch Handschlag dem freien Manne und
den Vereidigten des Marktes ein Treuever-
sprechen in Bezug auf diese Sache gegeben.   70
Amen.

*Zit. nach: Ernst Pitz, Lust an der Geschichte. Leben
im Mittelalter, München (C. H. Beck) 1990, S. 339 f.*

M 6 Privileg König Heinrichs V. (1086 bis 1125) für die Stadt Speyer (1111)

Wir haben kraft kaiserlicher Gewalt auf den
Rat unserer Fürsten beschlossen, die Rechte
[dieser Stadt] zu stärken. Wir haben unsere
Bürger von jedem Zoll befreit, der in der
Stadt bisher gezahlt wurde. Wir haben jedes   5
Geld erlassen, das in der Volkssprache Bann-
pfennig heißt […] . Wir wollen auch, dass
keiner unserer Bürger gezwungen werde, außerhalb der Stadtgrenze die Gerichtsver-
handlung seines Vogtes zu besuchen. […]   10
Kein Beauftragter unterstehe sich, […] das
Schiff seines Bürgers wider dessen Willen mit
Gewalt in den Dienst seines Herrn zu stellen. […] Keine Obrigkeit darf auch […] das
Geld leichter oder schlechter machen, außer   15
auf den gemeinsamen Beschluss der Bürger
hin. […] Der Bischof oder eine andere Obrigkeit kann nicht erzwingen, dass eine Ge-
richtssache, die in der Stadt bereits begonnen ist, außerhalb der Stadt entschieden   20
werde.

*Zit. nach: Friedrich Keutgen, Urkunden zur städ-
tischen Verfassungsgeschichte, Berlin (Felber) 1901.*

M 7 Stadtbevölkerung in Deutschland (in Prozent der Gesamtbevölkerung)

Jahr	Stadtbevölkerung[1]
um 1000	ca. 0,5 %
um 1200	ca. 4,0 %
um 1350	ca. 10,0 %
um 1400	ca. 12,0 %
um 1800	ca. 18,0 %
1871	28,5 %
1910	70,1 %
2000	88,0 %

1 bis 1800: Ortsgröße nicht spezifiziert, z. T. über
2000 Einw.; 1871–2000: Orte über 5000 Einw.

*Nach: Hans-Georg Hofacker, Europa und die Welt um
1500, Berlin (Cornelsen) 2001, S. 26.*

2 a) Analysieren Sie die formalen und inhalt-lichen Merkmale der Textquelle M5 (Hilfe: sie-he *Methodensonderseite* 66).
b) Ordnen Sie M5 mithilfe der Statistiken M3, M7 und der Darstellung über die Ursachen der Städtegründungen, S. 71, historisch ein.
3 Analysieren Sie die Privilegien, die den Bür-gern von Speyer gewährt wurden (M6). Be-stimmen Sie dabei die Interessen der Bürger.
4 Erläutern Sie anhand der Gründungsurkun-de M5 und des Stadtgrundrisses M8 rechtliche und bauliche Merkmale einer mittelalterlichen europäischen Stadt.
5 Prüfen Sie, zusammenfassend anhand von M2 bis M8, die folgende These: Die Ursprünge der von Städten, d. h. von Urbanität geprägten modernen Lebenswelt liegen im Mittelalter.
6 🚶 Referat: Die Entstehung einer mittelal-terlichen Stadt (Ihre Heimatstadt, eine benach-barte Stadt; siehe auch Karte M4):
a) Erläutern Sie die Gründe und Triebkräfte und ordnen Sie die Gründung historisch ein (M3).
b) Beschreiben Sie die Rechte der Stadt.
c) Fertigen Sie eine Grundrissskizze an. Halten Sie fest, welche Gebäude heute noch existieren und ob bzw. wie sie baulich verändert wurden.
d) Ordnen Sie die Stadt einem Städtetyp zu (siehe dazu Darstellung S. 71).
Literaturhinweis: Felicitas Schmieder, Die mittelal-terliche Stadt, Darmstadt (Wiss. Buchgesellschaft) 2005.

M 9 Menschen in der Stadt – Station I

9 a) Der Augsburger Kaufmann Lukas Rem (1481–1541) schrieb in seinem Tagebuch über den Urgroßvater Hans Rem:
Mein seliger Urgroßvater Hans Rem ist am 2. Februar 1340 geboren worden und meine Urgroßmutter Catarina Bechin acht Tage nach Ostern 1350. Sie hatten ihre Hochzeit am 1. März 1365. Mein Urgroßvater verkauf-te 1357 alles, was er hatte, und erzielte etwa 500 Gulden dafür. Damit fing er an zu han-deln. Auf seiner ersten Reise nach Venedig verlor er 100 Gulden an Waren. Den Rest von 400 Gulden legte er an und hatte damit Erfolg. Er fuhr immer wieder hin. Gott gab ihm Gnade, großes Glück und Gewinn.

Wie ich es in seinem Verzeichnis gefun-den hab, hat er in den ersten 10 Jahren durch Raub und Wegnahme bei Überfällen und durch nicht eintreibbare Schulden ei-nen Schaden erlitten von 7200 fl [= Gulden].

Er hat 8 Töchter ausgestattet und ihnen zur Heirat an Gut gegeben 10 800 fl. Er hat den genannten 8 Töchtern nach seinem To-de hinterlassen 7350 fl. Er hat eine Tochter ins Kloster St. Katharina getan und ihr gege-ben 400 fl. Er hat 4 Söhne ausgestattet und jedem 1300 fl gegeben, 5200 fl.

Es stand auch in dem besagten Verzeich-nis, er habe seinen 8 Töchtern und 4 Söhnen eine ehrbare Versorgung gegeben und alle

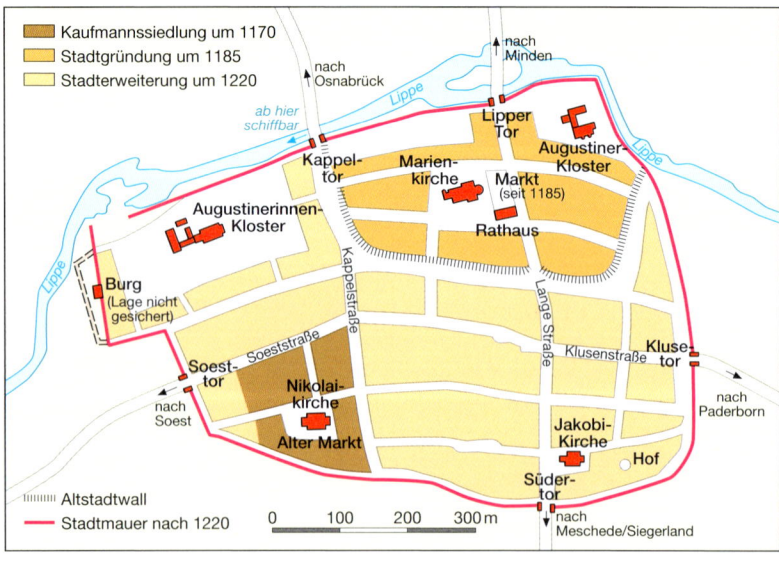

M 8 Grundriss von Lippstadt

mit ihren Ehemännern und Ehefrauen ein Jahr in seinem Haus und auf Kost gehalten.

30 Er ist 1396 gestorben. Gott sei seiner Seele gnädig. Und er hat den Rest seines Gutes (was eine bedeutende Summe gewesen sein soll) seinen 4 Söhnen hinterlassen. Es steht nicht darin, wie viel es war. Darin ist die

35 Gnade und Hilfe Gottes augenfällig zu erkennen, dass er ein solches bedeutendes Gut mit so kleinem Stammkapital erwarb. Wie oder mit welchen Waren er das erworben hat, steht nicht in dem besagten Verzeichnis.

40 [...] Wie ich von meinem seligen Vater gehört habe, hat er als Erster Baumwolle eingeführt und damit seinen Reichtum erworben.

Zit. nach: Gisela Möncke (Hg.), Quellen zur Wirtschafts- und Sozialgeschichte, Darmstadt (Wiss. Buchgesellschaft) 1982, S. 210 f.

9 b) Der Benediktiner Clemens Sender (1475 bis 1537) schrieb in seiner Augsburger Stadtchronik (1530er-Jahre) über den Patrizier Hans von Hoy:
Hans von Hoy war ein sehr reicher Kaufmann, der sich aber mit über 30 000 Gulden verschuldete. Denn er hatte zum Nachteil der anderen Kaufleute die gesamte Wolle

5 aufgekauft, teurer als der allgemeine Kaufpreis war. Und es begab sich eines Tages, dass er alle seine Freunde zu Gast einlud, damit sie seinen Reichtum sehen sollten; denn er hielt sich für den Reichsten in der Stadt Augs-

10 burg. Doch er wusste noch nicht, dass ihm ein ganzes Schiff mit Spezereien und andern Gütern untergegangen war. Aber die, denen er das Geld schuldete, wussten schon davon, berieten sich und verlangten, dass das ge-

15 samte Hab und Gut des von Hoy, Liegenschaften und bewegliches Gut, Bargeld, Kleinodien und Hausrat, beschlagnahmt werden sollten. Und so ist es geschehen, dass, als er mit seinen Freunden bei Tisch

20 saß, der Stadtvogt in sein Haus kam und ihm und seiner Frau die Schlüssel vom Gürtel nahm und allen Besitz beschlagnahmte. Und so ist er innerhalb einer einzigen Stunde zuerst reich, herrlich und angesehen gewesen

25 und dann ganz arm und verachtet. Man hat seinen Besitz öffentlich auf dem Marktplatz ausgerufen und versteigert. Seinen Hausrat hat man für 3 000 Gulden versteigert.

Zit. nach: Hist. Kommission der Bayer. Akademie der Wissenschaften (Hg.), Die Chroniken der deutschen Städte, Bd. 23, Leipzig (Hirzel) 1894, S. 36 f.

M 10 **Strukturen der mittelalterlichen Gesellschaft in Europa**

10 a) Gesellschaft auf dem Lande:

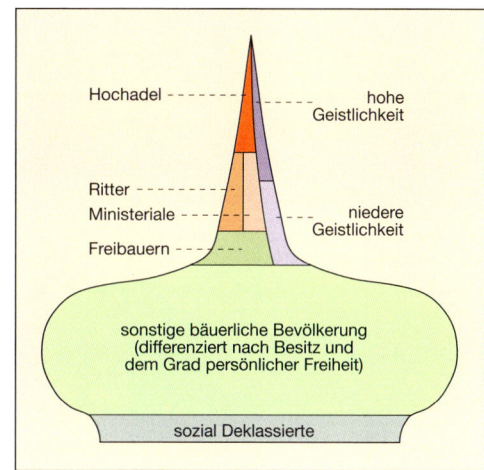

10 b) Städtische Gesellschaft:

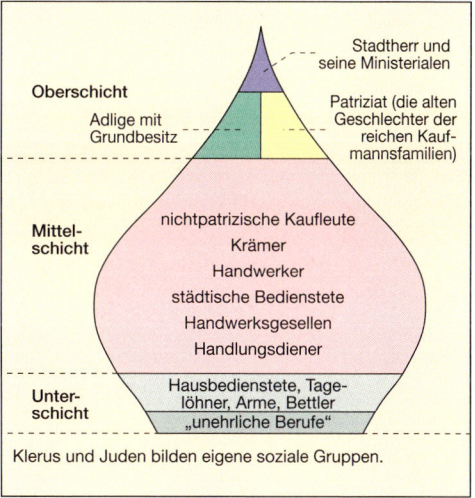

Bearbeitet von Eberhard Isenmann nach: Karl Martin Bolte, Deutsche Gesellschaft im Wandel, Opladen (Leske & Budrich) 1966, S. 270.

9 c) Tanzfest patrizischer Familien aus Augsburg, Tafelbild, 1500

9 d) Der Augsburger Bürger Burkard Zink (1396–1474) schrieb in seiner Stadtchronik:
Als man das Jahr 1419 schrieb, kam ich nach Augsburg zu einem reichen Mann, Jos Kramer, der ein gewaltiger Mann hier war. Er war ein Baumeister, doch war er einer aus der
5 Gemeinde, aus der Weberzunft. Er betrieb das Handwerk aber nicht. Denn er bedurfte seiner nicht. Er trieb Handel mit Pelzwerk von der Steiermark, auch anderen Handel von Venedig wie Wolle und anderes. Er hatte
10 wohl hundert Ballen Barchent [= Wollstoff]. Dem trieb ich sein Gewerbe nach Venedig, Frankfurt und Nürnberg. Er war wahrlich ein frommer Mann und tat mir Gutes. […] Als ich bei diesem meinem Herrn war, da nahm
15 ich mein Weib. Sie war die Tochter einer armen Witwe aus Möringen, genannt die Störklerin. Es war eine fromme, arme Frau, und sie gab mir nicht mehr als ein klein Bettlein und eine kleine Kuh und sonst klei-
20 ne Dinge von geringem Wert wie Pfannen. […]
    Und als wir nun Hochzeit miteinander gehabt hatten, da war ich nicht sicher, was ich machen sollte; denn ich hatte nichts. Ich
25 hatte nicht mehr die Huld meines Herrn, die

ich verloren hatte, da es ihm leid war, dass ich mein Weib genommen und ihn nicht um Rat gefragt hatte, und so wollte er mir weder raten noch helfen. […] Doch war mein Weib lieb, und ich war gern bei ihr, und so be-30 sprach ich mich mit meiner Hausfrau. Sie war mir noch hold, tröstete mich und sagte: „Mein Burkard, gehab dich wohl und verzage nicht. Lass uns einander helfen, dann werden wir wohl unser Auskommen finden. 35 Ich will ans Rad spinnen und will alle vier Wochen wohl vier Pfund Wolle aufspinnen, das sind 32 Heller." Und da meine Frau so trostreich war, fasste ich auch Mut und dachte: Ich kann doch ein wenig schreiben, ich 40 will sehen, ob ich einen Pfaffen haben kann, der mir zu schreiben gibt. […] Und mein Weib und ich saßen zusammen, und ich schrieb und sie spann und wir erzielten oft drei Pfund Heller in einer Woche. Doch wir 45 saßen oft beieinander die ganze Nacht. Und es ging uns ganz gut und wir gewannen, was wir bedurften. […]
Zink kehrt zu seinem Herrn zurück; danach ist er zehn Monate Soldat im Augsburger Heer. 50
    Als ich nun wieder heimkam, da war ich meines Herrn Diener wie zuvor und trieb für

ihn Handel und für mich in Gemeinschaft, und es ging mir wohl von der Gnade Gottes.

55 Danach im Jahr 1431 bedachte ich mich, ich wäre reich, und es verdross mich, so viele Wege zu reiten, und ich gedachte, ob ich eine Anstellung daheim in der Stadt haben könnte, dass ich nicht mehr so arbeiten

60 müsste. Nun fügte es sich zufällig, dass einer, genannt Hans Drittmer, der an der Waage war, davon ging, sodass Peter Egen […] keinen Waagemeister hatte. Er schickte zu mir und ließ mich fragen, ob ich sein Waage-

65 meister sein wollte, er wollte mir gütlich tun. Also in Kürze versprach ich mich ihm und wurde sein Diener, er gab mir 53 Gulden im Jahr. Und man muss wissen, dass er mir erlaubte, nach Venedig zu reiten, wann ich

70 wollte. Also ritt ich alle Jahr mindestens ein- oder zweimal nach Venedig und trieb mein Gewerbe also an der Waage wie zuvor, und mein Herr Peter Egen war mir sicherlich sehr gnädig. Er lieh mir Geld, wann ich wollte,

75 viel oder wenig, Gott vom Himmel dank ihm. Ich blieb an der Waage sieben Jahre bis 1438. Danach ging ich wieder von der Waage weg. Ich wollte lieber arbeiten und reiten, wie ich es früher getan hatte.

80 Im Jahr 1440 am St. Michaelstag kaufte ich mein Haus an der weiten Kirchgasse für 200 Gulden und baute darin das hintere Gemach, Stube, Kammer und Küche und ließ den Söller [= Dachboden] und die Kammer

85 daran grün malen und ließ zwei Keller darin machen. Ich behielt das Haus zwei Jahre und verkaufte es wieder einem Weber Heinz Wagner genannt. Ich habe es ihm für 300 bare Gulden gegeben. […]

90 Als man das Jahr 1441 schrieb am Heiligen Kreuz Tag versprach ich mich mit Hansen Meuting in eine Gesellschaft auf drei Jahre. Und er gab mir 60 Gulden als Lohn im Jahr und legte mir 200 Gulden zuvor in die

95 Gesellschaft, und ich legte auch 500 Gulden bar in die Gesellschaft und blieb also drei Jahre bei ihm. Man muss wissen, dass wir in den drei Jahren 23 Gulden per cento gewannen. Ich war damit sehr zufrieden, Gott sei

100 gedankt; ich habe im Jahr wohl 200 Gulden gehabt mit allen Dingen, die ich vielleicht aufgebraucht habe.

Zit. nach: Hist. Kommission der Bayer. Akademie der Wissenschaften (Hg.), Die Chroniken der deutschen Städte, Bd. 5, Leipzig (Hirzel) 1866, S. 128 ff.

M 11 Menschen in der Stadt – Station II

11 a) Fahrende in einer Stadt, Holzschnitt aus dem Oberrheingebiet, ca. 1440/50

11 b) Der Tagelöhner Hans Pheuffer aus Nürnberg, kolorierte Federzeichnung, 1456

M 12 Menschen in der Stadt – Station III: Vermögensverteilung in Basel 1429 (in fl = Gulden)

Steuerrolle	Steuernde	davon mit einem Vermögen von				
		bis 10 fl	11–150	151–2000	2001–9500	über 9500 fl
Ritter und Patrizier	89	–	2	26	49	12
Großkaufleute	77	2	4	52	18	1
Münzer/Wechsler/Goldschmiede	56	–	13	36	7	–
Krämer	181	19	63	80	19	–
Weinhändler	121	23	48	45	5	–
Wollweber/Winzer	213	78	127	8	–	–
Schmiede	172	15	77	78	2	–
Gärtner	159	23	82	51	3	–
Metzger	95	23	38	2	2	–
Brotbäcker	70	4	31	34	1	–
Schneider/Kürschner	123	26	74	23	–	–
Zimmerleute/Maurer	219	20	137	59	3	–
Barbiere/Ärzte/Maler/Sattler	76	12	27	36	1	–
Leineweber/Weber	93	33	40	20	–	–
Schiffsleute/Fischer	95	15	55	24	1	–
Schuhmacher/Gerber[1]	–	–	–	–	–	–
Klein-Basel[2]	213	61	130	20	2	–
Nicht-zünftige Bevölkerung	484	295	169	20	–	–
Insgesamt: absolut	2536	649	1117	644	113	13
in %	100	25,6	44,0	25,4	4,5	0,5
davon aus den Handwerkszünften						
absolut	1315	249	688	365	13	–
in %	100	19,0	52,3	27,7	1,0	–

1 Die Liste der Schuhmacher- und Gerberzunft fehlt. Ihre Steuerzahler sind daher auch in den Gesamtzahlen nicht berücksichtigt.
2 Klein-Basel bildete einen eigenen Steuerbezirk.

Nach: Gisela Möncke (Hg.), Quellen zur Wirtschafts- und Sozialgeschichte mittel- und oberdeutscher Städte im Mittelalter, Darmstadt (Wiss. Buchgesellschaft) 1982, S. 285.

7 Analysieren Sie den Tagebuchauszug des Augsburgers Lukas Rem (M9a):
a) Arbeiten Sie die Ursachen für den kaufmännischen Erfolg des Urgroßvaters Hans heraus.
b) Erläutern Sie, wie Lukas Rem den Erfolg seines Urgroßvaters beurteilt.
c) Vergleichen Sie den Werdegang des Augsburger Kaufmanns Hans Rem (M9a) mit dem des Augsburger Patriziers Hans von Hoy (M9b).
8 a) Beschreiben Sie den Lebensweg von Burkard Zink, indem Sie die Befunde aus Quelle M9d in eine Zeittafel umwandeln.
b) Erörtern Sie die Ursachen und Triebkräfte für den Aufstieg von Burkard Zink (M9d).
9 a) Beschreiben Sie die Wirtschafts- und Sozialstruktur Basels nach der Statistik in M12.
b) Erklären Sie die Unterschiede in den Vermögenswerten der Baseler Sozialgruppen.

10 🛉 Partnerarbeit: Ordnen Sie Hans Rem (M9a), Hans von Hoy (M9b), Burkard Zink (M9d) und die Personen in M9c
1. den Berufs- und Vermögensgruppen Basels (siehe M12) zu und
2. den sozialen Gruppen in Modell M10b. Präsentieren Sie Ihre Ergebnisse im Kurs.
11 Sammeln Sie Befunde über Unterschichten in der Stadt (M10b, M11b, Darstellung).
12 Kleidung: ein Statussymbol im Mittelalter? Analysieren Sie die Bilder M9c und M11a, b.
b) Diskutieren Sie anhand aktueller Beispiele die heutige Bedeutung von Kleidung.
13 🛉 Hausaufgaben: a) Stellen Sie dar, inwieweit sich die städtische Lebenswelt des europäischen Mittelalters (M2–M12) von der ländlichen (s. Kapitel 4) unterschied. b) Wer war im Mittelalter ein „Bürger"? Definieren Sie.

M13 Schulen und Universitäten

13a) Die Unterrichtsstunde, aus der „Chroniques de Hainaut", Paris, 15. Jh. (Ausschnitt)

13b) Felicitas Schmieder, Historikerin, über Schulbildung in Städten des Mittelalters (2005):
Es ging nicht in erster Linie um die Befriedigung inhaltlich neuer Bedürfnisse, sondern um Versorgung und um Kontrolle. Denn auch bürgerliche Gründungen geschahen
5 nach dem Muster der alten Lateinschule ohne erkennbare Veränderungen am Curriculum [= Lehrplan] bis ins 16. Jahrhundert hinein. Weiterhin wurde Latein gelernt, gelesen und gesprochen, weiterhin an antiken und
10 religiösen Texten geübt. Nur der Chorgesang, zentraler Unterrichtsgegenstand mit Wurzeln in der ursprünglichen Funktion der Schulen für die Kirche und die Kleriker, die zeitaufwendige Beschäftigung der Schüler
15 mit gottesdienstlichen Aufgaben, geriet öfters in die Diskussion und wurde reduziert. Offenbar ging es zunehmend um eine Bildung von Bürgerkindern, die weniger dem Kaufmann nützen als zum gesellschaftlichen
20 Aufstieg führen konnte. Nur hie und da sind in einzelnen Städten Schulen belegt, auf denen Kaufmannssöhne Rechenkunst *(abacus)* und lebende Sprachen lernten, ebenso wie es im ausgehenden Mittelalter bereits einige
25 Schulen mit praktischer und technischer

Ausrichtung *(artes mechanicae)* gab. Auch die Lehrer blieben dieselben wie in den kirchlichen Schulen, sodass Lehrer weltlichen Standes extrem selten sind, wenngleich sie in den Schulen Oberdeutschlands […] im
30 14. und vor allem 15. Jahrhundert vermehrt zu belegen sind. […] Die Räte schlossen auch nach hartem Kampf um die eigene Schulgründung die neuen Schulen meist an die Pfarrkirchen an, wenn sich diese unter ihrem
35 Einfluss befanden, und nutzten ihre Präsentationsrechte, um geeignete Lehrer einzustellen und ohne städtische Kosten auszustatten. Wo es Institutionen gab, musste man keine neuen schaffen: Immer wieder
40 wurden kirchlich geprägte Organisationsformen in den frühen Phasen städtisch-bürgerlicher Institutionalisierung genutzt und dienten auch danach zumindest noch als Vorbild.
45
Felicitas Schmieder, Die mittelalterliche Stadt, Darmstadt (Wiss. Buchgesellschaft) 2005, S. 126.

13c) Universitätsgründungen im Mittelalter

14 Erläutern Sie mithilfe von M13a, b die Bedeutung schulischer Bildung im Mittelalter.
15 Prüfen Sie folgende These (siehe M13c): Unsere heutige Hochschullandschaft fußt auf den im Mittelalter gegründeten Universitäten.
16 🏃 Hausaufgabe: Recherchieren Sie, wer im Mittelalter lesen und schreiben konnte.
17 🏃 Referat: Die Bedeutung von Bildung und Wissenschaft – im Mittelalter und heute.
Literatur: Martina Hartmann, Mittelalterliche Geschichte studieren, Konstanz 2004, S. 111–116.

83

M 14   Handwerk und Zunftwesen

*14 a) Aus der Bestätigung der Ordnung der
Kürschnerzunft in Basel durch Bischof Heinrich
als Stadtherrn (1226):*
Und wer immer von ihrem Handwerk in ihrer Gesellschaft und Bruderschaft sein will,
soll bei seinem Eintritt 10 s [Schilling] bezahlen […]. Diejenigen aber von ihrem Hand-
5   werk, die nicht in ihrer Gesellschaft […] sein
wollen, sollen von dem Recht des Arbeitens
nach ihrem Belieben und von dem Markt in
Kauf und Verkauf und von aller Gemeinschaft mit ihnen gänzlich ausgeschlossen
10   sein. Außerdem ist zu wissen, dass in dieser
Übereinkunft nicht nur die Männer, sondern
auch die Frauen, die von ihrem Handwerk
sind, inbegriffen werden. Ferner sollen die
5 s, welche von ihnen als Bußen bezahlt wer-
15   den, sowie auch das, was beim Eintritt in die
Gesellschaft entrichtet wird, zum Nutzen der
Zunft verwendet werden, damit bei allen
Festen ein in der Kirche von Basel hängender
Leuchter mit Kerzen reichlich bestückt sei.
*Zit. nach: Wilhelm Oechsli, Quellenbuch zur Schwei-
zergeschichte, Zürich (F. Schultheß) 1918, S. 39.*

*14 b) Aus der Zunftordnung der Ulmer Leine-
weber (1346):*
1. Zum Ersten haben sie festgesetzt, dass sie
alle Zeit einen vereidigten Leinwandmesser
haben sollen. Dieser soll jährlich den Meistern einen […] Eid bei den Heiligen schwö-
5   ren, Reichen und Armen, Bürgerkindern,
Fremden und einem jeden die Leinwand
richtig zu messen.
2. Sie sollen auch allzeit zwei ehrbare
Männer haben […], um die Leinwand zu be-
10   schauen [überprüfen]. Diese werden aus dem
Handwerk genommen und schwören, die
Leinwand nach den Vorschriften des Handwerks zu beschauen.
3. Sie sollen auch allzeit zwölf Geschwore-
15   ne haben, die das Handwerk in allen Stücken
besorgen und ausrichten nach dem Recht
und der Gewohnheit des Handwerks.

*14 c) Aus der Verordnung über den Zutritt
zur Ulmer Leineweberzunft und das Baumwoll-
weben (1403):*
Wir Bürgermeister, großer und kleiner Rat
der Stadt Ulm setzen fest:
1. Vom heutigen Tag an soll keiner unserer

Bürger, der Handwerker ist und in der Stadt
wohnt, ihrer Zunft beitreten und sie [die
Leineweber] sollen keinen in ihre Zunft auf-   5
nehmen.
2. Allen Bürgern und Bürgerinnen, die seit
fünf Jahren bei uns wohnen, gestatten wir,
dass ihre Kinder, die das Weberhandwerk ler-   10
nen wollen, das tun dürfen. Wenn sie die
Lehrzeit beendet haben, dürfen die Weber
diesen Bürgerkindern ihr Zunftrecht verleihen [d. h. sie in die Zunft aufnehmen].
3. Weiter haben wir festgesetzt und befeh-   15
len: Wenn von heute an ein Fremder vom
Land oder aus anderen Städten, der ihr
Handwerk betreibt, zu uns zieht und Bürgerrecht haben will, soll er von dem Tag an, da
er Bürger wird, fünf Jahre lang das Weber-   20
handwerk nicht ausüben und sie [die Weber]
sollen ihn auch nicht in die Zunft aufnehmen […].
4. […] Webergesellen, die in der Stadt
wohnen und kein Bürgerrecht haben, hilft es   25
nicht, wie lange sie auch hier ansässig sind
oder im Handwerk tätig waren. Sie dürfen
erst in die Zunft aufgenommen werden,
wenn sie fünf Jahre lang das Bürgerrecht besitzen.   30
5. Kein Geselle darf selbstständig in Ulm
arbeiten oder einen Webstuhl betreiben.
6. Wir haben ferner festgesetzt, dass fremde Weber und Weberinnen, die keine Bürger
sind, außerhalb der Stadt und im Umkreis   35
von einer halben Meile ihr Handwerk treiben und ihre Erzeugnisse zu unserer Lein-
wandschau bringen dürfen. Die auswärtigen
Weber sollen aber nur Barchent zur Schau
bringen, der aus Baumwolle gewebt ist, die   40
in Ulm geprüft und von unseren Beschauern
für gut befunden worden ist.
*M14b und c zit. nach: Friedrich Keutgen, Urkunden
zur städtischen Verfassungsgeschichte, Nachdruck
Aalen, Aalen (Scientia) 1965, S. 286 f.*

*14 d) Aus der „Reformatio Sigismundi", einer
anonymen spätmittelalterlichen Reformschrift,
über die Zünfte (1476):*
Es ist auch zu wissen, dass in den guten Städten, nämlich Reichsstädten, Zünfte sind; die
sind nun sehr gewaltig geworden, und muss
man sich in die Zünfte teuer einkaufen. Sie
machen Satzungen unter sich, wie etwa die   5
Städte getan haben. Sie ordnen in vielen
Städten den Rat, wie viel aus jeglicher Zunft

14e) In einer Schneiderwerkstatt, Miniatur aus dem „Codex picaratus" von Balthasar Behaim, 1. Hälfte 15. Jh.

in den Rat sollen gehen. […] Ist eine Zunft da, die man strafen sollte ihres Handwerks
10 wegen, das sie vollführt, dass es einer Gemeinde in einer Stadt nicht wohl kommt – Metzger, die das Fleisch zu teuer geben, oder Bäcker, die das Brot zu klein backen, oder Schneider, die zu großen Lohn nehmen und
15 dergleichen –: Von Zünften, die im Rat sitzen und der Stadt und der Gemeinde Treue und Wahrheit geschworen haben, hilft doch mächtig eine Zunft der anderen, als ob ich spräche: „Hilf mir, ich helfe dir desgleichen
20 mit Übersehen." Damit ist dann die Gemeinde betrogen. […] Will man aber wirklich Besserung herbeiführen und haben, dass jeder dem andern treu sei, so schaffe man die Zünfte ab und stelle eine wahre Gemein-
25 schaft und eine unparteiische Gemeindevertretung, einen lauteren Rat her. […]

Es ist auch zu wissen ein Arges in Städten und auf dem Land an viel Enden, dass einer mehr Gewerbe treibt, als ihm zugehört. Einer
30 ist ein Weinmann und hat dabei Salz feil oder Tuch; einer ist ein Schneider und treibt auch eine Kaufmannschaft. […] Es sind Handwerke darum erdacht, dass jedermann sein täglich Brot damit gewinne, und nie-
35 mand soll dem andern in sein Handwerk greifen. Da soll man verhüten bei kaiser-

lichem Gebot und vierzig Mark Geldes, wo man innewürde, dass die Reichsstädte das übersähen, dass jemand dem andern in sein Handwerk griffe mit keinerlei Gewerbe. 40

Zit. nach: Gottfried Guggenbühl/Otto Weiss (Hg.), Quellen zur allgemeinen Geschichte des Mittelalters, Zürich (Schultheß & Co) 1946, S. 282 f.

18 Erläutern Sie anhand von M14a–c die wirtschaftlichen und politischen Ziele der Zünfte.

19 🏃 Vortrag mit PowerPoint-Präsentation: Vergleichen Sie die von den Zünften propagierte Wirtschaftsordnung (M14a–c) mit den Grundsätzen der heutigen „freien Marktwirtschaft". Erläutern Sie dabei Leistungen und Grenzen beider Wirtschaftsordnungen.

20 a) Untersuchen Sie, welche Missstände die *„Reformatio Sigismundi"* (M14d) anprangert.
b) Diskutieren Sie über die Gründe, die Anlass für die Forderungen gewesen sein könnten.

21 🏃 Stellen Sie sich vor, Sie seien ein Zunftmitglied: Verfassen Sie eine Reaktion auf die Reformschrift M14d.

22 Beschreiben Sie die Arbeitsteilung in einer mittelalterlichen Schneiderwerkstatt (M14e).

23 🏃 Verfassen Sie drei Hypothesen über das Zunftwesen aus geschlechterhistorischer Perspektive. Ziehen Sie dazu M14a–e heran, ferner die Themensonderseite 41–43.

Innerstädtische Konflikte im Spätmittelalter – Fallbeispiel I: Augsburg

15 a) Zur Geschichte Augsburgs bis zum 13. Jahrhundert (2007):
Die spätantike Bischofsstadt Augsburg, einst als römische Siedlung gegründet, entwickelte sich im Hochmittelalter zu einer großen Handelsstadt. 1156 erhielt sie von Kaiser
5 Friedrich Barbarossa das Stadtrecht. Seit 1251 sind das Recht auf Führung eines Stadtsiegels und das Recht auf Besteuerung belegt. 1276 ordnete König Rudolf von Habsburg die Stadt in eine Reichslandvogtei ein, sodass
10 Augsburg reichsunmittelbar (Reichsstadt) wurde. Beherrscht wurde die Stadt in der Folgezeit von den Patriziern, die auch die 15 Mitglieder des Rates stellten. Um 1300 hatte Augsburg rund 20 000 Einwohner
Originalbeitrag der Verfasser.

15 b) In einer Augsburger Stadtchronik aus der Zeit um 1500 heißt es zum Jahr 1368:
Im Jahre des Herrn 1368 [am 22. Oktober] da kam viel Volk bewaffnet auf den Platz vor dem Rathaus zusammen und sie sagten, sie wollten eine Zunftverfassung haben. Sie
5 wollten diese in Frieden erlangen und niemand sollte für Leib noch Gut fürchten, sie wollten nur Gerechtes tun. […] Sie verlangten das städtische Statutenbuch, […] das Stadtsiegel und die Schlüssel zu der Sturm-
10 glocke. Das geschah alles in friedlicher Weise, und sie nahmen auch die Schlüssel, die zu den Toren der Stadt gehörten, und sie gingen alle, reich und arm, auf den Platz vor dem Rathaus und schworen da, eine Zunftverfas-
15 sung einzuführen auf hundert Jahr und einen Tag [auf ewige Zeiten] […], und der Redner und Fürsprecher aller war der Weber Haintz Weiß.

15 c) Auszug aus dem sogenannten „Zweiten Zunftbrief", geschlossen zwischen Rat und Bürgern von Augsburg am 16. Dezember 1368:
Wir Ratsmitglieder, die wir zu dieser Zeit Ratsmitglieder waren, und wir die Bürger reich und arm der Stadt Augsburg, setzen fest und tun kund öffentlich mit diesem Brief für
5 uns und alle unsere Nachkommen, dass wir gesehen und erkannt haben, dass in allen Städten des Heiligen Römischen Reiches, in denen es eine Zunftverfassung gibt, Einig-

keit, Friede und gute Gerichte bestehen und sich weiterentwickeln. Darum haben wir alle 10 gemeinsam in Einigkeit und Freundschaft mit vereintem Rat und gutem Willen reich und arm, dem Heiligen Römischen Reich zur Würde, unserer Stadt und unseren Nachkommen zu Nutz und Frommen […] auch ei- 15 ne Zunftverfassung mit Gottes Hilfe aufgestellt und eingerichtet in der Weise, wie nachfolgend aufgeschrieben ist. […]

Erstens haben wir unseren Rat so geordnet und besetzt und durch diesen Brief das auch bestätigt, damit alles seinen besten 20 Fortgang und Bedeutung haben möge. Wir setzen fest, dass sich aus allen Handwerken der Stadt 18 Zünfte bilden sollen, von denen jede einen Zunftmeister haben soll, der dem 25 Rat angehört. Und ist es eine große und ehrbare Zunft, so soll einer aus dieser Zunft mit ihrem Zunftmeister in den Rat gehen, sodass aus einer solchen Zunft zwei in den Rat gehen sollen. Alle anderen Zünfte, die keinen 30 Zunftmeister im Rat haben, sollen sich diesen achtzehn Zünften verpflichten und anschließen. Und wir haben es so geordnet und festgesetzt, dass aus den achtzehn Zünften 29 Personen in den Rat gehen sollen. Diese 35 29 sollen dann aus den ehrbarsten und angesehensten Bürgern 15 weitere in den Rat wählen. […]

Und die vorher genannten 29 Zunftmeister und Ratsmitglieder von der Gemeinde 40 […] wählen zwei Bürgermeister, einen von den Bürgern und einen von den Zünften der Gemeinde. […]

Es soll auch jeder Zunftmeister, der in den Rat geht, zwölf der Ehrbarsten aus seiner 45 Zunft zur Seite haben, die dem Rat geschworen haben. Und wenn man den Großen Rat zusammenrufen will, so soll man sie hineinschicken. […]

Man soll auch jedes Jahr reich und arm 50 wissen lassen, wofür ihre Steuergelder verwendet wurden, welche Schulden die Stadt noch hat und welche ihr mit Gottes Hilfe noch bevorstehen. Wir haben auch ernstlich versprochen […], dass […] keine weiteren 55 Steuern in unserer Stadt, wie sie auch immer genannt werden, erhoben werden.

M15b und c zit. nach: Hist. Kommission der Bayer. Akademie der Wissenschaften (Hg.), Die Chroniken der deutschen Städte, Bd. 23, Leipzig (Hirzel) 1894, S. 21 f. und 135 ff.

M 16 Innerstädtische Konflikte im Spätmittelalter – Fallbeispiel II: Braunschweig

16 a) Braunschweig im 14. Jahrhundert (2007):
Braunschweig war mit 17 000 Einwohnern die zweitgrößte Stadt Norddeutschlands (nach Lübeck). Jeder der fünf fast selbstständigen Stadtteile hatte einen eigenen Rat und
5 Bürgermeister; höchstes Entscheidungsgremium aller Stadtteile war der „gemeine Rat". Die Geschicke der Stadt wurden von den wohlhabenden Fernhändlerfamilien der Patrizier bestimmt. Zur Sicherung ihrer Han-
10 delswege gab die Stadt große Summen für Burgen und Söldner aus, z. T. mussten Stadtbewohner und selbst Patrizier mitkämpfen.
Originalbeitrag der Verfasser.

16 b) In einer Braunschweiger Stadtchronik aus der Zeit um 1500 hieß es zum Jahr 1374:
Im Jahre 1374 war in der Stadt Braunschweig der Teufel los und hetzte das Volk gegen den Rat. Ein Teil der Ratsherren wurde totgeschlagen, ein Teil gefangen genommen und
5 geköpft, ein Teil aus der Stadt vertrieben. Wem von den Ratsherren, ihren Kindern und ihrem Geschlecht es gelang, die Stadt zu verlassen, der war am besten dran. Das führerlose Volk lief in die Weinkeller, zerschlug die Fässer und ließ den Wein auf die Erde
10 laufen. Sie führten den Bürgermeister Tile von dem Damme und schmählicher Misshandlung vor die Stadt, liefen dann in sein Haus und nahmen, was sie fanden, sie legten Feuer an das Haus, dass es bis auf den Erdbo-
15 den niederbrannte, dann schlugen sie Herrn Tile den Kopf ab. Zu all diesen lästerlichen Missetaten setzten sie aus allen Zünften einen neuen Rat ein, so wie es ihnen behagte. Das Allerschlimmste war, dass sie an die
20 Zünfte aller Städte Briefe sandten, in denen sie ihr Recht dartun wollten und klagten, dass sie zu hart behandelt und beschatzt worden wären, was sie nicht mehr hätten ertragen können. Mit diesen Sendschreiben
25 reizten sie das Volk anderer Städte gegen ihren Rat auf, was schwer zu dulden war. Um dieser und anderer Untaten willen wurden sie aus der Hanse der Kaufleute ausgeschlossen, man durfte ihre Waren weder kaufen
30 noch verkaufen. Sie blieben bis ins siebente Jahr außerhalb der Hanse.

M 17 Die Entstehung städtischer Selbstverwaltung im mittelalterlichen Europa

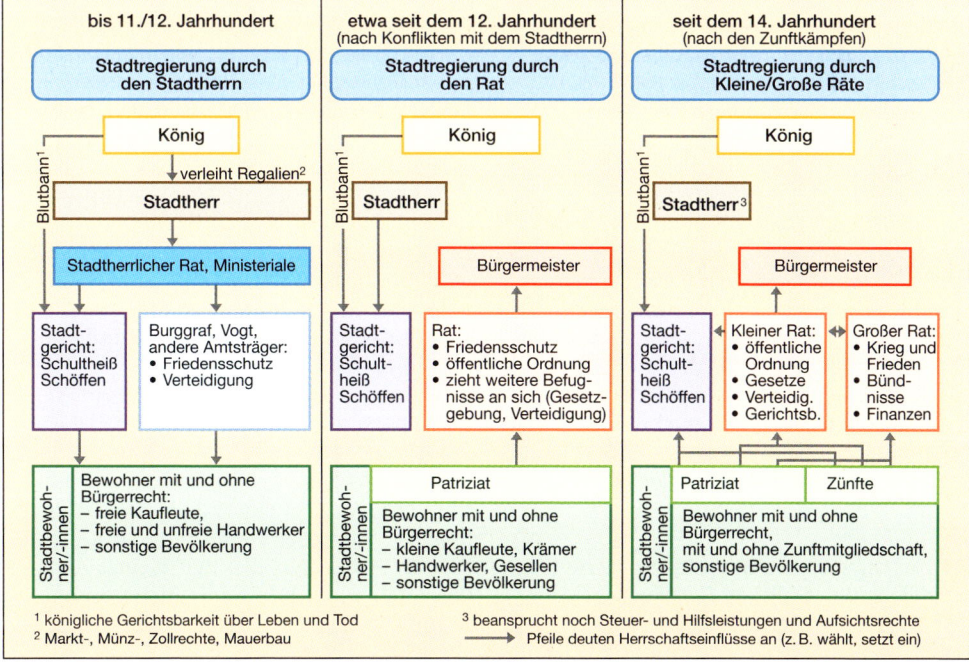

16 c) Aus einem Beschluss der Hansestädte (zur Hanse siehe S. 91–95) vom 24. Juni 1375:
Fürsten, Herren, Städten, Rittern und Knechten, Landen und Leuten ist wohl offenbar und kund, dass die Braunschweiger übel an den ehrbaren Leuten in ihrem Rat gehandelt
5 haben, dass sie sie unschuldig, ohne Gericht oder Verhandlung getötet, ihre Freunde vertrieben, geächtet und beschatzt haben und beiden, den Toten und ihren lebendigen Verwandten, ihr Gut unrechtmäßigerweise ge-
10 nommen haben, und als die Gemeinschaft der Seestädte deswegen mit ihnen Tagungen zu halten begehrte, da versprachen sie dreimal zu kommen und hielten ihr Versprechen nicht […]. Da sie nun immer noch in ihrer
15 Verstocktheit beharren, an ihrer Untat festhalten und nicht die Absicht haben, Sühne zu geben, so haben die Städte der deutschen Hanse mit Einwilligung der anderen Städte, die zu ihrem Rechte gehören, einträchtig be-
20 schlossen, dass sie die Braunschweiger aus der Hanse und den Rechten und Freiheiten des Kaufmanns stoßen wollen, also dass kein Kaufmann in England, Flandern, Dänemark, Norwegen, Nowgorod oder sonst irgendeiner
25 Stadt, die im Recht des Kaufmanns steht, Gemeinschaft oder irgendwelchen Handel mit den Braunschweigern haben soll, weder zu Lande noch zu Wasser, weder im Zuführen noch im Fortbringen bei Verlust von Ehre
30 und Gut. Auch soll man niemanden gestatten, ihnen Waren zu bringen oder fortzuführen, wenn man es hindern kann. Ferner sollen weder die Braunschweiger noch ihre Waren in irgendeiner Stadt, die im Recht des
35 Kaufmanns steht, Geleit oder Sicherheit haben. In welcher solcher Stadt die Verwandten der Toten oder wen dies sonst angeht, leben, da soll man die, die mit Rat und Tat bei dem Mord geholfen haben, nach der Höchst-
40 strafe richten. Alle diese […] Bestimmungen sollen so lange gelten, bis die Braunschweiger für ihre Missetaten so viel Sühne getan haben, als redlich und möglich ist.

M 16b und c zit. nach: Wolfgang Lautemann (Bearb.), Geschichte in Quellen, Bd. 2, 2. Aufl., München (bvs) 1978, S. 747 f.

24 Skizzieren Sie die Entwicklung der Herrschaft in mittelalterlichen Städten (M17).
25 🏃 Untersuchen Sie die Konflikte in Augsburg bzw. Braunschweig (M15, M16).

M 18 **Die Städte als Machtfaktoren im Reich des Spätmittelalters – Beispiel I: Der Rheinische Städtebund (1254–1257)**

Auszüge aus den Tagungsakten des Rheinischen Städtebundes von 1254 und 1257:
[1254] 1. Weil die Gefahren, die über dem Lande drohen, und die Verbrechen auf den Landstraßen schon viele von uns fast vernichtet haben und gute und tüchtige Leute
5 in großer Zahl an den Ruin gebracht worden sind, weil Unschuldige ohne jeden vernünftigen Grund Gewalt leiden müssen, ist es notwendig zu fragen und zu untersuchen, ob es nicht ein Mittel gibt, sich diesen Sturmes-
10 wirbeln zu widersetzen, ein Mittel, durch das wenigstens unsere Grenzen und Gebiete zu den Wegen des Friedens zurückgerufen werden könnten, wenn auch sonst keine Billigkeit mehr gilt.

15 2. Darum begehren wir, durch den Wortlaut des vorliegenden Schreibens aller Welt bekanntzugeben, dass wir […] uns geschworen haben, […] für zehn Jahre, also vom Jahre 1254 an, einen unverbrüchlichen allge-
20 meinen Frieden zu bewahren.

2 a. Und diesen Frieden haben mit uns beschworen die ehrwürdigen Väter und Herren Gerhard von Mainz, Konrad von Köln, Arnold von Trier, die Erzbischöfe, die Bischöfe
25 Richard von Worms, Heinrich von Straßburg, Jakob von Metz, Bertold von Basel und außerdem viele Grafen und Edelleute des Landes, die uns zugleich ihre Zölle, da sie ungerecht seien, zu Wasser und zu Lande
30 großzügig ermäßigen.

3. Dieser feste Schutzbund wird unser Versprechen sichern, dass nicht nur die Großen unter uns den allgemeinen Schutz genießen werden, sondern Kleine und Große, Welt-
35 liche und Geistliche, Mönche aller Orden, Laien und Juden sich dieses Schutzes freuen […] können. […]

4 a. Gegen Friedensbrecher und -störer werden wir uns mit allen Kräften erheben
40 und sie zu angemesser Wiedergutmachung zwingen. […]

[1257] 2. Und da im Augenblick das Reich ledig ist und wir eines Herrn und König entbehren, wollen wir alles Reichsgut, solange das Reich herrenlos ist, mit allen unseren
45 Kräfte wie unseren eigenen Besitz verteidigen und schützen.

3. Wir haben auch in feierlicher Gesandtschaft unsere Boten an die Fürsten abgeordnet, deren Amt die Königswahl ist, und haben sie dringend gebeten, sich zum Heile des ganzen Vaterlandes in Würden auf eine Person zu einigen, auf dass nicht durch ihren Streit die Sache des heiligen Friedens Schaden nähme.

4. Wir haben aber unter schuldigem Eide beschlossen, dass wir, falls doch in einer zwiespältigen Wahl mehrere gewählt werden sollten, keinem von ihnen erlauben würden, irgendeine dieser Städte zu betreten, und zu Treueid und Diensten werden wir nicht bereit sein, wir werden auch keine Lebensmittel liefern, keine Anleihe geben und ihnen weder heimlich noch öffentlich […] helfen.

Zit. nach: Wolfgang Lautemann (Bearb.), Geschichte in Quellen, Bd. 2, 3. Aufl., München (bsv) 1989, S. 725–727.

M 19 Chronologie überregionaler Landfrieden[1] und Städtebünde im Reich

1231	Mainzer Reichslandfrieden
1246	Erster Sächsischer Städtebund
	Erster Westfälischer Städtebund
1254 1257	Rheinischer Städtebund
1285–1364	Wetterauer Städtebund
Ende 13. Jh.	
bis 1669	Hanse
1304	Thüringer Städtebund
1331	Schwäbische Städtebünde
1346	Lausitzer Sechsstädte
1354	Dekapolis (Elsass)
1376	Schwäbischer Städtebund
1381	Rheinischer Städtebund
1383	Nürnberger Herrenbund
1389	Landfriede von Eger
1495	Ewiger Landfriede des Reichs (u. a. Aufhebung des Fehderechts)

Die „Goldene Bulle" Kaiser Karls IV. verbot 1356 die Gründung von Städtebünden.

1 Landfrieden: Schwureinigungen von Fürsten, die sich durch gegenseitige Eide der Errichtung des öffentlichen Friedens in ihrer Region verpflichteten.

Nach: Felicitas Schmieder, Die mittelalterliche Stadt, Darmstadt (Wiss. Buchgesellschaft) 2005, S. 137.

26 Erläutern Sie am Beispiel des Rheinischen Städtebundes (M18) die Bedeutung der Städtebünde im Spätmittelalter (M19; Darstellung).

M 20 Die Städte als Machtfaktoren im Reich des Spätmittelalters – Beispiel II: Dortmund und die Landesherren

Angelika Lampen, Historikerin, über einen Besuch Kaiser Karls IV. in Dortmund 1377 (2006):
Am 22. November 1377, einem Sonntag, besuchte Kaiser Karl IV. mit seinem Sohn und Mitkönig Wenzel die Hanse- und Reichsstadt Dortmund. […]

Karl VI. […] versuchte in seiner gut 30-jährigen Regierungszeit als erster Herrscher nach den Staufern, königliche Herrschaft erneut im gesamten Reich durchzusetzen. […]

In einer feierlichen Urkunde mit goldenem Siegel bestätigte Karl IV. den Dortmundern ihre alten Rechte und Privilegien. Dazu gehörten vor allem Rechte, die Dortmund als Wirtschaftsplatz und die Bewohner als Handelsreisende schützten.

Eine zweite Urkunde […] versicherte den Dortmunder Bürgern die Reichsunmittelbarkeit der Stadt. […]

Das dritte Privileg […] richtete sich an den Erzbischof von Köln sowie die Grafen von der Mark und von Berg und verpflichtete diese, die Rechte und Priviligien der Stadt zu schützen. Das Diplom muss im Zusammenhang mit der Bestätigung der Reichsunmittelbarkeit gelesen werden, bestimmte Karl IV. damit doch genau jene Mächte zu Schutzherren der Stadt, die bisher vor allem als Gegner der städtischen Freiheit aufgetreten waren. Grund hierfür war vor allem die Lage der Reichsstadt: Die Grafschaft Mark – das mächtigste weltliche Territorium in Westfalen – umschloss das Gebiet der Reichsstadt fast vollständig. Nur im Norden grenzte Dortmund an das Vest Recklinghausen, das zusammen mit dem Erzherzogtum Westfalen südlich von Dortmund zum Kölner Erzstift gehörte.

Die Lage der freien Reichsstadt inmitten dieser expandierenden Herrschaften führte verständlicherweise immer wieder zu Konflikten, die letzendlich auf die Eingliederung der Stadt in die Territorien abzielten. Die Bedrohung durch die Grafen von der Mark führte schließlich dazu, dass die Stadt seit 1328 den Grafen jährlich 60 Mark als Schutzgeld zahlte. Durch die konkurrierenden Interessen des Kölner Erzbischofs, immerhin Pfandnehmer der Stadt, geriet die Stadt zunehmend in die Auseinandersetzungen der beiden Territorialherren: 1352 hatte Graf Engelbert III. von der Mark die Stadt vergeblich belagert, und noch einen Monat vor der Ankunft Karls IV. war die Stadt durch einen Verwandten der Grafen von der Mark, durch Graf Wilhelm von Berg, belagert worden. [...] Die drei Privilegien können daher als ein Versuch verstanden werden, die Reichsfreiheit der Stadt zu betonen und sie vor den Übergriffen der Landesherren zu schützen.

Angelika Lampen, Karl IV. in Dortmund, in: Matthias Ohm u. a. (Hg.), Ferne Welten – Freie Stadt. Dortmund im Mittelalter, Bielefeld (Verlag für Regionalgeschichte) 2006, S. 87–92.

27 🏃 Lesen Sie M20: Versetzen Sie sich in die Lage des Landesherrn Graf Engelbert III. von der Mark. Verfassen Sie aus seiner Sicht einen Brief, in dem Sie die kaiserliche Privilegienverleihung an die Stadt schildern und bewerten.

M 21 Die Städte als Machtfaktoren im Reich des Spätmittelalters – Beispiel III: Die Städte und die Reichsreform[1]

Evamaria Engel, Historikerin, über das Verhältnis der Städte zum Reich (2005):
Im 15. Jahrhundert prägte die Stellung zur Reichsreform das Beziehungsgeflecht von König, Fürsten und Städten. Während das Reichsoberhaupt eine Konsolidierung der Machtpositionen der Zentralgewalt durch Überwindung feudaler Anarchie, Beseitigung der Fehden, Regelung der obersten Gerichtsbarkeit und Exekutive anstrebte, wollten die Fürsten auf reformerischem Wege ihre Territorien festigen und ihre Teilnahme an der Reichsregierung ausbauen.

Mit den Reichsreformbestrebungen wurden die Städte, aber in der Regel nur die Reichs- und die Freien Städte, auf Reichstagen konfrontiert. Auf Städteversammlungen formulierten die Vertreter des Städtebürgertums ihre Position zu Reformprojekten von König und Kurfürsten und meldeten eigene Vorschläge an. In der ersten Phase der Reichsreform, die bis 1440/42 währte, betrafen Pläne und Gesetze Sigmunds, Albrechts II. und Friedrichs III. verschiedene Aspekte einer Reform des Reiches: einen unter königlicher Leitung stehenden Städtebund bzw. ein Bündnis des Königs mit reichsstädtischem Bürgertum und Reichsritterschaft, ein Fehdeverbot und eine Münzreform, Auflagen, sogenannte Anschläge für die Stellung militärischer Kontingente durch die Reichsstände, eine Kreiseinteilung des Reichsgebietes mit Hauptleuten an der Spitze und eine Reform des Gerichtswesens. [...]

Aber die Reaktion der Städtevertreter war meist nicht einheitlich, sondern von Sonderinteressen einzelner Städte oder Städtegruppen geprägt. Fürstlichen Vorschlägen standen die Städte fast immer feindlich gegenüber, ging deren Verwirklichung doch auf Kosten der Kommunen. [...] Königlichen Plänen gegenüber zeigten sich die Städte zunächst reserviert, bedeuteten sie doch zumeist erhöhte finanzielle Belastung oder Einschränkung städtischer Autonomie und ließen Differenzen mit den benachbarten Fürsten befürchten. So waren besonders die Reichsstädte finanziell gefordert, als seit dem 15. Jahrhundert mit Hussitenkreuzzügen und Türkenkriegen, dann mit den Reichskriegen gegen Burgund und Frankreich Reichssteuern immer öfter beantragt und die Städte durch Kurfürsten und Fürsten mit einem Viertel des gesamten Reichsaufkommens veranschlagt wurden. [...]

Die städtische Haltung zur Reichsreform war defensiv geprägt. Die Städte wollten ihre errungene Stellung halten, ihre ökonomische Stärke sichern und ihre Reichsunmittelbarkeit wahren. Das brachten die Beschlüsse eines von über 40 Städten stark besuchten Heilbronner Städtetages im Juli 1416 besonders klar zum Ausdruck. [...] Hinzu kam ihre „Fürstenangst", gefährdete doch die wachsende Macht der Fürsten im 15. Jahrhundert die relativ autonome Position der Städte und hatten fürstliche Reformentwürfe den Einbau der Städte in die Territorien zum Ziel.

Evamaria Engel, Die deutsche Stadt im Mittelalter, Düsseldorf (Albatros) 2005, S. 299 f.

1 Reichsreform: Versuche, die Verfassung des Reichs im Spätmittelalter umzugestalten.

28 a) Klären Sie unbekannte Begriffe in M21.
b) Erklären Sie den Begriff Fürstenangst (Z. 62).
c) Überprüfen Sie, ob man (in Umkehrung der These in Z. 62) von einer „Städteangst" des Königs oder der Landesherren sprechen könnte.

Das Europa der Fernhändler – Teil I: Die Hanse und der Hansekaufmann

M 22 Das Wirtschaftsgebiet der Hanse um 1400

M 23 Zur Geschiche der Hanse (2007)

Hanse bezeichnete ursprünglich einen Bund (= Schar) von Kaufleuten (schon um 1157 belegt als Hanse der Kölner Englandfahrer).
Die Hanse als norddeutscher Kaufmanns-
5 bund entwickelte sich seit Ende des 13. Jahrhunderts vor dem Hintergrund des wachsenden deutschen Ostseehandels, vor allem in Richtung Gotland und Nowgorod. Danach wurden Handelsniederlassungen (Kontore)
10 auch über diesen Raum hinaus gegründet, d. h. neben Nowgorod (Perterhof) auch in Brügge, London (Stalhof) und Bergen (Deutsche Brücke). Im Zuge der Hanseaktivitäten kam es zu Neugründungen von Städten im
15 Baltikum (in Koordination mit den Eroberungen des neu gegründeten Deutschen Ordens; siehe S. 124–128), meist mit Lübecker Recht; einflussreich waren auch das Dortmunder Recht für den westfälischen Raum,
20 das Goslaer Recht für Sachsen sowie das Magdeburger Recht für Osteuropa. Die Hanse, die

nie im eigentlichen Sinne „gegründet" wurde, umfasste bald alle norddeutschen Handelsstädte sowie einige Landesherren. Durch den Aufbau einer Handelsflotte aus sehr trag- 25 fähigen Koggen und durch die zentrale Lage im Ost-West-Handel konnte Lübeck die Führung in der Hanse erlangen. Parallel dazu festigte Brügge seine Stellung als „Weltmarkt des Westens" und Finanzzentrum Nordeu- 30 ropas.
Mit großem Druck suchte die Hanse ihre Ziele durchzusetzen, und zwar sowohl nach außen (Handelssperren; Kriege gegen Seeräuber; Kriege gegen konkurrierende Mächte 35 wie Dänemark) als auch nach innen („Verhansung" = zeitweiliger Ausschluss von Mitgliedern). Absprachen wurden auf den Hansetagen der Gesamthanse (oder einiger Teile, der „Drittel") getroffen. Der erste allgemeine 40 Hansetag fand 1356 unter Führung Lübecks statt. Der Friede zu Stralsund besiegelte 1370 den für die Hanse siegreichen Krieg gegen Dänemark und markiert für einige Historiker

91

Themen und Methoden

⁴⁵ den Höhepunkt der vom Kaufmanns- zum Städtebund gewandelten Hanse.

Die spätmittelalterliche Territorialstaatsbildung schwächte den Hansebund. Mitte des 15. Jahrhunderts kam es zu ersten Aus-
⁵⁰ tritten. 1494 wurde das Kontor in Nowgorod geschlossen, 1598 folgte der Stalhof in London. 1669 fand der letzte Hansetag statt. Eine formale Auflösung hat es nie gegeben. *Originalbeitrag der Verfasser.*

M 24 Aus dem Hansestatut von 1418

Der Hansetag 1418 übertrug die Geschäftsführung der Hanse der Stadt Lübeck. Die in Lübeck versammelten Städtevertreter verabschiedeten ein umfassendes Statut, das für ihre Mitglieder und die Kaufleute Verhaltensregeln festlegte:
1. [Wenn ein] Mann oder mehrere Leute Aufruhr, gefährliche Versammlung oder Verbindung veranstalten in irgendeiner Stadt gegen den Rat und die Macht des Rates, […] die
⁵ Leute soll man in keiner Hansestadt mit Geleit schützen oder dulden, sondern man soll sie richten an ihrem höchsten Gericht. […]
2. Ebenso wenn ein Rat, oder Teile des Rates, in einer Hansestadt von den Bürgern
¹⁰ oder den Einwohnern derselben Stadt des Ratsstuhles entmächtigt worden wäre, mit welcher Gewalt das auch immer geschähe, die Stadt soll aus diesem Grund aus der Hanse ausgeschlossen sein; und die anderen
¹⁵ Hansestädte sollen mit den Bürgern und Einwohnern der Stadt, in der diese Gewalttat geschehen ist, keinerlei Handel oder Gemeinschaft haben und sie auch in ihren Städten und in deren Gebieten weder dulden noch
²⁰ geleiten, solange bis der Rat, oder der Teil, der entmachtet wurde, wieder in seine Macht und Würde gekommen ist in vollem Maße. […]
6. Ferner soll man niemand in der Hanse
²⁵ oder in dem Kaufmannsrecht schützen, der nicht Bürger einer Hansestadt ist; und er soll auch sein Bürgerrecht ausüben in der Stadt, in der er Bürger ist; und wenn ihm der Kaufmann das nicht glauben will, so soll er darü-
³⁰ ber Beweise bringen zu dem Kaufmann von der Stadt, in der er Bürger ist, dass es so sei. Auch soll niemand in zwei Städten Bürger sein, bei Ausschluss der Hanse. Auch soll nie-

mand Ältermann (Vorsteher) sein in Brügge in Flandern, in London in England, in Ber-
³⁵ gen in Norwegen und in Nowgorod in Russland, wenn er nicht Bürger einer Hansestadt ist und Bürgergeld hat und ehelich und frei geboren ist. […]
9. Ferner soll kein Kürschner irgendein
⁴⁰ Stück ausstechen aus einem Werk; denn man soll die Felle so groß wie möglich belassen. […]
15. Ferner haben die Städte erlaubt, dass man Handel treiben kann in Flandern oder
⁴⁵ anderswo, wo man will, selbst oder durch andere Leute, auf Kredit oder gegen Barzahlung, jedoch so, dass man kein Gut, das in Flandern auf Kredit gekauft wurde, nach Livland oder Russland führen soll.
⁵⁰
16. Ferner soll man kein Korn verschiffen durch den Öresund oder durch den Belt, noch aus der Elbe oder der Weser, außer über die Hansestädte. Welcher Schiffer dagegen
⁵⁵ verstößt, den soll man in keiner Hansestadt mehr beladen oder mit Fracht versehen. Und die Kaufleute sollen den Nachweis bringen von dort, wo sie das Korn verschifft haben. Und ein jeder Hansekaufmann, der das
⁶⁰ bricht, soll das Gut verloren haben. […]
17. Ferner soll niemand einen Verkauf tun, wie Hering kaufen oder verkaufen, bevor er gefangen ist, oder Korn, ehe es gewachsen ist, oder Gewand und anderes Gut,
⁶⁵ ehe es gemacht ist. Geschähe es dennoch, so soll der Käufer das Gut verloren haben, und der Verkäufer soll zehn Mark Silber als Strafe zahlen, und derjenige, der es meldet, soll von dem verwirkten Gut den sechsten Pfen-
⁷⁰ nig erhalten. […]
19. Ferner soll man den Vitalienbrüdern [Freibeutern] weder Hilfe noch Unterstützung gewähren, weder im Harnisch, noch mit Lebensmitteln, noch in anderen Dingen.
⁷⁵ Wer das auch täte, den soll man richten, wie sich das gehört. […]
32. Ferner soll kein Kaufmann aus der Hanse sein Gut nach Flandern senden, um es jemandem außerhalb der Hanse anzuver-
⁸⁰ trauen; denn man soll es an den oder die (geben), die der Hanse angehören; jedoch Hering, Wein und Bier kann er senden und anvertrauen, wem er will.

Zit. nach: Jean-Marie Moeglin/Rainer A. Müller (Hg.), Deutsche Geschichte in Quellen und Darstellung, Bd. 2, Stuttgart (Reclam) 2000, S. 340 ff.

M 25 Hansestadt Lübeck, Holzschnitt aus der Schedelschen Weltchronik, 1493. –
*Graf Adolf II. von Holstein, ein Vasall des Sachsenherzogs Heinrichs des Löwen, gründete die Stadt
1159 vor dem Hintergrund des wachsenden Ostseehandels. 1226 wurde Lübeck Reichsstadt.*

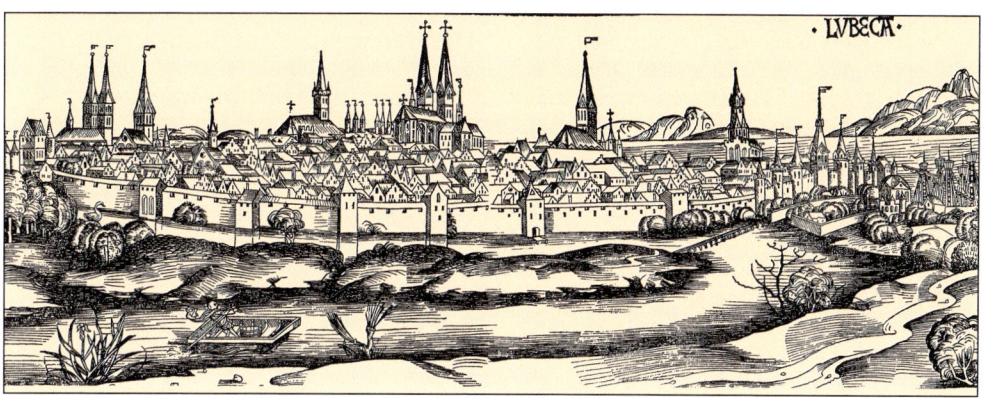

**M 26 Hildebrand Veckinchusen –
ein Lübecker Hansekaufmann**

*Rolf Hammel-Kiesow, Historiker, schreibt in
einem biografischen Aufsatz über das Leben von
Hildebrand Veckinchusen (1993):*
Hildebrand wurde vermutlich um 1365 in
Westfalen geboren. […] Die ersten Lehrjahre
als Kaufmannsgehilfe durchlief Hildebrand
zusammen mit seinem Bruder Sivert in Liv-
5 land. Den zweiten Teil seiner Ausbildung erhielt er wahrscheinlich in Flandern […]. Bereits in jungen Jahren musste Hildebrand
erhebliches Ansehen bei seinen Kaufmanns-
genossen gehabt haben, da er 1393 und 1398
10 einer der beiden Olderlude[1] des gotländisch-
livländischen Drittels im Hansekontor zu
Brügge war. Nach dem Tod seiner ersten Frau
um 1397 wurde Hildebrand von seinem Bruder Cäsar V., Ratsherr in Riga, und dem Rats-
15 herrn Konrad Visch die Hand der 15-jäh-
rigen Margarethe Witte angetragen, einer
Tochter des rigaischen Kaufmanns Engel-
brecht Witte. […] Er wurde Lübecker Bürger
und verheiratete Taleke, seine Tochter aus
20 erster Ehe, mit Peter van dem Damme aus einer Lübecker Ratsfamilie. […]
Im Jahr 1400 zog Hildebrand wieder nach
Brügge, wahrscheinlich begleitet von Margarethe. Im Handel der Brüder Veckinchusen
25 war damit eine ideale Konstellation erreicht.
Ein Gesellschafter, Hildebrand, saß in Brügge, dem „Welthandelsmarkt des Mittelalters", wo über venezianische Galeeren, genu-

esische Segler u. a. die Verbindung mit den
Märkten und Produkten Südeuropas und des 30
Orients bestand, ein anderer, Sivert, am
Hauptumschlagplatz des Ost-West-Handels
in Lübeck. In Livland, dem östlichen Endge-
biet der Handelskette, saßen Verwandte
(Schwiegervater und Bruder Cäsar in Riga) 35
und Freunde (in Reval), sodass die wichtigen
Einkaufs-, Umschlags- und Verkaufsplätze
der partnerschaftlichen Struktur des hansischen Handels entsprechend mit vertrau-
enswürdigen Partnern besetzt waren. 40
Von kurzen Unterbrechungen abgesehen
blieb Hildebrand bis 1426 in Brügge. Das
Lübecker Bürgerrecht gab er jedoch nie auf.
Zunächst mietete er in Brügge ein Haus, in
dem sich sein Kontor, seine Warenkeller und 45
Wohnräume befanden. Von hier aus unter-
hielt er Handelsbziehungen mit Hamburg,
und Lübeck, Wismar und Stettin, Riga, Reval
und Dorpat, Nowgorod und Pskow im Osten. Im Süden und Südosten reichten die Ge- 50
schäfte über Aachen, Köln, Straßburg, Frank-
furt/M., Konstanz und Nürnberg nach Prag
und bis nach Venedig. Auch mit italienischen, französischen und englischen Städten
wie Lucca, Toul, Amiens, St. Thomas, La Ro- 55
chelle, Rouen, London und Boston stand er
in Verbindung. Der Handel Hildebrands
stand in der Tradition des großen europäischen Handelszuges: Er vertrieb die Rohstoffe und Genussmittel des Orients von 60
Venedig und Brügge auch nach Norddeutschland, versandte die westeuropä-

93

ischen Tuche ost- und südwärts und zog vom
Osten die Rohstoffe und Naturprodukte Russ-
65 lands, Polens und der Ostseeländer heran.
Außer der vielseitigen Ware Tuch kamen Gewürze, Drogen, Seide, Baumwolle, Reis, besonders Feigen und Rosinen und ähnliche
Produkte des Südens in seinem Warenkata-
70 log vor; andererseits Pelze, Kupfer, Silber
und – vor allem – Wachs. […]

Die Geschäfte liefen zunächst gut. Aber
neben internen Schwierigkeiten zwischen
den einzelnen Gesellschaftern waren auch
75 politische Gefahren zu meistern. Die Auseinandersetzung zwischen dem „revolutio-
nären" neuen Rat in Lübeck und dem geflo-
henen alten Rat [1408–1416] führten zu
einer Gefährdung des Handels. Doch gelang
80 es den Gesellschaftern, vor allem Sivert, königliche Geleitbriefe für sich und für manche
ihrer Gesellschafter zu erhalten. Dem mittelalterlichen Kaufmann drohten Gefahren
aber nicht nur von der politischen Großwet-
85 terlage. Sendungen erreichten wegen der allgemeinen Unsicherheit der Straßen bisweilen ihr Ziel nicht. Auch fiel Hinrich Slyper
1410 in Oberdeutschland Raubrittern in die
Hände, wurde um 1700 Rheinische Gulden
90 beraubt und blieb lange gefangen. Sein Geld
bekam er nicht wieder. […]

1418 kaufte Hildebrand in Lübeck das
Haus Königstraße 15, in einer der besten
Wohnlagen der Stadt gelegen, in das seine
95 Frau mit ihren sieben Kindern einzog. […]
Aber seine Geschäfte wurden immer ris-
kanter, und zudem hatte er bisweilen auch
großes Pech. 1417 schickte er für mehrere
tausend Dukaten Sartuch[2] nach Venedig und
100 erlitt dabei, weil er die Marktlage falsch ein-
geschätzt hatte, einen gehörigen Verlust.
Auch der Versuch, im Jahre 1420 für ein Jahr
wegen ausbleibender Salzlieferung aus der
Baye ein Salzmonopol in Livland aufzubau-
105 en, schlug fehl. Zudem gehörte er 1417 zu einer Delegation des Brügger Kaufmanns, die
Kaiser Sigismund zum Regierungsantrtitt
huldigte und ihm dabei ein Darlehen von
3000 französische Kronen gewähren musste.
110 Hildebrand gelang es nicht, seinen Anteil zu-
rückzuerhalten. Seine finanzielle Lage wurde
immer prekärer. Seine Gläubiger bedrängten
ihn, und so suchte er Zuflucht bei den Lom-
barden, den berufsmäßigen Geldverleihern
115 in Brügge. Doch die hohen Zinsen, die diese

für ihre Kredite nahmen, trieben ihn in noch
höhere Verbindlichkeiten. […] Zu Beginn
des Jahres 1422 veranlasste einer der genue-
sischen Bankiers, bei denen Hildebrand in
Schulden stand, seine Inhaftierung im Brüg- 120
ger Stein, dem Schuldturm.

Hildebrand verbrachte insgesamt über
drei Jahre im Stein, bevor er 1426 zu seiner
Familie nach Lübeck zurückkehren konnte,
wo er kurze Zeit später starb. Während seiner 125
Haft in Brügge wandten sich die meisten seiner Freunde und Bekannten von ihm ab. Seine Frau konnte das Haus in Lübeck nicht
halten und verlor es wegen nichtbezahlter
Rente an die Schwiegermutter von Hilde- 130
brands Bruder Sivert; dieser unterstützte sie

M 27 **Unbekannter Meister, Der Lübecker
Kaufmann Segebo Crispin (gest. 1388) und
seine Frau Elisabeth Warendorp, aus der
Reihe der Gedenkbilder der Familie
Crispin, um 1440**

29 Welches Selbstverständnis des Hansekaufmanns kommt in Bild M27 zum Ausdruck?

gerade so weit, dass sie mit ihren Kindern nicht betteln gehen musste, was seinem Ansehen in der Stadt zu sehr geschadet hätte.

Rolf Hammel-Kiesow, Hildebrand Veckinchusen, in: Gerhard Gerkens/Antjekathrin Graßmann (Hg.), Der Lübecker Kaufmann, Lübeck (Museum für Kunst und Kulturgeschichte) 1993, S. 129–131.

1 Olderlude („Älterleute"): Vorstände einer ständigen Kaufmannsniederlassung mit Gerichtsbarkeit über die Landsleute.

2 Sartuch: eine aufgeraute Tuchart

M 28 Die Auflösung der Hanse

Die Historikerin Evamaria Engel (2005):
Die dritte Phase in der Entwicklung der Hanse, von 1418 bis zur Mitte des 16. Jahrhunderts, war durch die Konfrontation des Bundes und einzelner Hansestädte, so Berlins,
5 Rostocks und Lüneburgs, mit den erstarkenden Territorialfürsten gekennzeichnet, was zu veränderten Organisationsformen zwang. Diese wurden in den Tohopesaten („Zusammensitzen"), militärisch-politischen Zusammen-
10 schlüssen für jeweils einige Jahre, gesucht. Zu einem Krieg zwischen Fürsten und Städten, wie dem ersten und zweiten Städtekrieg 1388/89 und 1449/50 im Süden des Reiches, kam es im hansischen Gebiet aber
15 nicht. Solche Tohopesaten – schon 1418 versucht – wurden 1430, 1443, 1447 und vor allem 1451 abgeschlossen. Zeitweise gehörten diesen auf überregionaler Basis gebildeten Bünden innerhalb der Hanse mehr als
20 60 Hansestädte des wendischen, sächsischen und rheinisch-westfälischen Quartiers an. Aber auf die Dauer wollten sich die Städte nicht durch militärisch-politische und finanzielle Festlegungen binden, sodass die Toho-
25 pesaten nicht in Aktion traten. In der dritten Entwicklungsphase hatte die Städtehanse mit weiteren wirtschaftlichen und politischen Schwierigkeiten zu kämpfen [...]. Dazu gehörten kriegerische Konflikte mit
30 Dänemark, Holland und England, ferner das Auftreten der z. T. durch starke politische Mächte geschützten Handelskonkurrenten, die Sonderinteressen von hansestädtischen Gruppen sowie innerstädtische Gefähr-
35 dungen patrizisch-fernhändlerischer Ratsherrschaft. Trotzdem überdauerte die Städte-

hanse das Ende des Mittelalters. Wenn dagegen in der zweiten Hälfte des 15. Jahrhunderts überhaupt noch andere Städtebünde zustande kamen, dann waren sie regional 40 begrenzt, ohne große Wirksamkeit, auf unmittelbare konkrete Ziele gerichtet.

Evamaria Engel, Die deutsche Stadt im Mittelalter, Düsseldorf (Albatros) 2005, S. 294 f.

30 Beschreiben Sie die Entstehungsgeschichte und die Ausdehnung der Hanse (M22 und M23).
31 Untersuchen Sie Quelle M24 im Hinblick auf die Bedeutung der Hanse für (a) den Fernhandel, (b) die innere Verfassung der Mitgliedsstädte.
32 Beurteilen Sie die Rolle Lübecks in der Hanse (M22–M25).
33 a) Stellen Sie anhand der Biografie M26 Merkmale zusammen, die Ihrer Meinung nach einen Hansekaufmann charakterisieren.
b) Finden Sie aus M26 heraus, welchen Risiken Fernhändler im Mittelalter ausgesetzt waren.
c) Diskutieren Sie, ob Risiken, wie in M26 dargestellt, heutzutage für international tätige Großhändler auch noch bestehen.
34 🏃 Einen Unternehmensprospekt erstellen: Präsentieren Sie die Produktpalette und das Handelsgebiet des Kaufmanns Veckinchusen (M26) in Form eines modernen Werbeprospektes.
35 a) Skizzieren Sie die Gründe für den Niedergang der Hanse (M28). Gehen Sie insbesondere auf die Rolle der „erstarkenden Territorialfürsten" (Z. 6) ein (s. auch Kapitel 7, S. 133).
b) Untersuchen Sie (wiederholend) die Textquellen M16c und M24, und zwar unter der Frage, ob sich aus den Quellen Gründe für den Niedergang der Hanse herausfinden lassen.
36 🏃 Präsentation: „Niedergang oder Übergang? Gründe für die Auflösung der Hanse".
Literaturhinweis: Rolf Hammel-Kiesow, Die Hanse, 3. Auflage, München (C. H. Beck) 2004, S. 97–121.

Geschichte in der Alltagswelt

37 🏃 Referat: „Die 1980 gegründete neue Hanse – eine Form der Aneignung von Vergangenheit."
Untersuchen Sie die (politischen, wirtschaftlichen, gesellschaftlichen) Funktionen und die Selbstdarstellung der neuen Hanse.
Internethinweis: www.hanse.org

95

Themen und Methoden

Das Europa der Fernhändler – Teil II:
Oberitalien und die italienischen Kaufleute

M 29 Francesco Datini – ein Fernhändler
aus Oberitalien

*Über Francesco Datini (um 1335–1410) schreibt
der Sozialwissenschaftler Christoph Kucklick in
einer populärwissenschaftlichen Zeitschrift
(1999):*
In Florenz dirigiert Francesco Datini um
1390 einen Konzern, der aus 82 Faktoreien
und Dependencen von Algerien bis London,
Lissabon bis Alexandrien besteht. Er ist nicht
5 der größte Kaufmann seiner Zeit – mit den
Medici, den Alberti und Peruzzi kann er
nicht mithalten. Doch seine vollständig
überlieferte Korrespondenz belegt, wie
bereits im 14. Jahrhundert auch kleinere
10 Handelsfirmen trotz Pestepidemien,
Kriegen, Räubern und miserabler Stra-
ßenverhältnisse bis in die entlegensten
Gebiete Europas miteinander kom-
munizieren. […]
15 Vor allem aber steht Francesco
Datini für einen neuen Men-
schentyp, ein soziales Produkt
dieser kommerziellen Revolution: den Selfmademan, den
20 Aufsteiger.
Er wird als Sohn eines armen Schankwirts im toska-
nischen Prato geboren, wahrscheinlich 1335, aber genau
25 wissen wir das nicht, und er weiß
es auch nicht: Kinder von Leuten
seines Standes werden nicht immer registriert. Außer dem enormen Ehrgeiz hat er nicht viel
30 mitbekommen. 1348 rafft die
Pest Vater und Mutter und zwei
Geschwister dahin. Mit 15 geht
Datini mutterseelenallein nach
Avignon, in die prächtige und
35 zugleich verwahrloste Papst-
Residenz.
Wie hat er sich das Start-
kapital beschafft? Auch
das wissen wir nicht. Aber
40 wenige Jahre später ist er
selbstständiger Kaufmann

und handelt zumeist mit Waffen. Skrupel-
los beliefert er alle Seiten: Kesselhauben und
Kürasse an die Reiter des Papstes, Panzer-
hemden und Beinharnische an marodieren- 45
de Söldner.
Rasant wächst das Geschäft, ständig kommen neue Waren hinzu: Salz, Juwelen, An-
dachtsbilder, Gewürze, Elfenbein, Metallwa-
ren, Färbemittel (Gallatäpfel aus Rumänien, 50
Waid aus Thüringen) und Stoffe, vor allem
Stoffe. Diese Vielfalt ist üblich, Fernhändler
des Mittelalters sind oft Universalisten.
Methodisch häuft der Pratese Gewinne
an, mal acht Prozent für Pfeffer, mal 55
21 Prozent für Seidenschleier aus
Perugia, mal eine hübsche Summe
aus dem Verkauf von Kunstwerken.
Mit 35 Jahren ist er ein gestandener
Mann. […] 60
1382 kehrt Datini nach
Italien zurück, 1386 siedelt er
nach Florenz über, in die füh-
rende Metropole Europas.
Seine Ehe mit der 24 Jahre 65
jüngeren Margherita bleibt
kinderlos. […] Konservativ
kleidet er sich, die kurze
französische *Gonella a tuni-
ca*, die gerade *en vogue* ist, 70
findet nicht seine Zustimmung. Auch seine Kopfbe-
deckung ist altväterlich: eine *Cappuci*, Standestracht
des wohlhabenden Bürger- 75
tums, der Juristen und
Ärzte, aber doch sehr brav.
[…] Er häuft ein großar-
tiges Vermögen an, kauft
allein in Prato 21 Häuser, 80
hält ausschweifende Fest-
mähler. Könige schicken
Gesandte, Päpste Bittstel-
ler, aber mit der Politik
lässt sich Francesco 85
nicht ein. […]
Francesco Datini
beschreitet neue Wege,
er schafft eine Art

M 30 Francesco Datini,
Ausschnitt aus einem Ölgemälde,
Oberitalien, 15. Jh.

90 „Holding-Konzern", eine Struktur, die später von den Medici perfektioniert wird. Er gründet im Laufe der Jahre eine Unmenge von Gesellschaften, in die meist er das Kapital und seine Partner ihre Arbeit investieren.
95 Diese Gesellschaften bestehen selten länger als drei Jahre, sodass der Konzern ständig erneuert wird und sehr flexibel auf veränderte Marktlagen reagieren kann. […]

Der Fernhandel stimuliert auch das
100 Wachstum. […] Das erstaunlichste aber ist an dieser frühen Blüte, an dieser Betriebsamkeit: dass sie überhaupt stattfindet. Denn was steht ihr nicht alles entgegen! Reisen sind gefährlich und zermürbend. […] Unbe-
105 rechenbar ist auch die Inflation. […] Dazu kommt ein heilloses Währungschaos. Viele Herren haben das Recht, eigenes Geld zu

prägen. […] So mächtig erscheinen die Widrigkeiten, dass nur ein Erklärung bleibt, weshalb die Probleme den Handel seinerzeit 110 nicht erdrosselt haben: weil sie ihn entscheidend stärken. Denn viele Hindernisse werden zu Katalysatoren für bahnbrechende Erfindungen: Die Kaufleute sind gezwungen, sich ganz neue Handelstechniken einfallen 115 zu lassen. Das macht das späte Mittelalter zu einer großen Zeit der kommerziellen Innovation, zur Geburtsstunde der ökonomischen Moderne. […]

Die Welt erscheint den Menschen nicht 120 mehr als unabänderliche göttliche Vorgabe, sondern als Rohstoff für die eigene Kreativität.

Christoph Kucklick, Die Erfinder der Globalisierung, in: Geo Epoche Nr. 2, 1999, S. 35–43.

M 31 **Die oberitalienischen Seestädte im Spätmittelalter (bis ca. 1400)**

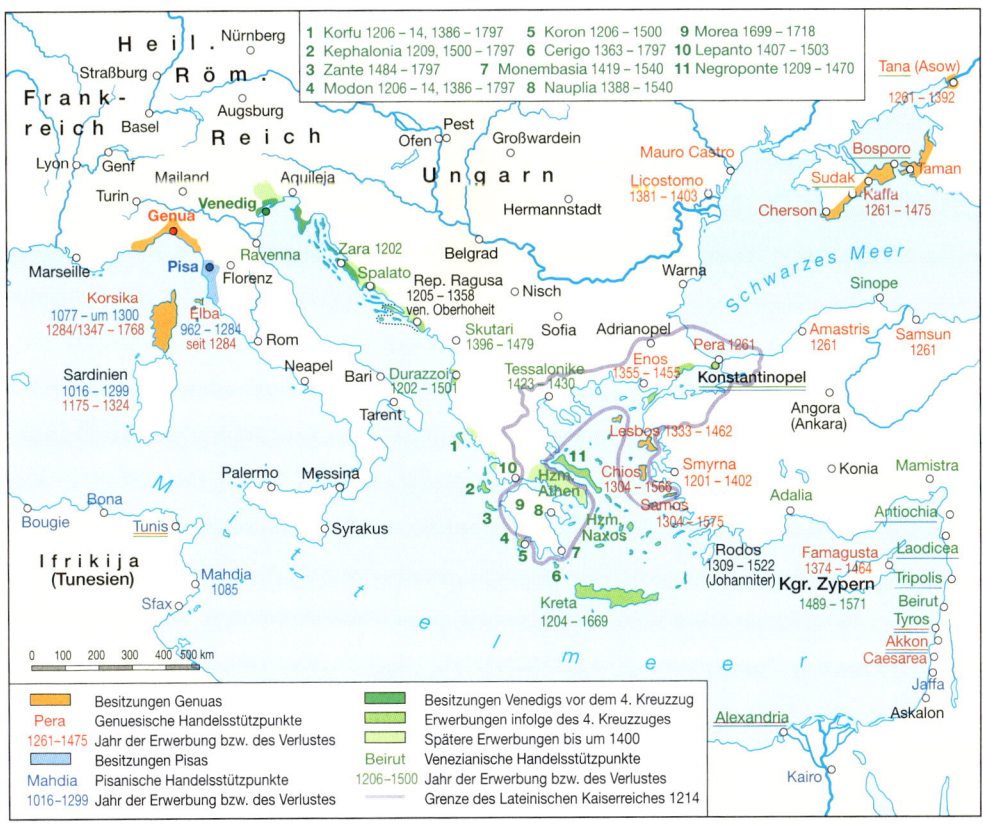

M 32 **Marco Polo und sein Bruder verlassen Venedig, Buchmalerei, 14. Jh.**

M 33 Zur Geschichte Venedigs und der oberitalienischen Seestädte

Giuliano Procacci, Historiker, schreibt (1983):
Für Venedig gab es an den Küsten der Adria
keinen Rivalen mehr, nachdem Ravenna im
8. Jahrhundert seinen Rang als Hauptstadt
des byzantinischen Exarchats[1] verloren hatte. Weder die Städte der Pentapolis, noch Ba-
ri oder die anderen kleineren Städte Apuliens
konnten auch nur entfernt mit Venedig in
Konkurrenz treten. Dabei waren die Anfänge
der Stadt bescheiden gewesen: Die Bevölkerung bestand aus Schiffern, Salinenarbeitern,
Fischern und einer grundbesitzenden Aristokratie, die sich auf der Flucht vor den Bar-
bareneinfällen in mehreren Wellen auf die
Inseln der Lagune geflüchtet hatte. Im Gegensatz zu den bescheidenen Anfängen war

der Aufstieg Venedigs umso schwindelerre-
gender und sein Erfolg war überraschend.
   Schon um die Mitte des 9. Jahrhunderts
kontrollierte die Stadt die Flussmündungen
des Po-Deltas und die Verkehrsverbindungen
mit dem Hinterland. Am Ende des 10. Jahr-
hunderts hatte sie sich zur entscheidenden
Macht in der Adria erhoben […]. Venedigs
Zukunft als Seehandelsmetropole war deut-
lich vorgezeichnet. In immer größerer Zahl
verließen venezianische Schiffe den Hafen in
Richtung Orient, beladen mit Holz, Metallen
und Sklaven, die an den dalmatinischen
Küsten gefangen worden waren. Auf der
Rückfahrt brachten sie Seide, Öl, Gewürze,
Duftstoffe, Färbemittel und alles, was zur
Befriedigung der Bedürfnisse des luxuriösen
Lebensstils der Feudalelite Europas diente.
Bald nahm die Anzahl der Venezianer in den

35 Ländern des oströmischen Reiches beträcht-
liche Ausmaße an; um die Mitte des 12. Jahrhunderts waren es mehrere tausend. […]
Schon im Jahre 1082 hatte Venedig von
[dem oströmischen = byzantinischen] Kaiser
40 Alexios die Zusicherung voller Handelsfrei-
heit im ganzen Reichsgebiet, die Befreiung
von allen Zollabgaben erhalten und das
Recht erworben, auf oströmischen Territorium eigene Handelsniederlassungen zu un-
45 terhalten.

Zu Beginn des ersten Kreuzzuges (1096 bis
1099) waren die italienischen Seestädte auf
dem Wege des Handels schon ziemlich weit
in die arabische und byzantinische Welt ein-
50 gedrungen und damit wohl vorbereitet, die
historische Chance der Kreuzzüge zu nutzen.
Genua und Pisa konnten als Erste davon
profitieren. Die toskanische Stadt nahm unter dem Oberbefehl ihres Erzbischofs mit
55 120 Schiffen an der Belagerung Jerusalems
teil und Genua leistete dem Normannenfürs-
ten Bohemund von Tarent vor Antiocheia
wertvolle Hilfe. Nach dem Sieg forderten natürlich Pisaner wie Genuesen für die geleiste-
60 te Hilfe Belohnung: Die einen erhielten das
Recht zur Errichtung einer Kolonie in Jaffa,
die anderen setzten sich in Antiocheia fest.
Zu diesen ersten Kolonien sollten später
noch weitere hinzukommen, sodass es schon
65 in der Mitte des 12. Jahrhunderts an den Küsten des Mittelmeeres von Algerien bis Syrien
keinen Handelsplatz und keine Stadt gab, in
der nicht eine pisanische oder genuesische
nazione mit Kirche, Handelshöfen und Kon-
70 suln vorhanden war.

Venedig hatte am ersten Kreuzzug nicht
teilgenommen. […] Nach dem erfolgreichen
Ausgang des Kreuzzuges aber erkannte man
in Venedig sofort, welche großartigen Per-
75 spektiven sich dem abendländischen Hege-
moniestreben daraus eröffneten. Deshalb
ging schon im Jahre 1100 eine venezianische
Flotte von 200 Schiffen in Jaffa vor Anker,
die von Gottfried von Bouillon[2] beträcht-
80 liche Handelsprivilegien erhielt. Die frem-
denfeindlichen und antivenezianischen Re-
volten in Konstantinopel in den Jahren 1171
und 1182 lieferten dann den Vorwand zur
Korrektur, ja Umkehrung der bisher einge-
85 schlagenen Politik des Stillhaltens. Der neue
politische Kurs führte zu Erfolg, als es Venedig 1202 durch geschickte Diplomatie und

großzügige Finanzhilfe gelang, die Teilnehmer des vierten Kreuzzuges nach Konstantinopel umzuleiten. Die Hauptstadt des oströ- 90
mischen Reiches wurde am 1. April 1204
erobert und der Doge[3] von Venedig wurde
zum Herrn über „drei Achtel" des neuen Lateinischen Kaiserreiches ausgerufen. Zwar
erwies sich dieses politisch als wenig lebens- 95
fähig, aber die Handelsprivilegien und Häfen, die Venedig sich an der griechischen
Küste, auf den Inseln und in Konstantinopel
gesichert hatte, blieben erhalten und bildeten später die solide Grundlage für Vene- 100
digs weiteren Aufstieg.

Doch Bedeutung und historische Wirkung der italienischen Seestädte erschöpften
sich nicht in ihren militärischen Unterneh-
mungen und dem Beitrag, den sie zur Durch- 105
setzung der abendländischen Hegemonie in
Politik und Handel des Mittelmeerraumes
leisteten. Amalfi, Pisa, Genua und Venedig
haben auch und vor allem die Tore geöffnet
(oder vielleicht besser: die Fühler ausge- 110
streckt), durch die die bis dahin isolierte und
ganz auf sich selbst bezogene abendländische Welt in dauerhaften Kontakt mit dem
Osten treten und sich allmählich dessen kulturelle Leistungen zu eigen machen konnte. 115
Die Seestädte wurden sozusagen zum Vermittler zwischen den Kulturen. Die arabischen Ziffern, die die kaufmännische
Rechnungsführung revolutionieren sollten,
wurden im Abendland von dem Pisaner Leo- 120

M 34 Oberitalienische Geldwechsler
hinter einer *banca*, ca. 14. Jh.

M 35 Südindien, Ausschnitt aus einer europäischen Malerei, um 1400

nardo Fibonacci, dem Autor des *„liber abbaci"*, um die Wende vom 12. zum 13. Jahrhundert eingeführt. Die Bewohner von Amalfi machten sich den Kompass, der bei den Ara-
125 bern bereits bekannt war, zunutze, und das „lateinische" Segel der Kreuzfahrerschiffe kam in Wirklichkeit aus Byzanz oder Syrien.
    In der Welt des Mittelalters mit ihrem niedrigen Niveau an technischen Kenntnis-
130 sen und Fertigkeiten waren die italienischen Seestädte Inseln des technischen Fortschritts und des Experimentierens. Seeleute und Schiffsbauer gehörten ganz allgemein in der mittelalterlichen Gesellschaft zu dem engen
135 Kreis qualifizierter Berufe, die ein erhebliches Maß an Fachwissen und -können voraussetzten. Einmal erlangt, ließen sich solcherlei Fähigkeiten wohl auch auf andere Bereiche übertragen. Wer einmal Holz zu be-
140 arbeiten gelernt hat, kann auch die Bearbeitung von Stein erlernen. Und in der Tat, welche Steinmetzen übten ihr Handwerk mit größerer Meisterschaft und mehr Sinn für Virtuosität aus als die Erbauer des Domes der
145 Seestadt Pisa und die Mosaikkünstler von San Marco in der Lagunenstadt Venedig?
    Intellektuell und technisch allen anderen weit überlegen, waren die italienischen Seestädte auch die Ersten, in denen sich Form
150 und Ordnung der städtischen und bürgerlichen Selbstverwaltung sehr früh herausgebildet haben. Bereits im 8. Jahrhundert hatte sich in Venedig die Rolle des Dogen vom Würdenträger des oströmischen Reiches zum
155 unabhängigen Stadtoberhaupt gewandelt. Im 12. Jahrhundert wurden die Wahlverfahren und die Machtbefugnisse seines Amtes genau festgelegt. Um diese Zeit bereits übte die kaufmännische Aristokratie, vertreten

durch den *Maggior Consiglio* (Großen Rat) die 160 Entscheidungsgewalt in der Stadt unangefochten aus. In Pisa datiert die erste Erwähnung der Konsuln aus dem Jahre 1080; ihr Auftauchen bezeichnet zugleich den Niedergang der bischöflichen und feudalen Macht. 165
Zit. nach: Rainer Beck (Hg.), Streifzüge durch das Mittelalter. Ein historisches Lesebuch, 5. Aufl., München (C. H. Beck) 2001, S. 189 ff.

1 *Exarchat von Ravenna: Von einem byzantinischen Statthalter verwaltetes Gebiet in Italien (553–751). Das Exarchat von Ravenna wurde 754 von Pippin dem Papst übergeben.*
2 *Gottfried von Bouillon (um 1060–1100), nach der Eroberung Jerusalems durch die Kreuzfahrer 1099 erster Herrscher von Jerusalem.*
3 *Doge (von lat. dux): Bezeichnung für die Staatsoberhäupter der ehemaligen Republiken Venedig und Genua mit dem Rang regierender Fürsten.*

38 a) Erarbeiten ausgehend von dem Beispiel Francesco Datinis (M29, M30) einen Merkmalskatalog, der oberitalienische Fernhändler im Spätmittelalter charakterisiert. Berücksichtigen Sie u. a. folgende Kriterien: soziale Herkunft, Herkunft des Startkapitals, Umfang des Handels, Persönlichkeit und Lebensstil, Gründe für Erfolge/Misserfolge, Risiken der Tätigkeit.
b) Vergleichen Sie die Biografie Datinis mit der des Hansekaufmanns Veckinchusen (M26).
c) Beurteilen Sie, inwieweit Menschen wie Datini bzw. Veckinchusen die mittelalterliche Ständegesellschaft verändert haben.
39 ✶ Stellen Sie sich vor, sie wären Datini (M29, M30) und würden einer Einladung des Rates der Stadt Lübeck folgen, um in der Hansestadt über die Entwicklung der Wirtschaft in Oberitalien zu berichten. Verfassen Sie einen Vortrag mithilfe von M31–M35.

Fernkaufleute und Handel im Hanseraum und in Oberitalien – ein Vergleich
40 ✶ Arbeitsteilige Gruppenarbeit:
a) Arbeiten Sie die Merkmale heraus, an denen man den gesellschaftlichen und wirtschaftlichen Aufstieg der Hansestädte (M22–M28) bzw. der oberitalienischen Städte (M29–M35) ablesen kann.
b) Untersuchen Sie die historischen Rahmenbedingungen, die die Entwicklungen in den jeweiligen Wirtschaftsgebieten gefördert haben.
c) Präsentieren Sie Ihre Ergebnisse im Kurs und vergleichen Sie die Entwicklungen miteinander.

M 36 Forschungspositionen zur Stadt – I

Eine Forschergruppe schreibt (2003):
Spätmittelalterliche Städte zeichnen sich
durch sechs charakteristische Merkmalsfelder aus […]:
  1) Städte waren gering bevölkert; unter
5 den ca. 4 000 Städten im Reich besaßen ca.
95 Prozent weniger als 2 000 Einwohner, in
Europa außerhalb Italiens zählt man lediglich 50 bis 60 Großstädte über 10 000 Köpfe.
  2) Städte besaßen herausgehobene ökono-
10 mische Funktionen gegenüber ihrem Umland. Sie waren sowohl Marktort als auch
Zentrum von differenzierter wie hoch spezia-
lisierter handwerklich-gewerblicher Produktion.
15 3) Städte waren abgesonderte Rechts- und
Friedensbereiche. Palisadenwall, Steinmauer
und Graben symbolisierten die Zone der
Körperschaft Stadt mit ihren […] tendenziell
selbstständigen administrativen Befugnis-
20 sen. Souverän aber war keine Stadt. Das
rechtliche und politische Verhältnis zum
Stadtherrn hierarchisierte auch die Städte.
Im Reich nahmen ca. 80 Königs- oder
Reichsstädte nach 1200 die erste Position
25 ein, erwarben durch Privileg den Status der
Reichsunmittelbarkeit. Die Bischofsstädte
Regensburg, Basel, Straßburg, Speyer,
Worms, Mainz und Köln, Besançon, Toul,
Metz, Verdun und Cambrai erreichten eine
30 so hohe rechtliche und politische Unabhängigkeit gegenüber ihren Stadtherren, dass sie
innerhalb der Reichsverfassung als so genannte Freie Städte galten, während alle übrigen Städte Immediat- oder Mediatstädte
35 waren. Die direkt den Fürsten unterstehenden Immediatstädte nahmen an der Entwicklung der Landstände teil. […] Die große
Ausnahme bildeten die nord- und mittelita-
lienischen Kommunen, in denen die Bischö-
40 fe bereits im 12. Jahrhundert […] nicht mehr
als Herren galten. […] Die bedeutenden italienischen Städte dehnten seit Ende des
12. Jahrhunderts ihre Herrschaft dauerhaft
auf ein großes Territorium *(Contado)* aus. […]
45 Autonome Stadtstaaten bildeten sich auf diesem Wege aus […].
  4) Der städtische Bürger nahm innerhalb
der Gesellschaft des Spätmittelalters eine
Sonderstellung ein. „Den Bürger machte der
50 Eid" […]. Mit dem Eintritt in die sich wäh-

rend des 12. Jahrhunderts ausbildenden
Schwurverbände […] war die (anfangs auf
Arealbesitz gegründete) persönliche Freiheit
verbunden. […] Das Rechtssprichwort
„Stadtluft macht frei" galt zwar in deutschen 55
wie auch in französischen Städten nur selten
in vollem Umfang, aber im Grundsatz konnten Hörige nach „Jahr und Tag" von ihren
leibherrlichen Abhängigkeiten entbunden
werden. Das hieß nicht, dass jeder Bewohner 60
das Bürgerrecht erwarb oder erwerben konnte. In Konstanz waren nur etwa 30 Prozent
der Städter auch Bürger. Das Gros der Leute
in der Stadt bestand aus „Beisassen" („Einwohnern" etc.), die zwar die kommunalen 65
Lasten mitzutragen hatten, aber von politischer Partizipation ausgeschlossen blieben.
Rechtlich privilegiert war der Klerus. […]
  5) […] Das städtische Wesensmerkmal
„Zentralität" orientierte die Stadt, gestuft 70
nach ihrer Größe und Bedeutung, nicht nur
mit Blick auf Wirtschaft und Verkehr im
Raum, es gilt auch auf kultisch-kulturellem
Gebiet. In den Städten gab es zahlreiche
Hoch- und Kollegiatstifte, seit dem 13. Jahr- 75
hundert kamen die Konvente der Franziskaner, Dominikaner, der Magdalenerinnen, die
Beginenhöfe etc. hinzu. Jede der 264 *civitates*
im Italien des 14. Jahrhunderts war zugleich
Bischofssitz, alle besaßen Schulen, einige 80
auch Universitäten. Zentralörtlichkeit wuchs
den Städten auch als Sitz von Administration, Gericht und zunehmend auch von Herrschaft mit fürstlichen und königlichen Resi-
denzen zu – in Frankreich z. B. Tours, Nantes 85
und Dijon. Paris wurde nach 1350 unter den
Königen Karl V. und Karl VI. durch den Ausbau des Louvre, die Errichtung fürstlicher Pa-
läste und Kollegien und die Neuanlage gan-
zer Stadtteile umgestaltet. Das weist auf 90
  6): Städte waren durch ihre Topografie
und baulichen Anlagen in besonderer Weise
geformt – die Vertikale prägte Städte, die Ho-
rizontale Dörfer. […] Nirgendwo sonst versammelten sich im geschlossenen Raumkör- 95
per auf engstem Platz so viele Großbauten
wie in der Stadt. Die sakrale Ausstattung galt
„als wesentlicher Gradmesser für die Stadt-
qualität" […], und zwar nicht nur in den
„Heiligen Städten" Köln, Trier und Mainz. 100

Ulf Dirlmeier, Gerhard Fouquet, Bernd Fuhrmann,
Europa im Spätmittelalter 1215–1378, München
(Oldenbourg) 2003, S. 69 ff.

M 37 Forschungspositionen zur Stadt – II

Der Historiker Thomas Schild in einem Aufsatz
über Stadtherrschaft im Mittelalter (2006):
Die Kultur Polens, Litauens oder Estlands,
Tschechiens oder Ungarns etwa wird zum
Beispiel mit der Italiens, Frankreichs,
Deutschlands, Großbritanniens oder Spani-
5 ens ganz wesentlich durch die Tradition der
europäischen Kommune geeint, eine auf das
Mittelalter zurückreichende Tradition, die
Europa von allen anderen Kulturen und
auch von der klassischen Antike unterschei-
10 det: Bei der Stadt kann wohl zum ersten Mal
in der europäischen Geschichte von „Gesellschaft" im modernen Sinne gesprochen werden. Die okzidentale Stadt als Schwurge-
meinschaft von Genossen gleichen Rechts,
15 die stadtbürgerliche Freiheit, die Selbstverwaltung und die politische Autonomie, die
autonome Bewältigung innerstädtischer
Konfliktsituationen – all dies sind Grund-
strukturen gesellschaftlicher Organisation,
20 die als Leitbild aller Städte Europas dienten.
Selbst wenn nicht alle Kommunen auf der
Grundlage der einengenden Einbettung in
politische Herrschaftssysteme in der Lage
waren, in vollem Umfang politische Autono-
25 mie auszubilden, diese oft nur als Leitbild
und Idealtypus städtischen Lebens propagie-
ren konnten, ist die Stadt des Mittelalters ein
wesentliches kulturelles Erbe der heutigen
europäischen Gesellschaften. […]
30 Öffentlichkeit wurde zur Instanz der Kontrolle der Herrschaft des Rats. Wenn wir Öffentlichkeit definieren als eine Sphäre, an
der die Glieder einer Gesellschaft gleichberechtigt aktiv teilnehmen können, dann – so
35 ist einschränkend zu bemerken – gilt dies für
die mittelalterliche Stadt in vollem Umfang
nur für die Bewohner mit Bürgerrecht; alle
Einwohner ohne Bürgerrecht, weitgehend
auch Frauen, der Stadtklerus, Juden und die
40 Menschen am Rande der Gesellschaft waren
von diesen Vorgängen mehr oder weniger
ausgeschlossen. […]
„Öffentlichkeit", das ist eine Kategorie,
die erst mit der Philosophie der Aufklärung
45 [im 17./18. Jahrhundert] an Aussagekraft
und an Bedeutung, an Verallgemeinerung
gewann. Kein Geringerer als Immanuel Kant
(1724–1804) hat ein neues Verständnis von
Gemeinwesen formuliert und „Öffentlich-

50 keit" als eine Kritik der überkommenen politischen Systeme des Absolutismus thematisiert, ja zugespitzt auf den Punkt gebracht:
Der Bürger betritt nach Kant neben der Sphäre der Privatheit, in der er seinen Geschäften
55 nachgeht und in der er sozial wie ökonomisch je unterschiedenen Bestimmungen
unterliegt, eine Sphäre des öffentlichen Dis-
kurses [= Austausches] über die Belange der
Allgemeinheit und des Gemeinwohls […]. In
60 dieser zweiten Sphäre wird um eine öffentliche Meinung gerungen, eine Meinung über
Gemeinwohl diskutiert und formuliert, die
sich als Ausdruck von Vernunft und Mündig-
keit artikuliert. […] Herrschaft soll durch
65 mündige Bürger kontrolliert werden. „Öffentlichkeit" war als Kategorie der Moderne
geboren.
Vorsicht ist geboten, diese Kategorie der
Aufklärung auf vormoderne Gesellschaften
70 zu beziehen; man wird keine notwendige
Entwicklung der bürgerlichen Öffentlichkeit
aus der mittelalterlichen Stadt nachweisen
können, aber in der Einschränkung auf die
Bewohner der Stadt mit Bürgerrecht sind
75 Vorformen auszumachen. […] Jürgen Haber-
mas [geb. 1929] hat in seinem epochalen
Buch „Strukturwandel der Öffentlichkeit" zu
Recht betont, dass in den vormodernen Gesellschaften in Abgrenzung zur Aufklärung
80 nicht von einer analogen [= gleichartigen]
Sphäre der Öffentlichkeit ausgegangen werden kann: Die Öffentlichkeit des Herrschers
bezog sich auf eingeschränkte Eliten – sie
fand ihren Bezugspunkt gerade nicht in der
85 Allgemeinheit […], sondern nur in besonderen Gruppen der Elite. Das Volk diente lediglich als Kulisse dieser Form der
„repräsentativen Öffentlichkeit".

Thomas Schilp, Vom „guten Regiment" über die Stadt,
in: Matthias Ohm u. a. (Hg.), Ferne Welten – Freie
Stadt. Dortmund im Mittelalter, Bielefeld (Verlag für
Regionalgeschichte) 2006, S. 21–29.

M 38 Forschungspositionen zur Stadt – III

Der Historiker Peter Feldbauer über die abend-
ländische und die islamische Stadt (1995):
Die drei Grundfunktionen sowohl der
abendländisch-feudalen Stadt als auch der
Städte des Orients [waren], unbeschadet regi-
onaler und zeitlicher Differenzierung, zwei-

5 felsohne Herrschaft (Zitadelle, Palast, Ge-
richts- und Administrationsbehörden),
Ökonomie (Markt, Gewerbe, Finanzierung,
Zentralort des agrarischen Umlands) sowie
geistiges und religiöses Leben (Moschee, Kir-
10 che, Schule). Diese drei Basisfunktionen fanden sich in beiden Weltreligionen bei allen
Städten; in der Regel klar voneinander ge-
schieden und – bei mancherlei Überschnei-
dung – auf unterschiedliche Sozialgruppen
15 und Standorte verteilt. Der freien Assoziati-
on eines autonomen Bürgerverbands kommt
bei der Konstruktion eines Idealtypus Stadt
nach diesen Funktionen keine herausragende Bedeutung zu, und es ist auch nicht
20 einzusehen, wieso einem selbst im Rahmen
der europäischen Geschichte ambivalenten
Bestimmungsmerkmal universelle Geltung
bei der Definition einer größeren Siedlung
als Stadt zugesprochen werden sollte. Dass
25 islamische Autoren bei ihren Stadtbeschrei-
bungen die politischen, administrativen und
militärischen, d. h. die Herrschaftsfunkti-
onen, wenig hervorhoben, ändert nichts an
ihrem generell hohen Stellenwert. Ganz ana-
30 log ist an der Wichtigkeit der religiösen
Funktionen der westeuropäischen Städte
wohl nicht zu zweifeln, auch wenn sie im
Anschluss an Max Weber gegenüber Befesti-
gung, Markt, Gericht, Gewerbe und auto-
35 nomem Bürgerverband nicht selten in den
Hintergrund treten. Die keinesfalls unwe-
sentlichen Unterschiede der urbanen Entwicklung im islamischen westasiatisch-
nordafrikanischen Raum und in Westeuropa
40 reichen für die Konstruktion spezifischer
Stadttypen umso weniger aus, als gerade
auch die Entstehung großer städtischer Zentren und Metropolen viel mehr Gemeinsamkeiten als Besonderheiten aufweist. Ob in
45 Italien, Frankreich, Ifriquiya, Irak oder Iran –
eine überregionale Bedeutung und entsprechende Bevölkerungszahl erlangten Städte
nur dann, wenn noch weitere, den zen-
tralörtlichen Rang aufwertende Funktionen
50 ihre „Grundausstattung" ergänzten. Die
größten Städte waren entweder Sitz von
Reichs- oder Regionaladministration und/
oder Knotenpunkte des Fernhandels, bisweilen auch überlokale Wallfahrtsorte. Häufig
55 hat sich, wie in Europa, in den wichtigsten
Stapelorten Westasiens und Nordafrikas ein
spezialisiertes, überwiegend vom Kauf-

mannskapital finanziertes Exportgewerbe
herausgebildet.

*Peter Feldbauer, Die islamische Welt 600–1250, ein
Frühfall von Unterentwicklung?, Wien (Promedia)
1995, S. 193.*

41 a) Die Forscher in M36 schreiben, dass sich
ihre Merkmalsfelder 1 bis 6 um „wirtschaftliche, demografische, rechtliche, zentralört-
liche, topografische und soziale Kriterien"
gruppieren. Ordnen Sie diese Kriterien den
Punkten 1–6 zu. b) Prüfen Sie, ob der Merkmalskatalog in M36 als Resümee zur Geschichte der Stadt im Mittelalter ausreichend ist. Ergänzen Sie ihn gegebenenfalls.
42 Erläutern Sie die Position von Schild (M37).
43 Zeigen Sie, inwieweit Feldbauer (M38) von
den Positionen in M36 und M37 abweicht.
44 🚶 Schlussdiskussion: „Die europäische
Stadt im Mittelalter – Keimzelle der Moderne?"

Geschichte in der Alltagswelt
45 🚶 Referat: Untersuchen Sie, wie eine
Stadt ihre Geschichte auf ihrer offiziellen Inter-
netseite präsentiert:
– Spielt die Geschichte auf der Startseite eine
Rolle (Texte/Bilder/Schlagworte/Grafiken)?
– Wie ist der Zugang zur Geschichte zu finden? In welchem Kontext steht die Geschichte?
– Wie wird die Geschichte dargeboten: Zeitta-
feln, Quellen, Bilder mit/ohne Legende usw.?
– Auf welchen Epochen liegt der Schwerpunkt? Welche Rolle spielt das Mittelalter?
– Werden Einzelthemen, -epochen usw. aus
verschiedenen Perspektiven beleuchtet?
– Welchen Gesamteindruck vermittelt der In-
ternetauftritt: Erfolgsgeschichte? Fortschritts-
geschichte? Geschichte mit Brüchen?

M 39 **Online-Auftritt der Hansestadt Stralsund, Screenshot, 2007**

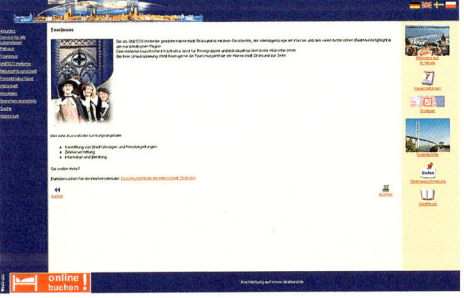

Weiterführende Arbeitsanregungen

🚶 **Städte im Mittelalter – Europa im Vergleich mit anderen Kulturräumen (Hausarbeiten)**
Vergleichen Sie Merkmale der europäischen Stadt im Mittelalter mit vormodernen Städten
1 im arabisch-islamischen Kulturraum oder
2 im chinesischen Kulturraum.
Überprüfen Sie dabei, inwieweit die These Mitscherlichs, „die Stadt ist der Geburtsort dessen, was wir bürgerliche Freiheit nennen" (s. Hinweise S. 75), auch für außereuropäische Kulturräume gilt.

Literaturhinweise
– *Klaus Mäding, China: Kaiserreich und Moderne, Berlin (Cornelsen) 2002.*
– *Wolfgang Jäger u. a., Die islamische Welt und Europa, Berlin (Cornelsen) 2002.*

🚶 **„Ferne Städte" – Das Spätmittelalter im Spiegel von Weltreiseberichten (Präsentationen)**
Reisen war im Mittelalter beschwerlich. Dies gilt für den christlich-europäischen, den muslimischen und den asiatischen Kulturkreis gleichermaßen. Seit dem Spätmittelalter hat es jedoch vermehrt Reisende gegeben, die sich aus unterschiedlichen Gründen aus ihren angestammten Kulturkreisen aufmachten, um die damalige Welt zu erkunden. Die Verbindungswege waren Fernhandelsrouten, Pilgerwege oder Kreuzzugsrouten, die Ziele und Etappenziele oftmals große Städte.
1 Sammeln Sie Informationen über einen oder zwei der in Karte M40 aufgeführten Weltreisenden (Biografien, Auszüge aus den Reiseberichten usw.). Überlegen Sie sich eine Präsentationsform.
2 Werten Sie Ihr Material aus: Worüber berichten die Reisenden? Wie haben sie das „Fremde" wahrgenommen? Was und wie berichtet der Muslim über Europa oder der Europäer über Asien?
3 Präsentieren Sie Ihre Ergebnisse (zur Präsentation siehe *Methodensonderseite* 68 f.).

M40 Bedeutende Weltreisende vom 13. bis zum 15. Jahrhundert

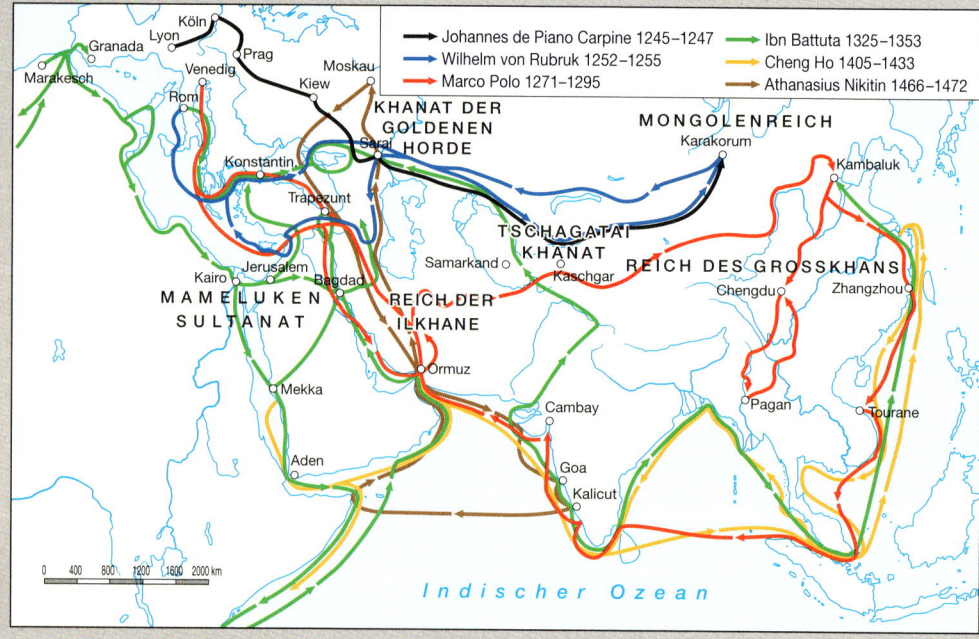

6   Politische Herrschaft im Früh- und Hochmittelalter

Politische Herrschaft = Herrschaft des Staates?

Wenn heutzutage von politischer Herrschaft gesprochen wird, denken wir rasch an den **modernen Staat** Europas mit seinem großen Einfluss auf das menschliche Leben. Wir denken zum Beispiel an die besondere Staatsorganisation der Bundesrepublik Deutschland oder Frankreichs, wo der Staat auf verschiedenen Ebenen (Bund, Länder, Gemeinden) die Menschen schützt, aber auch bestätigt, dass jemand geboren wurde, dass er geheiratet hat oder dass er gestorben ist; einen Staat, der den Menschen gegen Lebensrisiken absichert, ihn zu seiner Verteidigung verpflichtet und der den Frieden sichert. Finanziert wird dieser Staat durch die Bürger selbst, die seine Aufgaben und Leistungen durch Steuern und Sozialbeiträge finanzieren. Auch wenn viele Menschen auf diesen Staat schimpfen, sich von ihm bevormundet oder betrogen fühlen, so ist das Verhältnis der Menschen zum Staat in den meisten Ländern Europas, wo die Menschen über Wahlen, Plebiszite und Bürgerinitiativen ein gewisses Maß an Mitbestimmung gewonnen haben, im Großen und Ganzen befriedigend.

Den Staat, wie er uns heute als **zentrale Ordnungsmacht** begegnet, gibt es jedoch keineswegs seit ewigen Zeiten. Er ist nicht, wie im 19. Jahrhundert der Historiker Leopold von Ranke (1795–1886) behauptete, ein „Gedanke Gottes", auch nicht das „Ziel der Weltgeschichte", wie der Philosoph Georg Friedrich Hegel (1770–1831) meinte. Staaten existieren auch nicht überall mit einer so großen Fülle von Funktionen, wie wir es in Europa kennen. Für Staaten gilt vielmehr, dass sie in vielfältigen Formen in bestimmten Zeiten als Ergebnis politischer, wirtschaftlicher und sozialer Prozesse entstanden. Staaten sind also historisch gewachsene Gebilde. Was historisch gewachsen ist, kann sich wandeln und auch zerfallen. Am Beginn des 21. Jahrhunderts kann man einen **Staatszerfall** z. B. in vielen Ländern Afrikas oder auch in Afghanistan beobachten, wo „Drogenbarone" oder Kriegsherren *(warlords)* mit Privatarmeen über wechselnde Gebiete Herrschaft ausüben.

Einzelne **Merkmale des modernen Staates** (Staatsgebiet, Staatsvolk und Staatsgewalt, innere und äußere Souveränität, Gewaltmonopol, Steuereinzug, Bürokratie, Gewaltenteilung) haben sich im mittelalterlichen Europa zunächst in den **Städten** ausgebildet (siehe Kapitel 5). Seit dem Spätmittelalter reiften staatliche Strukturen und Institutionen im Heiligen Römischen Reich vor allem in den **Landesherrschaften** heran (siehe in Kapitel 7 das Beispiel Württemberg). In Frankreich hingegen begann sich der Staat über eine starke **zentrale Königsgewalt** auszuprägen, wobei aber darauf hinzuweisen ist, dass es in Frankreich bis Ende des 16. Jahrhunderts immer auch schwache (zum Teil sogar debile) Könige gegeben hat (siehe Kapitel 7).

Politische Weichenstellungen in Europa zwischen Antike und Mittelalter

Die Auflösung des Römischen Imperiums und die damit einhergehende Verlagerung der politischen Aktionsschwerpunkte vom Mittelmeerraum nach Westeuropa vollzog sich in Stufen:
– Im 5./6. Jahrhundert zerfiel das Weströmische Reich in mehrere germanische Herrschaften. Der merowingische König Chlodwig (Reg. 481–511) und seine Nachfolger setzten im 6./7. Jahrhundert die Vorherrschaft des **Frankenreiches** durch und förderten die Christianisierung.
– Die Karolinger festigten das Frankenreich im Innern und gewannen neue Gebiete hinzu. Das **Großreich** Karls des Großen (Reg. 768–814) und Ludwigs des Frommen (Reg. 814–840) hatte die geistige und politische Vorherrschaft in Europa inne.
– Brüderkämpfe und **Reichsteilungen** bewirkten um 900 den Niedergang des Frankenreiches, aus dem vier Nachfolgereiche hervorgingen: das Westfrankenreich, das Ostfrankenreich, Burgund und Italien. Das fränkische Großreich stand somit an der Wiege von Reichen und späteren Nationalstaaten wie z. B. **Frankreich, Italien** oder **Deutschland.**

M 1 Germanische Reiche nach dem Ende des Weströmischen Reiches um 500 n. Chr.

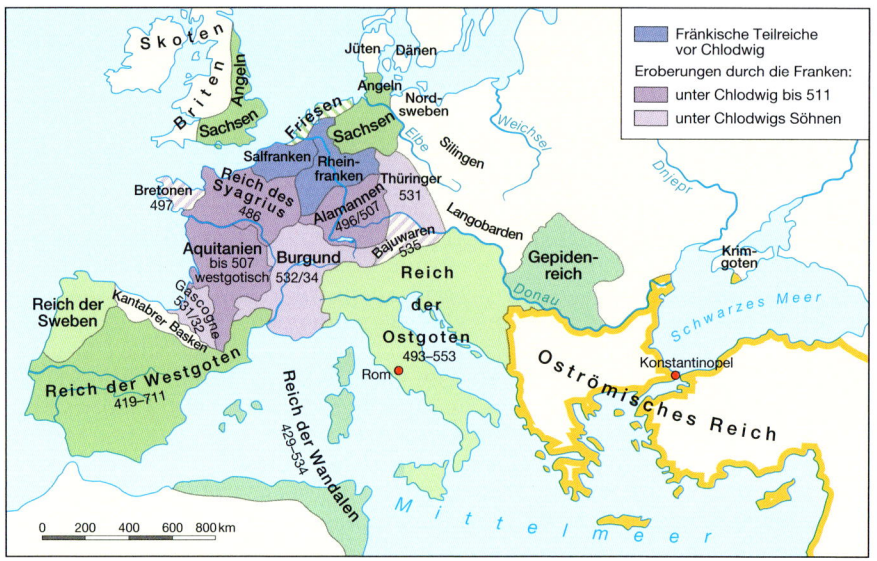

Grundlagen politischer Herrschaft I: Die Stellung der Könige und Kaiser

Die Stellung der mittelalterlichen Könige war widersprüchlich. Der Historiker Hartmut Boock-mann schreibt: Der König ist „auf der einen Seite eine nur notdürftig geschützte Person. Mit einer kleinen bewaffneten Schar zieht er seine Straße durch unwirtliche Gegenden, niemals vor dem Gegner ganz sicher. Und doch ist er eine einzigartige Gestalt. Kommt er in ein Kloster oder in eine Bischofsstadt, so ziehen die Geistlichen ihm feierlich entgegen, sie besingen seine Ankunft mit liturgischen Gesängen, schwenken Weihrauchfässer, entzünden Kerzen und läu-ten die Glocken." Die **Insignien** für seine herausgehobene Position waren **Krone, Reichs-schwert, Krönungsmantel** und **Heilige Lanze.** Hinzu kamen **Reichsapfel** und **Zepter.**

Im mittelalterlichen **Personenverbandsstaat** beruhte Herrschaft auf Beziehungen zwi-schen dem König auf der einen Seite und dem Adel und dem Klerus auf der anderen Seite. Darüber hinaus basierte Herrschaft auf persönlicher Autorität, die die Herrscher immer wieder zur Geltung bringen mussten. Daher waren sie häufig auf **Reisen.** Für Unterkunft und Versor-gung des reisenden Königs und seines Hofstaates waren die **Pfalzen** zuständig.

Die Kaiserkrönung Karls des Großen am Weihnachtstag 800, aber auch die Erhebung spä-terer ostfränkisch-deutscher Könige zum Kaiser, bedeutete nicht nur eine Rangerhöhung. Sie schloss auch eine heilsgeschichtliche Verantwortung für diese höchsten irdischen Würdenträ-ger ein. Denn mit der **Kaiserwürde** war die Verpflichtung verbunden, die Kirche zu schützen und das Christentum zu verbreiten. Die Übernahme des römischen Kaisergedankens (lat. *translatio imperii)* war für die Entwicklung politischer Herrschaft in Europa folgenreich:
– Die ostfränkisch-deutschen Herrscher mussten ihre politischen und militärischen Aktivi-täten auf **Italien** ausweiten. Otto III. (Reg. 983–1002) verbrachte daher mehr als die Hälfte seiner Regierungszeit in Italien.
– Es entstand eine neue **Konkurrenz zum älteren Kaisertum in Byzanz**, denn beide erhoben den Anspruch, die Kaisertradition des Imperium Romanum fortzusetzen.
– Anders als in Byzanz, wo der Kaiser gegenüber der Kirche eine beherrschende Position inne hatte, wurde im lateinisch-römischen Westen das Ringen um die Oberherrschaft zwischen Papst und Kaiser, der **Dualismus von geistlicher und weltlicher Gewalt**, ein Charakteristi-kum politischer Herrschaft (siehe Kapitel 8).

Da Frauen im Mittelalter als nicht wehr- und waffenfähig galten, traten sie als eigenständige Herrscherinnen nicht in Erscheinung. Allerdings gab es im 10. und 11. Jahrhundert einige profilierte Kaiserinnen, z. B. Adelheid (931–999), die zweite Ehefrau Ottos I., oder Theophanu, Gattin Ottos II., die als **Regentinnen** (für ihre minderjährigen Söhne) großen Einfluss auf die Politik ausübten (s. S. 120 f.). Im Raum der Kirche konnte eine Adlige als **Fürstäbtissin**, d. h. Vorsteherin einer Reichsabtei (= nicht klösterlicher Damenstift) fürstliche Macht erlangen.

Grundlagen politischer Herrschaft II: Die Bedeutung des Rechts

Die herausgehobene Stellung von Königen und Kaisern im lateinisch-römischen Kulturraum lässt sich daran verdeutlichen, dass ihnen eine eigene weltliche **Rechtsetzung** zustand. Die Herrscher konnten als Gesetzgeber auftreten und weltliches Recht setzen. Ein eindrucksvolles Beispiel dafür sind die **Kapitularien** (Königsgesetze) Karls des Großen. Im Übrigen herrschte bis ins Hochmittelalter die Vorstellung vor, dass Recht und Gesetz Bestandteil der göttlichen Schöpfungs- und Weltordnung seien und damit eine vorgegebene, überlieferte Ordnung darstellten. Besonders altes Recht besaß nach dieser Auffassung Autorität und Ansehen.

Bis weit ins 11. Jahrhundert hinein wurde das Recht weitgehend mündlich überliefert. Erst im 12. Jahrhundert setzte eine systematischere **Kodifikation** (Aufzeichnung) ein. Es wird „aufgezeichnet, systematisiert und vereinheitlicht, was vorher verstreut oder nur gewohnheitsmäßig praktiziert worden war. Und es wird … Recht neu geschaffen: das Recht ändert sich, so wie auch die sozialen und wirtschaftlichen Verhältnisse sich rasch ändern" (Hartmut Boockmann). Allerdings veranlassten nicht Herrscher die großen Rechtsbücher; diese waren vielmehr private Arbeiten hervorragender Kenner des bei Gericht angewandten Rechts. In den deutschen Landen entstand zwischen 1220 und 1235 der **Sachsenspiegel** des sächsischen Ministerialen Eike von Repgow. Er schuf damit eines der bedeutendsten Rechtsbücher des Mittelalters, in dem das Gewohnheitsrecht seiner Heimat aufgezeichnet wurde. Der Sachsenspiegel fand in anderen Regionen Nachahmer: Der **Schwabenspiegel** wurde um 1275 in Augsburg von einem unbekannten Geistlichen abgefasst. Wichtige Impulse gingen auch von Arbeiten aus, in denen das römische Recht (ausgehend vom *Corpus iuris civilis* des oströmischen Kaisers Justinian, 6. Jh.) und das kanonische Recht systematisch erschlossen wurden. Im *Decretum Gratiani* fasste der Mönch Gratian um 1140 Konzilsbeschlüsse und päpstliche Entscheidungen zusammen; 1503 ging daraus das kirchliche Gesetzbuch *(Corpus iuris Canonici)* hervor.

Wegweisend für den Wandel von der **Rechtsaufzeichnung** hin zur allgemeingültigen **Gesetzgebung**, wie wir sie in der Gegenwart kennen, waren im Mittelalter insbesondere (1) die königlichen **Landfriedensbestimmungen** des 12. und 13. Jahrhunderts; (2) die **Stadtrechte**, in denen die Stadtherren Privilegien bestätigten; (3) die **Ratssatzungen**, die das Zusammenleben in der Stadt regelten; (4) die **Landrechte** (d. h. die Rechtsnormen, die in einem bestimmten Territorium galten; der Fürst hatte dabei die Adligen zu beteiligen).

Mittelalterliche Herrschaftspraxis – Beispiel I: Das Frankenreich unter Karl dem Großen

Karl der Große (Reg. 768–814) herrschte über ein **Großreich**, das durch zahlreiche **Eroberungskriege** entstanden ist. Er unterwarf und christianisierte die zwischen Rhein und Elbe ansässigen Sachsen mit den Mitteln der **Zwangsmission** sowie mit Tribut- und Zehntforderungen. Ferner sicherte er sich die Herrschaft über das Reich der Langobarden in Nord- und Mittelitalien und gliederte das Herzogtum Bayern in das Frankenreich ein. Schließlich brachte er slawische Kleinstämme im Osten in seine Abhängigkeit und vernichtete die Awaren.

Karl der Große festigte während seiner Regierungszeit auch seine Herrschaft im Innern. Eine der wichtigsten Maßnahmen bestand darin, dass er zur Kontrolle der lokalen Amtsträger eine Zwischeninstanz schuf, die *comites* und *missi dominici*, d. h. die **Königsboten**. Sie stammten weitgehend aus der sogenannten **Reichsaristokratie**. Das war die adlige Führungselite, die in unmittelbarer Beziehung zum König stand und in der untereinander um Herrschaftsrechte und Besitztümer gekämpft wurde; im Namen bzw. als Stellvertreter des Herrschers übten diese Adligen ein zeitlich und räumlich befristetes Mandat aus. Aus der Reichsaristokratie kam auch das Personal für die hohen Kirchenämter, die ebenfalls eine Stütze der karolingischen Herrschaft waren. Die finanzielle und die wirtschaftliche Hauptgrundlage für die Mandatsträger Karls des Großen waren das **Königsgut** und das **Kirchengut.**

Karl der Große hat nicht nur Wirtschaft, Verwaltung und Militär reformiert. Er sicherte seine Herrschaft auch durch eine **Bildungsreform** ab, die 789 allen geistlichen und weltlichen Großen durch einen allgemeinen „Mahnerlass" eingeschärft wurde. Durch Rückbesinnung auf die Reinform des Lateins, durch Schriftreform und Förderung der Schulbildung an Klöstern wie am Hofe selbst, durch systematische Abschrift antiker, biblischer und patristischer (Kirchenväter-)Texte sowie durch die Erneuerung der Wissenschaften versuchte der König den Grund für eine administrative Durchdringung des Riesenreiches

M 2 Vorderseite einer Silbermünze Karls des Großen, geprägt nach 804. – *Inschrift: KAROLUS IMP(erator) AUG(ustus). Die nicht abgebildete Rückseite zeigt ein Kirchengebäude und die Inschrift: XPISTIANA RELIGIO.*

zu legen. Vom Hof als der Zentrale gingen Grafen und Königsboten aus, die neue Königsgesetze, die Kapitularien, im Reich verkünden und durchsetzen sollten. Auch die partikularen Stammesrechte (der Bayern, Alemannen usw.) suchte Karl schriftlich zu fixieren und damit zugänglich zu machen.

Mittelalterliche Herrschaftspraxis – Beispiel II: Das Reich unter den Ottonen

Otto I., der Große (Reg. 936–973), herrschte mit dem ostfränkischen Reich zwar nur über einen Teil des Frankenreiches Karls des Großen. Aber dieses Reich, mit dem seit dem 10. Jahrhundert Italien verbunden war und für das in der Mitte dieses Jahrhunderts die Bezeichnung „**Reich der Deutschen**" (lat. *regnum teutonicum*) aufkam, entwickelte sich zu einem stabilen Gebilde, das unter Otto I. schließlich eine Vormachtstellung in Europa einnahm. Mit der Kaiserkrönung in Rom 962 stellte sich Otto bewusst in die Tradition der Karolinger. Im 12. Jahrhundert kam als offizieller Titel für das Reich die Bezeichnung „Heiliges Römisches Reich" auf, im 15. Jahrhundert der Zusatz „Deutscher Nation"; daneben hielten sich aber auch Fremdbezeichnungen wie z. B. Franken, Sachsen, Germanien, Alemannien oder Schwaben.

Bereits der Vater Ottos I., Heinrich I. (Reg. 919–936), hatte die Weichen für die Verselbstständigung und Konsolidierung des ostfränkisch-deutschen Reiches gestellt: Indem Heinrich I. einige Jahre vor seinem Tod nur einem Sohn, d. h. Otto, die Thronfolge reservierte, brach er mit dem fränkischen Brauch der **Herrschaftsteilung** unter den Königssöhnen und begründete die **Dynastie** der Ottonen. Außerdem leitete er einen Wandel in der Auffassung vom Königtum ein, das als ein **Amt von Gottes Gnaden**, d. h. von Gott verliehen, verstanden wurde.

Mit der Königskrönung 936 erhielt Otto I. nicht nur einen höheren Rang als die Stammesherzöge und andere Große aus dem Adel, sondern wurde auch seinen Brüdern Heinrich und Brun vorgezogen. Das führte zu Krisen und Konflikten, die der neue König mit Geschick und militärischer Macht bis 942/43 für sich entscheiden konnte. Zum Ausbau und zur Festigung seiner Macht nach innen und außen trugen entscheidend die Siege über die Ungarn auf dem Lechfeld und über die Slawen an der Unstrut 955 bei. Diese spektakulären Siege vergrößerten das Ansehen des Königs, das er für die Ausbreitung des christlichen Glaubens und die Gründung neuer Bistümer einsetzte. Die Indienstnahme der Kirche für die weltliche Herrschaft intensivierte Otto I. mit dem sogenannten **Reichskirchensystem** (s. S. 153 und 158).

Hinweise zur Arbeit mit den Materialien

Die Kapitel 6, 7 und 8 beschäftigen sich mit politischer Herrschaft im Mittelalter. Dabei geht es insbesondere um die Frage, wie Herrschaft ohne das, was wir heute als einen modernen Staat bezeichnen, im mittelalterlichen Europa funktionierte. Kapitel 6 untersucht Großreiche im Früh- und Hochmittelalter, Kapitel 7 Staatsbildungsprozesse im Spätmittelalter; Kapitel 8 befasst sich übergreifend mit dem Verhältnis von Kirche und Staat.

1. Als *Einstieg* in die politische Herrschaft im Mittelalter bietet sich ein Text über „falsche Friedriche" an, die nach dem Tode Kaiser Friedrichs II. im Reich auftauchten (M3). Als Alternative: Kartenarbeit „Europa nach dem Ende des Weströmischen Reiches" (M1).

2. Der erste Materialteil ist dem **Frankenreich** gewidmet (M2, M4–M7). Als *Vertiefung:* Urkundenfälschung am Beispiel der Konstantinischen Schenkung *(Themensonderseite 114).*

3. M9–M12 thematisieren die Anfänge des aus dem ostfränkischen Reich hervorgegangenen **deutschen Reiches in der Ottonenzeit**. Als thematische *Vertiefung* bietet sich eine Untersuchung der „**Heiligen Lanze**", eines wichtigen Herrschaftssymbols, an (M13–M15); als außereuropäische *Erweiterung:* **Könige und Kalifen**, d. h. Herrscher im lateinisch-römischen und im islamischen Kulturraum, im Vergleich (Arbeitsauftrag 15, *Präsentation).*

4. *Methodensonderseite 120 f.:* Bildquellen – **Herrscherbilder** aus der Ottonenzeit.

5. Das Reich in der **Stauferzeit** kann gestrafft anhand des Textes M20 behandelt werden.

6. Text M21 vergleicht Herrschaft in modernen Staaten und in mittelalterlichen Reichen.

7. *Themensonderseite 124–128:* Die mittelalterliche **Ostsiedlung und der Deutsche Orden.** *Weiterführende Arbeitsanregungen S. 129:* Darstellung **Heinrichs des Löwen in der NS-Zeit.**

M 3 Die „falschen Friedriche"

Michael Oberweis, Historiker, schreibt über das Auftreten von Betrügern, die sich nach dem Tode Friedrichs II. (1212–1250 König und Kaiser des Heiligen Römischen Reiches) als den angeblich noch lebenden Stauferkaiser ausgaben (2006):
Als am 13. Dezember 1250 Kaiser Friedrich II. im apulischen Castel Fiorentino nach kurzer Krankheit verstarb, stieß die Nachricht von seinem Tode bei Freunden wie Feinden glei-
5 chermaßen auf Unglauben. Zu unspektakulär erschien vielen dieses abrupte Ende eines Konflikts, der 1239 mit Friedrichs zweiter Exkommunikation[1] durch Papst Gregor IX. (1227–1241) begonnen und in der Publizis-
10 tik beider Seiten buchstäblich apokalyptische Dimensionen angenommen hatte. Der franziskanische Chronist Salimbene von Parma, in den 1280er-Jahren schreibend, erinnert sich, er habe im Rahmen einer Predigt
15 Papst Innozenz' IV. (1243–1254) vom Tode des Kaisers erfahren und dennoch das Gehörte kaum glauben wollen. […] Schon bald nach dem Tode des Kaisers [traten] Betrüger auf […], die sich als Friedrich II. ausgaben
20 und teilweise eine nicht unbeträchtliche Anhängerschaft um sich scharen konnten. […]

Größere Resonanz war einem […] Prätendenten[2] beschieden, der ungefähr [im Juli 1284] in Köln an die Öffentlichkeit trat. Seinen wahren Namen geben die Quellen teils
25 mit „Dietrich Holzschuh", teils – in niederdeutscher Entsprechung – mit „Tile Kolup" an; seiner Herkunft nach soll er ein Bauer *(rusticus)* oder ein Handwerker *(faber)* gewesen sein.
30 In Köln fand er mit seinen Anmaßungen wenig Widerhall: Man warf ihn zunächst in den Kerker, setzte ihm dann eine Krone im Wert von einem Obulus auf, riss ihm die Barthaare aus, stellte ihn so auf dem Markt-
35 platz zur Schau und vertrieb ihn schließlich „wie einen Wahnsinnigen" aus der Stadt. Nach dieser schimpflichen Behandlung wandte sich Dietrich nach Neuß[3], wo er mit offenen Armen aufgenommen wurde – ver-
40 mutlich auch wegen eines schwelenden Konflikts zwischen der Stadt und dem Kölner Erzbischof. Der falsche Friedrich konnte dort regelrecht Hof halten und eine funktionstüchtige Kanzlei aufbauen. Er ließ sich
45 ein kaiserliches Siegel stechen und richtete formvollendete Sendschreiben an die Fürsten des Reiches, die er dazu aufforderte, bei ihm persönlich um Bestätigung ihrer Lehen

50 nachzusuchen. Das Auftreten des Prätendenten erregte überregionales Aufsehen; bis
nach Oberitalien drang die Kunde, und
selbst der Markgraf von Este soll einen Boten
entsandt haben, um herauszufinden, was es
55 mit den Gerüchten auf sich habe.

Unklar bleibt, ob der erstaunliche Erfolg
Dietrichs auf ehrlichem Glauben seiner Anhänger oder eher auf politischem Kalkül beruhte. Für die letztere Annahme spricht je-
60 denfalls der Umstand, dass sich vor allem
Gegner des Kölner Erzbischofs um die Gunst
des falschen Friedrichs bemühten. Die Äbtissin des Essener Damenstifts ließ sich von
ihm sogar eine Urkunde ausstellen, um ihre
65 damals umstrittene Vogteifreiheit mit „kaiserlicher" Autorität abzusichern. [Der Köl-
ner] Erzbischof Siegfried von Westerburg
(1274–1297) konnte derartige Provokati-
onen nicht tatenlos hinnehmen. Ende 1284
70 begann er mit der Belagerung von Neuß und
veranlasste so den falschen Friedrich, seine
Residenz nach Wetzlar[4] zu verlegen. Mehr
und mehr ließ dieser in seinem Verhalten
Züge von Größenwahn erkennen: Er berief
75 eine Reichsversammlung nach Frankfurt ein
und zitierte König Rudolf von Habsburg[5] an
seinen Hof. Rudolf, der bis dahin zurückhal-
tend auf die Ereignisse reagiert hatte, sah
sich nun zu entschlossenem Eingreifen ge-
80 nötigt, zumal ihm die Reichsstadt Wetzlar
die Zahlung bestimmter Abgaben verweigerte. Im Juni 1285 erschien er vor den Toren
der Stadt und erzwang alsbald die Ausliefe-
rung des falschen Friedrich, der schon am
85 7. Juli, an Händen und Füßen gebunden, auf
einem Karren verbrannt wurde.

Michael Oberweis, Überlegungen zur Hinrichtung
Dietrich Holzschuhs im Jahre 1285, in: Linda-Marie
Günther, Michael Oberweis (Hg.), Inszenierungen des
Todes, Bochum (Europäischer Universitätsverlag)
2006, S. 143–145.

1 Exkommunikation: Ausschluss aus der Kirche
2 Prätendent: Person, die ein Amt beansprucht
3 Die Stadt Neuß gehörte zum Erzbistum Köln.
4 Die Reichsstadt Wetzlar unterstand dem König.
5 Rudolf I. von Habsburg, König des Heiligen
Römischen Reiches 1273–1291

1 Lesen Sie den Text M3 über die „falschen
Friedriche" im Mittelalter. Ein Auftreten z. B.
„falscher Bundeskanzler/innen" würde wahrscheinlich heutzutage nicht mehr in der für das
Mittelalter überlieferten Weise (M3) funktionieren: Setzen Sie sich mit der Frage auseinander,
warum dies *nicht* mehr gelingen würde, und
gehen Sie dabei auf die Grundlagen politischer
Herrschaft in der Gegenwart ein (z. B.: Reisen
Bundeskanzler durch das Land, um ihre Herrschaft durchzusetzen? Welche Rolle spielen
Medien/die Öffentlichkeit? Wer stellt den Tod
einer Person fest?).

2 Formulieren Sie ausgehend von den Befunden über die „falschen Friedriche" (M3) Hypothesen über die Grundlagen politischer Herrschaft im Mittelalter. Ziehen Sie hierfür auch
Ihre Kenntnisse aus den Kapiteln 2 bis 5 heran.

M 4 Großreiche im Mittelalter:
Das Frankenreich

Die Quelle ist ein Auszug aus den Kapitularien,
d. h. den Verordnungen Kaiser Karls des Großen.
Sie handelt von den Königsboten (lat. missi dominici*) und wurde neben anderen auf der*
Reichsversammlung in Aachen 802 erlassen:
Erstes Kapitel. Über die Kommission, die der
Herr Kaiser abgeordnet hat. Der allergnädigs-
te und allerchristlichste Herr Kaiser Karl hat
aus der Reihe seiner klügsten Großen die
weisesten Männer ausgewählt, und zwar Erz- 5
bischöfe und andere Bischöfe und auch ehrwürdige Äbte sowie fromme Laien, und hat
sie in sein gesamtes Reich abgeordnet, um allen Untertanen, die unten aufgeführt sind,
die Möglichkeit zu geben, nach Recht und 10
Gesetz zu leben. Er befiehlt, dass sie sorgfältige Untersuchungen anstellen, falls irgend-
wo etwas anders als recht und gerecht verordnet sein sollte, und verlangt darüber
Meldung: Denn er will dann mit Gottes Gna- 15
de für Verbesserung sorgen. Und niemand
wage es, mit vermeintlicher Schlauheit nach
eigenem Ermessen das gültige Gesetz, wie es
leider oft geschieht, oder seine Gerechtigkeit
zu seinem Vorteil zu beugen oder das zu tun 20
zu versuchen, weder gegenüber den Kirchen
Gottes noch den Armen noch den Witwen
und Waisen, überhaupt gegen gar keinen
Christenmenschen. Sondern alle Menschen
sollen jeden Orts, so wie Gott es befiehlt, 25
gerecht unter gerechtem Gericht leben, und
jeder einzelne ist gehalten, an seinem Platze
und in seinem Geschäfte einmütig auszu-
dauern: Die Kanoniker sollen völlig im kano-

nischen Leben verharren, ohne schimpflichen Geschäftsgewinn zu erstreben, die
Nonnen mögen ihr Leben besonders sorg-
sam hinbringen, Laien und Weltliche sollen
rechten Gebrauch von ihren Gesetzen
machen, ohne an schändlichen Betrug zu
denken, und alle sollen untereinander in
wechselseitiger christlicher Liebe und in
vollkommenem Frieden leben. Wenn aber ir-
gendwo ein Mensch behauptet, ihm sei von
einem anderen Unrecht widerfahren, dann
sollen die *missi,* weil ihnen daran gelegen ist,
die Gnade des allmächtigen Gottes zu behalten und die beschworene Treue zu bewahren, wirklich sorgfältige Untersuchungen
durchführen. Denn sie sollen ganz und gar
und allen Menschen gegenüber und überall,
gegenüber den heiligen Kirchen Gottes und
gegen die Armen, gegen die Waisen und die
Witwen und gegen das ganze Volk das Gesetz vollkommen und gerecht ausüben in
dem Willen und in der Furcht Gottes. Alle
Fälle, in denen sie selbst aus eigener Kraft
und mithilfe der Provinzgrafen nichts bes-
sern und die Gerechtigkeit nicht wiederher-
stellen können, sollen sie mit ihren Berichten ohne Umschweife eindeutig dem Gericht
des Herrn Kaisers unterbreiten: Es darf nicht
geschehen, dass Speichelleckerei, Bestechung, Vetternwirtschaft oder Furcht vor
mächtigen Menschen die Justiz auf ihrem
Wege aufhält.

*Zit. nach: Wolfgang Lautemann (Bearb.), Geschichte
in Quellen, Bd. 2, München (bsv) 1995, S. 73 f.*

M 5 Der Historiker Max Kerner über die Herrschaft Karls des Großen und die Königsboten *(missi dominici)* (2000)

Bekannt ist das überzeugende Urteil von
[dem Historiker] François Louis Ganshof
über die allmähliche Auflösung des Reiches
am Ende von Karls Regierung. Nach außen
habe er das Reich ohne durchschlagenden
Erfolg gegen verschiedene Gegner schützen
müssen: gegen die Dänen im Norden, welche die Küsten Frieslands und die Sachsen
bedrohten, gegen die Slawen an der Elbe und
in Böhmen, gegen die Bretonen sowie gegen
die Langobarden im südlichen Benevent.
Nirgendwo – so Ganshof – habe sich wie früher der Eindruck überragender Macht einge-

stellt, und im Innern habe es noch schlimmer ausgesehen. Die Missbräuche in Staat
und Kirche hätten zugenommen und dem
Kriegsdienst hätten sich selbst die königlichen Vasallen zu entziehen gesucht. Man
brauche nur in die Kapitularien dieser Jahre
zu sehen, die immer wieder die gleichen Vorschriften gegen die öffentliche Unsicherheit
und Unzuverlässigkeit bzw. für eine bessere
Administration [= Verwaltung] wiederhol-
ten, um den bedauernswerten Zustand des
Reiches zu erkennen. […]

Wie ist nun diese Auflösung des Karls-
reiches zu erklären? Sicherlich mit dem zunehmenden Alter des Kaisers und seiner eingeschränkten Beweglichkeit. In seinen
jüngeren Jahren hatte Karl durch ein vielfach wechselndes und breit angesetztes
Itinerar manche Schwäche einer schlecht
funktionierenden öffentlichen Verwaltung
oder die verschiedenen Formen individueller
und kollektiver Gewalt auffangen können.
Jetzt vermochte der etwa 60-jährige Karl dies
nicht mehr zu leisten, und es passt gut in
dieses Bild, dass der alternde Herrscher seine
Pfalz in Aachen kaum noch verlassen hat.

Eine solche Begründung zeigt aber auch,
wie weitgehend die Institutionen der fränkischen Monarchie auf die Person des Herrschers und dessen Vertreter zugeschnitten
waren. Am deutlichsten kann dies an den
Königsboten, den *missi dominici,* aufgewie-
sen werden, die zwischen dem zentralen
Herrscherhof und den regionalen Institutionen des Reiches – den Graf- und Hundert-
schaften, den Grenzmarken und Unter-
königtümern – die Verknüpfung herstellen
sollten und die in Karls Kaiserjahren, genauer ab 802, in einem bestimmten Bezirk
(missaticum) als Vertreter des Herrschers für
die Rechtspflege und das Gerichtswesen, für
die Verwaltung und die sonstigen staatlichen
Hoheitsaufgaben kontrollierend tätig waren.
An diesen *missi dominici* zeigt sich die abneh-
mende Organisation und Integration des
Reiches. Wegen ihrer Käuflichkeit konnte
Karl sie oft nicht mehr einsetzen, so berichten es jedenfalls die Lorscher Annalen für
802. Und ein Jahr später muss der Herrscher
sie in einem Kapitular ausdrücklich an ihre
Standfestigkeit und Klugheit erinnern. Die
Vasallität, die Karl für das Funktionieren der
öffentlichen Autorität aufgebaut hatte,

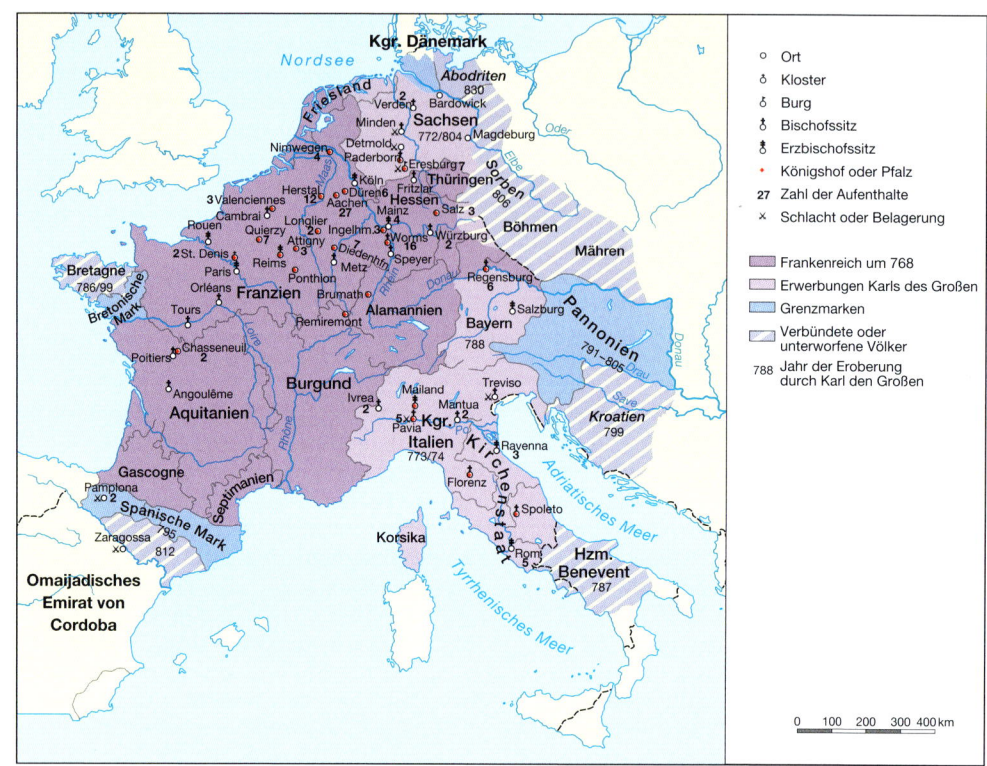

M 6 Das Frankenreich unter Karl dem Großen (Reg. 768–814) und die Aufenthaltsorte des Herrschers. – *Die Aufenthaltsorte wurden nach den Itineraren Karls zusammengestellt.*

begann ihre Bindungskraft zu verlieren. Als er am Ende seiner Regierung darauf mit zen-
tralisierenden Maßnahmen zu antworten be-
70 gann, hat ihm dies mehr Konfusion als Effizienz eingebracht.
Max Kerner, Karl der Große, Köln (Böhlau-Verlag) 2000, S. 43–45.

M 7 Karl der Große und Europa – moderne Deutungen

7 a) Geleitwort zum Ausstellungskatalog „799 – Kunst und Kultur der Karolingerzeit. Karl der Große und Papst Leo III. in Paderborn" (1999):
Am Vorabend der Jahrtausendwende blicken wir zurück auf ein Ereignis von welthisto-
rischer Bedeutung, das sich vor 1200 Jahren in Paderborn zutrug. Im Jahr 799 empfing
5 Karl der Große in der prächtig ausgebauten Paderborner Pfalz den aus Rom hilfesuchend
zu ihm geeilten Papst Leo III. mit allen Eh-

ren. Zwischen dem aufstrebenden fränkischen Reich und dem römischen Papsttum
[…] wurde ein Bündnis geschlossen, das im
10 darauffolgenden Jahr mit der Kaiserkrönung Karls im Petersdom in Rom besiegelt wurde.
Nicht erst aus der Retrospektive [= Rück-
schau] zeigt sich der besondere Rang dieses ersten „Europagipfels", auch den Zeitgenos-
15 sen muss die Bedeutung des Treffens am Rande der damals christianisierten Welt klar
vor Augen gestanden haben. Davon zeugt das kurz [nach 800] entstandene sog. Karls-
epos, das die Begegnung in überhöhender
20 Weise schildert: „Der König, der Vater Euro-
pas, und Leo, der oberste Hirte auf Erden, sind zusammengekommen und führen Ge-
spräche über mancherlei Dinge."

Mit der Einsetzung des westlichen Kaiser-
25 tums, in Paderborn vorbereitet und mit der Kaiserkrönung in Rom vollendet, war jene
Verbindung zwischen Kaisertum und Papst-
tum hergestellt, die für die beiden Gewalten

über Jahrhunderte zum Schicksal werden
sollte. […] Das Erbe der römischen Spätantike verband sich mit der Spiritualität des
Christentums und mit der Dynamik des
fränkischen Königtums. In dieser Zeit wurde
die abendländische lateinische Kultur geboren, die den europäischen Völkern über
Jahrhunderte hinweg ein hohes Maß an geistiger, kultureller, religiöser und zivilisatori-
scher Gemeinsamkeit sicherte und die Geschicke Europas bis in die Gegenwart hinein
prägte.

*Wilhelm Lüke u. a., Zum Geleit, in: Christoph Stiege-
mann/Matthias Wernhoff (Hg.), 799 – Kunst und
Kultur der Karolingerzeit, Bd. 1, Mainz (Philipp von
Zabern) 1999, S. XXIX.*

7 b) Der Historiker Jacques Le Goff (2003):
Die […] Periode [vom 8. bis 10. Jahrhundert]
umfasst eine Epoche, die oft als der erste
große Versuch beschrieben worden ist, Europa zu bauen. Als Bauherr wird Karl der Große
genannt, dessen kurzlebiges Reich der erste
wirkliche Entwurf Europas gewesen sei.
In diesem Fall, das muss betont werden, gäbe
das Unternehmen Karls des Großen das erste
Beispiel für ein fehlgeleitetes Europa ab.
Seine Vision war in der Tat eine „nationalis-
tische", sein Reich in erster Linie ein Frankenreich, gegründet auf einen wahrhaft
patriotischen Geist. Um ein Beispiel zu nennen: Karl der Große hatte sogar ins Auge gefasst, den Kalendermonaten fränkische Namen zu geben. Dieser Aspekt wird von den
Historikern selten zur Geltung gebracht. Es
scheint mir wichtig, ihn hervorzuheben,
weil es sich um den ersten aller gescheiterten
Versuche handelt, ein Europa unter der Herrschaft eines Volkes oder eines Reichs zu bau-
en. Das Europa Karls V. [Reg. 1519–1556], das
Europa Napoleons und das Europa Hitlers
waren *de facto* anti-europäisch, und in den
Bestrebungen Karls des Großen ist bereits etwas von diesen Plänen angelegt, die dem
wahren Europagedanken widerstreben.

*Jacques Le Goff, Die Geburt Europas im Mittelalter
(2003), dt. Übers. Grete Osterwald, München
(C. H. Beck) 2004, S. 48.*

7 c) Der Historiker Johannes Fried (2002):
Karl betrieb so wenig Europapolitik, wie er
Sonne war oder Licht. Der Franke besaß kei-
nen Anlass, über „Europa" zu sinnieren.

Auch ahnte er kaum, wie weit nach Norden
und Osten sich dessen Räume erstreckten.
Vage umschrieb sie der heilige Augustinus in
seiner „*Civitas Dei*", aus der Karl sich wieder
und wieder vorlesen ließ. Der Erdteil reiche
von Norden nach Westen, nehme gemeinsam mit Afrika (das von Süden nach Westen
liege) die Hälfte der gesamten Erde ein, deren
andere Hälfte vom Süden über den Osten
nach dem Norden Asien umfasse.

Mehr dürfte auch Karl in diesen Erdregi-
onen nicht gesehen haben. Solches Wissen
bot kein Handlungsmotiv. Karl vielmehr betrieb wahre „Gottesverehrung", diente der
universalen Kirche, die sich über die Erde
verbreiten sollte; gedachte nicht eines kommenden Jahrtausends, sondern des Jüngsten
Gerichts. Da galt es, die Heiden dem rechten
Glauben zu unterwerfen und das eigene
Reich in rechter Weise zu ordnen. Solches
Handeln hatte der heilige Augustinus den
Königen geraten, um die ewige Seligkeit zu
erlangen. So wäre der Kirchenvater, der Lehrer des „*Pater Europae*", der eigentliche Vater
Europas? […]

Machtstreben, Skrupellosigkeit und Ver-
schlagenheit zeichneten ihn aus. Von Beginn seiner Regierung führte Karl – den Zielen extensiver Herrschaft verpflichtet – Krieg.

*Johannes Fried, Ein dunkler Leuchtturm, in: Spiegel
spezial, Nr. 1, 2002, S. 25.*

3 Beschreiben Sie die zentralen Stationen
in der Entwicklung des Frankenreichs bis zu
Karl dem Großen anhand der Karten M1 und
M6.

4 a) Erläutern Sie die Inschriften auf der Münze Karls des Großen in M2 (Hilfe: Lateinlexi-
kon).
b) Verfassen Sie anhand der Münze M2 einen
Lexikoneintrag zum Selbstverständnis Karls.

5 a) Stellen Sie anhand von M4 die Aufgaben
der fränkischen Königsboten zusammen.
b) Erörtern Sie deren herrschaftspolitische Bedeutung. Ziehen Sie auch Karte M6 hinzu.
c) Konfrontieren Sie Ihre Interpretations-
ergebnisse von M4 mit dem Urteil des Historikers in M5 und diskutieren Sie Leistungen und
Grenzen der Königsboten als Herrschaftsinstrument.

6 Karl der Große: „Vater Europas"? Diskutieren Sie die Frage anhand der Deutungen in
M7.

Themen und Methoden

Urkundenfälschung – Die Konstantinische Schenkung

M 8 **Die Konstantinische Schenkung**

Die Konstantinische Schenkung (lat. Constitutum Constantini*) ist eine gefälschte Urkunde. Sie soll angeblich von Kaiser Konstantin I. ausgestellt worden sein, als dieser um 330 seine Residenz von Rom nach Byzanz verlegte und daher einige Rechte an den Bischof von Rom, Papst Silvester (314–335), übertragen haben soll.*
Bis heute ist ungeklärt, wann die Fälschung entstand. Viel Zuspruch findet die These, dass dies in der zweiten Hälfte des 8. Jh. geschah, als sich die neue fränkische Dynastie der Karolinger und der Papst enger verbanden (der Karolingerkönig Pippin I., indem er dem Papst militärische Hilfe leistete; der Papst, indem er zum Dank Pippin I. 754 nach alttestamentarischem Brauch salbte und zum „Schutzherrn der Römer" ernannte). Spätestens im 11. Jahrhundert wurde die Schenkung fester Bestandteil des Kirchenrechts.
Seit dem 17. Jahrhundert vertrat die katholische Kirche die Auffassung, die Urkunde sei zwar gefälscht, doch habe es tatsächlich eine Schenkung Konstantins gegeben; die Fälschung sei von der griechisch-orthodoxen Kirche ausgegangen, also nicht vom lateinisch-römischen Papsttum.

11. So wie uns die irdische Macht des Kaisers zukommt, so haben wir befohlen, dass ihre hochheilige römische Kirche voller Achtung geehrt und dass der hochheilige Stuhl Petri
5 noch mehr als unsere kaiserliche Gewalt und unser irdischer Thron rühmlich verherrlicht werde, indem wir ihm verleihen die Macht, den Ehrenrang, die Kraft und die Ehrenbezeigungen, wie sie einem Kaiser zukommen.
10 12. Wir verordnen, dass er die Obergewalt besitzen soll sowohl über die vier vorzüglichen Bischofssitze von Antiochia, Alexandria, Konstantinopel und Jerusalem als auch über alle Kirchen Gottes auf dem ganzen
15 Erdkreise überhaupt. Der jeweilige Papst dieser hochheiligen römischen Kirche soll über alle Bischöfe in der ganzen Welt erhaben und ein Fürst über sie sein, und durch sein Urteil soll alles entschieden werden, was hin-
20 sichtlich der Verehrung Gottes und des Bestandes des christlichen Glaubens zu besorgen ist. […]
14. Unserem Vater Silvester, dem Oberbischof und universalen Papst der Stadt Rom, und allen auf ihn folgenden Päpsten, die bis
25 ans Ende der Welt auf dem Stuhle Petri sitzen werden, übereignen wir von heute an unseren kaiserlichen Palast, den Lateran, außerdem das Diadem, die Krone unseres Hauptes, die Mitra und das Schulterkleid, den Purpur-
30 mantel, die kaiserlichen Zepter und Siegel, allen Aufzug kaiserlicher Majestät und den Glanz unserer Macht. […]
16. Aus Ehrfurcht vor dem heiligen Petrus dienen wir ihm als Reitknecht, indem wir die
35 Zügel seines Pferdes halten.
17. Um die päpstliche Macht der kaiserlichen gleichzustellen, auf dass durch diese nicht die päpstliche Tiara verdunkelt, sondern im Gegenteil noch mehr als die ir-
40 discher Gewalt zukommende Würde und glanzvolle Macht geschmückt werde, – siehe, darum haben wir auch unseren Palast, wie wir schon gesagt haben [14.], oder die zur Hauptstadt Rom und alle zu Italien bezie-
45 hungsweise dem Abendland gehörenden Provinzen, Orte und Städte dem mehrfach erwähnten, hochseligen Oberpriester, unserem Vater Silvester, dem allgemeinen Papste, übertragen und seiner oder seiner Nach-
50 folger Gewalt und Botmäßigkeit überlassen.
18. Aus diesem Grunde haben wir es für richtig gehalten, dass unsere Regierung und der Herrschersitz nach dem Osten verlegt werde, dass in der Provinz von Byzanz an
55 einem günstig gelegenen Platze eine Stadt für unseren Namen gebaut werde und dort unser Thron seinen Platz erhalte. Denn wo der Kaiser des Himmels den Fürsten der Priester und das Haupt der christlichen Reli-
60 gion eingesetzt hat, da kann es nicht für billig angesehen werden, dass der Kaiser dieser Welt seine Herrschaft ausübe.

Zit. nach: Wolfgang Lautemann (Hg.), Geschichte in Quellen, Bd. 2, 2. Aufl., München (bsv) 1978, S. 62 f.

7 Fassen Sie die Inhalte von M8 zusammen.
8 Diskutieren Sie die machtpolitische Bedeutung dieser gefälschten Urkunde.
9 🏃 Referat: „Fälschungen im Mittelalter".
Literatur: Artikel „Fälschungen", in: Lexikon des Mittelalters, Bd. 4, Stuttgart 1999, Sp. 246–252.

M9 Die Anfänge des deutschen Reiches: Das Ostfrankenreich unter den Ottonen

9a) Siegel Ottos I., hellbraunes Wachs. Inschrift: OTTO D(e)I GR(ati)A REX. Dargestellt sind u.a.: der König im Dreiviertelprofil, den Kopf nach links gewandt; ein feiner Kronreif im Haar; ein reich gegliederter Mantel, befestigt mit einer Fibel; eine dünne Lanze mit kleinem Fahnentuch; ein Schild.

9b) Siegel Ottos I., dunkelbraunes Wachs. Inschrift: OTTO IMP(erator) AUG(ustus). Dargestellt sind u.a.: Krone, Kreuzzepter, Reichsapfel.

M10 Voraussetzungen und Formen der Herrschaft unter den Ottonen – und heute

Johannes Laudage, Historiker, schreibt (2001):
Wir sind es heutzutage gewohnt, die Effizienz eines Staates nicht zuletzt an seiner Bürokratie zu messen […]. Aber in der Zeit Ottos des Großen war das natürlich ganz anders, denn es fehlte praktisch an allem, was die moderne Mediengesellschaft für unentbehrlich hält. Verwaltungshandeln war noch nicht an die Schriftform gebunden, die Politiker konnten nicht über Fernsehen, Rundfunk und Presse bis in jeden Haushalt vordringen. Die Menschen sprachen noch miteinander, statt sich E-Mails zu schicken und im Internet zu surfen; Telefon und Anrufbeantworter waren noch nicht erfunden. Mit anderen Worten: Es bedurfte erheblicher Mobilität, um an das Ohr des Königs zu gelangen, aber dieser musste auch selbst von Ort zu Ort reisen, um seine Herrschaft präsent zu machen und zumindest die soziale Führungsschicht seines Reiches zu erreichen.

    Diese – hier zugegeben sehr plakativ beschriebene – Gegenwelt zu unserer eigenen hatte ihre eigenen Gesetze. Man wusste, was es zu bedeuten hatte, wenn ein Herrscher während eines Hoftags oder einer Messe auf seinem Throne Platz nahm, kannte den Sinn zeichenhafter Handlungen wie des feierlichen Einzugs in eine Stadt oder eines Bußrituals […]. Es wäre also völlig falsch, den herrschaftsstabilisierenden Charakter solcher rituellen Akte zu unterschätzen; denn dort, wo es heute eine ganze Palette von sich ständig ändernden Vorschriften und Regelungsmechanismen gibt, existierten vor tausend Jahren feste Gewohnheiten *(consuetudines)*, die für alle Beteiligten klar und verbindlich waren. […]

    Dieses überaus komplexe Zusammenspiel verschiedenartigster Botschaften wurde in erster Linie von den Mitgliedern der Hofkapelle geplant. Dem Erzkapellan als ihrem Leiter kam deshalb eine Beratungsfunktion zu, die sich zumal bei liturgischen Handlungen fast zur Stellung eines „Regisseurs" steigern konnte, der zugleich das „Drehbuch" geschaffen hatte. Oftmals jedoch wurde das Schauspiel auch vom Herrscher selbst beeinflusst oder war Gegenstand von Verhandlungen mit den Beteiligten, die sich da-

5
10
15
20
25
30
35
40
45

50 für geeigneter Vermittler (*mediatores*) bedienten. [...]

Die frühe Ottonenzeit hat diese Form der öffentlichen Kommunikation nicht erfunden. Aber sie gewann im 10. Jahrhundert 55 eine Bedeutung, die sie vorher noch nie besessen hatte. [...] Insgesamt wird man den Stellenwert solch ritualisierter Verhaltensweisen also gar nicht hoch genug veranschlagen dürfen. Sie bildeten die Herr- 60 schaftsordnung nicht bloß ab, sondern aktualisierten und veränderten sie auch. Ihre sozialdisziplinierende Funktion war mithin von grundlegender Bedeutung, und sie erwiesen sich am Ende als tragfähiger für die 65 Stabilität des Reiches als sämtliche Versuche der Karolinger, ihre Herrschaft zu zentralisieren und über Schriftlichkeit zu organisieren. Es kann gar nicht oft genug betont werden: Beim Tode Ottos des Großen waren Herr- 70 schaftsgebilde von erstaunlicher Konsistenz entstanden. Bis in die Neuzeit hinein wurde die politische Karte Europas von Faktoren beeinflusst, die ihre Existenz dem 10. Jahrhundert verdankten. Ottos dynastische Herr- 75 schaftskonzeption, seine Art, die Großen seines Reiches zu behandeln, und die von ihm inszenierten Rituale der Macht haben dazu erheblich beigetragen.

Johannes Laudage, Otto der Große, Regensburg (Friedrich Pustet) 2001, S. 263–269.

M 11 Die Königskrönung Ottos I. 936

Aus der „Sachsengeschichte" (um 970) des Mönches Widukind von Corvey (um 925–nach 973):
Als so der Vater des Vaterlandes und der größte und beste der Könige, Heinrich, gestorben war, wählte das ganze Volk der Franken und Sachsen seinen Sohn Otto, der 5 schon von seinem Vater zum König designiert worden war, sich zum Fürsten. Als Ort der allgemeinen Wahlhandlung wurde Aachen festgesetzt. In der Nähe liegt die Stadt Jülich, die ihren Namen von ihrem Gründer 10 Julius Caesar trägt. Dort versammelten sich die Herzöge und die hohen Vasallen mit den anderen Vornehmen in der Säulenhalle der Basilika Karls des Großen und führten ihren neuen Herrscher zu einem dort errichteten 15 Thron, und sie reichten ihm die Hände und versprachen ihm Treue und gelobten ihm

Beistand gegen alle seine Feinde, und so machten sie ihn nach ihrer Sitte zum König. Währenddessen erwartete der höchste Bischof [des Reiches] mit dem gesamten Klerus 20 und dem Volke im Inneren der Basilika den Einzug des neuen Königs. Als dieser eintrat, ging ihm der Erzbischof entgegen, berührte mit seiner Linken die Rechte des Königs, während er in seiner eigenen Rechten den 25 Krummstab trug, angetan mit der Albe wie der Stola und dem Messgewand, und schritt bis zur Mitte des Heiligtums vor; dann blieb er stehen. Nun wandte er sich dem Volk, das rings umherstand – es waren nämlich in die- 30 ser Kirche oben und unten runde Umgänge –, zu, damit er von allen gesehen werden könne. „Sehet her!" rief er, „hier zeige ich euch den von Gott erwählten und von König Heinrich designierten, jetzt von allen Fürs- 35 ten gekürten König Otto; wenn euch die Wahl recht ist, dann hebt die rechte Hand zum Himmel empor!" Darauf rief die ganze Menge dem neuen Herrscher mit erhobener Hand und gewaltigem Getöse Heil. Dann 40 schritt der Erzbischof mit dem König, der nach fränkischer Art ein enganliegendes Gewand trug, hinter den Altar, auf dem die königlichen Insignien gelagert waren, das Schwert mit dem Wehrgehänge, der Mantel 45 mit den Spangen, Stab und Zepter und die Krone. Der damalige Erzbischof aber hieß Hildibert und stammte aus fränkischem Adel [...]. Dieser trat nun zum Altar, nahm das Schwert mit dem Wehrgehänge, wandte sich 50 zum König und sprach: „Empfange dieses Schwert, mit dem du alle Feinde Christi austreiben sollst, die Barbaren und die schlechten Christen, da dir durch Gottes Willen die ganze Macht im gesamten Reich der Franken 55 gehört, damit allen Christen der Friede gewiss sei." Dann bekleidete er ihn mit dem spangengeschmückten Mantel und sprach: „Lass dich durch diesen lang herabwallenden Mantel ermahnen, im Eifer für den 60 Glauben und den Himmel zu glühen und auszuharren im Schutze des Friedens bis an dein Ende." Endlich ergriff er Zepter und Stab und sprach: „Lass dich durch diese Insignien mahnen, deine Untertanen in väter- 65 licher Zucht zu halten; reiche vor allem den Dienern Gottes und den Witwen und Waisen deine Hand voll Mitleid; niemals möge auf deinem Haupte das Öl des Erbarmens ver-

M 12 Buchmalerei aus der Chronik des Bischofs Otto von Freising (1112–1158). –
Dargestellt sind u. a.: Otto I.; Berengar von Ivrea, der gegenüber Otto I. den Treueeid leistet und das Schwert als Zeichen der Herrschaft über das als Lehen erhaltene Königreich Italien empfängt. Inschriften: OTTO I THEUTONICUS REX (oben); BERENGARIUS (links).

nehmste der Sachsen und nach dem König der adligste, ein Onkel des Königs, diesem sehr eng verbunden, behütete damals Sachsen, damit kein feindlicher Einfall geschähe, und hatte außerdem die Erziehung des jüngeren Heinrich übernommen, den er bei sich hatte. Endlich aber überreichte der König jedem der Fürsten je nach seiner Stellung ein königliches Ehrengeschenk mit königlicher Freigebigkeit und entließ in heiterer Stimmung die Massen.
Zit. nach: Wolfgang Lautemann (Bearb.), Geschichte in Quellen, Bd. 2, München (bsv) 1989, S. 146 f.

10 🚶 Arbeit mit Geschichtskarten: Skizzieren Sie die Entwicklung des Frankenreichs zwischen Karl dem Großen (um 800; Karte M6) und dem Ende der Ottonen (um 1000; Umschlagkarte vorne). Nutzen Sie auch einen Geschichtsatlas.
11 a) Kopieren Sie die Siegel Ottos I. in M9a und b: Markieren Sie die Bildelemente und Inschriften und erläutern Sie sie.
b) Ein Siegel in M9 stammt von 936, das andere von ca. 965: Ordnen Sie die Daten den Siegeln zu und begründen Sie Ihre Zuordnungen.
c) Arbeiten Sie das Selbstverständnis Ottos I. aus den beiden Siegeln heraus.
12 Fassen Sie Bedeutungen und Funktionen der Herrschaftsrituale im Mittelalter, wie sie der Historiker in M10 beschreibt, zusammen.
13 a) Arbeiten Sie aus Quelle M11 die einzelnen Rituale der Königskrönung Ottos I. heraus.
b) Erklären Sie deren Bedeutung.
c) Die Herzöge traten bei den Feierlichkeiten erstmals als Inhaber der späteren Erzämter (Kämmerer, Truchsess, Mundschenk, Marschall) auf. Welche Veränderungen im Machtgefüge des Reiches zeichneten sich damit ab?
14 Der Weg zur Kaiserkrönung führte die Ottonen gemäß karolingischer Tradition nach Rom und musste daher durch die Herrschaft über das Königtum Italien abgesichert werden. Erläutern Sie vor diesem Hintergrund M12.
15 🚶 Präsentation: „Könige und Kalifen". Untersuchen Sie in einem Vergleich Merkmale und Praxis von Herrschern im lateinisch-römischen Westen (z. B. Karolinger, Ottonen) und im islamischen Kulturraum (z. B. eines Kalifen aus der Abbasidendynastie). Untersuchen Sie z. B.: Rechte und Pflichten des Herrschers; seine Legitimation; Herrschaftssymbole; Grenzen der Herrschaft; Verhältnis zu religiösen Institutionen, zu sozialen Gruppen (Adlige u. a.).

70 trocknen, auf dass du in diesem und im ewigen Leben mögest gekrönt werden mit unvergänglichem Lohne." Dann wurde der König durch die Erzbischöfe Hildibert und Wichfried [von Köln] mit dem heiligen Öle
75 gesalbt und mit der goldenen Krone gekrönt, und als so alle vorgeschriebenen Weihehandlungen vollzogen waren, wurde er von denselben Erzbischöfen über eine Wendeltreppe zu einem Throne geleitet, der zwi-
80 schen zwei wunderschönen Marmorsäulen errichtet war. Von da konnte der König selbst alles sehen, und er konnte von allen erblickt werden.
Als die erhabenen Laudes verklungen wa-
85 ren und das feierliche Hochamt zelebriert worden war, begab sich der König in den Palast, und er nahm mit den Erzbischöfen und allem Volke an einer königlich geschmückten Marmortafel Platz; die Herzöge aber leis-
90 teten bei Tisch die Ehrendienste. Der Herzog von Lothringen, Giselbert, in dessen Herzogtum Aachen liegt, leitete das Ganze; Eberhard [von Franken] stand dem Tisch vor; Hermann [von Schwaben], aus fränkischem
95 Hause, leitete die Weinschenken; Arnulf [von Bayern] sorgte für das ritterliche Gefolge und für die Unterbringung der Massen in Lagern; Sigfrid [für Sachsen] endlich, der vor-

M 13 Symbole der Herrschaft: die Heilige Lanze

13 a) Die Heilige Lanze, Stahl, Eisen, Messing, Silber, Gold, Leder, 51 cm lang, 8. Jh. (karolingisch): ohne Manschette (1), mit Silbermanschette (2), mit Goldmanschette (3)

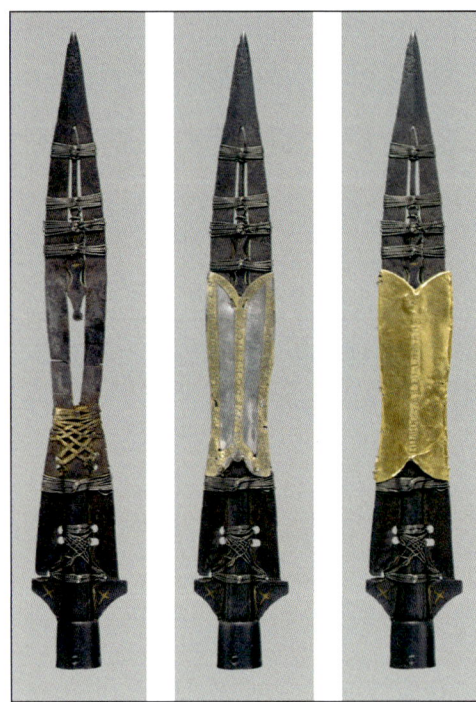

13 b) Erläuterungen zur Heiligen Lanze:
Die silberne Schutzhülle, die die gebrochene Lanze zusammenhielt, stammt aus der Zeit Heinrichs IV. (Reg. 1056–1106); die goldene Schutzhülle datiert in die Zeit Karls IV. (Reg.
5 1346–1378) und trägt die Inschrift *„Lancea et clavus domini"* (Lanze und Nagel des Herrn).
　Die Lanze trug auch den Namen „Longinus-Lanze": Der Legende nach soll der römische Soldat Longinus Jesus am Kreuz die
10 Lanze in die Seite gestoßen haben, um zu prüfen, ob Jesus gestorben war. Auch soll er unter dem Kreuz die Worte gesprochen haben: „Dieser war in Wahrheit Gottes Sohn" (Matthäusevangelium 27,54). Longinus soll
15 als christlicher Märtyrer gestorben sein; die Kirche sprach ihn später heilig.
　Heinrich I. (Reg. 919–936) aus dem Hause Sachsen, Vater Ottos I., trug die Lanze in der

siegreichen Schlacht von Riade an der Unstrut gegen die Ungarn, die 933 am Tag des 20 heiligen Longinus stattfand.
　Eine dritte Bezeichnung lautete „Mauritius-Lanze", nach dem Schutzheiligen der sächsischen Ottonen.
　Über Jahrhunderte galt die Lanze als vor- 25 nehmste Reichsinsignie und wurde von Königen und Kaisern des Heiligen Römischen Reiches in Schlachten und beim Zug nach Rom vorangetragen.
Zusammengestellt von den Verfassern.

M 14 Ein Schwabenland für eine Lanze? Wie König Heinrich I. (Reg. 919–936) die Heilige Lanze erwarb

Auszug aus einem Werk des Bischofs Liutprand von Cremona (um 910–972). Im vierten Buch seines Werkes stellt er die deutsche Geschichte aus Sicht der sächsischen Könige dar. Liutprand war ein treuer Anhänger Ottos I. (Reg. 936–973) und verfasste sein Werk am Hofe des Königs.
Der Burgundenkönig Rudolf[1], welcher einige Jahre lang in Italien geherrscht hat, erhielt diese Lanze zum Geschenk vom Grafen Samson[2]. Sie sah nicht aus wie die gewöhnlichen Lanzen, sondern war auf ganz besondere Art 5 gearbeitet und von ganz eigener Gestalt. Denn längs dem mittleren Schenkel des Schaftes sind zu beiden Seiten Vertiefungen; diese zum Einlegen der Daumen sehr schön geeigneten Rinnen ziehen sich bis zur Mitte 10 der Lanze herab. Diese Lanze also, sagt man, habe einst Konstantin dem Großen angehört [...], und auf dem mittleren Grate, den ich vorher Schenkel nannte, trägt sie Kreuze aus den Nägeln, welche durch die Hände und 15 Füße unsers Herrn und Erlösers Jesu Christi geschlagen sind. König Heinrich aber, wie er denn ein gottesfürchtiger Mann und jedes Heiligtums Liebhaber war, erfuhr nicht so bald, dass Rudolf ein so unschätzbares Ge- 20 schenk des Himmels besitze, als er Boten an ihn absandte und versuchte, ob er um hohen Preis es erwerben und sich so die unüberwindlichsten Waffen und beständigen Sieg über sichtbare und unsichtbare Feinde ver- 25 schaffen könne. Da aber König Rudolf auf alle Weise erklärte, dass er solches niemals tun würde, so ließ König Heinrich es sich sehr angelegen sein, weil er ihn durch Geschenke

nicht dazu bewegen konnte, ihn durch Dro-
hungen zu schrecken. Denn er gelobte ihm,
sein ganzes Königreich mit Feuer und
Schwert verwüsten zu wollen. Weil aber die
Sache, um die er bat, ein Kleinod war, durch
welches Gott das Irdische mit dem Himmlischen verknüpft hat, nämlich der Eckstein,
der aus beiden eins macht, so ward König
Rudolfs Herz erweicht und er übergab es persönlich dem gerechten Könige, der in gerechter Weise Gerechtes begehrte. Denn wo
der Frieden selber zugegen war, da hatte die
Feindschaft keinen Raum. So wurden auch
damals, als der, welcher mit diesen Nägeln
gekreuzigt ist, von Pilatus zu Herodes geführt
ward, diese beiden an jenem Tage Freunde,
da sie vorher einander feind gewesen waren.
Mit welcher Freude aber König Heinrich jenes unschätzbare Kleinod empfing, das
zeigte sich auf mancherlei Weise, insbesondere aber dadurch, dass er den Geber nicht
nur mit Gold oder Silber, sondern auch mit
einem ansehnlichen Teile des Schwaben-
landes beschenkte. […]

Auf diese Weise also, oder vielmehr durch
den Willen Gottes, gelangte König Heinrich
zum Besitz der heiligen Lanze, die er ster-
bend seinem Sohne, von dem wir jetzt reden, nebst des Reiches Erbschaft hinterließ.
Wie hoch aber auch dieser das unschätzbare
Kleinod geehrt habe, das kündet uns nicht
nur der eben erzählte Sieg[3], sondern auch die
wunderbare Fülle göttlicher Segnungen, von
welcher wir noch zu berichten haben.

*Zit. nach: Wilfried Hartmann (Hg.), Deutsche
Geschichte in Quellen und Darstellung, Bd. 1, Stuttgart (Reclam) 1995, S. 139–142.*

1 Rudolf II., König von Burgund (Reg. 912–937).
*2 Samson, ein oberitalienischer Graf, übergab Rudolf
II. die Lanze vermutlich, um dessen Unterstützung für
einen Adelsaufstand gegen den italienischen König
Berengar (Reg. 905–924) zu erhalten.*

3 in der Schlacht auf dem Lechfeld 955 (siehe M15)

M15 Die Heilige Lanze und die Schlacht König Ottos I. (Reg. 936–973) gegen die Ungarn auf dem Lechfeld im August 955

*Aus der „Sachsengeschichte" (um 970) des Mön-
ches Widukind von Corvey (um 925–nach 973):*
Mittlerweile packte wegen dieses Unglücks[1]
eine riesige Furcht ganz Sachsen, das sich um
den König und sein Heer ängstigte. […]

Als der König erkannte, dass nun der
Kampf in seiner ganzen Wucht unter un-
günstigen Umständen bevorstehe, ergriff er
den Schild und die heilige Lanze und richtete selbst als Erster sein Pferd gegen die
Feinde, wobei er seine Pflicht als tapferster
Krieger und als bester Feldherr erfüllte. Die
Mutigeren unter den Feinden leisteten anfangs Widerstand, dann aber, als die ihre Gefährten fliehen sahen, erschraken sie, gerieten zwischen unsere Leute und wurden
niedergemacht. […] An diesem Tag nahm
man das Lager, und alle Gefangenen wurden
befreit; am zweiten und dritten Tag wurde
von den benachbarten Burgen aus der Masse
der übrigen so sehr der Garaus gemacht, dass
keiner oder doch nur sehr wenige entkamen.
Aber nicht gerade unblutig war der Sieg über
einen so wilden Stamm. […]

Durch den herrlichen Sieg mit Ruhm
beladen, wurde der König von seinem Heer
als Vater des Vaterlandes und Kaiser begrüßt;
darauf ordnete er für die höchste Gottheit
Ehrungen und würdige Lobgesänge in allen
Kirchen an, trug dasselbe durch Boten seiner
ehrwürdigen Mutter auf und kehrte von
Jubelstürmen und höchster Freude begleitet
als Sieger nach Sachsen heim, wo er von seinem Volk herzlichst empfangen wurde.
Denn eines solchen Sieges hatte sich kein
König vor ihm in zweihundert Jahren er-
freut.

*Zit. nach: Ekkehart Rotter/Bernd Schneidmüller (Hg.),
Widukind von Corvey: Res gestae Saxonicae/Die Sachsengeschichte, Stuttgart (Reclam) 1981, S. 202 f.*

*1 Die Ungarn hatten in einem Gefecht über 50 Krieger
getötet.*

16 Beschreiben Sie das Aussehen und die
Entwicklungsgeschichte der Heiligen Lanze
(M13).
17 a) Analysieren Sie die formalen und inhaltlichen Merkmale der Quelle M14 und
b) ordnen Sie sie historisch ein (vgl. *Methodensonderseite 66*, Anforderungsbereiche I
und II).
c) Welche Schlüsse lassen sich aus den Quellen
M13–M15 über mittelalterliche Herrschaft
ziehen (vgl. *Methodensonderseite 66*, Anforderungsbereich III)?
18 Untersuchen Sie anhand von M14, warum König Heinrich die Lanze so teuer bezahlt
hat.

Themen und Methoden

Bilder als Quellen – Herrscherbilder der Ottonen

Da nur wenige Menschen im Mittelalter lesen und schreiben konnten, kam Bildern bei der Vermittlung politischer oder religiöser Botschaften eine wichtige Rolle zu.

Wie bei allen Bildinterpretationen, muss man auch bei Herrscherbildern vorab auf folgende Unterscheidung achten: 1. **Zeitgenössische Bilder** sind in der Lebenszeit des Herrschers/der Herrscherin bzw. relativ kurze Zeit danach entstanden. Sie können etwas aussagen über das Selbstverständnis von Herrscher/-innen und/oder über die politischen, sozialen oder religiösen Verhältnisse jener Epoche. 2. **Historienbilder** hingegen stellen eine geschichtliche Person oder ein historisches Ereignis aus einer großen Distanz dar. Sie sagen meist mehr über die Zeit aus, in der sie entstanden, als über die Person bzw. die Epoche, die sie beschreiben; dies gilt z. B. für die vielen Mittelalterbilder, die im 19. Jahrhundert in der Romantik entstanden sind.

19 Interpretieren Sie nach den systematischen Schritten (unten) das Bild M16 (Hilfe: M17) oder M18 (Hilfe: M19). Stellen Sie Ihre Ergebnisse im Kurs vor und vergleichen Sie die Herrscherbilder.

Systematische Schritte zur Bildinterpretation

1 Entstehung des Bildes
– Wer hat das Bild erstellt?
– Wer war der Auftraggeber?
– Zweck des Bildes.
– Liegt ein längerer Zeitraum zwischen dem Dargestellten und der Entstehung des Bildes?
– Hat der Künstler/die Künstlerin das Dargestellte miterlebt?

2 Beschreibung des Bildes
– An welchem Ort spielt das Dargestellte?
– Welche Personen und/oder Gegenstände sind zu sehen?
– Beschreibung der Größe, Farben, Formen, Materialien, Raum-/Personenbeziehungen, Perspektiven, Größenverhältnisse, Ausschnitte.

3 Die Bedeutung der bildlichen Elemente erklären

4 Vergleiche, Hintergrundinformation
– Suche nach Bildern oder anderen (schriftlichen) Quellen, die das gleiche Ereignis/Thema/die gleiche Person darstellen.
– Heranziehen von Lexika und historischen, archäologischen, kunsthistorischen Handbüchern, die über das Ereignis/Thema/die Person Auskunft geben.

5 Erschließung der Bildaussage
– Was soll das Bild den Betrachtern zeigen?
– Bleiben Fragen in der Deutung offen?

M 16 **Christus segnet und krönt Otto II. und Theophanu, Relief, Elfenbein, 19 × 11 cm, 972 (Inschriften um 982 ergänzt)**

M 17 Hilfen zur Interpretation von M16

17 a) Zu Schritt 1: Entstehung des Bildes
Das Relief war möglicherweise ein Geschenk
für Johannes Philagothos, Kanzler und Erzbischof in Italien und Vertrauter der Kaiserin.

17 b) Zu Schritt 2: Beschreibung des Bildes
Das Bild enthält abgekürzte lateinische und
griechische Inschriften. Am Strahlenkranz:
IC XC (Jesus Christus). Auf der Seite Ottos:
OTTO IMP(erator) R(o)MAN(orum) A(u)G(us-
5 *tus)*. Auf der Seite Theophanus: *THEOPHANU*
IMP(eratrix) A(u)G(usta). Zwischen Christus
und Otto (übersetzt): *Herr, behüte deinen Die-*
ner Johannes, den Mönch. Amen!
Weitere Elemente: Podeste; ein Mann in
10 tiefster Unterwerfung (Proskynese) verneigt.

17 c) Zu Schritt 4: Hintergrundinformationen
Ebenso wie Karl der Große im Jahre 800 trat
Otto I. bei der Übernahme des Kaisertitels für
das Heilige Römische Reich im Jahre 962 in
Konkurrenz zum Kaiser in Byzanz, d. h. zum
5 Herrscher über den griechisch-orthodoxen
Kulturraum. Nach kriegerischen Auseinandersetzungen gelang es, den Konflikt beizu-
legen. 972 arrangierte Otto I. sogar eine Heirat zwischen seinem Sohn, dem späteren
10 Otto II., und der byzantinischen Prinzessin
Theophanu, einer Nichte des byzantinischen
Kaisers Johannes I. Tzimiskes.
    In Byzanz war es üblich, dass Kaiserinnen
im Witwenstand die Regentschaft eines un-
15 mündigen Thronfolgers ausübten (Kaiserin
Irene hatte nach dem Tode ihres Gatten sogar die Stellung eines byzantinischen Kaisers
ausgefüllt). Nach dem frühen Tod ihres Gatten Otto II. übernahm Theophanu tatkräftig
20 die Regierung für ihren kleinen Sohn, den
späteren Otto III., und hat dadurch die Stellung der Herrscherinnen im Reich geprägt.
Denn fortan galt die Regentschaft für den
unmündigen Thronfolger als Aufgabe und
25 Recht der Kaiserin (lat. *consors regni*). Neben
dem Titel *consors regni* führte Theophanu
auch den der *coimpatrix*, der Mitkaiserin; diese Position hat jedoch keine andere mittelalterliche Kaiserin eingenommen. Nach 1050
30 wurde die Funktion der Kaiserinnen im
Reich auf die Repräsentation reduziert.

M17 a–c nach: Wolfgang Jäger u. a., Die islamische
Welt und Europa, Berlin (Cornelsen) 2002, S. 46.

M 18 Otto III. (Reg. 980–1002), Miniatur-
malerei aus einem Evangeliar, entstanden
im Kloster Reichenau, spätes 10. Jh.

M 19 Hilfen zur Interpretation von M18

19 a) Zu Schritt 2: Beschreibung des Bildes
Dargestellt sind u. a.: Baldachin (getragen
von Säulen), Vorhang, geistliche und weltliche Würdenträger, Krone, Reichsapfel,
Schild, Schwert, Speer, Thronsessel, Zepter.

19 b) Zu Schritt 3: Die Bedeutung der bildlichen
Elemente erklären
Mittelalterliche Zeichensprache: siehe S. 58.
Einzelarbeitshinweise:
– Untersuchen Sie, mit welchen Mitteln der
Maler die Stellung des Kaisers hervorhebt.
– Erklären Sie, für welche sozialen Gruppen 5
die vier Personen stehen und wie ihr Verhält-
nis zum Kaiser dargestellt ist.

19 c) Zu Schritt 5: Erschließung der Bildaussage
– Überprüfen Sie die Aussage, mittelalterliche Bilder zeigten den Menschen nicht in
seiner Individualität, sondern stellvertretend
für sein Amt oder seinen Stand.
– Diskutieren Sie die These, mittelalterliche 5
Bilder stellten die Welt nicht unter rein äs-
thetischen Gesichtspunkten dar, sondern
immer als Deutung in christlichem Sinne.
Zusammengestellt von den Verfassern.

M 20 Das Reich in der Stauferzeit (1152 bis 1250): Zentralstaat oder Fürstenmacht?

Der Historiker Frank Rexroth (2005):
Die Auseinandersetzungen der Könige mit den potenten Adelsgeschlechtern und -gruppen [prägten] nach wie vor die politische Kommunikation im Reich. [...] Der Autori-
5 tätsverlust insbesondere der römisch-deutschen Könige gegenüber dem Papsttum war gravierend. Friedrich [I. Barbarossa, 1152–1190] stellte von Anbeginn seine ungeteilte und von päpstlicher Legitimation unabhän-
10 gige Herrschaft demonstrativ zur Schau. [...]
Neu war Barbarossas Strategie, Synergieeffekte zwischen der Königs- und der Fürstenherrschaft anzuregen. Diejenigen, die in ihren Regionen ihre Macht erweiterten (z.B.
15 indem sie den gräflichen Adel lehnsmäßig von sich abhängig machten), wurden von ihm hierin gefördert, sofern nur die fürstliche Herrschaft ihrerseits lehnsrechtlich, das heißt durch königliche Delegation, begrün-
20 det wurde. Als legitimer Herzog sollte nicht mehr gelten, wer lokalen Rechtsbrauch übte, sondern wer im Auftrag des königlichen Lehnsherrn den Landfrieden wahrte. [...]
Hätte diese Konzeption dazu führen kön-
25 nen, dass im Reich eine zentralistisch regierte Feudalmonarchie nach dem Muster Englands oder Frankreichs entstanden wäre? Schon allein die kostspielige Italienpolitik des Staufers [mit sechs Heerfahrten inner-
30 halb von 13 Jahren, an denen sich die Fürsten beteiligen mussten], strapazierte die Loyalität der Adligen stark, doch gab es noch andere Gründe dafür, warum der Zentralisierung der Herrschergewalt im Staufferreich en-
35 ge Grenzen gesteckt waren. Nach wie vor blieben weitere Regionen des Reichs königsfern, und Friedrichs neue Taktik schürte die Rivalitäten unter den Fürsten mehr, als dass sie diese pazifiert hätte. Sowohl die Richtung
40 als auch die Grenzen von Barbarossas Konzeption kann man beispielhaft am Fall Heinrichs des Löwen studieren. Dessen Erwerbspolitik im sächsischen Herzogtum, vor allem aber die Bedeutung und Größe seiner Braun-
45 schweiger Hofhaltung waren so beträchtlich, dass man Heinrich in jüngerer Zeit nachgesagt hat, auf ein eigenes Königtum hingearbeitet zu haben. Freilich musste eine derartige Machterweiterung gegen die Interessen anderer Adliger durchgesetzt werden. Zum
50 Verhängis wurde dem Löwen schließlich die Konkurrenzsituation, in die er sich damit hineinmanövrierte. Die kaiserliche Unterstützung verlor Heinrich wohl, als er 1176 zu Chiavenna für die Leistung von Heeresfolge
55 in kritischer Situation exorbitante Gegengaben verlangte. In einem mehrstufigen Prozess entzog man ihm 1180 seine Herrschaft. Sachsen wurde geteilt, wobei der östliche Teil an die Askanier, der westliche als Herzogtum
60 Westfalen an Heinrichs Erzrivalen, den Erzbischof von Köln, ging. Auch das bislang welfische Herzogtum Bayern wurde aufgeteilt. Heinrich musste sich zweimal vorübergehend nach England ins Exil begeben und
65 fand dennoch nach Barbarossas Abreise zum dritten Kreuzzug erneut Verbündete. Ein wirklicher Ausgleich gelang erst kurz vor [Heinrichs] Tod (1195). [...]
Friedrich II. [1212–1250] war selten in
70 Deutschland, und dennoch war die Stauferherrschaft dort für lange Zeit stabil. [...] Friedrich tendierte zu einer konsequent fürstenfreundlichen Politik. [...] 1232 ratifizierte er das sog. *Statutum in favorem principum*. [...]
75 Mit dem Mainzer Reichslandfrieden erließ Friedrich II. 1235 ein [...] Fundamentalgesetz für Deutschland, in dem [...] die Königsrechte im Vordergrund standen. [...] Auch wenn die Weite der im Reichslandfrieden ge-
80 troffenen Bestimmungen beträchtlich war, reichten Initiativen wie diese doch nicht an die Radikalität von Friedrichs großem Gesetzeswerk für das Königtum Sizilien heran [...]. Hier [...] dominierte die [...] Vision eines be-
85 amtenmäßig verwalteten zentralistischen Staats. So ist es etwa bezeichnend, dass Friedrich 1224 in Neapel keine Bildungsanstalt nach dem Muster der genossenschaftlich organisierten Universitäten Bologna, Paris
90 oder Oxford einrichtete, sondern eine Staats-Hochschule unter königlicher Kuratel. [...]
Obgleich es [auch nach der Stauferzeit] selbstbewusste Könige und Kaiser geben sollte, wurde die Politik in Deutschland fortan
95 in erster Linie durch das Wirken der Fürsten bestimmt. Staatlichkeit sollte sich hier anders als in Frankreich oder England nicht auf der Ebene des Reichs, sondern in Städten und Territorien entwickeln.
100

Frank Rexroth, Deutsche Geschichte im Mittelalter, München (C.H. Beck) 2005, S. 69–81.

M 21 Moderne Staaten und mittelalterliche Reiche in Europa – ein Vergleich

Der Verfassungshistoriker Hans Boldt (1984):
Staaten im modernen Sinne sind die mittelalterlichen *regna* selbstverständlich nicht gewesen, also Gebilde mit einer souveränen Spitze, einer nicht nur höchsten, sondern
5 auch einzig unabgeleiteten und tendenziell allumfassenden öffentlichen Gewalt, mit einem „Monopol der legitimen Gewaltanwendung" (Max Weber), einer vom gesellschaftlichen Umfeld klar unterscheidbaren
10 Hoheitssphäre und einer darin tätigen und in dieser Tätigkeit aufgehenden Bürokratie. Das mittelalterliche Reich war sicherlich keine Monarchie im klassischen Sinne der Einzel- oder Alleinherrschaft eines Königs mit
15 ihm botmäßigen Amtsträgern über ein Volk. Das, was wir „Volk" nennen, ist im Mittelalter in verschiedene und vielfach selbstständige Herrschaftsbildungen eingebunden und vom König abgeschichtet. Es gibt keinen all-
20 gemeinen Untertanenverband. Der hat sich erst im Absolutismus herausgebildet und dann im 19. Jahrhundert zur Gesellschaft prinzipiell gleicher Staatsbürger fortentwickelt. Der mittelalterliche König ist auch
25 nicht souverän. Es gibt […] Adelsherrschaften von unterschiedlicher Größe, die unter Umständen selbst öffentliche Gewalt begründen und ausüben können. […]
Nun muss man „Staat" aber nicht not-
30 wendigerweise mit „modernem Staat" […] gleichsetzen. Gerade für die Verfassungsgeschichte als eine politische Systemgeschichte bietet sich vielmehr eine weitergehende Definition dieses Begriffes an, etwa im Sinne
35 von „politischer Ordnung". Wir verstehen unter einer solchen Ordnung oder einem Staat im weiteren Sinne […] gesellschaftliche Einheiten mit einem identifizierbaren Gebiet und mit einer identifizierbaren Bevölke-
40 rung, die nicht mehr einfach nur durch die Bande der Verwandtschaft und durch fraglose Gewohnheiten zusammengehalten werden […], sondern die über einen kontinuierlich und dauerhaft existierenden Apparat zur
45 Aufrechterhaltung einer nicht nur „gewachsenen", sondern mindestens partiell „gestifteten" Ordnung verfügen, welcher auch und gerade der freie, selbstständige Mitbürger wie ein etwa vorhandener Adel unterworfen

sind. In dem hier umrissenen Sinne sind die 50 mittelalterlichen Königreiche zweifellos Staaten gewesen, ihre Könige Oberhäupter von solchen und nicht […] Anführer von Adelscliquen o. Ä. […]
Man hat die Besonderheit des mittelalter- 55 lichen Staates mit dem Ausdruck „Personenverbandsstaat" zu umschreiben versucht und diesem den spätmittelalterlich-frühneuzeitlichen „institutionellen Flächenstaat" gegenübergestellt (Theodor Mayer). Dagegen 60 ist eingewandt worden, dass auch mittelalterliche Staaten sich über Flächen erstreckt und Institutionen besessen haben. Dies ist sicherlich richtig; dennoch kommt in dem kritisierten Unterscheidungsversuch Wesent- 65 liches zur Sprache. Er macht zum einen deutlich, dass man im Mittelalter ganz allgemein nach dem Personalitätsprinzip, d. h. nach dem Recht des Personenverbandes, in den man hineingeboren ist oder dem man 70 standesmäßig zugehört, nicht aber nach dem Territorialprinzip lebt, also nach dem Recht, das in einem räumlich begrenzten Bereich gilt, in dem man sich aufhält. Dementsprechend wird jedermann nach seinem 75 „persönlichen" Recht als Franke, Sachse, Vasall oder Dienstmann behandelt. […] Ein und dieselbe Person kann von verschiedenen Herren in unterschiedlicher Weise abhängig sein. […] Ganz in diesem Sinne fasst man 80 auch die Könige zunächst nicht als Herrscher über ein „Land" auf, sondern über eine Personeneinheit, sind die deutschen Könige *reges […] Teutonicorum*. […]
Auch heute sind Persönlichkeit und per- 85 sönliches Durchsetzungsvermögen wichtig in der Politik […]. Aber in unseren […] Institutionen […] ist doch die Tendenz spürbar, die Amtsführung vom persönlichen Wollen und Können des Einzelnen unabhängig zu 90 machen. […] Das eigentlich Besondere des mittelalterlichen Staates [liegt …] in der mangelnden rechtlichen Regelung möglicher Herrschaftskonkurrenz. Sie lässt Rechtsfragen zu Machtfragen und zu Fragen 95 des Sich-durchsetzen-Könnens werden.
Hans Boldt, Deutsche Verfassungsgeschichte, Bd. 1, München (dtv) 1984, S. 83–87.

20 Wie beurteilt Rexroth (M20) das Problem „Zentralstaat oder Fürstenmacht?" im Reich?
21 Erläutern Sie die Thesen Boldts in M21.

Die Ostsiedlung, der Deutsche Orden und das Verhältnis von Polen und Deutschen

Polen und Deutsche sind historisch auf vielfache Weise miteinander verbunden. Aus dem allmählichen Zusammenwachsen der Polanen mit anderen slawischen Stämmen östlich der Oder ging 960 das Herzogtum Polen hervor. Mit der aus Böhmen stammenden Frau des Herzogs kam das Christentum in das Land. Als Kaiser Otto III. im Jahr 1000 die Stadt Gnesen zum Erzbistum erhob, erhielten die Polen ein eigenes kirchliches Zentrum. Im 12. Jahrhundert war die Kirche die Klammer für das in mehrere Teilherzogtümer zerfallene Land.

Vom 10. bis zum 14. Jahrhundert zogen deutsche Neusiedler in die Gebiete östlich der Oder und lebten dort ohne größere Konflikte gemeinsam mit den polnischen Altsiedlern. Mit der Gründung eines Staates durch den Deutschen Orden verschlechterte sich das Verhältnis. Die Ordensritter trugen zwar durch zahlreiche Stadtgründungen zum Ausbau des Landes bei, ihre Eroberungspolitik führte aber zu militärischen Konflikten mit Polen und Litauen. Der Orden wurde 1410 bei dem Dorf Tannenberg von polnisch-litauischen Truppen besiegt. Zu diesem Zeitpunkt hatte der Ordensstaat auch seine letzte Missionsaufgabe verloren, denn die bisher heidnischen Litauer waren 1386 christlich geworden. Die Herrschaft des Deutschen Ordens hat das polnisch-deutsche Verhältnis schwer belastet: „Kreuzritter" ist bis heute in Polen ein Schimpfwort. Auch später wurde Polen immer wieder das Opfer deutscher Eroberungspolitik. Durch den deutsch-polnischen Grenzvertrag und den Vertrag über gute Nachbarschaft von 1991 haben sich die Grundlagen der Beziehungen verbessert.

M 22 **Die deutsche Ostsiedlung im Mittelalter**

M 23 Der Historiker Michael Borgolte über Merkmale der Ostsiedlung (2002)

Die deutschen und nichtdeutschen Landesherren östlich von Elbe und Saale strebten nach Herrschaftssicherung und -erweiterung durch Urbarmachung unbesiedelter Gebiete
5 und durch Umwandlung der Dorf- und Stadtwirtschaft. […] Es ging also um die Weiterentwicklung der eigenen Wirtschaft, um die Hebung der Steuerkraft und nicht zuletzt um die Sicherung der territorialen Grenzen.
10 Die Verwandlung des verwertbaren Bodens vollzog sich im Flachland durch Entsumpfung und Deichbau, im Gebirge durch Entsteinung, vor allem aber durch Rodung des Waldes. Charakteristisch für die Ostsiedlung
15 ist auch eine Erneuerung der Siedlungsstruktur. Es entstand ein dichtes Netz von Dörfern und Städten, und in dem engen Zusammenhang von dörflicher und städtischer Siedlung hat man geradezu das Hauptmerkmal
20 der deutschen Ostsiedlung ausmachen wollen. In Schlesien beispielsweise sind durch die Kolonisation des 13. Jahrhunderts rund 1200 Dörfer und 120 Städte neu entstanden. Was die Neusiedler an Verfassungs-,
25 Rechts- und Wirtschaftsformen mitbrachten, waren allerdings keine spezifisch deutschen Errungenschaften. Gefragt waren sie im Osten auch nicht wegen ihrer Nationalität, sondern wegen ihrer Kenntnisse und Fähig-
30 keiten. Deshalb zogen keineswegs nur Deutsche in den Osten. […] Was die Darstellung und Bewertung der Vorgänge betrifft, so ist die Forschung zwar heute weitgehend frei von der nationalgeschichtlichen Blickveren-
35 gung, dafür bleibt sie aber häufig in anderen überholten Vorstellungen befangen. So ist noch in neuesten Publikationen zur Ostkolonisation von „Siedlerströmen" die Rede. […] Für derlei Bilder gibt es aber wahrscheinlich
40 keine historische Grundlage. Nach neueren Berechnungen ist vielmehr anzunehmen, dass während des 12. Jahrhunderts rund 200 000 Menschen in das Land jenseits von Elbe und Saale gezogen sind und im 13. Jahr-
45 hundert noch einmal so viele. Legt man für die gleiche Zeit in Altdeutschland eine Gesamtpopulation von 10 Millionen Einwohnern zugrunde, dann würde das eine Abwanderung von 2000 pro Jahr oder 0,02 %
50 bedeuten. Selbstverständlich sind solche Berechnungen für eine Zeit, die kein statistisches Material überliefert, hypothetisch, und andere Forscher haben größere Fluktuationen errechnet. Aber es scheint sich doch zu
55 ergeben, dass die Ostsiedlung innerhalb einer für das 12. Jahrhundert ganz gewöhnlichen Mobilität lag. […] Die demografischen Berechnungen werden immerhin durch den Quellenbefund gestützt, dass von der Ost-
60 siedlung nur die Chronisten der Neusiedelgebiete Kenntnis genommen haben, während sie in den Geschichtswerken westlich der Elbe gar nicht erwähnt wird.
In den Neusiedelgebieten kam es dann zu einer enormen Bevölkerungsvermehrung.
65 Zeitweilig scheint sich die Menschenzahl hier in rund 25 Jahren verdoppelt zu haben. Aus den Kolonistenfamilien, und nicht aus dem neuerlichen Zuzug aus Altdeutschland, speiste sich die schrittweise weiter nach Os-
70 ten vordringende Siedlung in erster Linie. Im heutigen Sachsen dürfte sich die Bevölkerungszahl zwischen 1100 und 1300 etwa verzehnfacht haben. […] Die Neusiedler hatten im Osten zwar kein siedlungsleeres, aber
75 doch ein siedlungsarmes Land vorgefunden. Sie mussten sich gleichwohl mit der einheimischen Bevölkerung, zumeist mit Slawen, auseinandersetzen. Zweifellos wurde dabei Gewalt ausgeübt. Helmold von Bosau berich-
80 tet für die Zeit des Sachsenherzogs Heinrichs des Löwen, also die Mitte des 12. Jahrhunderts, immer wieder von Flucht und Vertreibung der Slawen aus Nordelbingen. […] Trotz dieser Quellenäußerungen weiß man
85 heute, dass von einer Vertreibung oder Ausrottung der Slawen oder auch der Prussen bei der Ostsiedlung nicht die Rede sein kann. […] Im Gegenteil gilt als sicher, dass die Ankömmlinge mit den eingesessenen Slawen
90 und Balten zusammenwuchsen und die so genannten deutschen Neustämme bildeten: Das sind die Mecklenburger, Pommern, (Ost- und West-)Preußen, Brandenburger, Sachsen und Schlesier. […] Vielfach gingen die Siedler
95 in der alten Bevölkerung auf oder bildeten, wie in Böhmen, Mähren oder Ungarn, deutsche Volkstumsinseln. Auch slawische Rückzugsgebiete haben sich erhalten, so dasjenige der Sorben in der Nieder- und der Oberlau-
100 sitz.

Michael Borgolte, Europa entdeckt seine Vielfalt. 1050–1250, Stuttgart (UTB) 2002, S. 235–237.

Themen und Methoden

M 24 Quellen zur Ostsiedlung

24 a) Der Prediger Helmold von Bosau beschreibt in seiner „Slawenchronik" Siedlungsvorgänge nördlich und östlich der Elbe (um 1150):
[Als Graf Adolf die Burg Segeberg an der Grenze von Holstein und Wagrien errichtet hatte, schickte er, da das Land verlassen war,]
5 Boten in alle Lande, nämlich nach Flandern und Holland, Utrecht, Westfalen und Friesland, dass jeder, der zu wenig Land hätte, mit seiner Familie kommen sollte, um den schönsten, geräumigsten, fruchtbarsten, an Fisch und Fleisch überreichen Acker nebst
10 günstigen Weidegründen zu erhalten […]. Daraufhin brach eine zahllose Menge aus verschiedenen Stämmen auf, nahm Familien und Habe mit und kam zu Graf Adolf nach Wagrien, um das versprochene Land in Be-
15 sitz zu nehmen. Und zwar erhielten zuerst die Holsten Wohnsitze in den am besten geschützten Gebiet westlich Segebergs […]. Das Darguner Land besiedelten die Westfalen, das Eutiner die Holländer und Süsel die Frie-
20 sen. Das Plöner Land aber blieb noch unbewohnt. Oldenburg und Lütjenburg sowie die anderen Küstengegenden ließ er von den Slawen besiedeln, und sie wurden ihm zinspflichtig. [Markgraf Albrecht der Bär sandte
25 ebenso] nach Utrecht und den Rheingegenden, ferner zu denen, die am Ozean wohnen und unter der Gewalt des Meeres zu leiden hatten, den Holländern, Seeländern und Flamen, zog von dort viel Volk herbei und
30 ließ sie in den Burgen und Dörfern der Slawen wohnen. Durch die eintreffenden Zuwanderer wurden auch die Bistümer Brandenburg und Havelberg sehr gekräftigt, denn die Kirchen mehrten sich und der Zehnt
35 wuchs zu ungeheurem Ertrage an. Zugleich begannen die holländischen Ankömmlinge aber auch das südliche Elbufer zu besiedeln; von der Burg Salzwedel an besetzten Holländer das ganze Sumpf- und Ackerland mit vie-
40 len Städten und Dörfern bis hin zum böhmischen Waldgebirge.
Zit. nach: Michael Borgolte, Europa entdeckt seine Vielfalt. 1050–1250, Stuttgart (UTB) 2002, S. 235 f.

24 b) Urkunde des Herzogs von Polen, Boleslaw V. (Reg. 1243–1279), über Ansiedlungsrechte in einem Dorf bei Gniezno (dt. Gnesen) (1272):
Es mögen daher alle, zu deren Kenntnis diese

Urkunde jetzt oder künftig gelangt, wissen, dass wir Boleslaw, von Gottes Gnaden Herzog von Polen, unserem getreuen Schulzen Nikolaus unser Dorf Borzykowo mit 42 Hu-
5 fen zur Besetzung nach deutschem Recht übertragen haben, gemäß dem Recht, das die in Schlesien um Neumarkt gelegenen Dörfer als ihr Recht gebrauchen. Außerdem haben wir vorgenanntem Schulzen und seiner
10 Nachkommenschaft in diesem Dorfe nach Art der Vererbpachtung die sechste Hufe und den dritten Pfennig von allen Gerichtsfällen zu ruhigem und friedlichem Besitz erbrechtlich verliehen. Wir haben auch den Siedlern
15 des vorgenannten Dorfes vom nächsten Martinstag [11. November] ab für sechs Jahre vollkommene Freiheit von Abgaben gewährt. […] Wenn die erwähnten Freijahre vorüber sind, sollen sie uns jährlich von je-
20 der Hufe 6 Maß [1 Maß = 1,5 l] Roggen und 6 Maß Hafer und einen Vierdung [1/4 Mark] Silbers zu entrichten gehalten sein.
Zit. nach: Günther Franz (Hg.), Quellen zur Geschichte des deutschen Bauernstandes im Mittelalter, 2. Aufl., Darmstadt (Wiss. Buchgesellschaft) 1974, S. 362 ff.

24 c) Aus einem Freibrief von König Andreas II. von Ungarn (Reg. 1205–1235), in dem er 1224 das Leben der deutschen Gemeinden im Umland von Hermannstadt regelte. Wenig später wurden diese Rechte auf die anderen deutschen Gemeinden in Siebenbürgen ausgedehnt.
Da nun unsere gesamten deutschen Ansiedler jenseits des Waldes her fußfällig und demütig klagend vor unserer Majestät erschienen sind und in ihrer Klage uns flehentlich
5 vorgestellt haben, dass sie ihres Freitums, auf welches sie von dem frommen König Geisa, unserm Großvater, gerufen worden, gänzlich verlustig gingen, wenn nicht unsere königliche Majestät sich ihrer in gewohntem
10 Pflichtgefühl annähme, weswegen sie aus übergroßer Armut der königlichen Hoheit keine Rechtsschuldigkeiten zu leisten vermochten; so wollen wir, die gerechten Klagen derselben in gewohntem Pflichtgefühl gütig anhörend, dass es zu der Jetztlebenden
15 und Zukünftigen Kenntnis komme, dass wir unserer Vorfahren frommem Beispiel folgend, von väterlichem Mitleid im Innersten bewegt [I] ihnen das frühere Freitum zurückgegeben haben, [II] so jedoch, dass [1] das ge- 20

samte Volk anfangend von Varos bis Boralt
mit Inbegriff des Szeklerlandstrichs im Gebiet Sebus und des Gebietes Daraus ein Volk
sei und [2] unter einem – obersten – Richter
25 stehe mit gänzlicher Aufhebung aller Gaue
außer dem Hermannstädter. [3] Wer aber immerhin Hermannstädter Graf sein mag, der
soll es sich nicht herausnehmen, jemanden
in den vorher genannten Gauen zum Richter
30 einzusetzen, außer er sei unter ihnen ansässig, [4] und das Volk soll den dazu wählen,
der der Tüchtigste scheint [...]. [III.1] Zum
Nutzen unserer Kammer jedoch sollen sie
500 Mark Silber jährlich zu geben verpflich-
35 tet sein. [...] [VI.1] Wir wollen auch und befehlen ernstlich, dass niemand ihr oberster
Richter sei außer wir oder der Hermannstädter Graf, [2] den wir ihnen an seinem Ort
und zu seiner Zeit setzen werden. [...] [XV.1]
40 Auch fügen wir den oben erwähnten Freiheiten der Vorgenannten hinzu, dass ihre
Kaufleute, wohin sie immer wollen, in unserm Reich frei und ohne Zölle reisen und
zurückreisen und dieses ihr Recht in Bezug
45 auf die königlichen Gefälle immer wirksam
ausüben mögen. [2] Auch die Märkte unter
ihnen befehlen wir ohne alle Zölle zu halten.
*Zit. nach: Wilfried Hartmann (Hg.), Deutsche
Geschichte in Quellen und Darstellung, Bd. 1, Stuttgart (Reclam) 1995, S. 454–457.*

M 25 Der Deutsche Orden

*Der 1190 gegründete Deutsche Orden gehörte,
wie die Johanniter (gegr. 1099) und der Templer-
orden (gegr. 1120), zu den während der Kreuzzüge (s. S. 181 f.) in Palästina entstandenen
geistlichen Ritterorden. Als sich die Kreuzfahrerstaaten aufzulösen begannen, fand der Deutsche
Orden neue Betätigungsfelder im östlichen Mitteleuropa. In der Goldenen Bulle von Rimini gewährte Kaiser Friedrich II. dem Orden 1226 Besitz und Hoheit des ihm von Herzog Konrad von
Masowien angebotenen Kulmer Landes sowie
künftig der Gebiete der heidnischen Preußen.
Papst Gregor IX. unterstellte in der Bulle von
Rieti 1234 die künftigen Eroberungen des Ordens
dem Heiligen Stuhl. Neu gegründete Burgen und
Städte bildeten das Fundament des Deutschordensstaates, der ab etwa 1300 bestand und zu
dessen Zielen der Kampf gegen „Ungläubige"
und die (Zwangs-)Bekehrung zum Christentum*

*gehörten. Kriege führte der Orden zum Teil mit
großer Grausamkeit. Im späten 14. Jahrhundert
erreichte er mit der Eroberung des baltischen
Livland und Kurland seine größte territoriale
Ausdehnung. – Der Historiker Ferdinand Seibt
schreibt über den Deutschordensstaat (1987):
So entstand, sanktioniert durch die kaiserliche Goldbulle von Rimini 1226, ein merk-
würdiges Herrschaftsgebilde: nicht nur ein
Staat unter geistlicher Herrschaft wie der
päpstliche oder wie auf Landesebene die* 5
*geistlichen Fürstentümer der deutschen
Reichsbischöfe und -äbte, sondern ein
Mönchsstaat. Eine ähnliche Herrschaft hatten die Johanniter auf Rhodos errichtet;
andere „Kreuzfahrerstaaten" waren von Rit-* 10

**M 26 Polnisches Denkmal zur Erinnerung
an die Schlacht bei Grunwald (dt. Tannenberg) 1410, erbaut 1910 in Krakau, Fotografie, ca. 2000.** *– Dargestellt sind u. a.: auf
dem Pferd der polnische König Ladislaus II. Jagi-
ello (Reg. 1386–1434); am Sockel vorne der li-
tauische Großfürst Witold (Reg. 1401–1430),
den Ladislaus zum Statthalter und Großfürst in
Litauen ernannt hatte; zu Füßen Witolds die
Leiche des Hochmeisters des Deutschen Ordens,
Ulrich von Jungingen (Reg. 1407–1410).*

Themen und Methoden

termönchen in Syrien und im Libanon organisiert worden. Aber das waren kleine Herrschaften, die in fortwährender militärischer
Auseinandersetzung mit dem Islam standen.
15 Der Deutschordensstaat in Preußen dagegen
hatte binnen fünfzig Jahren seine Widersacher überwunden, christianisiert, einge-
gliedert in gewissem Maß, ihrem Adel auch
Zugang zum Ritterorden geboten. Nordex-
20 pansion sicherte dem Orden zusätzlich Livland und Kurland, ein weiterer Ausgriff
scheiterte 1242 am Peipussee. Die innere Organisation des eroberten Territoriums machte währenddessen Fortschritte. Der Orden
25 vergab schätzungsweise anderthalb Millionen Hektar Rodeland, das sind ungefähr
sechzigtausend Bauernstellen, zusammengefasst in etwa eintausendvierhundert Zins-
dörfern und in einem großräumig geplanten
30 Organisationsnetz dreiundneunzig Städten
und Städtchen zugeordnet, um dem Waren-
austausch und der Verkehrserschließung des
Landes zu dienen. Der Orden betrieb auch
eigene Gutswirtschaft auf so genannten
35 Großschäffereien, und er konkurrierte
schließlich mit den Interessen seiner eigenen
Bürger, als er den Getreidehandel zum Staats-
monopol erhob. Dazu wurde, ein Unikum in
der ganzen Organisation, der Hochmeister
40 Hansemitglied. Bis 1308 residierte er in Venedig, erst dann verlegte er seinen Sitz auf die
Marienburg an der Nogat.
  Inzwischen war dieses wohl weit und
breit bestverwaltete Staatswesen in eine har-
45 te Auseinandersetzung geraten. Nach einem
Jahrhundert problemloser Nachbarschaft
zwischen Preußen und Polen – freilich unge-
regelten Zeiten für das polnische Königtum –
war ein Streit um die so genannten Pomme-
50 rellen, ein kleines Fürstentum östlich von
Pommern entbrannt, weil der Orden als
Treuhänder in einer Erbschaftsregelung
schließlich selbst nach dem Erbe griff. Die
Könige von Polen, im 14. Jahrhundert weit
55 respektablere Nachbarn als im 13., haben das
den Rittermönchen nie verziehen und zwangen schließlich während des 15. Jahrhunderts den Ordensstaat in die Knie: Zwischen
der Niederlage bei Tannenberg 1410 und
60 dem Frieden von Thorn 1466 versäumte der
Ordensstaat die Gelegenheit, sich aus einer
Versorgungsanstalt für mittel- und nieder-
deutschen Adel in einen landesgebundenen

Ständestaat zu verwandeln, seine Bürger,
nicht zuletzt auch entfremdet wegen des 65
Handelsmonopols, mit „Staatsgesinnung"
an sich zu binden und die „Korridorfrage",
eben den Streit um das östliche Erbe der
pommerschen Nachbarschaft von ehedem,
mit den Königen von Polen in gegenseitigem 70
Einvernehmen zu regeln. Der Orden verlor
1466 die Westhälfte Preußens mit der Marienburg. Danzig, Elbing, Thorn wurden pol-
nisch, und das unter den skizzierten Bedingungen nicht ungern. Der Ordensstaat, der 75
als geistliche Institution von niemandem
lehnsabhängig sein durfte, also niemals zum
römisch-deutschen Reich gehörte, hielt sich
noch bis in die Reformation als Kleinstaat
und wurde dann zum Fürstentum einer ho- 80
henzollerischen Seitenlinie im Verband der
polnischen Krone.

Ferdinand Seibt, Glanz und Elend des Mittelalters,
Berlin (Siedler) 1987, S. 320–322.

22 Beschreiben Sie anhand der Karte M22 die
Phasen der mittelalterlichen Ostsiedlung.
23 Ermitteln Sie anhand des Textes M23
a) die Gründe und die Folgen der Ostsiedlung,
b) die Bedeutung der Siedlung für die Bevölkerungsentwicklung in West- und Osteuropa,
c) die Rolle der Gewalt bei der Ostsiedlung.
24 Erheben Sie aus den Quellen M24a–c Befunde über Rechte und Pflichten der Siedler.
25 Untersuchen Sie (M24a–c), welche Vorteile
die neuen Ansiedlungen für die Landesfürsten
hatten.
26 ⚡ Verfassen Sie einen Dialog:
Versetzen Sie sich in die Rolle eines Bauern-
paares, das im 12. Jahrhundert in Magdeburg
lebt und das gemeinsam das Für und Wider
einer Auswanderung nach Osteuropa erörtert
(M22–M24).
27 Erläutern Sie die besonderen Merkmale des
Deutschordensstaates mithilfe von M25.
28 ⚡ Informieren Sie sich (Handbücher, Lexika) über die Schlacht bei Grunwald bzw. Tannenberg (M26). Stellen Sie in einer Kurzpräsentation Ursachen und Folgen des Ereignisses dar.
29 ⚡ Referat: Deutsche und Polen
Literatur: Thomas Urban, Von Krakau bis Danzig:
eine Reise durch die deutsch-polnische Geschich-
te, München (C. H. Beck) 2000.
*Internet: www.deutsche-und-polen.de/_/start_*
jsp.html (gute Dokumentation des TV-Senders
„Das Erste").

Weiterführende Arbeitsanregungen

🏃 **Geschichte und Geschichtskultur: Heinrich der Löwe im Geschichtsbild der NS-Zeit**

Der welfische Herzog Heinrich der Löwe (um 1130–1195) war im 12. Jahrhundert der mächtigste deutsche Landesfürst. 1147 beteiligte er sich am grausamen „Wendenkreuzzug" gegen Slawenstämme an der südlichen Ostseeküste, lange Zeit stand er im Konflikt mit der herrschenden Stauferdynastie (s. S. 122, M20). In der NS-Zeit (1933–1945) wurde er u. a. dargestellt als mittelalterlicher Vorkämpfer für ein großdeutsches Reich und als Befürworter einer energischen deutschen „Ostkolonisation". Den Braunschweiger Dom mit der Grabstätte Heinrichs und seiner zweiten Frau Mathilde gestaltete das NS-Regime zwischen 1935 und 1940 zur „Nationalen Weihestätte" um.

1 Informieren Sie sich über Heinrich den Löwen mithilfe einer modernen Geschichtsdarstellung.
2 Formulieren Sie Hypothesen oder Leitfragen zur Darstellung Heinrichs in der NS-Zeit (M27).
3 Recherchieren Sie selbst Materialien zur Darstellung des Herzogs in der NS-Zeit (Internet, Bibliotheken, Archivanfragen usw.) und untersuchen Sie diese anhand Ihrer Hypothesen/Leitfragen.
4 Präsentieren Sie Ihre Ergebnisse (zu Präsentationen siehe Methodensonderseite 68).

Literaturhinweise
– Moderne Darstellung: *Karl Jordan, Heinrich der Löwe. Eine Biographie, München 1980* (Besprechung in: *Der Spiegel Nr. 27 vom 2. Juli 1979, S. 161*).
– NS-Interpretation: *Hanns Martin Elster, Heinrich der Löwe. Eine politische Tragödie in Deutschland, Hamburg 1940.*

M 27 Darstellungen Heinrichs des Löwen aus der NS-Zeit

27 a) Fünf-Reichsmark-Schein mit dem Braunschweiger Dom, 1942

27 b) Der NS-Politiker Walter Darrée (1933):
Das Schicksal Deutschlands liegt in seinem Osten begründet. […] Während Kaiser und Papst, Imperium und Kirche im Mittelalter um die Macht rangen und Kaiser Friedrich I.,
5 der Rotbart, auf dem Boden Italiens Ströme deutschen Blutes opferte, vollzog sich im Osten die bis auf unsere Tage viel zu wenig gewürdigte Entwicklung der Ausweitung des deutschen Lebensraumes über die Elbe hin-
10 aus. Der große Welfenherzog Heinrich der

Löwe drängte mit ungeheurer Kraftanstrengung die Slawenflut zurück.
Zit. nach: Heinrich Bauer, Geburt des Ostens, Berlin (Frundsberg Verlag) 1933, S. 5.

27 c) Der Historiker Hanns Martin Elster (1940):
Jetzt ordnet sich seine [Heinrichs d. L.] Politik rückhaltlos in die Geschichtsentwicklung ein, die allein sich als Förderung unseres Volkes erwies: in die ostmärkisch-ostelbische
5 Kolonisation oder Rückgewinnung ehemals germanischer Gebiete und in die Einheitsbewegung unseres Volkes mithilfe des zentralistisch-autoritären Prinzips, wie es nach ihm erst von Preußen, unter Friedrich dem Gro-
10 ßen, und schließlich jetzt unter Adolf Hitler wieder aufgenommen wurde. Heinrich der Löwe gehört damit in die Reihe der Schöpfer unseres großdeutschen Reiches und niemals, wie die Geschichtsschreibung des 19. Jahr-
15 hunderts es noch wollte, unter die Reichsrebellen oder Reichsfeinde.

Hanns Martin Elster, Heinrich der Löwe. Eine politische Tragödie in Deutschland, Hamburg (Hoffmann und Campe) 1940, S. 11–21.

7 Politische Herrschaft im Spätmittelalter: Auf dem Weg zum modernen Staat?

Staatsbildung im Zeichen königlicher Vorherrschaft: der Weg Frankreichs

Wenn sich Franzosen bis in die Gegenwart hinein an den Triumph ihres Königs **Philipp II. Augustus** (Reg. 1180–1223) über den englischen König in **Bouvines 1214** erinnern, dann wird vor allem an den Beginn königlicher Machtentfaltung nach innen und außen gedacht. Der französische Historiker Georges Duby betitelte 1973 sein Buch über diesen nationalen Mythos: „Der Sonntag von Bouvines 27. Juli 1214. Der Tag, an dem Frankreich entstand."

Tatsächlich legte der Sieg von 1214 die Grundlagen für die Entstehung eines starken Zentralstaates und dessen äußere Machtentfaltung – ohne dabei zu übersehen, dass es bis zum Ende des 16. Jahrhunderts immer auch Rückschläge gab. Den Machtzuwachs nach außen konnte der König vor allem in jahrhundertelangen Kämpfen mit England durchsetzen. Ausgangspunkt der Konflikte war die Eroberung Englands durch den **Normannenherzog Wilhelm 1066**: Der Herzog war als englischer König seither ein dem französischen König ranggleicher Herrscher und mit seinen Festlandsbesitzungen *zugleich* ein Vasall seines französischen Lehnsherren. Zwar gelang es den englischen Königen, sich ihrer Vasallendienste immer wieder zu entziehen. Auch konnten sie im 12. Jahrhundert ihre Herrschaft durch Heirat über weite Teile West- und Nordfrankreichs ausdehnen. Doch nach dem französischen Sieg bei Bouvines verloren sie ihre nord- und mittelfranzösischen Güter (1259).

Die Autorität der französischen Könige, die seit 987 aus der Dynastie der **Kapetinger** kamen, machte im Innern den Weg frei für den Ausbau der Macht über die **Krondomäne**, d. h. die dem König gehörenden Landgüter. Dies geschah durch (1) die Bindung der Vasallen der großen Lehnsherren an den König, der an ihn zurückfallende Lehen einziehen und der Krondomäne zuschlagen konnte, (2) den Ausbau des Hofes zur mächtigen Regierungszentrale, (3) die Rechtsprechung am obersten königlichen Gerichtshof, dem Parlament von Paris, (4) den Einsatz von Beamten, (5) die Förderung der Städte und (6) die Zusammenarbeit mit der Kirche, deren Wohlwollen sich der König sicherte oder erzwang.

Bereits 1258 wurde in Frankreich ein allgemeines **Fehdeverbot** erlassen. Eine 1302 erstmals einberufene Ständeversammlung aus Klerus, Adel und Bürgern (die späteren **Generalstände**) beriet Reichsangelegenheiten und bewilligte Steuern, entwickelte sich aber nicht zum Gegengewicht gegen den König. Erfolgreich bestand die Monarchie im Spätmittelalter auch Konflikte mit dem Papsttum und den Hundertjährigen Krieg mit England (1339–1453).

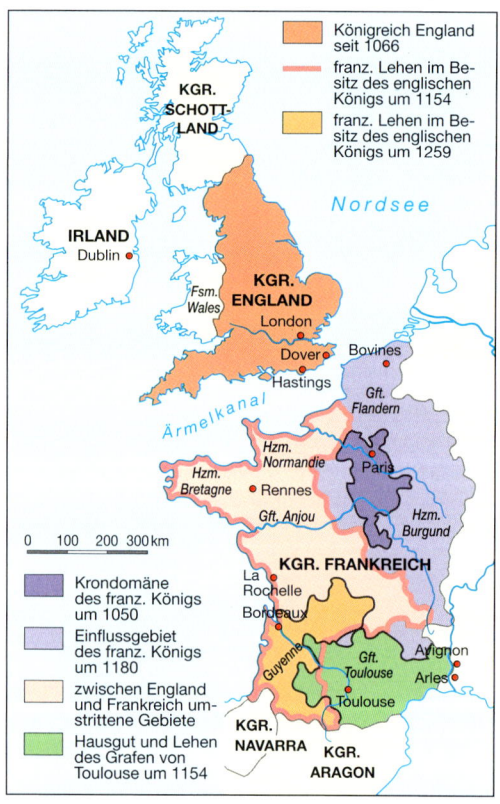

M 1 England und Frankreich vom 11. bis 13. Jahrhundert

Staatsbildung in England: Königtum und Parlament

Wenn sich Briten an die Geschichte ihres Staates erinnern, denken sie nicht an die Schlacht bei Bouvines, sondern an die **Magna Charta Libertatum** von 1215. Dieses Dokument besitzt bis heute einen herausragenden Platz im historisch-politischen Bewusstsein Großbritanniens. Denn die Rechte, die der König nach der Niederlage von Bouvines den Adligen und der Kirche zugestehen musste, legten den Grundstein für die Entwicklung Englands zu einer **rechtsstaatlich-verfassungsmäßigen Ordnung** und für die Herausbildung des **Parlamentarismus** – auch wenn die Könige in der Folgezeit versuchten, vieles rückgängig zu machen. Bis heute sind die Bestimmungen der _Charta_ in Großbritannien gelebtes Verfassungsrecht.

Zur Vorgeschichte der Ereignisse von 1215 gehört die Regierung von König Johann Ohneland 1199–1216. In dieser Zeit hatte die Unzufriedenheit der selbstbewussten Kronvasallen mit den als despotisch empfundenen Eingriffen des Königs zugenommen. Die Barone bestanden darauf, dass die Beziehung zu ihrem Lehnsherrn, dem König, kein einseitiges Unterwerfungsverhältnis sei, sondern ein „vertragsähnlicher Zustand" mit Pflichten für beide Seiten. Da der König nicht einlenkte, versammelten sich am 3. Mai 1215 die unzufriedenen Kronvasallen, sagten dem König die Lehnstreue auf und erklärten den bewaffneten Widerstand. Unterstützt wurden sie von ihren eigenen Vasallen, von Stadtbürgern und freien Bauern. Entscheidend für den Ausgang des Konfliktes war aber, dass die Londoner Bürgerschaft den oppositionellen Adligen ihre Tore öffnete und den König aus der Stadt ausschloss. Der König musste nachgeben und unter Vermittlung bisher neutraler Barone der _Magna Charta_ zustimmen. Die _Charta_ besaß zwar die Form eines einseitigen königlichen Privilegs, in Wirklichkeit war sie jedoch ein „Herrschaftsvertrag": Er band den König an das alte Recht und räumte den Baronen ein Widerstandsrecht und einen begrenzten Einfluss bei Steuererhebungen ein.

Der Nachfolger Johanns, König Heinrich III. (Reg. 1216–1272), musste nach einem weiteren Aufstand dem Adel 1259 das Zugeständnis machen, einen Ausschuss zu bilden, der die Krone beraten und die Verwaltung kontrollieren sollte. Seit dem **Model Parliament** von 1295 wurde es üblich, den Adel aus den Grafschaften und teilweise die Städte zu diesen Beratungen hinzuzuziehen. Das _Parliament_ teilte sich allmählich in zwei Kammern: Im **Oberhaus**, das auch als oberstes Gericht fungierte, saßen die geistlichen und weltlichen Großen. Im **Unterhaus** berieten hingegen die _gewählten_ Vertreter der Städte und Grafschaften. Die Idee der **Repräsentation** zeichnete das englische Parlament vor den kontinentalen Ständeversammlungen aus.

Reich und König, Territorien und Landesherren: die deutsche Entwicklung

Im römisch-deutschen Reich standen seit dem Ende der Stauferherrschaft (1254) schwache Könige an der Spitze, die sich mehr um ihre eigene Hausmacht als um das Reich kümmerten. Hart umkämpfte und umstrittene Königswahlen sowie häufige Dynastiewechsel (Habsburger, Luxemburger, Wittelsbacher) schwächten das Reich zusätzlich. Hinzu kamen allmähliche Machtzuwächse bei den Territorialgewalten, d. h. den Fürsten und Reichsbischöfen, mit denen sich jeder König auseinanderzusetzen hatte. In Deutschland begann daher die Entwicklung vom **Personenverbandsstaat** zum modernen **Territorialstaat** mit zentralen Behörden, einem geschlossenem Staatsgebiet und einem einheitlichen Staatsvolk, vor allem in den **Landesfürstentümern.** Zwar besaß auch das **Reich** eigenständige staatliche Strukturen. Sie begannen sich aber erst allmählich mit der Kontinuität der Habsburgerdynastie (seit 1438) und der **Reichsreform 1495** zu verfestigten (endgültiges Verbot der Fehde; Einsetzung eines obersten Reichsgerichts; Erhebung allgemeiner Reichssteuern; aus dem Hoftag wurde der Reichstag).

Hat die ältere Geschichtswissenschaft das Spätmittelalter wegen der politischen und militärischen Schwäche des Reiches als eine Zeit des Niedergangs beurteilt, sehen moderne Historiker in der Existenz der vielen politischen und kulturellen Zentren und damit in dem bis heute prägenden **Föderalismus** eine Stärke. Die Konkurrenz der fürstlichen Residenzstädte beispielsweise hatte sich förderlich auf die Kultur ausgewirkt.

Bereits seit dem Stauferkaiser Friedrich II. (Reg. 1212–1250), der Sizilien in den Mittelpunkt seiner Regierungstätigkeit gestellt hatte, schwangen sich die hohen Würdenträger des Reiches mehr und mehr zu Landesherren über ihre Gebiete auf. In zwei Urkunden, der *Confoederatio cum principius ecclesiasticis* (1220) und dem ***Statutum in favorem principum*** (1232), das die Fürsten erstmals als „**Landesfürsten**" bezeichnete, regelte der Kaiser seinerseits Rechte der geistlichen und weltlichen Fürsten und ebnete damit den Territorialfürstentümern den Weg.

In der Zeit des Interregnums (1254–1273) gab es zwar Könige, aber sie übten keine wirkliche Herrschaft aus. In dieser Zeit setzte sich im Reich endgültig das Prinzip der **freien Königswahl** durch, das von führenden weltlichen und geistlichen (Kur-)Fürsten nun als Recht beansprucht wurde (mhd. *Kur* = Wahl). Zu dem siebenköpfigen **Kurfürstenkollegium** gehörten die Erzbischöfe von Mainz, Köln und Trier, der Pfalzgraf bei Rhein, der Herzog von Sachsen, der Markgraf von Brandenburg und der König von Böhmen. Die „**Goldene Bulle**" **(1356)**, in der Neuzeit als „Reichsgrundgesetz" bezeichnet, schrieb die Königswahl durch die Kurfürsten fest.

Nach seiner Wahl durch das Kurfürstenkollegium 1273 brach König Rudolf von Habsburg insofern mit den Traditionen des römisch-deutschen Königtums, als er auf alle Ansprüche in Unteritalien und auf Sizilien verzichtete (nicht jedoch auf Oberitalien). Die weitgehende Aufgabe der Italienpolitik bedeutete den Verzicht auf die universale Reichsidee, obwohl die deutschen Könige noch lange von ihrer Vorrangstellung in Europa überzeugt waren.

Die Entstehung von Territorialstaaten im Reich: das Beispiel Württembergs

Die Entstehung von Territorialstaaten im Reich war ein vielschichter Vorgang. Dies zeigt das Beispiel Württembergs. Die Württemberger, die um 1130 den Grafentitel angenommen hatten, zählten seit dem Ende des 12. Jahrhunderts zu den Anhängern der kaiserlichen Staufer. Zum Mittelpunkt des Territoriums entwickelte sich Stuttgart, das Graf Ulrich I. (Reg. um 1240–1265) durch Heirat gewann. Zielstrebig erweiterten die Württemberger ihren Besitz. Die **Teilung** des Landes 1442 lähmte vorübergehend den Aufstieg, der jedoch nach der erneuerten Einheit 1482 fortgesetzt werden konnte. Die neue Stellung fand 1495 ihren Ausdruck in der Erhebung der **Grafschaft** zum **Herzogtum**. Württemberg gehörte nunmehr zu den mittleren Reichsfürstentümern und war das größte Territorium in Südwestdeutschland.

Diese politische Aufwertung ging im Inneren mit dem Ausbau der Verwaltung einher. Die Grafen teilten das Land in **Ämter** ein, die meist eine **Stadt** als Mittelpunkt besaßen und **Vögten** unterstanden. Die Vögte waren für die Gerichtsbarkeit, die herrschaftlichen Bauten und die Finanzen zuständig. Um die Gefahr der Entfremdung der Lehnsträger vom gräflichen Besitz zu bannen, bedienten sich die Grafen beim Verwaltungsausbau zunehmend abhängiger und absetzbarer **Beamter**, oft bürgerlicher Juristen. Ihrem landesherrlichen Regiment unterstellten die Grafen auch die **Klöster**. Die Zentralverwaltung unterstand dem **Landhofmeister**, der zugleich Stellvertreter des Grafen war. Der Aufbau einer Verwaltung führte zu Beginn des 15. Jahrhunderts zur Einrichtung einer **Kanzlei** mit einer zentralen Finanzkasse; an der Spitze stand der Kanzler, der seit 1496 ein juristisch gebildeter Beamter war. 1495 erließ der Herzog eine umfassende **Landesordnung**, um den Herrschaftsanspruch der Württemberger abzusichern und die **Rechtseinheit** im Territorium durchzusetzen.

Landstände – d. h. die Vertretungen von Kirche, Adel und Städten, die den Gesetzen und Verordnungen des Landesherrn zustimmen mussten – entwickelten sich in Württemberg vergleichsweise spät (nachweisbar seit 1457). Denn die Grafen waren aufgrund ihrer guten Einkünfte längere Zeit nicht auf deren Hilfe angewiesen. Immerhin trugen die Landstände zur Entstehung eines württembergischen Staatsbewusstseins bei. Ihre Macht zeigte sich deutlich, als sie 1498 Herzog Eberhard II. (Reg. 1496–1498) unter Berufung auf ihr Widerstandsrecht wegen Willkür und Misswirtschaft absetzten. Bis 1503 herrschte sogar ein landständisches Regiment. Herzog Ulrich (Reg. 1503–1519) handelte mit den Landständen 1514 den **Tübinger Vertrag** aus, der bis 1806 „Staatsgrundgesetz" Württembergs blieb. Der Vertrag band den Landesherrn in der Finanz- wie in der Außenpolitik an die Mitwirkung der Stände.

Hinweise zur Arbeit mit den Materialien

Die in Kapitel 6 begonnene Untersuchung politischer Herrschaft wird in diesem Kapitel *europäisch vergleichend* fortgesetzt (Frankreich, England, Deutschland). Der zeitliche Schwerpunkt liegt im Spätmittelalter, da in dieser Zeit Entwicklungen einsetzen, die Staat und Herrschaft in Europa bis heute geprägt haben. Dies betrifft neben der Herausbildung von **Staaten und Staatlichkeit** insbesondere Formen der **Machtkontrolle** und Möglichkeiten der **politischen Partizipation** (z. B. durch Ständeversammlungen oder föderale Strukturen).

1. M1–M4 beleuchten am Beispiel **Frankreichs** Voraussetzungen und Merkmale, aber auch Gegenkräfte von Staatsbildungsprozessen.
2. M5–M7 behandeln das Beispiel **England** und die besondere Bedeutung des Parlaments.
3. M8–M14 bieten Materialien zu Staatsbildungsprozessen im **römisch-deutschen Reich:** M8 und M9 beleuchten die Ebene des **Reiches** *(methodisch als Vertiefung der Textquelleninterpretation* angelegt; Stationen I und II), M10–M13 die Ebene der Territorien am Beispiel **Württembergs** (Station III); für eine Diskusssion des deutschen Beispiels bietet sich M14 an.
4. Zu *Präsentationen* über die Vorläufer moderner europäischer Nationalparlamente siehe Aufgabe 4 *(Assembée Nationale)*, Aufgabe 6 *(Parliament)*, Aufgabe 16 *(Reichstag/Bundestag)*.
5. Das Leitproblem „Machtkontrolle" in europäischen Staaten kann aus der Perspektive der Gegenwart anhand von M15a–c abschließend diskutiert werden.
6. Die *Themensonderseite 149 f.* behandelt Europa-Vorstellungen im Mittelalter, d. h. Herrschaftsideen „jenseits" von Staaten.
   Weiterführende Arbeitsanregungen S. 151: **Föderalismus in Deutschland** *(Vorträge).*

---

1 a) Skizzieren Sie (Darstellung S. 130 f., Karte M1) die territorialen Entwicklungen Frankreichs und Englands im Hoch- und Spätmittelalter und b) erläutern Sie die Besonderheiten in den Beziehungen beider Länder.

M 2 Frankreich im Mittelalter: Die Zeit Philipps II. (Reg. 1180–1223)

Der Historiker Wolfdieter Haas schreibt (2002):
Philipp II. Augustus (1180–1223) wurde in der Rückschau auf seine langdauernde Regierungszeit und im Blick auf den Sieg bei Bouvines (1214) von Chronisten als ein herausragender Herrscher gefeiert. Die Anfänge des
5 fünfzehnjährigen Königs und das erste Jahrzehnt seiner Regierung waren jedoch von Krisen und Schwierigkeiten mit den Nachbarfürsten überschattet. Als es ihm später
10 aber gelang, die Normandie und Bretagne zu erobern (1204/08) und Frankreich aus der Umklammerung durch den englischen Festlandsbesitz zu befreien, wuchs sein Ruhm, und sein Beiname *Augustus* setzte sich durch.
15 [...] In Konkurrenz mit dem englischen König, der die Trojasage zur dichterischen Deutung seiner Herkunft in Anspruch nahm, bo-

ten die Caesaren das große Vorbild für die Begründung und Darstellung des französischen Herrscherbildes.
20
Die äußeren Erfolge Philipps II. Augustus wurden mehr beachtet als die vielen wichtigen Änderungen im Innern Frankreichs. Das Jahrzehnt bis zum 3. Kreuzzug war aber von der zähen Arbeit im Lande bestimmt.
25 Philipp ging es vor allem darum, den sich autonom fühlenden Adel in die königliche Herrschaft einzugliedern. Aber erst sein Sieg in der Schlacht von Bouvines [1214]wurde zum Inbegriff großer Erfolge in der französischen Geschichte. Zuvor hatte die Francia[1]
30 unter der angevinisch-englischen Übermacht gelitten, die als eine dauernde Bedrohung empfunden wurde. [...]
Mit der Steigerung der Bodenerträge und
35 des Wohlstands, der Festigung seiner Finanzen und der Rechtsordnung erweiterte sich der zuvor noch enge Handlungsspielraum des Königs. Damit schuf er Grundlagen für seine späteren Erfolge. Die wachsenden
40 Städte und ihr Handel sicherten dem König größere Einnahmen. Jede Stadt leistete im Hinblick auf die *chartes des communes* wiederkehrende Zahlungen an die königliche Kasse. Der mit den großen Kirchen und Kathe-
45

dralbauten sichtbar werdende kulturelle Aufschwung hatte für das Selbstgefühl im Kronland eine nicht zu unterschätzende Wirkung. […]

50 Vom König als Person wurde [die königliche Verwaltung] schrittweise gelöst, da sie auch in Zeiten seiner Abwesenheit handlungsfähig bleiben sollte. Die *Prévôts* [Vögte] erhielten abgegrenzte Bezirke, und ihr Hand-
55 lungsrahmen wurde mit neuen Aufgaben erweitert. Der König übte die Stadtherrschaft über Paris durch seinen Prévôt aus. Bei ihm lagen die Verwaltungs- und Gerichtsrechte; zugleich kassierte er für den König die Steu-
60 ern und Abgaben in der sich nun festigenden Residenz und Hauptstadt.

Im Kronland gerieten die Burgherren, das heißt der ursprünglich ortsgebundene Niederadel mit den Burgbezirken, in die Abhän-
65 gigkeit des Königs und seiner Beamten. *Prévôts und Baillis* nahmen das Rechtswesen, die Verwaltung wie auch die Finanzen in die Hand […].

Über mehreren *Prévôts,* den Vögten, stand
70 der *königliche Bailli.* Das Amt übernahm Philipp II. vom normannisch englischen Hof. […] Philipp II. griff dieses System auf, wie er stets gerne die Neuerungen nutzte, die er bei seinen Nachbarn beobachtete. […]
75 Das Herrschaftsgebiet Philipps II. war bei seinem Regierungsantritt im Jahre 1180 noch auf die Francia[1] mit dem recht schmalen Landstreifen zwischen Senlis im Norden und Orléans-Sens im Süden begrenzt. […]
80 Dies änderte sich im Laufe der Regierungszeit Philipps II. […]

Große Bedeutung hatte der *ungeteilte Erbgang.* Ohne Teilung gingen Land und Herrschaft in den Fürstentümern auf die folgende
85 Generation über. Der Finanzkraft und Leistungsfähigkeit der Herzogtümer und Grafschaften kam dies sehr zugute. Für den französischen König aber lag darin die Aussicht, zu einem späteren Zeitpunkt große Herr-
90 schaftsgebiete als erledigte Lehen einzuziehen und sie ungeteilt, frei von Rechten Dritter, in sein Reich einzugliedern. […]

Grundverschieden zu den Vorgängern war sein Verhältnis zum hohen Adel. Philipp
95 II. wollte nicht nur einer aus der Nobilität sein. Jedem Adligen trat er vielmehr als Herr *ante omnes* [Vorrang vor allen anderen] gegenüber. Von der geheiligten Würde seines

Königtums und des Lehnsvorrechts nach den Regeln der *Ligesse*[2] mit dem Rang des 100 Königs als *Dominus ligius* war er tief durchdrungen. Der Treuevorbehalt zugunsten des Herrn verschob die politischen Gewichte hin zu einem gestärkten Königtum. […]

Seine Vorgänger hatten für wichtige Ver- 105 änderungen manche Voraussetzungen geschaffen, aber erst Philipp II. gelang es mit Zähigkeit und Durchhaltevermögen, die königlichen Ansprüche auch durchzusetzen. Neben den Ämtern des Prévôt und Bailli, 110 von denen die Rede war, wurde auch im Lehnswesen die Einwirkung des Königs wesentlich gesteigert. […]

Das Recht wurde zu einem Werkzeug der königlichen Politik. Bisher hatte es ein ein- 115 heitliches Recht nicht gegeben. *Droit et coutumes* [Recht und Bräuche] des jeweiligen Herrn waren maßgebend […]. In zersplitterten Herrschaften konnte daher nahe nebeneinander nach unterschiedlichem Recht 120 geurteilt werden. Für den König war die Durchsetzung seiner Rechtsordnung eine wichtige Grundlage der Herrschaft. Das Hofgericht vertrat die Königsinteressen in Lehns- und Landrechtskonflikten. […] Die 125

M 3 Aufstand in Montpellier 1379, französische Buchmalerei, ca. 15. Jh. – *Dargestellt sind u. a.: zwei königliche Beamte. – Hohe Steuerforderungen seitens des Königs hatten seinerzeit in Städten Unruhen ausgelöst.*

M 4 Herzöge und andere Adlige Frankreichs schließen sich 1465 mit einem Schwur in der *Ligue du Bien Public* gegen König Ludwig XI. zusammen, französische Buchmalerei, 1502. – *Die Adligen stellten sich gegen die königlichen Zentralisierungbestrebungen, die ihre alten Vorrechte, wie z. B. Steuerfreiheit, bedrohten. Nach militärischen Konflikten konnte der König in den Folgejahren seine Stellung wieder festigen.*

Hofgerichtsverfahren blieben nicht mehr allein auf die Francia begrenzt, vor allem bei Fällen, an denen Kirchen beteiligt waren. Der König […] nutzte sein Amt als Schutz-
130 herr der Kirche, um damit seinen Einfluss auszuweiten. Alle (aus seiner Sicht) *königlichen Rechtsfälle* zog Philipp II. vor sein Gericht. […] Der französische König folgte dem Grundsatz, nach dem Recht und Gericht als
135 vom König verliehen galten und daher, wenn erforderlich, von ihm wahrgenommen werden konnten. Philipp II. nahm jede Gelegenheit wahr, um vermeintliche Ansprüche aufzugreifen, die halfen, seinen Einfluss
140 auch außerhalb der Francia durchzusetzen. […]
  In kaum mehr als fünfzehn Jahren gelang es Philipp II., mehr als seinem Vater, das Land mit der Hilfe von Dienstleuten und Be-
145 amten in die Hand zu bekommen. Zudem erbrachte seine strenge Finanzverwaltung einen bis dahin nicht für möglich gehaltenen

Handlungsspielraum. In den benachbarten Fürstentümern, der Normandie, der Tou-
150 raine und in Blois Champagne, bestanden schon ähnliche Ämter, wie sie der König jetzt einführte. Philipp II. konnte daher, als er nach 1200 fast ganz Westfrankreich in seine Hand brachte, viele Grafschaften ohne grö-
155 ßere Schwierigkeiten in seine Herrschaft einfügen. […]
  Bei dem Versuch, das Denken und die Motive des stets verschlossenen Königs Philipp II. zu entschlüsseln, können seine
160 überlieferten Worte helfen: Ihn bewege, soll er geäußert haben, ob es ihm oder einem anderen *rex Francorum* von Gott gewährt werde, das Königreich der Francia wieder in den ursprünglichen Zustand zu bringen und sei-
165 nen Rang und die Ausdehnung so wieder herzustellen, wie diese einst zu Karls Zeit bestanden […].
  Das Vorbild Karls des Großen war über jeden Zweifel erhaben. In der Berufung auf ihn
170 suchte Philipp die Legitimation seiner Dynastie und damit der eigenen Herrschaft. […] Durch ihn wollte Philipp im Kreis der Fürsten überzeugend wirken, das heißt im Kreis derer, die auch seine Konkurrenten waren.
175 […] Frankreich und das deutsche *Regnum* wetteiferten in der Nachfolge des großen Vorbilds.

Wolfdieter Haas, Welt im Wandel. Das Hochmittelalter, Stuttgart (Thorbecke) 2002, S. 219–234.

1 Francia: Bezeichnung für die unmittelbar dem König unterstehenden Krondomänen im weiten Umkreis von Paris (siehe Karte M1, S. 130).
2 Ligese: bezeichnet seit Mitte des 11. Jh. die strenge Lehnsbindung, das heißt: Ein Vasall, der von mehreren Herren Lehen besaß, folgte nur demjenigen in den Krieg, dem er eine ligische Huldigung geleistet hatte.

2 Fassen Sie anhand von M2 in einer Übersicht zusammen, mit welchen Mitteln Philipp II. die Macht des französischen Königtums ausbaute.
3 Untersuchen Sie die Bilder M3 und M4 unter dem Thema: „Probleme und Grenzen französischer Königsherrschaft im Mittelalter".
4 🏃 Kurzreferat (für Schüler mit Französischkenntnissen): Stellen Sie dar, welche mittelalterliche Institution Frankreichs als Vorläufer der heutigen französischen Nationalversammlung betrachtet werden kann: das „*parlement*" oder die „*états généraux*"? (Wörterbücher, Lexika)

M 5 England im Mittelalter:
Die *Magna Charta Libertatum* (1215)

Johann, von Gottes Gnaden König von
England, [… entbietet] den Erzbischöfen,
Bischöfen, Äbten, Grafen, Baronen, Justizi-
aren, Forstverwaltern, Sheriffs, Stewards, be-
5 auftragten Vasallen und allen seinen Beamten und Getreuen Gruß. Wisset, dass Wir im
Aufblick zu Gott und für Unser und aller Unserer Vorgänger und Nachfolger Seelenheil,
zur Ehre Gottes und zur Erhöhung der heili-
10 gen Kirche sowie zur besseren Ordnung Unseres Königreiches, gemäß dem Rat Unserer
ehrwürdigen Väter [2 Erzbischöfe, 7 Bischöfe, 2 Geistliche] und der edlen Herren [3 Grafen, 12 Barone] und anderer Unserer Ge-
15 treuen.
    1. als Erstes Gott gelobt und durch diese
Unsere Charta hier bestätigt haben, für Uns
und Unsere Nachfolger auf ewig, dass die

M 6 Original der *Magna Charta* von
1215. – *Für jede Grafschaft wurde ein Exemplar
angefertigt und am 19. Juni 1215 vom König un-
terzeichnet. Vier Exemplare sind bis heute
erhalten (zum Teil mit unterschiedlichem Wortlaut).*

englische Kirche frei sein und ihre Rechte
unverletzt und ihre Freiheiten unangetastet 20
besitzen soll; und so wollen Wir, dass es gehalten werde. Dies wird dadurch offenbar,
dass Wir die Freiheit der Wahlen, die als
höchstes und besonders wichtiges Recht der
englischen Kirche zuerkannt wird, aus völlig 25
freiem Willen, vor Ausbruch des Zwistes zwischen Uns und Unseren Baronen, zugestanden und durch diese Charta bekräftigt haben, und dass Wir deren Bestätigung vom
Herrn Papst Innocenz III. erlangt haben. Wir 30
werden sie innehalten, und Wir wollen, dass
sie auch von Unseren Nachfolgern auf ewig
in guten Treuen innegehalten werde. Ferner
haben Wir allen freien Mannen Unseres Königreiches, für Uns und Unsere Nachfolger, 35
auf ewig alle nachstehenden Freiheiten gewährt, die sie und ihre Nachkommen von
Uns und Unseren Nachfolgern haben und
behalten werden. […]
    12. Schildgeld oder Hilfsgeld soll in Un- 40
serem Königreich nur erhoben werden durch
gemeinsamen Beschluss Unseres Königreiches, außer zur Auslösung Unserer Person,
zum Ritterschlag Unseres ältesten Sohnes
und zur ersten Eheschließung Unserer ältes- 45
ten Tochter, und dafür soll nur ein angemessenes Hilfsgeld erhoben werden; in entspre-
chender Art soll es mit den Hilfsgeldern der
Stadt London gehalten werden.
    13. Und die Stadt London soll alle ihre al- 50
ten Freiheiten und freien Bräuche behalten,
sowohl zu Lande wie auch zu Wasser. Außerdem beschließen Wir und gestehen zu, dass
alle anderen Städte, die Flecken und Gemeinden und die Häfen alle ihre Freiheiten 55
und freien Bräuche behalten sollen.
    14. Und um den gemeinsamen Rat des Kö-
nigreiches über die Erhebung eines Hilfs-
geldes, anders als in den drei oben genannten Fällen, oder über die Erhebung eines 60
Schildgeldes einzuholen, werden Wir die
Erzbischöfe, Bischöfe, Äbte, Grafen und größeren Barone einzeln durch Unsere Briefe laden lassen; und außerdem werden Wir durch
Unsere Sheriffs und Beamten insgesamt alle 65
jene, welche direkt von Uns Lehen tragen,
laden lassen, und zwar auf einen bestimmten Tag, nämlich nach Ablauf von mindestens vierzig Tagen, und an einen bestimmten
Ort; und in allen jenen Einladungsschreiben 70
werden Wir den Grund des Aufgebots ange-

ben; und nach so geschehener Einladung soll die Verhandlung am festgesetzten Tage vonstatten gehen gemäß dem Beschluss derjenigen, die zugegen sind, auch wenn nicht alle Geladenen erschienen sind.

15. Wir werden fortan niemandem gestatten, von seinen freien Mannen Hilfsgeld zu erheben, außer zur Auslösung seiner Person, zum Ritterschlag seines ältesten Sohnes und zur ersten Eheschließung seiner ältesten Tochter; und dafür soll nur ein angemessenes Hilfsgeld erhoben werden.

16. Niemand soll gehalten sein, mehr Dienst für ein Ritterlehen oder ein anderes Freilehen zu leisten, als dafür geschuldet wird.

17. Gewöhnliche Zivilprozesse sollen Unserem Hofe nicht folgen, sondern an einem bestimmten Orte stattfinden. […]

20. Kein freier Mann soll für ein kleines Vergehen anders als nach dem Grad des Vergehens gebüßt werden; und für ein großes Vergehen soll er entsprechend der Größe des Vergehens gebüßt werden, unter Belassung des zum standesgemäßen Lebensunterhalt Erforderlichen, und der Kaufmann ebenso unter Belassung seines Warenlagers; und der Hörige soll genau so gebüßt werden, unter Belassung seiner landwirtschaftlichen Betriebsmittel, wenn diese Fälle Unserer gnädigen Verfügung anheimfallen. Und jede der genannten Bußen soll nur unter dem Eid rechtschaffener Männer aus der Nachbarschaft verhängt werden.

21. Grafen und Barone sollen nur durch ihresgleichen und nur nach Art ihres Vergehens gebüßt werden. […]

38. Kein Beamter soll fortan jemanden, nur aufgrund eigener Aussagen, ohne dafür glaubwürdige Zeugen beizuziehen, einem Gottesurteil unterwerfen.

39. Kein freier Mann soll verhaftet, gefangen gehalten, enteignet, geächtet, verbannt oder auf irgendeine Art zugrunde gerichtet werden, noch werden Wir über ihn kommen oder veranlassen, dass gegen ihn vorgegangen wird, es sei denn aufgrund gesetzlichen Urteilsspruchs von seinesgleichen oder aufgrund des Landesrechts. […]

45. Wir werden zu Richtern, Constables, Sheriffs oder Beamten nur solche Leute ernennen, die das Landesrecht kennen und es treulich halten wollen. […]

60. Aber die sämtlichen genannten Bräuche und Freiheiten, die Wir gewährt haben, auf dass sie gehalten werden, soweit dies Uns gegenüber den Unseren betrifft, sollen alle in Unserem Königreich beobachten, Geistliche wie Laien, soweit es sie gegenüber den ihrigen betrifft.

61. […] Es sollen nämlich die Barone fünfundzwanzig Barone aus dem Königreiche erwählen, welche sie wollen, und diese sollen verpflichtet sein, mit all ihren Kräften den Frieden und die Freiheiten, die Wir ihnen zugestanden und durch diese Unsere vorliegende Charta bestätigt haben, zu bewahren, aufrecht zu halten und für ihre Beobachtung zu sorgen.

Zit. nach: Hans Wagner (Bearb.), Magna Carta Libertatum von 1215, 2. Aufl., Bern (Lang) 1973, S. 30–42.

M 7 König Edward I. (Reg. 1272–1307) im englischen Parlament, englische Buchmalerei, um 1524

5 Analysieren Sie die *Magna Charta* von 1215 (M5, M6) und zeigen Sie, wo Ansätze zu einer modernen verfassungsmäßigen Ordnung zu erkennen sind.
6 🏃 Präsentation: „Das britische Parlament – Wiege der europäischen Demokratie?" (M7)
7 Fassen Sie die Merkmale zusammen, die den Staatsbildungsprozess in Frankreich und England im Mittelalter kennzeichnen (M2–M7).

M 8 Quellen zu Staatsbildungsprozessen im römisch-deutschen Reich – Station I: Aus dem *Statutum in favorem principum* (Gesetz zugunsten der Fürsten) von 1232

Im Namen der heiligen und ungeteilten Dreifaltigkeit Friedrich II., von Gottes Gnaden Kaiser der Römer, immerdar Mehrer des Reiches, König von Jerusalem und Sizilien.

5 Der erhabene Thron Unseres Kaisertums wird erhöht, und Wir regeln in aller Gerechtigkeit und in allem Frieden die Regierung des Reiches, indem Wir in geziemender Weise für die Rechte Unserer Fürsten und Gro- 10 ßen sorgen, auf denen Unser Reich wie das Haupt auf den vorzüglichsten Gliedern ruht und steht. […]

1. Keine neue Stadt oder Burg darf (auf dem Grund und Boden der Kirchen aus An- 15 lass der Vogtei) weder von Uns noch von sonst jemandem unter irgendeinem Vorwande errichtet werden.

2. Neue Märkte dürfen die alten nicht beeinträchtigen. […]

20 6. Jeder Fürst soll seine Freiheiten, Gerichtsbarkeiten, Grafschaften und Centen [niedere Gerichte], ob sie nun frei in seiner Hand oder zu Lehen gegeben sind, nach der bewährten Gewohnheit seines Landes unan- 25 gefochten genießen.

7. Die Centgrafen haben ihre Gerichtsbarkeit vom Landesherrn oder dem von ihm Belehnten zu empfangen.

8. Niemand darf die Stätte des Centge- 30 richtes ohne Willen des Landesherrn verlegen.

9. Kein Synodale darf vor die Cent geladen werden.

10. Die sogenannten Pfahlbürger sind 35 vollständig aus den Städten zu entfernen.

11. Die Abgaben an Wein, Geld, Getreide oder anderem, was die Bauern bisher zu entrichten pflegten, sollen abgeschafft und von nun an nicht mehr angenommen werden.

40 12. Eigenleute der Fürsten, Edlen, Dienstmannen der Kirchen dürfen in den Städten nicht mehr aufgenommen werden.

13. Unsere Städte [die Reichsstädte] müssen den Fürsten, Edlen, Dienstmannen und 45 den Kirchen die Besitzungen und Lehen herausgeben, die sie sich von diesen angeeignet haben, und dürfen solche nicht mehr an sich reißen.

14. Das Geleitrecht der Fürsten durch ihr Land, das sie aus Unserer Hand zu Lehen er- 50 halten haben, werden Wir selbst nicht hindern, auch nicht durch Unsere Leute oder sonst wie verletzen lassen.

15. Unsere [städtischen] Schultheißen dürfen niemand zur Entrichtung von Leis- 55 tungen zwingen, die sie vor langer Zeit, und zwar vor Aufnahme der Leute, in einer Unserer Städte zu empfangen pflegten (außer diese Leute waren dem Reiche unmittelbar untertan; in diesem Falle sind die Schult- 60 heißen gehalten, ihnen in ihrem Rechte an dem Gerichte derer zu helfen, in deren Lande sie einen Rechtsanspruch erworben haben).

16. In unseren Städten darf kein Land- 65 schädling, kein vom Richter Verurteilter, kein Geächteter wissentlich aufgenommen, oder muss, wenn er überführt ist, ausgewiesen werden.

17. Wir werden in keinem Lande eines 70 Fürsten Geld schlagen lassen, wodurch die Münze dieses Fürsten an Wert verliert.

18. Die Gerichtsbarkeit Unserer Städte darf über den Umfang der Stadt nicht ausgedehnt werden, außer wir besitzen dort eine 75 besondere Gerichtsbarkeit.

19. In Unseren Städten hat der Ankläger dem Angeklagten an dessen Gericht zu folgen, außer der Angeklagte, der fürstlicher Untertan ist, wird in der Stadt aufgegriffen; 80 in diesem Falle muss er sich in ihr verantworten.

20. Niemand nehme ohne Einwilligung des fürstlichen Herren Lehngüter als Pfand an. 85

21. Niemand, der nicht rechtlich hierzu verpflichtet ist, werde zu städtischen Bauten herangezogen.

22. Zinsleute, die in Unseren Städten wohnen, haben ihre üblichen und schuldigen 90 Leistungen für ihre außerhalb der Stadt gelegenen Güter an ihre Herren und Vögte zu entrichten, sollen aber nicht mit ungerechten Abgaben belastet werden.

23. Eigenleute, Zinsleute, Lehnsleute, die 95 zu ihren Herren zurückkehren wollen, dürfen von Unseren Beamten zum Verbleiben in der Stadt nicht gezwungen werden.

Zit. nach: Wilfried Hartmann (Hg.), Deutsche Geschichte in Quellen und Darstellung, Bd. 1, Stuttgart (Reclam) 1995, S. 404–409.

M 9 Quellen zu Staatsbildungsprozessen im römisch-deutschen Reich – Station II: Die Goldene Bulle Kaiser Karls IV. (1356)

Die aus 31 Kapiteln bestehende Goldene Bulle wurde nach der goldenen Kapsel (lat. bulla*) benannt, in der sich das Urkundensiegel befand:* Da wir nun kraft des Amtes, das wir vermöge unserer Kaiserwürde innehaben, den künftigen Gefahren der Uneinigkeit und Zwietracht unter den Kurfürsten, zu deren Zahl
5 wir als Könige von Böhmen bekanntlich gehören, aus zwei Gründen, nämlich sowohl wegen unseres Kaisertums als auch wegen des von uns ausgeübten Kurrechts, entgegenzutreten gehalten sind, haben wir,
10 um die Einigkeit unter den Kurfürsten zu fördern, um Einhelligkeit bei der Wahl herbeizuführen und um der vorerwähnten schmählichen Uneinigkeit […] den Zugang zu verschließen, die hiernach geschriebenen
15 Gesetze auf unserem feierlichen Reichstag zu Nürnberg [...] erlassen. […]

II. Von der Wahl eines römischen Königs […]

4. Nachdem aber [die Kurfürsten] oder die
20 Mehrzahl von ihnen an diesem Ort gewählt haben, muss eine solche Wahl gleich gehalten und geachtet werden, wie wenn sie […] einhellig vollzogen wäre. […]

Und weil Nachfolgendes nach alter aner-
25 kannter und löblicher Gewohnheit bisher stets unverbrüchlich beobachtet worden ist, bestimmen auch wir und verordnen aus kaiserlicher Machtvollkommenheit, dass, wer besagtermaßen zum römischen König ge-
30 wählt worden ist, sogleich […] allen und jeden geistlichen und weltlichen Kurfürsten, die bekanntlich die nächsten Glieder des heiligen Reiches sind, alle ihre Privilegien, Briefe, Rechte, Freiheiten und Vergünstigun-
35 gen, alten Gewohnheiten und auch Würden und alles, was sie vom Reich bis zum Tag seiner Wahl empfangen und besessen haben, ohne Verzug und Widerspruch durch seine Briefe und Siegel bestätigen und bekräftigen
40 soll; und alles Vorerwähnte soll er ihnen erneuern, nachdem er mit den kaiserlichen Infeln gekrönt worden ist. Diese Bestätigung aber wird der Gewählte einem jeden Kurfürsten besonders erstlich als König ausstellen
45 und danach als Kaiser erneuern; und er soll

gehalten sein, alle Kurfürsten insgesamt und einen jeden von ihnen im Besondern dabei keineswegs zu benachteiligen, sondern […] ohne Arglist huldreich zu fördern. […]

VII. Von der Erbfolge der Kurfürsten 50
1. […] Damit nicht unter den Söhnen besagter weltlicher Kurfürsten wegen des Rechts, der Stimme und der Befugnis, die vorhin erwähnt wurden, inskünftig Anlass zu Ärgernis und Zwietracht entstehen und so 55 das allgemeine Wohl durch gefährliche Verzögerungen beeinträchtigt werden kann, bestimmen wir, da wir künftigen Gefahren mit Gottes Hilfe heilsam vorzubeugen willens sind, und gebieten kraft kaiserlicher Macht- 60 befugnis durch dieses Gesetz, das für ewige Zeiten gelten soll, dass jeweils nach dem Ableben eines weltlichen Kurfürsten Recht, Stimme und Befugnis zu solcher Wahl auf seinen erstgeborenen rechtmäßigen Sohn 65 weltlichen Standes […] übergehe. […]
2. Wenn aber eines von diesen Kurfürstentümern dem heiligen Reiche ledig wird, dann soll und kann es der jeweilige Kaiser oder römische König wieder verleihen als et- 70 was, das ihm und dem Reiche rechtmäßigerweise heimgefallen ist. […]

IX. Von Gold-, Silber- und andern Bergwerken
Wir verordnen […], dass unsere Nachfol- 75 ger die Könige von Böhmen sowie alle und jegliche geistliche und weltliche Kurfürsten, die hinfort sein werden, sämtliche Gold- und Silbergruben und Bergwerke auf Zinn, Kupfer, Eisen, Blei und beliebige andere Metalle 80 und auch auf Salz […] in dem vorgenannten Königreich […] und ebenso die Fürsten in ihren Fürstentümern […] rechtlich haben und rechtmäßig besitzen können. […]

X. Vom Münzrecht 85
Wir setzen ferner fest, dass der jeweilige König von Böhmen, unser Nachfolger, [befugt sei], […] Gold- und Silbermünzen in jedem Ort und Teil seines Reiches […] zu schlagen und schlagen zu lassen […]. Wir 90 wollen auch, dass gegenwärtige Verordnung und Vergünstigung kraft dieses unseres unseres kaiserlichen Gesetzes auch auf alle geistlichen und weltlichen Kurfürsten […] in vollem Umfang ausgedehnt werde. […] 95

XI. Von der Gerichtsfreiheit der Kurfürsten
Wir stellen auch fest, dass keine Grafen,

Freiherren, Edelleute, Lehnsleute, Vasallen,
100 Burgvögte, Ritter, Ministerialen, Bürger,
Burgmannen und keinerlei Personen, Mann
oder Frau, die den Kirchen von Köln, Mainz
und Trier untertan sind, [...] vor das Gericht
eines andern als der Erzbischöfe von Mainz,
105 Trier und Köln [...] gezogen oder gefordert
werden dürfen. [...] Im Falle verweigerten
Rechtes aber soll allen Vorgenannten gestattet sein, ausschließlich an das kaiserliche
Hofgericht oder an den Richter, der zu der
110 Zeit am kaiserlichen Hofgericht unmittelbar
den Vorsitz führt, zu appellieren. [...] Wir
wollen, dass ebendiese Verordnung kraft
dieses unseres kaiserlichen Gesetzes auch auf
die erlauchten weltlichen Kurfürsten [...] in
115 vollem Umfang ausgedehnt werde. [...]
XII. Von der Zusammenkunft der Kurfürsten
Inmitten der mannigfaltigen Sorgen für
den Staat *[res publica]*, die unsern Geist un-
120 ablässig beschäftigen, hat unsere Majestät
nach gründlicher Erwägung als notwendig
erkannt, dass die Kurfürsten des heiligen
Reiches zur Beratung über das Wohl des
Reiches und der Welt öfter als bisher zusam-
125 menkommen; denn als Grundfesten und un-
verrückbare Säulen des Reiches, die voneinander durch weite Länderstrecken getrennt
sind, können sie so über Übelstände, welche
die ihnen bekannten Gebiete heimsuchen,
130 Bericht erstatten und sich besprechen und
vermögen mit klugen und vorsorglichen Rat-
schlägen durch geeignete Maßnahmen wirksam Abhilfe zu schaffen. Daher haben wir zu
verordnen geruht, dass dieselben Kurfürsten
135 in Zukunft einmal in jedem Jahre [...] persönlich zusammenkommen sollen. [...]
XVI. Von den Pfahlbürgern
Häufige Klagen haben vor uns gebracht,
dass manche Bürger und Untertanen von
140 Fürsten, Freiherren und andern Leuten das
Joch ursprünglicher Untertänigkeit abzu-
schütteln trachten, [...] [indem sie] sich als
Bürger anderer Städte aufnehmen lassen,
was sie früher noch häufiger getan haben,
145 und, obschon sie in den Ländern, Städten,
Flecken und Dörfern ihrer früheren Herren
[...] persönlich wohnen, dennoch die Freiheiten jener Städte, an die sie sich solchermaßen anschließen, genießen und von ih-
150 nen beschützt werden wollen. Derlei Leute
pflegt man in deutschen Landen insgemein

Pfahlbürger zu nennen. Da nun Betrug und
Arglist niemandem zustatten kommen sollen, so verordnen wir kraft kaiserlicher
Machtvollkommenheit, mit dem beson- 155
nenen Beirat aller geistlichen und weltlichen
Kurfürsten, [...] dass obbesagte Bürger und
Untertanen, die ihre Herren solchermaßen
hintergehen, in allen Ländern, Orten und
Gebieten des heiligen Reiches von diesem 160
Tage an inskünftig der Rechte und Freiheiten
jener Städte, als deren Bürger sie sich durch
solchen Betrug aufnehmen lassen oder bisher aufnehmen ließen, in keiner Weise teil-
haft sein sollen, es sei denn, dass sie persön- 165
lich und tatsächlich in diese Städte ziehen.
[...]
XVII. Von Fehden
Wir erklären, dass diejenigen, welche in
Zukunft unter dem Vorwand, eine rechtmä- 170
ßige Ursache zur Befehdung anderer zu haben, denselben an Orten, wo sie ihre Wohnung nicht haben oder gewöhnlich nicht
wohnen, zur Unzeit Fehde ansagen, wegen
alles durch Brandstiftungen, Raub oder Plün- 175
derung zugefügten Schadens ehrlos sein sollen. Und weil Betrug und Arglist niemandem
zustatten kommen sollen, bestimmen wir,
[...] dass es nicht erlaubt sei, unter dem Vorwand der Fehde jemanden mit Brandstiftun- 180
gen, Raub oder Plünderung anzugreifen, außer wenn die Fehde drei natürliche Tage
zuvor dem zu Befehdenden persönlich oder
an dem Ort, wo er zu wohnen pflegt, öffentlich angesagt worden ist und diese Fehdean- 185
sage durch glaubwürdige Zeugen zuverlässig
bewiesen werden kann. [...]
XXIX. Bestimmung über Wahlort Frankfurt, Krönungsort Aachen, erster Reichstag:
Nürnberg. [...] 190
XXXI. Über die verschiedenen Sprachen
der Kurfürsten
Da des heiligen römischen Reiches Erha-
benheit die Gesetze und die Verwaltung verschiedenartiger, durch Sitten, Lebensweise 195
und Sprache verschiedenartiger Völker zu regeln hat, ist es geziemend, [...] dass die Kurfürsten, des Reiches Säulen und Flanken, in
der Eigenart verschiedener Sprachen und
Zungen unterwiesen werden. 200

*Zit. nach: Jean-Marie Moeglin/Rainer A. Müller (Hg.),
Deutsche Geschichte in Quellen und Darstellung,
Bd. 2, Stuttgart (Reclam) 2000, S. 198–221. Übers.
Wolfgang D. Fritz.*

Vertiefung des systematischen Umgangs mit schriftlichen Quellen

8 a) Analysieren Sie die formalen Merkmale der Textquelle M8 (s. *Methodensonderseite 66*, Schritte 1–5).

b) Analysieren Sie den Inhalt, indem Sie das Gesetz Friedrichs II. (M8) in Abschnitte unterteilen und die Kernaussagen, Hauptanliegen, Leitgedanken und zentralen Begriffe bestimmen (s. *Methodensonderseite 66*, Schritt 6).

c) Ordnen Sie Quelle M8 mithilfe der Darstellung, S. 131 f., und des Sekundärtextes M20, S. 122, historisch ein (s. *Methodensonderseite 66*, Schritt 7).

9 a) Bestimmen Sie, welche Regelungen mit der Goldenen Bulle (M9) getroffen wurden.

b) Erläutern Sie die Einzelpunkte und belegen Sie Ihre Ergebnisse mit Zitaten aus dem Text.

c) Das Papsttum als eine für den lateinisch-römischen Westen zentrale Herrschaftsinstitution findet in der Bulle (M9) keine Erwähnung: Diskutieren Sie dieses Fehlen.

10 Beurteilen Sie die Urkunden M8 und M9 im Kontext der Staatsbildungsprozesse im spätmittelalterlichen Europa (s. *Methodensonderseite 66*, Schritt 8).

M 10 Graf Eberhard III. von Württemberg (Reg. 1392–1417) mit seinen Räten, Malerei, ca. 15. Jh.

M 11 Quellen zu Staatsbildungsprozessen im römisch-deutschen Reich – Station III: Territorialstaatsbildung am Beispiel des Landesfürstentums Württemberg

Der Historiker Dieter Mertens schreibt 1997 in einem Lexikonartikel über den Landesfürsten Graf Eberhard V. im Bart (Reg. 1459–1496; seit 1495: Herzog Eberhard I.):

1459 gelangte Eberhard zur Regierung über die Uracher Hälfte der Herrschaft Württemberg […]. Über die Stuttgarter Hälfte herrschte seit der Teilung von 1441/42 sein [Onkel] Ulrich V. Als Eberhard mit fünfzig Jahren 5 starb, hinterließ er ein unter seiner alleinigen Herrschaft wieder zusammengeführtes und als reichslehnbares Herzogtum vereinheitlichtes Land. In den gut sechsunddreißig Jahren seiner Herrschaft […] vermochte Eberhard das Land entscheidend zu festigen. […]

1474 vermählte sich Eberhard mit Barbara Gonzaga Markgräfin von Mantua, mütterlicherseits einer Großnichte des äußerst einflussreichen Markgrafen Albrecht Achilles, Kurfürst von Brandenburg. Aus dieser Ehe ging einzig eine 1475 geborene und noch im selben Jahr verstorbene Tochter hervor. […] Schließlich sah Eberhard in dem 1487 geborenen Sohn seines Vetters Heinrich die Lösung des dynastischen Problems Württembergs und holte das Kind – den späteren Herzog Ulrich –, dessen Mutter bei der Geburt gestorben war, sogleich nach Stuttgart, um es an seinem religiös und kulturell ambitionierten Hof zum Nachfolger heranzubilden.

Die dynastischen Krisen und Probleme riefen nicht nur die Verwandten auf den Plan, sondern erstmals auch die württembergischen Stände. Von Stuttgart und Heidelberg umworben und von den Räten geführt, entschieden Ritterschaft und Landschaft (die aus den Amtsstädten sich rekrutierende Vertretung der Untertanen) von Württemberg-Urach 1459 zugunsten Eberhards gegen Ulrich V. […]. Damals wurde der Grund gelegt für die künftige Mitwirkung der Landstände – seit 1481 auch der Prälaten[1] – an wichtigen, das Land als Ganzes betreffenden Entscheidungen. Eberhard hat sich fortan der Stände bedient, um die wichtigste Leistung seiner Herrschaft zu sichern, die Wiedervereini-

45 gung der 1441/42 getrennten Landeshälften nach vierzig Jahren im Münsinger Vertrag von 1482. Seit 1489 regelte er in Verträgen seine Nachfolge zugunsten seines Neffen Ulrich auf Kosten seines Vetters Eberhard des 50 Jüngeren und übertrug den Ständen in Gestalt eines Zwölfer-Ausschusses sogar die interimistische Regierungsgewalt. Die Stände sollten also den gefährlichen Mangel dynastischer Kontinuität kompensieren. Gleich-55 zeitig sollten sie ein württembergisches Gegengewicht bilden gegen den zunehmenden Einfluss Habsburgs, den Eberhard in Kauf nehmen musste. Denn die reichsrechtliche Absicherung der Wiedervereinigung des 60 Landes und der Nachfolgeregelung erforderte die Mitwirkung Kaiser Friedrichs III. und König Maximilians I. seit 1473. Sie kulminierte in der Erhebung der Grafschaft zum Herzogtum Württemberg am 21. Juli 1495. 65 [...]

Der Hauptgegner [von Eberhards] Territorialpolitik war über eineinhalb Jahrzehnte Erzherzog Sigismund, 1458–1490 Herr Vorderösterreichs. Eberhard, der mit kriege-70 rischen und diplomatischen Mitteln seinen Einfluss am Oberlauf von Neckar und Donau ausdehnte, stieß dabei mit Sigismund zusammen. Erst 1481 fanden sie einen Ausgleich. Diese Aussöhnung war aber nunmehr 75 Teil eines umfassenden Wechsels des politischen Systems. Eberhard ging zu dem Nachfolger [seines Onkels] Friedrich von der Pfalz, dem Kurfürsten Philipp, und ebenso zu den bayerischen Wittelsbachern auf Dis-80 tanz und fand stattdessen Anschluss an die [...] kaiserliche Partei. Er beteiligte sich führend, doch auch immer misstrauisch auf Selbstständigkeit bedacht, an der Gründung und dem Ausbau des antiwittelsbachischen, 85 kaiserlichen Schwäbischen Bundes 1488. Dafür erhielt er die kaiserliche Unterstützung seiner gesamtwürttembergischen Hauspolitik, die er seit den 1470er-Jahren mit wachsender Konsequenz betrieb.

90 Gleichzeitig hat Eberhard den institutionellen Ausbau Württembergs energisch vorangetrieben. Schon die stark erhöhte Zahl seiner adligen und gelehrten Räte und Diener dokumentiert dies; sie entsprach der au-95 ßerordentlich intensivierten politischen Aktivität nach außen und nach innen. Zur letzteren zählen der Ausbau der zentralen

Verwaltung und des Gerichtswesens sowie der Landesverteidigung, die Gründung der Universität Tübingen 1477 und die Kloster-100 reformen. Deren Durchführung innerhalb wie außerhalb seines Landes hat Eberhard als seine religiöse Pflicht betrachtet, aber auch als territorialpolitische Chance genutzt; denn die großen grundbesitzenden Klöster 105 konnte er auf diese Weise in seine Herrschaft einbeziehen. Die Bildung des Prälatenstandes als Landstand zeigt dies. [...] Seine eigenen wissenschaftlichen, religiösen und literarischen Interessen dokumentiert eine 110 große Zahl deutscher Übersetzungen, die ein weitgehend auf seine Person zugeschnittenes Programm erkennen lassen.

Die Erhebung Württembergs zum Herzogtum 1495 besiegelte nicht nur die Unteilbar-115 keit, sondern schuf durch die Neugestaltung des Verhältnisses von Herrschaft und Land auch die entscheidende Voraussetzung für dessen weitere Vereinheitlichung. Eberhard sah dabei insbesondere die Pflichten des 120 Herrschers für die Wohlfahrt des gesamten Landes – nach späterem Verständnis die „staatlichen Aufgaben" – anwachsen und trug dem 1495 durch eine Landesordnung für das neue Herzogtum Rechnung. Sie be-125 trifft Verkehr, Handel, Forsten, Rechtspflege, Luxus und Schulden und steht am Anfang der großen württembergischen Gesetzgebungswerke des 16. Jahrhunderts.

Dieter Mertens, Eberhard V./I. im Bart, in: Sönke Lorenz u. a., Das Haus Württemberg. Ein biografisches Lexikon, Stuttgart (Kohlhammer) 1997, S. 92–95.

1 Prälaten: hohe kirchliche Würdenträger mit Rechtsprechungsgewalt, die in den spätmittelalterlichen Land- und Reichstagen den geistlichen Stand bildeten („Prälatenbank").

M 12 Urteile über den württembergischen Landesfürsten Eberhard im Bart

12 a) Der Reformator Philipp Melanchthon (1497–1560) wird in den Aufzeichnungen über die Tischreden Martin Luthers wie folgt zitiert: Dominus Philippus Melanchthon sagte ein Mal D. M. Luthern über Tische: „Dass er in seiner Jugend gehört hätte, dass auf einem Reichstage etliche Fürsten gerühmet hätten von den Gaben und Herrlichkeiten ihrer 5

Fürstenthum und Lande. Und hätte der Herzog zu Sachsen gesagt, dass er silberne Berge in seinem Lande hätte und also ein Bergwerk gerühmet, welchs damals große Ausbeute
10 gab. Der Pfalzgraf aber hatte seine gute Wein gelobet, die ihme am Rheinstrom wüchsen. Als im Herzog Eberhard von Würtenberg auch sagen sollt, was er fur Herrlichkeit in seinem Lande hätte, da antwortete er: Ich
15 bin wol ein armer Fürst und Euer Liebden beiden nicht zu vergleichen, jedoch so hab ich auch ein groß Kleinod in meinem Fürstenthum, dass, wenn ich mich verritten hätte und aufin Felde gar alleine wäre, so
20 kann ich doch in einesjeden meiner Unterthanen Schoß sicher schlafen." Wollt sagen, dass seine Unterthanen ihn so lieb hätten, dass er bey ihnen hausen und herbergen könnte und sie ihm alles Liebes und Gutes
25 thun würden. Und seine arme Leute haben ihn auch gehalten für den *Patrem patriae*. Als solchs die andern Fürsten, als Sachsen und Pfalz gehört hatten, da hatten sie selbs erkannt, dass dies das edelste Kleinod und Gut
30 wäre.

Zit. nach: Gerhard Raff, Hie gut Wirtemberg allewege. Das Haus Württemberg, Stuttgart (DVA) 1988, S. 343.

12 b) Der Historiker Johann Gottfried Pahl (1827):
Sein Name hat dadurch unter uns die edelste Art von Unsterblichkeit erlangt, dass er sein sinkendes Haus in seiner Neige gestützt und wieder zum Emporkommen gebracht, das

Land aus einem Familiengute oder einer 5 großen Edelmannshube, in einen Staat verwandelt, durch die Vereinigung des Getrennten der Gesammtheit Festigkeit und Kraft und einen neuen Geist gegeben, durch die Beyziehung des Volks zu den öffent- 10 lichen Verhandlungen die Herrschaft der Gesetze und die allgemeine Freyheit gesichert und seinem Hause die Fürstenwürde erworben hat, die für dasselbe das Vorzeichen immer grösserer Verherrlichung geworden ist; 15 wie wir uns denn alles dessen nicht erfreuen können, ohne die dankbare Erinnerung, dass Eberhard solches Ruhms und Segens erster Stifter sey.

Johann Gottfried Pahl, Geschichte von Wirtemberg, Bd. 2, Stuttgart (Löflund) 1827, S. 129.

12 c) Der Historiker Otto Borst (1988):
Eberhard der Jüngere und noch Ulrich gaben allemal Anlass zum Zwist und zum Gegensatz, Eberhard [im Bart] gab den Grund zur Sammlung. Er ist der Erste und Wichtigste in jenem Prozess, aus dem heraus sich ein würt- 5 tembergisches Staatsgefühl entwickelt hat. Darin liegt seine geschichtliche Bedeutung, dass er Württemberg zu einem Staat gemacht hat; mit vielen nachweisbaren organisatorischen und gesetzgeberischen Entschei- 10 dungen, um darüber keine Missverständnisse aufkommen zu lassen. Neben Eberhard dem Scholar und „Gelehrten" steht der hart ringende Landesherr, der Württemberg einen Platz im südwestdeutschen territorialpo- 15 litischen Kräftespiel und im Reich verschafft

M 13 **Der heutige Landtag von Baden-Württemberg**, Fotografie, 2006

und daheim im Finanzwesen, im Heerwesen, in der Kirchenpolitik, in der Gerichtshoheit und in der Wirtschaftsförderung mit teilwei-
20 se großartigen Reformen aufwartet. Hier tritt eine Herrscherpersönlichkeit vor uns, die mit der romantisch gefärbten Rede vom „geliebten Herrn" eher verdunkelt wird. „Der Kriegsheld und Haudegen mischt sich mit
25 dem berechnenden Verwaltungsmann" (F. Ernst). Es scheint unerlässlich, im Blick auf den populären Eberhard im Bart, das Gezweig der Verklärung ein wenig zur Seite zu schieben und der Wirklichkeit ihr Recht zu
30 geben. „Die Legende, die an seinen Namen geknüpft ist, darf uns nicht darüber täuschen, dass er im Übrigen Territorialpolitiker war, wie seine Zeitgenossen. Er hat in der zu Frankfurt abgeschlossenen häuslichen Erb-
35 schaftssache mit den Räubern auf Kosten der Beraubten Frieden gemacht, er hat die Herren von Sulz vertrieben und gedemütigt, er hat ein kaiserliches Urteil mit List um seine Wirkung gebracht, er hat sich auf Pläne
40 eingelassen, die den österreichischen Feldherrn durch heimtückischen Überfall erledigen sollten, er hat seine Ziele durch Bestechung erreicht. Manchmal konnte sich sein Gewissen mit einem höheren Recht trösten;
45 oft hat er einfach seine Zwecke mit jedem Mittel verfolgt. In den späteren Jahren hat ihm seine kluge Politik territoriale Streitigkeiten im Allgemeinen erspart.
Wo er zu kämpfen hatte, tat er es in dem
50 größeren Rahmen des Schwäbischen Bundes. Reichstreue und Territorialinteressen in ihrer Bedeutung für seine Entschlüsse genau abzugrenzen, ist unmöglich. In dem einen Punkt, wo er in eigener Angelegenheit des
55 Kaisers Gebote ernstlich missachtete, in den Kämpfen mit Sigmund von Tirol, hatte er immer die Entschuldigung, dass das Reichsoberhaupt Habsburger und deshalb befangen war" (F. Ernst).

Otto Borst, Württemberg und seine Herren, Esslingen u. a. (Bechtle) 1988, S. 39.

11 Untersuchen Sie anhand von M10–M13
a) die politischen Ziele des Eberhards im Bart,
b) seine Maßnahmen und
c) beurteilen Sie seine Politik unter dem Gesichtspunkt der Herausbildung von Staaten und Staatlichkeit im Mittelalter (siehe auch Darstellung S. 132).

M 14 Staatsbildung im römisch-deutschen Reich aus Sicht der Forschung

Der Historiker Frank Rexroth schreibt (2005): Warum also verlief die Entwicklung im Reich anders als anderswo?
Zum einen blieb das Königtum im Reich bis an die Schwelle zur Neuzeit Wahlkönig- 5 tum, woraus sich (jedenfalls im Vergleich zu den Monarchien in der Nachbarschaft) ein Defizit an dynastischer Kontinuität ergab. […] Wo es aber an dynastischer Kontinuität fehlte, mangelte es *zweitens* auch an einem stabilen Zentrum der Herrschaft und der Ver- 10 waltung, kurz: an einem Know-how des Herrschens, das von Experten hätte weitergegeben werden können. *Drittens* zeigten die Eliten in den Regionen des Reichs ganz unterschiedliche Affinitäten zu den Königen, 15 sodass Historiker heute zwischen „königsnahen" (z. B. Franken), „königsoffenen" (z. B. dem Oberrhein) und „königsfernen" Landschaften (insbes. dem Norden) unterscheiden. Die Güter, die die Herrscher in der 20 Vergangenheit an Vasallen ausgegeben hatten, waren *viertens* durch den für die deutsche Geschichte charakteristischen Prozess der Allodialisierung[1] dem König entfremdet worden und gerieten so zur Grundlage ei- 25 genständiger Adelsherrschaft. Da die Ministerialen, die in der Herrschaftspraxis staufischer Könige eine wesentliche Rolle gespielt hatten, im niederen Adel aufgingen und sich damit nicht mehr von anderen Vasallen un- 30 terschieden, mangelte es den Königen *fünftens* an einer Funktionselite für die Verwaltung des Reichsgutes, deren Angehörige weisungsgebunden und prinzipiell absetzbar gewesen wären. Ein besonderes Manko be- 35 stand aber *sechstens* in der Finanzschwäche des Königtums. Nach den Anläufen König Rudolfs von Habsburg und seiner unmittelbaren Nachfolger, verlorengegangenes Reichsgut wieder für das Königtum zu si- 40 chern […], setzte mit Ludwig dem Bayern eine Phase der Verpfändung eben jenes Guts ein; Karl IV. sollte so viele Güter verpfänden wie alle seine Vorgänger zusammengenommen. Generell war solches Gut in Deutsch- 45 land schwer zu verwalten, denn es fehlte an entsprechenden Institutionen. Vom Erlass von Reichssteuern war seit dem 15. Jahrhundert unter dem Einfluss der Hussiten- und

50 Burgunderkriege[2] sowie der sog. „Türkengefahr"[3] immer wieder die Rede, doch scheiterte die Umsetzung dieses Plans selbst noch
im Anschluss an den Wormser Reichstag von
1495. Als einträglicher erwies sich die fiska-
55 lische Nutzung königlicher Rechte (z. B. des
Judenschutzes) und Leistungen (z. B. der
Rechtsprechung).

Aus alledem ergab sich ein Defizit an Autorität, das andere zu nutzen verstanden. […]

60 Die Macht der Kurfürsten blieb […] letztlich begrenzt, da sich um die Mitte des
14. Jahrhunderts im Reich eine Trias von
Großdynastien herausschälte: die Habsburger, die Luxemburger (bis 1437) und die Wit-
65 telsbacher. Durch die Vereinigung mehrerer
Herrschaften in einer Hand entstanden re-
gelrechte Territorienkomplexe, die auf Mo-
dernisierung und Expansion bedacht waren.
[…]

70 So leistete eine ganze Reihe von Faktoren
der Ausprägung einer dualistischen Reichsverfassung Vorschub: die Existenz von Großdynastien (die überdies miteinander rivali-
sierten), das Kurfürstenkollegium, aber auch
75 Versuche der übrigen Reichsfürsten, sich von
den Kurfürsten zu emanzipieren. […] Bestand in der Geschichtswissenschaft lange
Zeit Konsens darüber, dass in jener forma-
tiven Phase der Reichsverfassung aus den
80 Territorien des Reichs Territorialstaaten geworden seien, so urteilt man in jüngster Zeit
vorsichtiger: Wesentliche Elemente von
Staatlichkeit, nämlich das Steuer- und das
Heerwesen, konnten im Mittelalter weder im
85 Reich noch in den Territorien etabliert werden.

*Frank Rexroth, Deutsche Geschichte im Mittelalter,
München (C. H. Beck) 2005, S. 84–87.*

*1 Allodialisierung (allod = Eigentum): Umwandlung
von Lehen in frei verfügbares adliges Eigentum; for-
malrechtlich bleiben es aber Lehen.*
*2 Hussitenkriege (1419–1436): Kämpfe zwischen reli-
giösen Oppositionsgruppen und dem König.
Burgunderkriege (1474–1477): Kämpfe ausgelöst
durch den Burgunderherzog Karl den Kühnen, der ein
eigenständiges neuburgundisches Reich anstrebte.*
*3 „Türkengefahr": Ausdruck resultierend aus der
Angst vor der Expansion des Osmanischen Reiches im
15. Jh. (Eroberung Konstantinopels 1453).*

12 a) Erläutern Sie die Thesen Rexroths (M14).
b) Prüfen Sie die in Z. 76–86 referierten Positionen für das Territorium Württemberg (M11).

M 15 **Machtkontrolle in europäischen
Staaten: Das Mittelalter aus der Perspektive der Gegenwart**

*15 a) Der Politikwissenschaftler Heinrich
Oberreuter schreibt in einem Lexikonartikel
über die Kerngedanken der Gewaltenteilung
(2001):*
Der Kerngedanke der Gewaltenteilung ist die
Begrenzung und Kontrolle staatlich-poli-
tischer Macht, deren übermäßige Ausdehnung oder deren Missbrauch auf Kosten individueller oder gesellschaftlicher Freiheit 5
verhindert werden soll. […] Das traditionelle
Verständnis der Gewaltenteilung geht von
der Verteilung der Staatsgewalt auf mehrere
rechtlich selbstständige Teilgewalten und
staatliche Institutionen aus und betont zu- 10
meist deren Trennung voneinander. Dieser
Ansatz begnügt sich mit der horizontalen
Gewaltenteilung zwischen Legislative (ge-
setzgebende Gewalt), Exekutive (vollzie-
hende Gewalt) und Judikative (Recht spre- 15
chende Gewalt).

Keineswegs ähnlich populär geworden ist
der ebenso formale Grundsatz vertikaler Gewaltenteilung, der durch dezentrale Staatsorganisation (Föderalismus) und selbstständige 20
Entscheidungsrechte abgestufter Einheiten
(z. B. Zentralstaat, Gliedstaat, Kommunen)
verwirklicht werden soll.

Am allerwenigsten bekannt sind schließlich Elemente sozialer und politischer Ge- 25
waltenteilung, die heute vielfach mehr als
die klassisch-formalen Ansätze Kontrolle
und Hemmung von Macht bewirken.

*Heinrich Oberreuter, Artikel „Gewaltenteilung", in:
Dieter Nohlen (Hg.), Lexikon der Politik, München
(C. H. Beck) 2001, S. 169.*

*15 b) Der Historiker Michael Mitterauer schreibt
in seinem Buch „Warum Europa? Mittelalterliche Grundlagen eines Sonderwegs" (2003):*
Der Dualismus zwischen Fürst und Ständen
ist nicht nur die Wurzel des Parlamentarismus, sondern auch des Prinzips der Gewaltenteilung, das den Konzepten von Staatlichkeit in der neueren Geschichte Europas
zugrunde liegt. Die Zuweisung von drei 5
Hauptaufgaben der Staatsgewalt – der Gesetzgebung, der Vollstreckung und der
Rechtsprechung – an drei unterschiedliche,
voneinander unabhängige Staatsorgane wä- 10

re nicht denkbar gewesen, wenn es solche Organe in der gesellschaftlichen Realität nicht schon gegeben hätte. Man kann mit-

15 telalterliche Ständeversammlungen sicher nicht als „Legislative" bezeichnen, aber sie haben viele Aufgaben wahrgenommen, die später Parlamenten zukamen. Der Fürst selbst übte mit seinen Hofbeamten bzw. sei-

20 nem engeren Rat davon abgegrenzte Funkti- onen aus, die sich als „Exekutive" fassen las- sen. Die Belange der Justiz waren in der Tradition des Lehnswesens gemeinsame Agenda des Fürsten und seiner Vasallen. Ge-

25 richtshöfen ist es jedoch schon früh zu abge- sonderten Institutionen gekommen. Voneinander unabhängige „Staatsorgane" waren im Rahmen der Ständeverfassung zu- nächst nur die fürstliche Regierung auf der

30 einen Seite, die als korporative Gruppe orga- nisierten Stände auf der anderen. Ohne diese institutionalisierte Zweiteilung der Gewalt hätte es aber wohl nicht zum Konzept einer weiteren Differenzierung voneinander unab-

35 hängig gedachter Staatsorgane kommen können.

Michael Mitterauer, Warum Europa? Mittelalterliche Grundlagen eines Sonderwegs, München (C. H. Beck) 2003, S. 150.

15 c) Der Historiker Hagen Schulze schreibt in seinem Buch „Staat und Nation in der europä- ischen Geschichte" (1994):
Neben der Trennung von Staat und Kirche gab es aber noch einen anderen Grund, der die Zusammenfassung staatlicher Macht in einer Hand verhinderte: das war der staatli-

5 che Dualismus, die Doppelmacht von Fürs- ten und Ständen, hervorgegangen aus dem Lehnswesen. Offenbar unterschieden sich die europäischen Staatsbildungen in diesem Punkt auffallend von anderen staatlichen

10 Ausformungen, wie sich bereits im Jahr 956 anlässlich des Besuchs einer Gesandtschaft Kaiser Ottos des Großen am Hof des Kalifen von Córdoba zeigte. Dass die Gesandten des römischen Kaisers ihren Herrn in wenig di-

15 plomatischer Form als den Mächtigsten der Erde rühmten, beeindruckte den Kalifen überhaupt nicht. Die christlichen Herrscher, entgegnete er, seien offenbar schwach und hilflos; denn selbst der Kaiser dulde es, dass

20 seine Fürsten und Adligen Herrschaft kraft eigenen Rechts ausübten. In der trügerischen Hoffnung, dass sie ihm treu dienten, habe der Kaiser sein Land unter ihnen aufgeteilt; er dürfe sich nicht wundern, wenn daraus nur Hochmut und Rebellion erwüchse. 25

Was der wohlinformierte Kalif am Heili- gen Römischen Reich zu kritisieren hatte, traf tatsächlich in unterschiedlicher Weise auf alle christlichen Staaten Europas zu. Überall war die Macht zwischen Fürsten und 30 Adel geteilt, und dabei blieb es auch im Ver- lauf des Spätmittelalters, als die Herrscher ih- re Machtbereiche konsolidierten und erwei- terten, mittels einer hierarchisch gestuften Beamtenschaft überwachten, die oberste 35 Rechtsprechung ausübten und so die Voraus- setzungen moderner Staatlichkeit herstell- ten. Aber die direkte Herrschaft über Land und Leute stieß allenthalben an die Macht des grundbesitzenden Hochadels und auf 40 dessen eigene Rechts- und Verwaltungskom- petenzen. Und nirgendwo in West- und Mit- teleuropa gelang es den Landesfürsten, diese Machtbarriere zu überwinden, die sich aus dem Lehnswesen ergeben hatte und die sich 45 in die mehr oder weniger feste, genossen- schaftliche Organisationsform der Stände wandelte: Es handelte sich um den Zusam- menschluss aller Herrschaftsträger eines Ter- ritoriums mit Ausnahme des Landesfürsten 50 selbst, also des weltlichen und geistlichen Adels und der Städte, die dem Herrscher des Landes auf Landtagen gegenübertraten.

Diese Landtage waren die Vorgänger un- serer heutigen Parlamente, ursprünglich je- 55 doch etwas ganz anderes. Sie waren meist aus der *curia regis* hervorgegangen, dem Kreis der Großen und Mächtigen um den König, die den Herrscher zu beraten hatten. Zwar hatte sich die Bindung dieser Vasallen an 60 den König im gleichen Maße verringert, als das Lehen sich von einem religiös begründe- ten Treueverhältnis zu – meist territorialen – Besitztiteln materialisiert hatte, aber gerade deswegen brauchte der Herrscher die Unter- 65 stützung der Grundbesitzer seines Landes umso dringlicher: Mit zunehmendem Auf- wand für Landesverwaltung und Heer reich- ten die Einkünfte der Krone aus der eigenen Grundherrschaft des Königs nicht mehr aus. 70 Steuern mussten erhoben werden, und die Grundbesitzer als zahlungskräftigste Gruppe mussten die Steuern bewilligen. Deshalb be-

rief der König die Stände zu Landtagen zusammen; die Forderung *„no taxation without*
representation" wurde zwar erst am Vorabend
der amerikanischen Revolution [1776] formuliert, aber sie umschrieb das Grundprin-
zip, auf dem die Doppelherrschaft der europäischen Staatenwelt seit Ende des
Mittelalters beruhte.

Das klassische Beispiel für die Herausbildung einer Machtbalance zwischen Krone
und Ständen war England. [...] Gegen die
geschlossene Opposition des hohen Adels,
des Klerus und der Stadt London musste
[der König] am 15. Juni 1215 [...] den Ständen des englischen Reichs eine Reihe von
Garantien zugestehen [...]. Diese Urkunde
nannte man seit 1217 die *„Magna Charta*
Libertatum" [...].

Revolutionär war [...] ein Artikel, der einen Ausschuss von 25 Baronen vorsah, der
die Einhaltung des Vertrags durch den König
zu überwachen hatte. Damit hatten sich die
englischen Stände ein eigenes politisches
Organ geschaffen, das zwar in dieser Form
nicht lange bestand, das sich aber nach einer
weiteren Schwächeperiode des englischen
Königtums unter der Regierung Eduards I.
(1239–1307) in Gestalt des Parlaments für
die Dauer etablierte. [...]

So bildete sich allmählich jenes doppelte
Machtsystem aus ständischen und monar-
chischen Gewalten heraus, das nicht nur die
englische Verfassungsgeschichte, sondern
die gesamte europäische Staatenwelt bis in
das 18. und 19. Jahrhundert hinein bestimmt hat und aus dem sich der moderne
parlamentarische Verfassungsstaat herausgebildet hat.

M 16 **Georg Balthasar von Sand (um 1652–1718), Kaiser Karl V. auf dem Reichstag 1530
in Augsburg, Ölgemälde, Ende 17. Jh.** – *Die seit 1495 als „Reichstag" bezeichnete politische
Einrichtung war eine in Ständen organisierte Versammlung von weltlichen und geistlichen Fürsten,
Grafen, Rittern und, seit dem 13. Jahrhundert, der reichsunmittelbaren und freien Städte. Die Anfänge gehen auf die Hoftage der Karolinger zurück. Fest etablieren konnte sich der Reichstag erst im
15. Jahrhundert. Daher sind auch Bildquellen über den Reichstag meist erst aus der Frühen Neuzeit
überliefert.*

In jedem Land besaß diese Doppelmacht ein anderes Gesicht. Auch in Frankreich bedurfte die Krone der Zustimmung der Stän-
115 de, wenn außerordentliche Finanzlasten zusätzliche Einnahmen erforderten. Doch anders als in England gelang es der französischen Krone meistens, die Einberufung der „Generalstände" [frz. *état généraux]* des
120 Reiches und damit eine fühlbare Einschränkung der königlichen Handlungsfreiheit zu vermeiden. Stattdessen suchte der König regional begrenzte Ständeberatungen abzuhalten, die von Languedoc in Toulouse oder von
125 Langue d'oeil in Paris oder Poitiers – die Versammlungen waren umso leichter lenkbar, je kleiner sie waren. Da die Generalstände Frankreichs nie eine feste rechtliche Grundlage erhielten, fehlte ihnen die notwendige
130 Kontinuität, um sich wie das englische Parlament zu einer dauerhaften politischen Institution zu entwickeln; sie hingen stets vom Willen des Königs ab, der sie nur unter außerordentlichen Umständen einberief.

135 Anders wiederum im Heiligen Römischen Reich; hier gelang es den römischen Kaisern und Königen nicht, das Reich mit einer ähnlichen Verwaltung zu überziehen, wie sie sich in Frankreich oder England auszubilden
140 begann. [...] Während die westlichen Nachbarn über ein relativ klar definiertes Territorium verfügten, aber auch über Zentren, die zugleich Haupt- und Residenzstadt, wirtschaftlicher und kultureller Mittelpunkt
145 waren, blieben die Grenzen des Reichs undeutlich, und eine dauerhafte Hauptstadt, vergleichbar mit London oder Paris, hat das Reich bis zu seinem Ende im Jahr 1806 nie gehabt. Anstelle einer zentralen Reichsge-
150 walt traten die territorialen Herrschaften in den Vordergrund: Die Landesherrschaften der hochadligen Familien, die Reichsstädte, in Italien die autonomen Stadtherrschaften, die sich zunehmend vom Reich entfernten.

155 So entstanden zwei politische Ebenen zugleich: Einmal das Reich selbst, dessen Oberhaupt, der Kaiser, eher symbolische als tatsächliche Macht ausübte, während ihm gegenüber die Reichsstände eine frühzeitig
160 befestigte Stellung einnahmen: Die geistlichen und weltlichen Reichsfürsten, unter denen seit dem 13. Jahrhundert die Kurfürsten als alleinige Königswähler eine besondere Stellung einnahmen, weiterhin die

165 reichsunmittelbaren Städte sowie die reichsunmittelbaren Grafen und Ritter. Sie versammelten sich auf Reichshoftagen [...]. Aus den Hoftagen entstand der Reichstag, der sich bis zum 15. Jahrhundert zu einer
170 festen, geregelten Institution entwickelte, die einen bedeutenden Anteil an der Reichspolitik besaß. Man mag sich fragen, weshalb dieses schwache Gebilde, dessen Oberhaupt stets von der Wahl und der Unterstützung
175 durch die Kurfürsten und die Stände abhing, in der Mitte Europas bis zum Beginn des 19. Jahrhunderts ungeteilt überleben konnte. [...]

Andererseits war da die Ebene der Territo-
180 rialstaaten, aus denen sich das Reich zusammensetzte und auf die immer mehr Macht und Selbstständigkeit überging [...]. Auch in ihnen herrschte der Grundsatz der Doppelmacht: Dem jeweiligen Fürsten gegenüber
185 befanden sich die Landtage, in denen die Stände des Landes vertreten waren und die angesichts der dauernden Veränderungen auf der Landkarte Mitteleuropas, der Teilungen und Verbindungen von Ländern
190 durch Kriegsfolge oder dynastischer Zufälligkeiten die Einheit des Territoriums repräsentierten.

Hagen Schulze, Staat und Nation in der europäischen Geschichte, München (C. H. Beck) 1994, S. 37–43.

13 Arbeiten Sie aus dem Lexikonartikel M15a heraus, wie und auf welchen Ebenen Macht im politischen Leben kontrolliert werden kann. Nennen Sie Beispiele aus der Gegenwart.
14 Zeigen Sie, welche Rolle der Historiker Michael Mitterauer (M15b) den Fürsten und Ständeversammlungen bei der Herausbildung
a) von Staatlichkeit und
b) von Machtkontrolle
in mittelalterlichen Staaten Europas zuweist.
15 Erörtern Sie anhand von M15c, ob, wie und mit welcher Wirkung Formen der Machtkontrolle in mittelalterlichen Staaten verwirklicht wurden.
16 🏃 Präsentation:
Der Reichstag vom Mittelalter bis zur Neuzeit – ein Ort politischer Partizipation? (M16; siehe auch M15c; führen Sie auch eigene Recherchen durch.)

„Jenseits der Staaten": Europaideen des Mittelalters

Aus der Geschichtswissenschaft und der Soziologie ist bekannt, dass für die Herausbildung der eigenen Identität die Auseinandersetzung mit „anderen" eine wichtige Rolle spielt. Tatsächlich sind viele europäische Einigungsideen aus Kämpfen oder Konflikten mit fremden Staaten und Kulturen entstanden, wobei die Erinnerungen an Siege oder Niederlagen eine besondere Rolle spielten. Als z.B. die Türken mit der Eroberung Konstantinopels 1453 das Ende des Byzantinischen Reiches herbeigeführt hatten und bis zum 17. Jahrhundert über den Balkan bis nach Ungarn vordrangen, konkurrierten die Habsburgerkönige und die Könige von Ungarn in Selbstbildern darum, als „Vormauer der Christenheit" gegen die „Türkengefahr" zu wirken. – M17 bis M20 lassen sich aus diesen Überlegungen heraus unter zwei Leitfragen analysieren:

A Gilt die These, dass sich Identitäten von Gruppen oder Gesellschaften häufig in Abgrenzung zu und Auseinandersetzung mit „anderen" herausbilden, auch für die Europaideen des Mittelalters?

B Kann man die Europaideen des Mittelalters als Vorläufer moderner Europaideen betrachten, die nach den beiden Weltkriegen einen Schub zur tatsächlichen Einigung Europas ausgelöst haben?

M 17 **Auszug aus dem Traktat des französischen Rechtsgelehrten Pierre Dubois (ca. 1250–1321) „Über die Wiedergewinnung des Heiligen Landes" (1306)**

Zum Hintergrund: 1291 hatten die Muslime den letzten Kreuzfahrerstützpunkt Akkon zurückerobert. Das bedeutete das Ende des Zeitalters der Kreuzzüge (1095–1291) und für die Christen den Verlust des Heiligen Landes (s. S. 181 f.). Wenn so viele Menschen dorthin [in das Heilige Land] ziehen und dort bleiben sollen, wird es notwendig sein, dass die katholischen[1] Fürsten in Eintracht leben und keine
5 Kriege gegeneinander führen. Denn wenn sie dort weilen und erfahren, dass ihre Ländereien verwüstet und vom Krieg heimgesucht werden, dann würden sie das Erbe des Herrn verlassen und in ihr eigenes Land zu-
10 rückkehren, um es zu verteidigen, wie es früher schon oft geschehen ist. Deshalb wäre es gut, wenn unter allen Katholiken, wenigstens unter denen, die der römischen Kirche gehorchen, der Friede dadurch gesichert
15 würde, dass sie sich gleichsam zu einem einzigen Staat zusammenschließen, der aber so fest geeint sein müsste, dass er durch nichts getrennt werden könnte. Denn jedes Reich, das mit sich selbst uneins ist, wird verwüstet,
20 wie der Erlöser sagt. […]
  [Die Hauptaufgabe dieses Konzils soll es sein,] dass die Fürsten und Prälaten zur Einstimmigkeit gelangen und solche Beschlüsse fassen, dass (falls einige behaupten sollten, dass ihre Rechte nach den Gesetzen und 25 Bräuchen der Staaten und Länder verletzt worden seien) durch entweder dort ernannte oder in der unten angegebenen Weise zu ernennende Richter eine schnellere richterliche Entscheidung stattfinde, als es üblich 30 ist. Kein Katholik soll wider einen anderen Katholiken die Waffen ergreifen, niemand soll getauftes Blut vergießen. Wer Lust hat zu kämpfen, soll sich befleißigen, gegen die Feinde des christlichen Glaubens und der 35 Heiligen Stätten des Herrn im Heiligen Lande zu kämpfen, nicht aber wider die Brüder unter der Gefahr des körperlichen und geistigen Verderbens.

Zit. nach: Rolf Hellmut Foerster, Europa. Geschichte einer politischen Idee, München (Nymphenburger Verlagshandlung) 1967, S. 64–67.

1 katholisch: meint nicht den Gegensatz zu evangelisch, sondern „universal", „die Erde umfassend".

M 18 **Rede des italienischen Humanisten Enea Silvio Piccolomini (1405–1464, Bischof von Siena, seit 1458: Papst Pius II.) vor dem Frankfurter Reichstag (1454)**

Aber da nun die Stadt Konstantinopel verloren und in die Hände der Feinde geraten, und so viel christliches Blut vergossen worden ist, so viele Seelen in die Sklaverei verschleppt worden sind, liegt der katholische 5

Glaube auf beklagenswerte Weise danieder, ist unsere Religion in erbärmliche Unordnung geraten, wird der Name Christi geschändet und mit den Füßen getreten. Und
10 wenn wir die Wahrheit eingestehen wollen, so hat in vielen Jahrhunderten die Christenheit keine größere Schmach erlitten als diese.

Gewiss sind wir in zurückliegenden Zeiten in Asien und in Afrika, also in fremden Erd-
15 teilen besiegt worden; jetzt aber ist es in *Europa, das heißt in unserem Vaterland, in unserem eigenen Haus,* in unserer Heimat, wo man uns geschlagen und zu Boden geworfen hat. [...]

Ich, der ich im Namen des Kaisers [Fried-
20 rich III.] komme, um euch zum Krieg zu raten, hätte durchaus nicht eine solche Mühe auf mich genommen, wenn ich nicht vorher deutlich erkannt hätte, dass eure Tugend, euer Adel, eure Nation dem Unternehmen
25 Würde verleihen. Handelt also, hört zu und erkennt, ob ihr um eures christlichen Glaubens willen diesen Krieg auf euch nehmen müsst. Gleichsam als versammelter Senat und Volk, dem die Entscheidung über Krieg
30 und Frieden zusteht, müsst ihr, hochberühmte Fürsten, mit dreifacher Sorgfalt und Strenge ausführlich beratschlagen, damit nichts getan werde, bei dem die Strafe auf dem Fuße folgen würde. [...]

35 Wer also im Begriff steht, einen Krieg zu beginnen, muss zuerst fragen, ob es ein gerechter Krieg sei, dann, ob er einen Nutzen bringe, drittens, ob er durchführbar sei.

Wenn nämlich diese drei Dinge nicht zu-
40 sammentreffen, gibt es für ehrenhafte und vorausblickende Männer keinen Grund, Krieg zu führen. [...]

Niemals hat einer unserer Vorfahren einen Krieg, der, auf Befehl eines Herrschers,
45 zum Schutze der Religion, zur Rettung des Vaterlandes, um Bundesgenossen beizustehen, geführt wurde, als ungerecht bezeichnet.

Unter den unsterblichen Kriegshymnen
50 ragen die Aufrufe des Mose und des Demosthenes hervor, bei den römischen die des Horaz, von euren deutschen die Karls und Ottos. Niemals haben jene ein derart abscheuliches Unrecht, solch eine zum Him-
55 mel schreiende, von Ungläubigen begangene Schande hingenommen, wie sie zu unserer Zeit die Christliche Gemeinde ertragen muss.

M 19 **Aus einer weltweit beachteten Rede des britischen Oppositionsführers Winston Churchill (1874–1965) in der Universität Zürich (19. September 1946)**

Unter den Siegern herrscht eine misstönende Sprachenverwirrung; unter den Geschlagenen das trotzige Schweigen der Verzweiflung. [...] Doch es gibt ein Heilmittel, das
5 [...] wie durch ein Wunder die ganze Szene verwandeln und innerhalb weniger Jahre ganz Europa, oder wenigstens dessen größeren Teil, ebenso frei und glücklich machen könnte, wie es die Schweiz heute ist. Worin besteht dieses Allheilmittel? Darin, dass man
10 die europäische Familie, oder doch einen möglichst großen Teil davon, wiederaufrichtet und ihr eine Ordnung gibt, unter der sie in Frieden, Sicherheit und Freiheit leben kann. Wir müssen eine Art Vereinigte Staa-
15 ten von Europa schaffen. [...]

Wir alle müssen den Schrecken der Vergangenheit den Rücken kehren. Wir müssen in die Zukunft blicken. Wir können es uns nicht leisten, den Hass und die Rachege-
20 fühle, die aus dem Unrecht der Vergangenheit entstanden sind, durch die kommenden Jahre mitzuschleppen. Wenn Europa vor unermesslichem Elend, ja vor dem endgültigen Verderben bewahrt werden soll, dann ist ein
25 Akt des Glaubens an die europäische Familie nötig und ein Akt des Vergessens, was die Verbrechen und Torheiten der Vergangenheit angeht.

M18 und M19 zit. nach: Hagen Schulze/Ina Ulrike Paul (Hg.), Europäische Geschichte, München (bsv) 1994, S. 324 f. und 398 f.

M 20 **„Festung Europa", Karikatur, 1992**

Weiterführende Arbeitsanregungen

🏃 Der Föderalismus in Deutschland – Vorträge

Der Begriff „Föderalismus" (lat. *foedus* = Bündnis, Vertrag) bezeichnet eine aus mehreren Staaten zusammengesetzte rechtliche Staatengemeinschaft. Die Einzelstaaten haben dabei mehr oder weniger Selbstbestimmungsrechte, sodass der Gesamtstaat entweder als Staatenbund (wie z. B. die USA) oder Bundesstaat (wie z. B. Deutschland) bezeichnet wird. Begriff und Idee des „Föderalismus" kamen im 18. Jahrhundert in Europa auf, insbesondere im Anschluss an den französischen Philosophen und Staatstheoretiker Montesquieu (1689–1755), der sich immer wieder mit der Frage beschäftigte, wie „der Missbrauch der Macht zu verhindern" sei (und der die Lehre von der Dreiteilung staatlicher Gewalt entwarf). Entwickelt und umgesetzt wurde der Föderalismus vor allem im 19. Jahrhunderts, und zwar vor dem Hintergrund der Nationalstaatsbildung in Europa.
Die Wurzeln des deutschen Föderalismus liegen im Mittelalter. In der Bundesrepublik heute zeigt sich die föderale Sturktur vor allem in der Bildungs- und Schulpolitik, die in der ausschließlichen Zuständigkeit der 16 Bundesländer liegt.

1 Die Geschichte „unseres" Bundeslandes
Untersuchen Sie die Entwicklungsgeschichte Ihres Bundeslandes: Konzentrieren Sie sich dabei auf die Territorien, die seit dem Spätmittelalter in diesem Bundesland aufgegangen sind. Greifen Sie zentrale Stationen heraus. Gehen Sie gegebenenfalls auf Mythen und Legenden ein. Ziehen Sie vergleichend Darstellungen zur Geschichte Ihres Bundeslandes auf offiziellen Webseiten heran.

Literaturhinweise
– Hans Boldt, *Deutsche Verfassungsgeschichte*, Bd. 1, München (dtv) 1984, S. 289 ff.
– Hans Georg Wehling (Hg.), *Die deutschen Länder*, Opladen (Leske und Budrich) 2000.
– Werner Künzel, Werner Rellecke, *Geschichte der deutschen Länder. Entwicklungen und Traditionen vom Mittelalter bis zur Gegenwart*, Münster (Aschendorff) 2005.

2 Der Föderalismus in der deutschen Geschichte
Halten Sie einen Vortrag zur Geschichte des Föderalismus in Deutschland seit dem Mittelalter.

Literaturhinweis
Thomas Nipperdey, *Der Föderalismus in der deutschen Geschichte*, in: ders.: Nachdenken über die deutsche Geschichte. Essays, München (dtv) 1990, S. 71–130.

M 21 Protestaktion des Bundes für Umwelt und Naturschutz Deutschland (BUND) gegen die Föderalismusreform vor dem Reichstag in Berlin, 30. Juni 2006, Fotografie

8 Weltliche und geistliche Macht: Papst und Kaiser im Mittelalter

Die Auseinandersetzung zwischen weltlicher und geistlicher Gewalt, *imperium* und *sacerdotium*, hat im christlich-europäischen Kulturraum nachhaltige Spuren hinterlassen. Fünf Stationen aus der Geschichte des Mittelalters waren dabei von zentraler Bedeutung:
– die Salbung der Karolingerkönige im Frankenreich durch den Papst (8. Jh.);
– das sog. Reichskirchensystem im ostfränkisch-deutschen Reich (10./11. Jh.);
– die Trennung (Schisma) von orthodoxer Kirche und römisch-lateinischer Kirche (1054);
– der Investiturstreit im lateinisch-römischen Westen (1075–1122);
– das große abendländische Schisma mit Päpsten in Rom und Avignon (1378–1417).
Um zu verdeutlichen, wie prägend das Ringen um Gleichrangigkeit, Über- oder Unterordnung von **Kaiser** und **Papst**, **Staat** und **Kirche**, für den europäischen Kulturraum gewesen ist, sei ein Vergleich vorangestellt, den einmal der Islamwissenschaftler Bernard Lewis gezogen hat: Zwischen dem christlich-europäischen und dem islamisch-arabischen Kulturraum, schreibt Lewis, gab es im Bereich der politischen Herrschaft „eine tiefe Kluft". Bis zur Bekehrung des römischen Kaisers Konstantin 313 „waren die Christen eine Minderheit, stets beargwöhnt und häufig staatlicher Verfolgung ausgesetzt. In dieser Zeit entwickelten sie ihre eigenen Institutionen, aus denen die Kirche hervorging." Muhammad, der Begründer des Islams, war hingegen „sein eigener Konstantin". Zu seinen Lebzeiten „wurde der Islam sowohl zu einer politischen als auch zu einer religiösen Bindung, und die Gemeinde des Propheten in Medina nahm die Gestalt eines Staates an, in dem der Prophet selbst als souverän – als Herrscher eines Landes und eines Volkes – fungierte". Daher, so Lewis, „standen der Prophet und seine Gefährten nicht vor der Wahl zwischen Gott und Kaiser".

M 1 Fresko aus der Kirche St. Benedikt in Mals (Südtirol), um 800. – *Dargestellt sind u. a.: Christus als Erlöser zwischen zwei Engeln; ein Priester; die Kirche als Opfergabe an Christus, überreicht von dem Priester (Übertragung der Heilswirkung Christi auf die Kirche); ein Grundherr als Eigentümer des Bodens, auf dem die Kirche steht.*

Verflechtung von weltlicher und geistlicher Gewalt: die Königssalbung

Die enge Verbindung von Kirche und Staat begann im Frankenreich. Dort war König Chlodwig aus dem Geschlecht der Merowinger 498/99 zum Christentum übergetreten und gewann dadurch Bischöfe und Äbte als Stützen für seine Herrschaft. Mit dem Niedergang der Merowinger im frühen 8. Jahrhundert stellte sich die Frage des Dynastiewechsels und damit der Neubegründung der fränkischen Königsherrschaft; denn die Franken fürchteten, dass das Ende der Dynastie den Untergang des Volkes nach sich ziehen würde. In dieser Situation wandten sich die fränkischen Großen an den Papst. Von ihm wollten sie wissen, ob Pippin III. (ca. 715–768) – der nicht zu den Merowingern gehörte, der aber schon seit langem als **Hausmeier** (lat. *major domus*) die tatsächliche politische Führung innehatte – nicht auch den Titel des „Königs" tragen dürfe, da er ohnehin bereits wie ein König regiere. Der Papst antwortete, es sei „besser den als König zu bezeichnen, der die Macht habe, statt den, der ohne königliche Macht blieb".

Nachdem der Papst Pippin III. **751 als Pippin I.** zum **König** erklärt und gesalbt hatte, legitimierte der fränkische Adel die Entscheidung durch die Wahl Pippins zum König. Mit dem Pakt von Quierzy 754 schlossen König und Papst ein Bündnis: Der Papst verlieh Pippin die Würde eines *Patricius Romanorum*, eines Schutzherrn über die römische Kirche. Das schloss militärische Hilfe und die Übergabe einiger italienischer Gebiete an den päpstlichen Stuhl mit ein. Mit der Wiederholung der Königssalbung im Auftrag des Papstes bestätigte die Kirche die gottgewollte Würde des Frankenkönigs. Nicht mehr die **Geblütsheiligkeit**, sondern die **Salbung** galt seitdem als Legitimation königlicher Herrschaft in Europa.

Verflechtung von weltlicher und geistlicher Gewalt: Eigenkirche und Reichskirchensystem

Unter Karl dem Großen (Reg. 768–814) festigte sich die Verbindung von Kirche und Staat. Indem der Papst **Karl den Großen 800** zum **Kaiser** krönte, erhöhte er den Rang des Frankenkönigs und stärkte dessen Stellung. Karl sorgte im Gegenzug für den Schutz der Päpste in Rom und für die Verbreitung des Christentums. Dabei verwischten sich die Grenzen zwischen weltlicher und geistlicher Herrschaft. Zwar galt der Papst als Haupt der Kirche, jedoch beanspruchte der Kaiser ihre eigentliche Führung: ihre Vertretung nach außen, die Gestaltung der inneren Ordnung, Eingriffe in theologische Fragen. Dieser breite weltliche Herrschaftsanspruch lässt sich am Begriff der **„Eigenkirche"** verdeutlichen: Die Kirchen im Frankenreich gehörten nicht der kirchlichen Organisation, sondern dem Grundherrn, auf dessen Boden sie standen. Begüterte Laien konnten ebenso wie Bischöfe oder Klöster auf ihrem Land Kirchen bauen und dort Priester einsetzen, die für die Seelsorge zuständig waren. Die Gläubigen der Umgebung mussten diese Kirche besuchen und die Dienste dieses Priesters in Anspruch nehmen.

Im ostfränkisch-deutschen Reich blieb das Prinzip der Eigenkirche unter Ottonen und Saliern bestehen und galt auch für den König. Er war Eigenkirchenherr über all jene Kirchen, Klöster und Bistümer, die auf dem Reichsgut lagen. Um diese Kirchen rechtlich von denen der anderen Grundherren zu unterscheiden, sprechen bereits die Quellen von der „Kirche des Reichs". Die Historiker haben den Begriff **„Reichskirche"** übernommen.

Um die enge Verzahnung von Staat und Kirche im ostfränkisch-deutschen Reich zu charakterisieren, spricht man vom **ottonisch-salischen Reichskirchensystem**: Der König stützte sich bei seiner Herrschaftsausübung wesentlich auf Äbte und Bischöfe der Reichskirche. Dabei spielte auch eine Rolle, dass Bischöfe und Äbte, anders als die weltlichen Adligen, Lesen und Schreiben konnten und Latein beherrschten; darüber hinaus hatten sie Verwaltungserfahrungen und verfügten über eine hohe moralische Autorität. Im Gegenzug stattete sie der König mit Lehen und Privilegien aus, d. h., er überließ ihnen eine eigene Gerichtsbarkeit sowie Forst-, Zoll-, Münz- und Marktrechte. Indem die weltlichen Herrscher das Recht wahrnahmen, Bischöfe und Äbte mit Ring und Stab in ihr Amt einzuführen **(Investitur)**, gestalteten sie das kirchliche Leben entscheidend mit. Der Papst und die Bischöfe wiederum verliehen weltlichen Herrschern sakrale Bedeutung, indem sie sie krönten und salbten.

Trennung von weltlicher und geistlicher Gewalt: Der Investiturstreit (1075–1122)

Nachdem sich im Jahre **1054** die orthodoxe Kirche im Osten und die römisch-lateinische Westkirche wegen zahlreicher Konflikte getrennt hatten **(Schisma)**, geriet im Westen der **Investiturstreit** zum ersten Höhepunkt im Kampf zwischen Papst und Kaiser.

Ursachen: Im Hochmittelalter entzündete sich die Auseinandersetzung zwischen Kirche und Staat an der **Investitur.** Bei Erzbischöfen und Bischöfen übernahm der König die feierliche Zeremonie. Auf diese Weise verdeutlichte die weltliche Obrigkeit, dass die Bischöfe als geistliche Gefolgschaft eine wichtige Rolle im Königreich spielten. Dagegen verurteilten die Anhänger der vom **Kloster Cluny** im 10./11. Jahrhundert ausgehenden **kirchlichen Reformbewegung** die Investitur als nicht hinnehmbare Unterwerfung der Kirche unter Laiengewalt. Die Reformer wollten nicht nur das Leben in den Klöstern wieder an die alten Ideale von Armut, Gebet und Gottesdienst heranführen, sondern Klöster und Kirchen auch von ihrer Einbindung in die weltliche Herrschaft befreien. Sie bestritten den sakralen Charakter des Königtums und kämpften gegen Kauf und Verkauf kirchlich-geistlicher Ämter **(Simonie)**. Außerdem verurteilten sie die Priesterehe **(Nikolaitismus)**; unter Papst Innozenz II. (Reg. 1130–1143) wurde die Ehelosigkeit **(Zölibat)** zur unabdingbaren Voraussetzung für die Priesterweihe.

Anlass des Investiturstreits war die Einsetzung des Mailänder Erzbischofs durch König Heinrich IV. (Reg. 1056–1106) im Jahre 1075. Vorausgegangen war, dass Heinrich III. Päpste ab- und eingesetzt hatte. In den Augen von Papst Gregor VII. (1073–1085) hatte Heinrich IV. den Bischofssitz einem nicht rechtmäßig gewählten Kandidaten übergeben. Heinrich IV. beharrte auf seinem Investiturrecht, Gregor VII., ein Befürworter der Kirchenreform, verlangte die „kanonische Wahl". Als der König gemeinsam mit deutschen und oberitalienischen Bischöfen dem Papst im Januar 1076 den Gehorsam verweigerte, verhängte Gregor VII. bereits einen Monat später den **Kirchenbann** über Heinrich IV. Diese Maßnahme fand Unterstützer im deutschen Laienadel wie unter den Bischöfen. Auf seinem Bußgang nach **Canossa 1077** zeigte sich Heinrich IV. als gehorsamer Sohn der Kirche und erlangte so die Lösung des Banns.

Verlauf: Obwohl der Papst 1078 ein allgemeines, auch für den König geltendes Laieninvestiturverbot erließ, setzte sich der Streit in Briefen und Pamphleten fort. Auch die Amtsenthebung des jeweiligen Gegners und weitere Bannsprüche gehörten zu den Kampfmitteln.

Ergebnis: Im **Wormser Konkordat 1122** vermittelten deutsche Fürsten einen Ausgleich zwischen Heinrich V. (Reg. 1106–1125) und Papst Calixt II. (1119–1124). Grundlage war die begriffliche Trennung in Temporalien und Spiritualien. Der König wies nur noch in die Temporalien ein. Der Papst setzte den Grundsatz der freien kanonischen Wahl durch, doch sicherte sich der König maßgeblichen Einfluss. Es war kaum möglich, einen gewählten Kandidaten zum Bischof zu weihen, wenn der König ihm die Belehnung verweigerte.

Folgen: Der Investiturstreit veränderte das Verhältnis von Kirche und Staat: Die im Frühmittelalter entstandene Verschränkung von kirchlichen Strukturen und weltlicher Herrschaft bekam tiefe Risse, die Unterscheidung von geistlicher und weltlicher Macht mit je eigenen Zuständigkeitsbereichen wurde eingeleitet. Durch die länderübergreifenden Aktivitäten der Päpste entwickelten die Einzelkirchen zunehmend ein Zusammengehörigkeitsgefühl und sahen sich als Glieder einer eigenständigen Institution mit dem Papst als Autoritätszentrum.

Die Bulle „Unam sanctam" (1302) und das große abendländische Schisma (1378–1417)

Die Auseinandersetzungen zwischen weltlicher und geistlicher Gewalt gingen nach dem Investiturstreit weiter. Ein schwerer Konflikt entwickelte sich um 1300 zwischen dem Papst und dem französischen König, der den französischen Klerus ohne Zustimmung des Papstes mehrmals besteuerte und den universalen Herrschaftsanspruch Roms in Frage stellte. Papst Bonifaz VIII. (1294–1303) forderte daraufhin in seiner Bulle *„Unam sanctam"* **(1302)** die Unterwerfung der weltlichen Macht unter die päpstliche Autorität. Der König blieb bei seiner Auffassung, ließ den Papst verhaften und zwang seine Nachfolger, in Avignon zu residieren (1309 bis

1377). Die Päpste waren nun von Frankreich abhängig. Die avignonesischen Päpste bauten die kurialen Behörden aus und entfalteten eine aufwendige Hofhaltung. Ungeachtet wachsender Kritik wurde beides durch ein ausgeklügeltes System von Steuern und Abgaben finanziert.

Aufgrund einer Doppelwahl besaß die westliche Christenheit seit 1378 zwei Päpste – einen in **Avignon** und einen in **Rom**. Das **große abendländische Schisma (1378–1417)** spaltete nicht nur Europa, sondern gefährdete auch den universalen Herrschaftsanspruch der römischen Kirche. Nach einem missglückten Anlauf zur Einberufung eines Konzils, das das Schisma beenden sollte, kam schließlich unter König Sigmund das **Konstanzer Konzil (1414–1417)** zustande: Das Konzil, das seine Gewalt unmittelbar von Christus herleitete und sich als Repräsentation der Kirche verstand, forderte seine periodische Einberufung und päpstlichen Gehorsam gegenüber seinen Beschlüssen (auf dem folgenden Baseler Konzil als Dogma verkündet). Obwohl das Schisma in Konstanz beendet wurde, scheiterte der Reformversuch. Die folgenden Päpste mischten sich erneut aktiv in politische Kämpfe um die Vorherrschaft in Italien ein und kümmerten sich mehr um die Interessen ihrer Familien als um die Kirche.

Klöster und Orden

„Das christliche Mittelalter", schreibt der Historiker Hans-Werner Goetz, „leistete" sich deshalb so viele Klöster, weil das Mönchtum „als vollkommenste Lebensform" galt. Klöster und Orden sorgten allerding auch für Unruhe. So entstand im 11. Jahrhundert der Reformorden der **Zisterzienser**, der die luxuriösen Bauten und Gottesdienste in anderen Klöstern kritisierte, wie z. B. in dem inzwischen reichen und riesigen Kloster Cluny. Nach neuen Formen des Lebens und Glaubens suchte auch **Franz von Assisi (1181/82–1226)**, der in Armut und Gewaltlosigkeit das Leben Jesu nachzuleben versuchte. Dieses Armutsideal besaß auch eine politische Dimension und brachte den **Franziskanerorden** im „Armutsstreit" in Opposition zur Papstkirche. Zu den neuen „**Bettelorden**" gehörten auch die Dominikaner, deren Hauptaufgabe der Kampf gegen die „Ketzer" war. Die Bettelorden zeichneten sich dadurch aus, dass ihre Angehörigen nicht ein Leben lang in Gemeinschaften hinter Klostermauern lebten. Vielmehr entfalteten sie sich inmitten der neuen Städte, wo die Brüder und Schwestern in kleinen „Seelsorgestationen" lebten. Die Mitglieder zogen auch missionierend und predigend durch Europa.

Darüber hinaus entstanden im Mittelalter ganz neue Formen der Frömmigkeit. Frauen schlossen sich als **Beginen**, Männer als Begarden, zu klosterähnlichen Gemeinschaften zusammen und widmeten sich in den Städten der Kranken- und der Altenpflege. **Mystiker** hingegen wollten durch Abkehr von der Welt in Stille und Meditation Gott näher kommen.

Ketzerbewegungen

Von den zahlreichen kleinen und großen Gruppen, die im Mittelalter als „Ketzer" aus der Kirche ausgegrenzt wurden, haben zwei eine größere Bedeutung erlangt. Hierzu gehören die **Katharer**, die im 12. und 13. Jahrhundert viele Anhänger in Oberitalien und im südlichen Frankreich besaßen. Die Katharer lehnten die Kirche und die bestehende Gesellschaftsordnung grundsätzlich ab und glaubten, dass sie durch ein streng asketisches Leben erlöst werden könnten (griech. *kataroi* = die Reinen; im Deutschen „Ketzer"). Die um 1173 von dem reichen, aus Lyon stammenden Kaufmann Petrus Waldes gegründeten **Waldenser** verachteten den Prunk und die weltliche Lebensführung der Priester und Bischöfe. Als Laienprediger wollten sie die katholische Glaubenslehre erneuern, wurden aber vom Papst gebannt und verfolgt.

Im Spätmittelalter entfachte der tschechische Theologe und Reformator **Jan Hus (ca. 1370 bis 1415)** eine aggressiv agierende Protestbewegung gegen die Kirche. Die **Hussiten** griffen Vorstellungen des Engländers John Wiclif (ca. 1320–1384) auf. Sie wollten das Laienelement verstärken und das Gemeindeleben an urkirchlichen, auf Gleichheit und Besitzteilung beruhenden Idealen ausrichten. Hus wurde auf dem Konstanzer Konzil als Ketzer verbrannt.

Hinweise zur Arbeit mit den Materialien

Kapitel 8 behandelt das Verhältnis von weltlicher und geistlicher Macht im Mittelalter und bildet den Schluss der Untersuchung herrschaftsgeschichtlicher Fragen (Kapitel 6 bis 8).

Die Leitfrage könnte lauten: Haben die mittelalterlichen Konflikte über weltliche und geistliche Herrschaft dazu beigetragen, dass sich im europäischen Kulturraum ein starkes Bewusstsein von der Trennung zwischen Staat und Kirche herausgebildet hat?

Einstieg: Insignien von Bischöfen und Päpsten (M2). *Als Vertiefung:* das **Amtsverständnis von Päpsten** im Frühmittelalter (M3) und in der *Gegenwart* (M4).

Einzelthemen zu den Beziehungen zwischen weltlicher und geistlicher Macht:

1. Teilung der Herrschaft? Das ottonisch-salische **Reichskirchensystem** (M5a–c).

2. Staat und Kirche, weltliche und geistliche Macht im offenen Konflikt? Der **Investiturstreit** – eine *Fallanalyse:* Hintergründe (M6a–d); zentrale Ereignisse um den Gang nach Canossa (M7a–d, M8); Ergebnisse und Folgen (M9a, b, M10); Forschungspositionen (M11a–d).

3. Das Papsttum als Sieger? Station I: Die Papstbulle ***„Unam sanctam"*** von 1302 (M12a, b). Station II: Das große **Schisma der abendländischen Kirche** 1378–1417 (M13a, b).

Inwieweit haben sozialer Wandel und innerkirchliche Konflikte die Rolle der Kirche und des Papsttums in Politik und Gesellschaft verändert? Die Frage kann (als *Vertiefung*) anhand des Armutsstreites und des Umgangs der Kirche mit sogenannten **Ketzern** untersucht werden:

4. **Die Franziskaner und der Armutsstreit** *(Themensonderseite 172–174).*

5. **Jan Hus: Reformer oder Revolutionär?** *(Themensonderseite 175–179).*

Weiterführende Arbeitsanregungen S. 180: Zur Geschichtskultur – **Canossa in der Nachwelt.**

M2 Insignien von Bischöfen und Päpsten. – *Krummstab des heiligen Arno, um 1063; Mitra des heiligen Rupertus, 12. Jh.; Ring des Mainzer Bischofs Aribo, um 1020. Hirtenstab, Mitra und Ring gehören bis heute zur Bischofs- und Papstweihe, der Papst erhält jedoch anstelle der Mitra die Tiara (Papstkrone mit drei Kronreifen). Erzbischöfe und Päpste erhalten zusätzlich das Pallium (Lammwollband mit schwarzen oder roten Kreuzen als Symbole der Wundmale Jesu).*

M3 Über das päpstliche Amtsverständnis: Leo I. (440–461) und Gregor I. (590–604)

Papa *(griech.* pappas = *Vater),* von dem sich das Wort „Papst" ableitet, war in der Frühkirche eine Anrede für Bischöfe und Äbte; erst seit dem 5. Jahrhundert ging sie auf den Bischof von Rom über. Ursprünglich besaß der Bischof von Rom als Nachfolger des Apostels Petrus nur einen Ehrenvorrang gegenüber den Patriarchen von Konstantinopel, Jerusalem, Antiochien und Alexandrien; bis ins 8. Jahrhundert musste er dem Kaiser von Byzanz, der oberster Herr über Reich und Kirche war, seinen Amtsantritt am Hofe von Konstantinopel anzeigen. Als jedoch Byzanz Rom im 7./8. Jahrhundert nicht mehr vor der Bedrohung durch die Langobarden schützen konnte und zudem wegen Glaubensstreitigkeiten eine Entfremdung zwischen Ost- und Westkirche einsetzte, wandten sich die Päpste dem aufstrebenden Frankenreich zu (Königskrönung Pippins I. durch den Papst 751, Kaiserkrönung Karls des Großen 800). – Über das Amtsverständnis Leos I. und Gregors I. schreibt der Kirchenhistoriker Georg Denzler (2004):

Leo I. wurde nicht müde zu lehren, dass, wie Petrus einst „Stellvertreter Christi" gewesen sei, er nunmehr der „Stellvertreter Petri" sei.

[…] Für die biblische Begründung genügten Leo die berühmten Worte Jesu an den Apostel Petrus: „Du bist Petrus, und auf deinen Felsen will ich meine Kirche bauen" (Mt 16,18). […] Der Bischof von Rom besitzt nach Leos Überzeugung die Vollmacht, in wesentlichen Fragen der Lehre und des christlichen Lebens für alle Kirchen verbindlich zu entscheiden, und dies sogar unabhängig von Synoden und Konzilien. […]

Mit der Idee des römischen Primats befassten sich alle Predigten, die Leo an den Jahrestagen seiner Bischofsweihe hielt. Stets stellte er bei dieser Gelegenheit den Apostel Petrus in den Vordergrund: „Aus der ganzen Welt wird einzig Petrus erkoren, der auch das Haupt aller berufenen Völker, aller Apostel und sämtlicher Väter der Kirche sein soll; obwohl es daher im Volke Gottes viele Priester und Hirten gibt, ist doch im eigentlichen Sinne Petrus der Leiter aller derer, über die letztendlich auch Christus herrscht. Einen bedeutenden und bewundernswerten Anteil an ihrer Macht gab also […] die göttliche Gnade diesem Mann." […]

Ausschlaggebend für die Idee vom Papsttum wurde vor allem Leos Glaube, Christus habe dem „Ersten Apostel" Anteil an seiner göttlichen Gewalt gegeben. Damit erhob der Papst den Apostel Petrus hoch über alle anderen Apostel und schrieb ihm eine christusähnliche oder gar christusgleiche Stellung in der Kirche zu. Für eine solche Mystifizierung des Papsttums fehlt freilich in der Bibel jegliche Grundlage. […]

[In einem Brief schrieb Papst Gregor I. dem Patriarchen Eulogios von Alexandrien]: „Du richtest Dich an mich mit den Worten ‚Wie Du befohlen hast.' Ich bitte Dich, dieses Wort ‚befohlen' zurückzunehmen und nicht auf mich zu beziehen, denn ich bin mir bewusst, wer ich bin und wer Du bist. […] Doch in der Anschrift Deines Briefes legtest Du mir leider den stolzen Titel ‚Universalpapst' bei. Ich bitte dich, das nicht mehr zu tun, denn das, was Du einem andern über Gebühr hinaus beilegst, ist Dir genommen. Und ich betrachte eine Ehre, wodurch meine Brüder die ihre verlieren, nicht als Ehrung. […] Dann bin ich in Wahrheit geehrt, wenn allen einzelnen die schuldige Ehre erwiesen wird." […] Allgemein lässt sich sagen, dass Gregor […] ein kollegiales Verständnis seines Amtes viel näher [lag] als ein allein-herrliches Kirchenregiment.

Georg Denzler, Das Papsttum. Geschichte und Gegenwart, 2. Aufl., München (C. H. Beck) 2004, S. 23–28.

M 4 Wappen Benedikts XVI. (Papst seit 2005). – *Dargestellt sind u. a.: Mitra (anstelle der Tiara; vgl. Legende zu M2) mit drei goldenen Querstreifen, die für Ordnung, Jurisdiktion und Lehramt stehen; Goldschlüssel (Macht des Himmels); Silberschlüssel (geistliche Macht des Papstes auf Erden); gekrönter Mohr (aus dem Wappen der Erzbischöfe von München-Freising); Bär (des Diözesenpatrons Korbian aus dem Stadtwappen Freisings); Muschel (Anspielung auf den Lieblingstheologen Benedikts, den Kirchenvater Augustinus); Pallium (vgl. Legende zu M2; erstmals auf einem Papstwappen dargestellt).*

1 🏃 Kurzpräsentation: Wer und was ist der Papst? Erläutern Sie Aufgaben und Funktionen des Papstes heute (eigene Recherche, M2).

2 a) Herrscher oder Diener? Erläutern Sie, welches Amtsverständnis auf Papst Leo I. und welches auf Gregor I. zutrifft (M3).

b) Welche Rückschlüsse lassen die unterschiedlichen frühmittelalterlichen Amtsauffassungen (M3) auf die Geschichte des Papsttums zu?

3 Diskutieren Sie folgende These: „Das Wappen Benedikts XVI. (M4) steht für eine kollegiale Rolle als Bischof von Rom und weniger für die Zentralmacht des römischen Papsttums."

M 5 Das Reichskirchensystem (10./11. Jh.)

5 a) Der Historiker Jan Dhondt schreibt (1971):
Diese Reichskirche war nicht etwa ein geni-
aler Einfall, zu dem es mit einem Schlage gekommen war und der nachher systematisch
verwirklicht wurde. Ihr Beginn ging offen-
5 sichtlich darauf zurück, dass die Krone das
Recht beanspruchte, die Bischöfe zu ernennen, und dieses Recht auch ausübte. Diese
Handlungsweise war nicht neu, und der
deutsche König richtete sich hierin nur nach
10 den Karolingern. Diese hatten ja stets nach
eigenem Ermessen über die Bischofssitze verfügt. Ein entscheidender Schritt ist darin zu
erblicken, dass Otto I. [Reg. 936–973] mehreren Bischöfen die Grafenrechte in ihrer Resi-
15 denz und dem von dieser abhängigen Gebiet
verlieh. […] Auch in solchen Verleihungen
ist die Weiterentwicklung einer sehr alten
Tradition zu sehen; denn die Bischöfe und
Äbte genossen seit Jahrhunderten das Vor-
20 recht der Immunität, das heißt der Freistel-
lung von der Kontrolle durch die staatlichen
Beamten und der Anerkennung ihres Herr-
schaftsbereiches als rechtlich weitgehend
selbstständigen, durch die Autorität der Kir-
25 che befriedeten Bezirk. […] Den entscheidenden Schritt tat Otto I. schließlich damit,
dass er den Bischöfen die gesamten Grafenrechte überließ. […]
  Der wesentliche Punkt bei all diesen Maß-
30 nahmen war die in ihnen liegende enge Bindung des betreffenden Bischofs an die Interessen des Herrschers; denn die Gegner, die
zum Schaden der bischöflichen Grafen die
diesen verliehenen Rechte, die kirchlichen
35 Domänen und die Befugnis zur Bestimmung
der Nachfolger bei der Besetzung hohe Kirchenämter an sich reißen wollten, waren die
Aristokraten, die gleichzeitig auch für den
Monarchen gefährlich waren. Die Herzöge,
40 die Grafenfamilien, die großen Grundherren – kurz, all diejenigen Gruppen, gegen
die sich die Kaiser durch die Reichskirche
sichern wollten.
  Von diesen weltlichen und regionalen
45 Kräften bedroht, wandten die Bischöfe sich
immer wieder dem Kaiser zu, der ja eine Verbindung mit den regionalen Gewalten verhindern wollte und deshalb fast immer sorgfältig darauf achtete, dass er zum Bischof
50 eines Gebietes einen Mann ernannte, der

nicht diesem, sondern einem anderen Gebiet entstammte. So kam es dahin, dass die
Bischöfe in ihrem eigenen Interesse die Gegner der kaiserlichen Gewalt bekämpften.
  Das System der ottonischen Reichskirche 55
lief also darauf hinaus, eine aus mächtigen
Männern bestehende Schicht zu schaffen,
deren Interesse mit dem der Krone völlig
übereinstimmte. Diese Männer, die eigentlich Fremde in der von ihnen verwalteten 60
Region waren, bildeten innerhalb des Staates
eine Gruppe, die an den Kaiser, nicht aber an
einen Gebietsteil gebunden war und deren
meistens im Zölibat lebende Mitglieder auch
nicht durch Erblichkeit dort verwurzeln 65
konnten, wo sie herrschten. Nirgends und zu
keiner Zeit hat es im frühen Mittelalter ein
territoriales Verwaltungssystem gegeben, das
die Herrschaft des Monarchen in einem solchen Maße sicherte. 70
Jan Dhondt, Das frühe Mittelalter, Frankfurt/Main
(Fischer) 1971, S. 200 f.

5 b) Der dem Erzbischof Bruno (vgl. M5c) nahe-
stehende Kölner Kleriker Ruotger beschreibt Re-
aktionen auf die Reichsbischöfe (10. Jh.):
[Otto I.] schickte seinen Bruder Bruno in dieser gefährlichen Zeit als Beschützer, Sachwalter und sozusagen als Erzherzog nach Westen. […] Auf Drängen des Kaisers übernahm
er, wie gesagt, die Reichsgeschäfte bei den 5
Lothringern, und obwohl er jedem der Großen und der Amtsträger seine im zustehen-
den Aufgaben übertrug, gab es doch nichts,
worum er sich nicht auch selbst kümmerte.
Dabei achtete er fürsorglich und wachsam 10
besonders darauf, was allen nützen konnte.
Aber vielleicht machen ihm einige Leute, die
die göttliche Ordnung nicht begreifen, Vor-
würfe und fragen, warum denn ein Bischof
Politik und gefährliche Kriege betreibe, ob- 15
wohl er doch nur die Aufgabe der Seelsorge
habe. Die Sache selbst kann diesen Leuten,
wenn sie nur etwas Verstand haben, Antwort
geben: Sie sehen doch, wie das große und
diesen Gegenden ungewohnte Gut des Frie- 20
dens durch den Beschützer und Lehrer des
gläubigen Volkes weithin ausgebreitet wurde
[…]. Und die weltliche Regierung war auch
für die Lenker der heiligen Kirche Gottes weder neu noch ungebräuchlich – Beispiele gibt 25
es genügend, wenn man sie sucht. Wir aber
wollen uns anderen Dingen zuwenden und

überlassen es jedem, wie er über diesen frommen Mann rede oder urteile; es gibt unseres
30 Wissens niemanden mit einem klaren Kopf,
der das deutlich sichtbare gute Ergebnis
durch irgendeine schändliche Verleumdung
verdunkeln möchte. Denn ehrenvoll und
nützlich für unser Reich war alles, was er tat.

*Zit. nach: Peter Hilsch, Mittelalter, 2. Aufl., Weinheim
(Beltz Athenäum) 1995, S. 161 f.*

*5 c) Erzbischof Bruno (925–965) als Herzog und
Klosterstifter, Buchmalerei aus einem Kölner
Kloster, 1. Hälfte 13. Jh. – Bruno, Abt im Kloster
Lorsch und Bruder Kaiser Ottos I., wurde 951
Erzkanzler des Reiches, 953 Erzbischof von Köln
und Herzog von Lothringen, 961–964 verwaltete
er die Reichsgeschäfte, wenn der Kaiser in Italien
war. Dargestellt sind u. a.: die Eltern Brunos;
Kaiser und Könige von Otto I. bis Heinrich VII.*

4 ⚔ Arbeitsteilige Gruppenarbeit: Charakterisieren Sie das Reichskirchensystem anhand von
M5a–c aus der Sicht (A) eines Königs, (B) eines
(weltlichen) Grafen, (C) eines Reichsbischofs.
5 Charakterisieren Sie das Verhältnis von
„Staat" und Kirche in der Ottonenzeit (M5a–c).
Ziehen Sie Bild M18, S. 121, mit heran.
6 ⚔ Hausarbeit: Welche Bedeutung hatte
Erzbischof Bruno (M5c) für Kaiser Otto I. und
welche Rolle spielte er in der Reichsgeschichte?

M6 Der Investiturstreit – Station I: Hintergründe

*6 a) Der Mönch und Geschichtsschreiber Lam-
pert von Hersfeld (vor 1028–nach 1081) schreibt
in seinen „Annales" über die Jahre 1069–1077:*
Der Erzbischof veranstaltete jedoch im Oktober desselben Jahres zu Mainz eine Synode.
Unter anderen, die erschienen waren, war
der Bischof [Heinrich] von Chur dort anwesend und überbrachte einen Brief und münd- 5
liche Aufträge des apostolischen Stuhles
[d. h. Papst Gregors VII., 1073–1085], in denen ihm unter Androhung des Verlustes seines Ranges und seines Amtes befohlen wur- 10
de, sämtliche Priester seiner Diözese zu
zwingen, entweder sofort ihren Ehefrauen zu
entsagen oder für immer auf den Altardienst
zu verzichten. Als er das aber tun wollte,
sprangen die zahlreichen anwesenden Geistlichen auf, protestierten so heftig mit Wor- 15
ten und tobten mit Fäusten und drohenden
Gebärden des ganzen Körpers dermaßen gegen ihn, dass er schon die Hoffnung aufgab,
heil von der Synode fort zu kommen.

*Lampert von Hersfeld, Annalen, Übers. Adolf
Schmidt, Darmstadt (Wiss. Buchgesellschaft) 1973.*

*6 b) Humbert (gest. 1061), Kardinalbischof und
Vertrauter Papst Leos IX. (1049–1054), fasste
die Entscheidungen Leos IX. zusammen:*
Canones apostolorum cap. 30.
Wenn ein Bischof oder ein Presbyter oder ein
Diakon seine Würde durch Geld erwirbt,
dann sollen er und derjenige, der ihn ordi-
niert hat, ihr Amt verlieren, und wie Simon, 5
der Magier, von Petrus, so sollen sie mit allen
Mitteln von der Kommunion ausgeschlossen
werden.
  Canones apostolorum cap. 31.
  Wenn ein Bischof sich weltlicher Macht 10
bedient und ihr eine Kirche bekommt, so
werde er ausgeschlossen mit all denen, die
mit ihm Gemeinschaft haben. Wer sich entgegen dieser Bestimmung für einen Preis eine Macht geneigt macht, dann wird sie, sei 15
sie auch [vorher] kirchlich, ohne Zweifel
weltlich, und so spricht der heilige Gregor:
„Wenn in geistlichen Dingen Platz für Geld
ist, dann wird profan, was heilig war."

*Zit. nach: Wolfgang Lautemann (Bearb.), Geschichte
in Quellen, Bd. 2, 2. Aufl., München (bvs) 1978,
S. 248 f.*

6 c) Humbert (vgl. M6b) schreibt über die Befugnisse weltlicher und geistlicher Herrscher bei der Investitur:

Während also die hochwürdigen und allerhöchsten Päpste auf das Diktat des Heiligen Geistes selbst hin vorgeschrieben haben, dass die Wahl des Klerus durch das Urteil des
5 Metropoliten, das Verlangen von Volk und Ständen aber durch die Zustimmung des Fürsten bekräftigt werde, so ist es jetzt zur Umkehr der heiligen Kanones[1] und zur Missachtung der ganzen christlichen Religion ge-
10 kommen, und alles geschieht in umgekehrter Reihenfolge. Die Ersten sind die Letzten, und die Letzten sind die Ersten. Denn an erster Stelle steht bei der Wahl und Einsetzung die weltliche Gewalt, und ihr folgt, ob wil-
15 lentlich oder nicht willentlich, der Ordo[2], das Volk und dann der Klerus mit seiner Zustimmung, und dann endlich die Meinung des Metropolitans[3]. Deshalb kann man auf diese Weise gewählte Männer, wie wir oben
20 ausgeführt haben, nicht unter die Bischöfe zählen, weil ihre Einsetzung mit dem Kopfe nach unten hängt. Denn was zuletzt geschehen musste, geschah zuerst, und getan haben es Leute, die es gar nichts angeht. Denn
25 was geht Laien die Austeilung von kirchlichen Sakramenten an, was kümmert sie die Austeilung der bischöflichen oder der priesterlichen Weihe? Was geht sie der Krummstab und der Ring an, mittels derer in erster
30 Linie die ganze Bischofsweihe durchgeführt, belehnt und gestützt wird? [...] Wer also mit diesen beiden Dingen irgend jemanden weiht, der hat damit ohne Zweifel die ganze Hirtengewalt an sich gebracht. Denn was
35 bleibt dem Klerus, dem Ordo, dem Volke und auch dem Metropoliten nach einer solchen Weihe noch übrig an freier Meinung, wenn ein solcher Vorgesetzter ihnen schon gegeben ist? [...] Was geht es sie noch an,
40 oder welchen Nutzen hätte es, Stab und Ring, die er doch schon trägt, ihm noch einmal zu verleihen? Etwa weil sie von einem Laien dargereicht sind? Aber auch eine von einem Laien vollzogene Taufe soll nicht wie-
45 derholt werden. Wenn der Getaufte am Leben bleibt, dann soll sie durch den Priester durch Gebet und Salbung ergänzt werden. Wenn der betreffende Mensch nicht am Leben bleibt, kann er ohne Zweifel ohne diese
50 beiden das himmlische Reich betreten, niemand aber kann das ohne den Tropfen Taufwassers. Also ist es deutlich, dass alle bischöfliche Gewalt mit Ring und Stab ihnen gegeben ist.

Zit. nach: Wolfgang Lautemann (Bearb.), Geschichte in Quellen, Bd. 2, 2. Aufl., München (bvs) 1978, S. 249 f.

1 Kanones: Gesetze kirchlicher Synoden
2 Ordo: der Krönungsritus (Salbung, Krönung usw.)
3 Metropolitans: gleichbedeutend mit Erzbischof

6 d) Der „Dictatus Papae" Papst Gregors VII. (1073–1085), eine Liste von 27 Leitsätzen, befand sich zwischen Briefen Gregors von 1075:

1. Die römische Kirche ist allein vom Herrn gegründet worden.
2. Allein der römische Pontifex wird rechtmäßig universaler Bischof genannt.
3. Er allein kann Bischöfe absetzen oder wie-5 der aufnehmen.
4. Sein Legat hat allen Bischöfen gegenüber auf dem Konzil den Vorsitz, auch wenn er geringeren Ranges ist, und kann über sie das Urteil der Absetzung fällen.10
5. Auch Abwesende kann der Papst absetzen.
6. Mit den von ihm Exkommunizierten dürfen wir unter anderem nicht einmal im selben Haus bleiben.
7. Ihm allein ist es gestattet, wenn die Zeit es15 erfordert, neue Gesetze zu erlassen, neue Bistümer zu errichten, Kanonikerkapitel in Mönchsklöster zu verwandeln und umgekehrt, reiche Bistümer aufzuteilen und arme zusammenzulegen.20
8. Er allein darf kaiserliche Insignien gebrauchen.
9. Allein des Papstes Füße haben alle Fürsten zu küssen.
10. Sein Name allein darf in den Kirchen fei-25 erlich genannt werden.
11. Einzigartig ist dieser Name in der Welt.
12. Ihm ist erlaubt, Kaiser abzusetzen.
13. Ihm ist erlaubt, Bischöfe von einem Sitz zum anderen zu versetzen, falls dringend ge-30 boten.
14. Aus jeder Kirche kann er nach Belieben Kleriker weihen.
15. Ein von ihm Ordinierter kann auch einer anderen Kirche vorstehen, nicht aber niede-35 re Dienste tun; von keinem anderen Bischof darf er einen höheren Weihegrad empfangen.

16. Keine Synode darf ohne seine Weisung
40 als eine allgemeine bezeichnet werden.

17. Kein Rechtssatz und kein Buch darf ohne seine Autorisierung als kanonisch gelten.

18. Seine Entscheidung darf von niemandem neu verhandelt werden, er selber darf als ein-
45 ziger die Entscheidungen aller anderen neu zur Verhandlung stellen.

19. Er selber darf von niemandem gerichtet werden.

20. Niemand wage den zu verurteilen, der an
50 den apostolischen Stuhl appelliert.

21. Die wichtigeren Angelegenheiten jeder Kirche sollen vor den apostolischen Stuhl gebracht werden.

22. Die römische Kirche hat niemals geirrt
55 und wird nach dem Zeugnis der Schrift auch nie und nimmer irren.

23. Der römische Pontifex, wenn er kanonisch geweiht wurde, wird durch die Verdienste des heiligen Petrus unzweifelhaft
60 heilig gemacht. […]

24. Auf seine Weisung und Erlaubnis hin ist es Untergebenen gestattet, Anklage zu erheben.

25. Ohne das Zusammenkommen einer
65 Synode kann er Bischöfe absetzen und wieder aufnehmen.

26. Als katholisch darf nicht gelten, der nicht übereinstimmt mit der römischen Kirche.
70 27. Er kann Untergebene vom Treueid gegenüber Missetätern lösen.

Zit. nach: Hans Küng, Das Christentum, München (Piper) 1994, S. 446 f.

7 🏃 a) Untersuchen Sie die Quellen M6a–d in arbeitsteiliger Partnerarbeit im Hinblick auf die Ziele, die die Kirche nach Meinung der Zeitgenossen verfolgen sollte.

b) Präsentieren Sie Ergebnisse im Kurs und zeigen Sie, inwieweit die Quellen Ausdruck einer kirchlichen Reformbewegung waren.

8 Formulieren Sie Hypothesen über die Folgen, die die Durchsetzung der Forderungen für Papst und König bzw. Kaiser gehabt hätten.

9 🏃 Referate: Berichten Sie (anhand einer Internetrecherche) über eine aktuelle Reformbewegung
a) in der evangelischen Kirche,
b) in der katholischen Kirche oder
c) in islamischen Gemeinden Deutschlands.
Zitieren Sie ggf. aus Reformprogrammen.

M 7 Der Investiturstreit – Station II: Zentrale Ereignisse

7 a) Papst Gregor VII. (1073–1085, Geburtsname: Hildebrand) war mit der Einsetzung des Erzbischofs von Mailand durch den Salierkönig Heinrich IV. (Reg. 1056–1106) nicht einverstanden. Auf seine Kritik reagierte der König, gestützt auf die romfeindliche Gesinnung der deutschen Bischöfe, mit folgendem Dekret (Januar 1076):
Heinrich, von Gottes Gnaden König, an Hildebrand. Während ich bisher von dir erwartete, was dem Verhalten eines Vaters entspricht, und Dir in allem gehorchte, […]
5 erhielt ich von Dir einen Lohn, wie er nur von dem gefährlichsten Feind unseres Lebens und Reiches zu erwarten war [genannt werden: der Raub aller ererbter Ehre; der Versuch, die Herrschaft über Italien mit üblen
10 Machenschaften zu entreißen; die Schmähung des Reichsepiskopats]. Diesen unerhörten Eigensinn glaubte ich nicht mit Worten, sondern mit der Tat zurückweisen zu müssen. Ich hielt darum eine allgemeine
15 Versammlung aller Reichsfürsten auf ihre Bitten ab. Als man dort, was man bisher aus Scheu und Ehrfurcht verschwiegen hatte, an die Öffentlichkeit brachte, da wurde aufgrund der wahrheitsgetreuen Darlegungen
20 dieser Fürsten – Du kannst sie ihrem eigenen Schreiben entnehmen – verkündet, dass Du auf keinen Fall auf dem römischen Stuhl bleiben kannst. Weil deren Spruch gerecht und vor Gott und den Menschen anerken-
25 nenswert schien, stimmte auch ich zu und spreche Dir alles Recht der päpstlichen Gewalt ab, das Du zu besitzen schienst, und befehle Dir, vom römischen Stuhl herabzusteigen, dessen Schirmherrschaft mir Gott
30 zuteilte und die Römer durch Schwur zubilligten, sodass sie mir zusteht.
Zit. nach: Adolf Martin Ritter u. a. (Hg.), Kirchengeschichte in Quellen. Ein Arbeitsbuch, Bd. 2, 5. Aufl., Neukirchen-Vluyn (Neukirchener Verlag) 2001, S. 91.

7 b) Aus den Beschlüssen der Fastensynode in Rom (Februar 1076). Die Liste beginnt mit Exkommunikationen und Amtsenthebungen von Klerikern und Laien. Es folgt ein Papstdekret:
Seliger Petrus, Apostelfürst, neige, so bitten wir, deine gütigen Ohren zu uns und höre mich, deinen Knecht, den du seit der Kindheit ernährt und bis zu diesem Tage aus der

5 Hand der Ungerechten befreit hast, die mich
als deinen Getreuen hassten und hassen. […]
Durch deine Gnade ist mir die Macht von
Gott gegeben, zu binden und zu lösen im
Himmel und auf Erden. Hierauf also vertraue
10 ich, und für die Hoheit und den Schutz deiner Kirche, im Namen des allmächtigen Gottes, des Vaters und Sohnes und Heiligen
Geistes, durch deine Macht und Vollmacht
untersage ich dem König Heinrich, Sohne
15 Kaiser Heinrichs, der gegen deine Kirche in
unerhörtem Hochmut aufgestanden ist, die
Lenkung des ganzen Reiches der Deutschen
und Italiens und löse alle Christen vom Bande des Eides, den sie ihm geleistet haben und
20 leisten werden, los und verbiete, dass ihm ir-
gendwer wie einem Könige diene. Geziemend ist es ja, dass, wer die Hoheit deiner
Kirche zu mindern strebt, selber die Hoheit
verliere, die er scheinbar hat.
25 Und weil er als ein Christ zu gehorchen
verachtete und nicht zu Gott zurückkehrte,
den er verließ, da er mit Gebannten umging
und meine für sein Heil gesandten Mah-
nungen, du weißt es, verschmähte und sich
30 von deiner Kirche, im Begehr sie zu spalten,
trennte, binde ich ihn an deiner Statt mit der
Fessel des Anathems[1], und so binde ich ihn
im Vertrauen auf dich, dass die Völker es wissen und anerkennen: du bist Petrus, und auf
35 deinen Felsen hat der Sohn des lebendigen
Gottes seine Kirche gebaut, und die Pforten
der Hölle werden sie nicht überwältigen.

*1 Anathema: Verdammung als Häretiker (Ketzer) und
Ausschluss aus der Kirche (Exkommunikation)*

*7 c) Eid Heinrichs IV. in Canossa (Januar
1077):*
Ich, König Heinrich, werde hinsichtlich der
Unzufriedenheit und Meinungsverschiedenheit, die zurzeit mir gegenüber bestehen bei
Erzbischöfen und Bischöfen, Herzögen, Gra-
5 fen und sonstigen Fürsten des Reiches der
Deutschen sowie bei den anderen, die ihnen
eben dieser Meinungsverschiedenheit halber
folgen, innerhalb des Zeitraumes, den der
Herr Papst Gregor bestimmt, entweder Ge-
10 rechtigkeit gemäß seinem Urteil oder Einvernehmen entsprechend seinem Rat schaffen,
sofern nicht ein eindeutiges Hindernis mir
oder ihm entgegensteht; wenn dies nicht
mehr besteht, bin ich bereit, dasselbe durch-
15 zuführen.

Desgleichen wird der Herr Papst Gregor,
wenn er über das Gebirge oder in andere
Länder gehen möchte – soweit es mich angeht und diejenigen, die ich zwingen kann –,
sicher sein vor jeder Schädigung an Leben 20
und Leib sowie vor Gefangennahme; das gilt
für ihn selbst, für sein Geleit und seine Begleitung sowie für diejenigen, die von ihm
gesandt werden oder ganz gleich aus welchem Land zu ihm kommen; auf dem Hin- 25
weg, bei dem dortigen Aufenthalt und auf
dem Rückweg. Und es soll für ihn keinerlei
weiteres Hindernis aufgrund meiner Zustimmung [zu einem solchen] geben, das gegen
seinen berechtigten Anspruch ist; und wenn 30
einer ihm ein solches bereitet, werde ich ihm
in aufrichtiger Treue nach meinem Vermögen helfen.

*7 d) Aus einem Bericht Papst Gregors VII. über
die Vorgänge in Canossa (Januar 1077):*
Bischof Gregor, Knecht der Knechte Gottes,
sendet allen Erzbischöfen, Bischöfen, Herzögen, Grafen und sonstigen Fürsten des König-
reichs der Deutschen Gruß und apostolischen
Segen. 5
Da Ihr aus Liebe zur Gerechtigkeit gemeinsam mit uns im Kampf der Streiter
Christi Last und Gefahr auf Euch genommen
habt, möchten wir Euch Lieben in unge-
schminkter Wahrheit mitteilen, wie der Kö- 10
nig, zur Buße sich demütigend, die Gnade
der Lossprechung erlangte und wie die ganze
Angelegenheit nach seinem Eintritt in Italien bis heute weitergeführt worden ist.
Wie es ausgemacht war mit den Gesand- 15
ten, die Ihr zu uns schicktet, kamen wir in
die Lombardei etwa 20 Tage vor dem Termin,
an dem einer der Herzöge uns bei den Klau-
sen entgegenkommen sollte, und erwarteten
ihre Ankunft, auf dass wir in jene Gebiete 20
ziehen könnten. Als aber mit dem Heran-
nahen des Termins uns gemeldet wurde, zu
dieser Zeit könne man uns wegen zahlreicher Schwierigkeiten, was wir ja auch
glauben, kein Geleit entgegenschicken, und 25
wir keine andere Gelegenheit zu Euch zu ziehen besäßen, befanden wir uns in nicht geringer Sorge, was wir denn als Nächstes tun
sollten.
Inzwischen erhielten wir sichere Nach- 30
richt, der König nahe. Auch sandte er, bevor
er Italien betreten hatte, untertänig Boten zu

uns voraus und bot an, Gott, dem heiligen Petrus und uns in allem Abbitte zu leisten,
35 und versprach, zur Besserung seines Lebens völligen Gehorsam zu wahren, sofern er nur Lossprechung und die Gnade des apostolischen Segens zu erlangen verdiene. Da wir dies unter vielfältigen Überlegungen lange
40 hinausschoben und ihn durch all die Boten, die hin und her wechselten, heftig wegen seiner Ausschreitungen zurückwiesen, gab er schließlich durch sich selbst keinerlei Feindschaft oder Unbesonnenheit zu erkennen
45 und kam in geringer Begleitung nach Canossa, wo wir uns aufhielten. Dort harrte er während dreier Tage vor dem Tor der Burg ohne jedes königliche Gepränge auf mitleiderregende Weise aus, nämlich unbeschuht
50 und in wollener Kleidung, und ließ nicht eher ab, unter zahlreichen Tränen Hilfe und Trost des apostolischen Erbarmens zu erflehen, als bis er alle, die dort anwesend waren und zu denen diese Kunde gelangte, zu solcher Barmherzigkeit und solchem barmher-
55 zigen Mitleid bewog, dass sich alle unter vielen Bitten und Tränen für ihn verwandten und sich fürwahr über die ungewohnte Härte unserer Gesinnung wunderten; einige aber klagten, in uns sei nicht die Festigkeit
60 apostolischer Strenge, sondern gewissermaßen die Grausamkeit tyrannischer Wildheit.

M8 **Zeichnung aus der Chronik des Bischofs Otto von Freising (ca. 1111–1158).** – *Dargestellt sind vier Szenen (in ungeordneter Reihenfolge): (A) Papst Gregor VII., der König Heinrich IV. verflucht. (B) Gregor VII., der im Exil in Salerno stirbt. (C) Heinrich IV., der (nach erneuter Bannung durch Gregor VII. 1080) für die Wahl des Erzbischofs Wibert von Ravenna (Guibertus) zum Gegenpapst Clemens III. sorgt. (D) Heinrich IV., der Gregor VII. vertreibt.*

Schließlich wurden wir durch seine ständige Zerknirschung und solches Bitten aller
65 Anwesenden besiegt, lösten endlich die Fesseln des Anathems und nahmen ihn wieder in die Gnade der Gemeinschaft und den Schoß der heiligen Mutter Kirche auf, nachdem wir von ihm die Sicherheiten erhalten
70 hatten, die unten aufgeführt sind [s. M7d]. Auch erhielten wir deren Bestätigung durch die Hände des Abtes von Cluny und unserer Töchter Mathilde und Gräfin Adelheid sowie anderer Fürsten, Bischöfe und Laien, die uns
75 dazu von Nutzen schienen. Nachdem dies so zu Ende geführt ist, dass wir – so wie wir es seit langem wünschten – zum Frieden der Kirche und zur Eintracht des Reiches alles mit Gottes Hilfe besser fügen können, möch-
80 ten wir bei der ersten sich bietenden Gelegenheit in Euer Gebiet kommen. Wir wünschen, dass Eure Liebe dies unzweifelhaft weiß, da ja – wie ihr aus den schriftlichen Sicherheiten ersehen könnt – gegenwärtig das
85 Verfahren in dieser ganzen Angelegenheit so in der Schwebe ist, dass unsere Anwesenheit und Euer einmütiger Rat äußerst notwendig erscheinen. Deshalb bemüht Euch alle, in der gläubigen Treue, mit der Ihr angefangen
90 habt, und in der Liebe zu Gerechtigkeit zu verharren, wohl wissend, dass wir dem König nur insofern verpflichtet sind, als wir ihn mit klaren Worten – so wie es meine Art ist – in den Dingen auf uns hoffen hießen, in de-
95 nen wir ihm zu seinem Heil und seiner Ehre entweder mit Recht oder Barmherzigkeit ohne Gefahr für unsere und seine Seele helfen könnten.

M7b–d zit. nach: Rudolf Buchner (Hg.), Ausgewählte Quellen zur deutschen Geschichte des Mittelalters, Bd. 12a, Übers. Franz-J. Schmale, Darmstadt (Wiss. Buchgesellschaft) 1968, S. 206–209, 240 ff., 244 f.

10 Stellen Sie anhand der Quellen M7a–d und der Darstellung, S. 154, zentrale Etappen des Investiturstreites zusammen. Erläutern Sie dabei Mittel und Ziele, mit denen König und Papst ihre Interessen zu verwirklichen suchten.
11 a) Ordnen Sie die Szenenbeschreibungen in Legende M8 richtig zu (mit Begründungen).
b) Erläutern Sie die Szenen in Bild M8 mithilfe einer modernen Chronik (z. B. *Der Große Ploetz*) und vervollständigen Sie Ihre in Aufgabe 10 begonnene Zeittafel zum Investiturstreit.

M9 Der Investiturstreit – Station III: Ergebnisse und langfristige Folgen

M9a und b sind Auszüge aus dem Wormser Konkordat, geschlossen im Jahre 1122 zwischen Kaiser Heinrich V. und Papst Calixt II.

9 a) Privileg des Kaisers:
Ich, Heinrich, von Gottes Gnaden Imperator Augustus der Römer, verzichte aus Liebe zu Gott und der heiligen römischen Kirche und zum Herrn Papste Calixtus und wegen meines Seelenheils zugunsten Gottes und 5 der heiligen Apostel Petrus und Paulus und der heiligen römischen Kirche auf alle Investitur mit Ring und Stab, und ich gestatte in allen Kirchen, die in meinem Regnum und Imperium liegen, kanonische Wahl und freie 10 Weihe.

2. Besitzungen und Regalien des heiligen Petrus, die vom Beginn dieses Streites an bis zum heutigen Tage zur Zeit meines Vaters oder auch durch mich entfremdet worden 15 sind, erstatte ich der heiligen römischen Kirche zurück, soweit ich sie im Besitz habe, falls aber nicht ich sie besitze, werde ich die Rückerstattung getreulich unterstützen.

3. Besitzungen aller anderen Kirchen oder 20 von Fürsten oder anderen Laien und Klerikern, die in diesem Streite verlorengegangen sind, werde ich nach dem Rate der Fürsten und der Rechtsgewalt, die ich habe, zurückgeben; was ich aber nicht selbst besitze, wer- 25 de ich getreulich zurückzugeben befehlen.

4. Und dem Herrn Papste Calixtus und der römischen Kirche und allen, die auf ihrer Seite sind oder waren, gebe ich wahren Frieden. 30

5. Auch werde ich in allen Fällen, in denen die römische Kirche Hilfe von mir erbitten sollte, ihr getreulich helfen und in allen Stücken, über die sie mir Beschwerden vorträgt, für schuldige Gerechtigkeit sorgen. 35

Das alles ist geschehen mit Zustimmung und nach Beratung mit den Fürsten, deren Namen unterschrieben sind:

Erzbischof Adalbert von Mainz, Erzbischof F[riedrich] von Köln, [Hartwig] Bischof 40 von Regensburg, O. Bischof von Bamberg, B[runo] Bischof von Speyer, H[ermann] von Augsburg, G. von Utrecht, O. von Konstanz, E. Abt von Waldis, Herzog Heinrich, Herzog Friedrich, Herzog S., Herzog Berthold, Mark- 45 graf Teibold, Markgraf Engelbert, Pfalzgraf Otto, Graf Berengar.

Ich, Friedrich, Erzbischof von Köln und Erzkanzler, habe gegengezeichnet.

9 b) Privileg des Papstes:
Ich, Bischof Calixtus, *servus Servorum Dei,* gestehe dir, o mein geliebter Sohn Heinrich, von Gottes Gnaden Imperator Augustus der Römer, das Recht zu, dass die Wahlen von
5 Bischöfen und Äbten im Deutschen Reiche, die zum *Regnum* gehören, in deiner Gegenwart geschehen sollen, frei von Simonie und Gewalttat; sollte zwischen den Parteien dabei Streit entstehen, dann sollst du mit dem
10 Metropoliten und den Kronprovinzialen gemeinsam beraten und entscheiden und dem Würdigsten deine Zustimmung und Hilfe leihen. Der Erkorene aber soll von dir mit dem Zepter die Regalien erhalten und
15 dir dafür das leisten, was er von Rechts wegen schuldig ist.

2. In den anderen Teilen deines Imperiums soll der Gewählte binnen sechs Monaten mit dem Zepter von dir die Regalien erhalten und dir dafür leisten, wozu er von 20 Rechts wegen verpflichtet ist; ausgenommen davon aber seien alle die bekannten Leistungen an die römische Kirche.

3. In allen Stücken, in denen du bei mir Beschwerde erhebst und Hilfe erbittest, wer- 25 de ich dir nach Amt und Schuldigkeit beistehen.

Ich gebe dir wahren Frieden und ebenso allen, die auf deiner Seite stehen oder gestanden haben zur Zeit dieses Streites. 30

M9a und b zit. nach: Wolfgang Lautemann (Bearb.), Geschichte in Quellen, Bd. 2, 2. Aufl., München (bvs) 1978, S. 353 f.

12 Erörtern Sie die Folgen des Investiturstreites für das Verhältnis von weltlicher und geistlicher Macht nach dem Wormser Konkordat (M9).
13 Interpretieren Sie die Bildquelle M10.

M 10 Andrea Bonaiuti (1337–1377), „Auftrag und Triumph der Kirche", Fresko, um 1356. – *Das Fresko befindet sich in der „Spanischen Kapelle" der Kirche Santa Maria in Florenz. Dargestellt sind u. a.: Dom von Florenz; Papst; Kaiser; weltliche Würdenträger; Geistliche, darunter Dominikanermönche (weiße Tunika mit schwarzem Mantel); Schafe, bewacht von schwarz-weiß gefleckten Hunden (lat.* domini canes = *Hundes des Herrn, ein ursprünglich verächtlich gemeintes Wortspiel); städtische Bevölkerung.*

M 11 Der Investiturstreit – Station IV: Forschungspositionen

11 a) Der Rechtswissenschaftler und Historiker Ernst-Wolfgang Böckenförde (1967):
Was bewirkte der Investiturstreit für diese religiös-politische Einheitswelt?

Das Prinzip, das diesen Kampf innerlich ermöglichte und über eine Machtauseinan-
5 dersetzung hinausführte, weil es ihm die geistige Begründung verlieh, war die Trennung von „geistlich" und „weltlich". Von der jungen theologischen Wissenschaft erarbeitet, wurde diese Trennung die eigentliche
10 geistige Waffe im Investiturstreit. [...] Die Träger des geistlichen Amtes beanspruchten
alles Geistliche, Sakrale, Heilige für sich und die von ihnen gebildete *„ecclesia".* [...] Der
Kaiser, ja das Herrscheramt überhaupt, wur-
15 de aus dieser neuen *ecclesia* hinausgewiesen, verlor seinen geistlichen Ort und wurde in
die Weltlichkeit entlassen. Der Kaiser war nicht länger geweihte Person, sondern Laie
wie jeder andere Gläubige auch, er unter-
20 stand hinsichtlich der Erfüllung seiner Christenpflichten wie jeder andere dem Urteil der geistlichen Instanz, die ihrerseits dem Urteil einer weltlichen Instanz nicht
unterworfen war. Das ist der neue *„ordo"*,
25 den der *Dictatus papae* zum Ausdruck bringt.
Die Revolution, die sich hier vollzog, be-
deutete mehr als nur die Entsakralisierung des Kaisers. Mit ihm wurde zugleich die politische Ordnung als solche aus der sakralen
30 und sakramentalen Sphäre entlassen; sie wurde in einem wörtlichen Sinn entsakrali-
siert und säkularisiert und damit freigesetzt auf ihre eigene Bahn, zu ihrer eigenen Ent-
faltung als weltliches Geschäft. Was als Ent-
35 wertung gedacht war, um kaiserliche Herr-
schaftsansprüche im Bereich der *ecclesia* abzuwehren, wurde in der unaufhebbaren
Dialektik geschichtlicher Vorgänge zur Emanzipation: Der Investiturstreit konstitu-
40 iert Politik als eigenen, in sich stehenden Be-
reich; sie ist nicht mehr einer geistlichen, sondern einer weltlichen, das heißt natur-
rechtlichen Begründung fähig und bedürftig.

Ernst-Wolfgang Böckenförde, Die Entstehung des Staates als Vorgang der Säkularisation, in: ders., Staat, Gesellschaft, Freiheit. Studien zur Staatstheorie und zum Verfassungsrecht, Frankfurt/Main (Suhrkamp) 1976, S. 45 ff.

11 b) Der Kirchenhistoriker Georg Denzler (2004):
Neuere Forschungen machen deutlich, dass mit der sogenannten Gregorianischen Kirchenreform ungeachtet mancher Verbesse-
rungen im kirchlichen und religiösen Leben des Klerus und der Laien eine Fehlentwick- 5
lung an der Spitze der Kirche eingesetzt ha-
be, die erst im 19. Jahrhundert mit den bei-
den Dogmen über das Papsttum in eine Sackgasse führen sollte, aus der es ohne
Rückkehr zum apostolischen Ursprung kei- 10
nen Ausweg gebe. Die Hauptverantwortung dafür trifft den Mönchspapst Gregor VII.,
über den der Kirchenhistoriker Karl August Fink folgendes Urteil gefällt hat: „Mehr ein
Revolutionär als ein Reformer, hat er in sei- 15
ner religiösen Gewalttätigkeit die Struktur der Kirche und die Lebensform des Klerus für
Jahrhunderte bestimmt und trägt die Verant-
wortung für den römischen Mythos." [...]
Die Ermächtigung dazu, dass der Papst die 20
höchste Gewalt in der Kirche besitzt und so-
mit berechtigt ist, in allen Diözesen der Welt unmittelbar einzugreifen, ging vom 1. Vati-
kanischen Konzil (1869–1870) aus. Dieses Konzil definierte neben der lehrmäßigen 25
Unfehlbarkeit des Papstes den vor allem bei der Leitung der Kirche wirkungsvollen
Rechtsprimat des römischen Bischofs mit ka-
suistischer Genauigkeit: „Wer also sagt, der römische Bischof habe nur das Amt einer 30
Aufsicht oder Leitung und nicht die volle und oberste Gewalt der Rechtsbefugnis über
die ganze Kirche – und zwar nicht nur in Sa-
chen des Glaubens und der Sitten, sondern auch in dem, was zur Ordnung und Regie- 35
rung der über den ganzen Erdkreis verbreite-
ten Kirche gehört –; oder wer sagt, er habe nur einen größeren Anteil, nicht aber die
ganze Fülle dieser höchsten Gewalt, oder die-
se seine Gewalt sei nicht ordentlich und un- 40
mittelbar, ebenso über die gesamten und die einzelnen Kirchen wie über die gesamten
und einzelnen Hirten und Gläubigen, der sei ausgeschlossen." [...]
Aus der Kirchengeschichte wissen wir, 45
dass die lateinische Kirche im Hochmittelalter, namentlich unter den machtvollen Päps-
ten Gregor VII. [1073–1085], Innozenz III. [1198–1216] und Bonifaz VIII. [1294–1303],
ihr Gesicht entweder ganz verloren oder ein 50
Janusgesicht angenommen hat, das auf der

einen Seite biblisch-jesuanische und auf der anderen kirchlich-papalistische Züge trägt. Das 1. Vatikanische Konzil ließ mit den Dog-
55 men vom Jurisdiktionsprimat des Papstes und von der Unfehlbarkeit des päpstlichen Lehramtes das ursprüngliche Jesusantlitz nahezu verblassen und stellte dafür das Porträt des omnipotenten Papstes in hellstes Licht.

Georg Denzler, Das Papsttum, 2. Aufl., München (C. H. Beck) 2004, S. 49 und 97 f.

11 c) Hans Küng, katholischer Theologe (1999):
Romanisierung heißt Zentralisierung. Der Person Gregors VII. kommt hier eine Schlüsselrolle zu. Zusammen mit Humbert [s. M6b] hatte er ja diese römische Zentralisierung
5 von Anfang an geradezu fanatisch gefordert und gefördert, erkämpft und errungen, indem er schon ältere Forderungen konkretisierte und radikalisierte. Ziel ist eine totale, das heißt eine glaubensmäßige, rechtliche,
10 liturgische und disziplinarisch-organisatorische Ausrichtung der gesamten katholischen Kirche, ja, der europäischen Christenheit: auf den römischen Papst als den Nachfolger Petri und absoluten geistlichen
15 Monarchen. Erst jetzt – noch nicht zur Zeit der Karolinger und der Ottonen – kann man im Westen von einer päpstlichen Universalkirche reden. Als Papst, so beklagen sich die Bischöfe bald allenthalben, gibt er ihnen Be-
20 fehle, als wären sie seine Gutsverwalter, zitiert sie nach Rom und setzt sie ab, wo sie ihm widerstehen. Statt bischöfliche Kollegialität päpstliche Autorität. Statt katholischer Vielfalt römische Uniformität.
25 Gregor VII. sieht den Apostel Petrus (= den Papst) als den Vater und die römische Kirche als die Mutter und Lehrmeisterin aller Kirchen. Der römische Papsthistoriker Michele Maccarrone hat dies mit Gregors For-
30 mel aus dem Appell von Salerno 1084 als das „Herz" Gregors VII. und seiner Auffassung vom römischen Primat auf den Punkt gebracht: „Der selige Petrus, Fürst der Apostel, ist aller Christen Vater und nach Christus
35 der erste Hirte, und die heilige römische Kirche ist aller Kirchen Mutter und Lehrmeisterin." [...] Je autoritärer und rigoristischer eine mönchisch orientierte Kirche sich zölibatär nach außen isoliert, desto stärker
40 blühen Verklärungsphantasien und seelische Projektionen im Blick auf „die Kirche". Auto-

ritärer Papalismus und Kirchenidealisierung gehen schon früh Hand in Hand.

Und wie weit es die Päpste in ihrem über-
45 irdischen Sendungsbewusstsein schon bald gebracht hatten, zeigt wie kein anderer zuvor Innozenz III. [1198–1216]. Gegenüber dem Titel „Stellvertreter Petri" bevorzugt er den bis ins 12. Jahrhundert für jeden Bischof oder Priester gebrauchten Titel „Stellvertreter
50 Christi" (lat. *vicarius Christi*), „weil er ihm ermöglicht, eine radikalere und ausgedehntere Autorität darauf zu gründen"; sein Nachfolger Innozenz IV. wird sich gar „Stellvertreter Gottes" (lat. *vicarius Dei*) nennen, „was ihm
55 ermöglicht, seine Autorität noch über den Kreis der Gläubigen hinaus auszudehnen". Ja, Innozenz III., ein Meister der päpstlichen Ideologie, besitzt ein derartig großes religiösherrscherliches Selbstbewusstsein, dass er an
60 seinem Weihetag kurzerhand über sich selber predigt und sich als „Stellvertreter Christi" in „die Mitte gestellt" sieht „zwischen Gott und dem Menschen, unter Gott und über dem Menschen, kleiner als Gott und
65 größer als der Mensch, Richter über alle und von niemand (außer vom Herrn) zu richten"! Ein Papst über und außerhalb der Kirche, wogegen erst das Vatikanum II [= das 2. Vatikanische Konzil 1962–1965] angehen
70 wird mit seiner Aussage über die Kollegialität der Bischöfe.

Hans Küng, Das Christentum. Die religiöse Situation der Zeit, München (Piper) 1999, S. 454 f.

11 d) Der Historiker Bernhard Schimmelpfennig (1996):
Im sogenannten Wormser Konkordat hatte 1122 Papst Calixt II. das „Deutsche Reich" *(Teutonicum regnum)* von den übrigen Teilen des *imperium* unterschieden. Damit war es
5 zum ersten Mal in einem zweiseitigen Abkommen zwischen Kaiser und Papst, also offiziell, als eigene Größe bezeichnet worden. [...]

Allerdings müssen wir uns vor jeglichem patriotischen, oder gar nationalen, Über-
10 schwang hüten, wie er spätestens seit 1990 manchenorts wieder im Schwange ist. Eine „deutsche Nation" gab es (selbst als Fiktion) noch lange Zeit nicht. Wer „Deutscher" war, wussten im 12. Jahrhundert – oft aus leid-
15 voller Erfahrung und daher in bewusster Abgrenzung – am ehesten Nichtdeutsche:

Italiener, aber auch Franzosen und Polen; den berüchtigten *furor teutonicus* hat der
20 hehre und glanzvolle Friedrich Barbarossa [Reg. 1152–1190] bewusst und absichtlich in Italien wüten lassen, Terror war für ihn ein Instrument seiner Politik. Doch wäre er ebenso wenig wie seine beiden Vorgänger
25 (Lothar III. und Konrad III.) oder sein Sohn und Nachfolger (Heinrich VI.) der Idee verfallen, sich „deutscher König" zu nennen. Wer von ihnen nicht, oder noch nicht, „Kaiser" *(imperator)* war, ließ sich als „König der
30 Römer" *(rex Romanorum)* bezeichnen und diesen Titel nach Bedarf durch kaiserliche Epitheta[1] *(semper augustus)* ergänzen.

Fixpunkt der Herrschaft war also weiterhin Rom, das „Haupt der Welt" *(caput mun-*
35 *di)*. Die Herrscher sahen sich in der Traditionskette des *imperium Romanum,* des letzten der vier Weltreiche. […]

Auch die Reichsbewohner haben sich kaum im modernen Sinn als „Deutsche"
40 empfunden. Wer sich überhaupt überörtlich identifizierte, war sich vielleicht bewusst, einem Stamm anzugehören. Wichtiger dürfte jedoch die persönliche Beziehung zwischen Herr und Vasall gewesen sein, und die-
45 se Bindung konnte sich über die Grenzen der *regna* erstrecken.

Bernhard Schimmelpfennig, Könige und Fürsten, Kaiser und Papst nach dem Wormser Konkordat, München (Oldenbourg) 1996, S. 1 f.

1 Epitheton: Beiname

14 🏃 Arbeitsteilige Gruppenarbeit zu den Sekundärtexten zum Investiturstreit (M 11 a–d):
a) Klären Sie zunächst Fremdwörter, lateinische und Fachbegriffe (Wörterbücher, Geschichtslexika; vgl. die Serviceseiten im Anhang).
b) Arbeiten Sie heraus, welche historische Bedeutung Ihr Autor dem Investiturstreit beimisst.
c) Halten Sie fest, welchen Wirklichkeitsbereich Ihr Autor in den Blick nimmt (z. B. Recht, Wirtschaft, Politik, Herrschaft im Allgemeinen, katholische Kirche, Papsttum, das Christentum im Allgemeinen).
d) Präsentieren Sie Ihre Ergebnisse mündlich; halten Sie sie in Stichworten an der Tafel fest.
15 Stellen Sie als Resümee Ihrer arbeitsteiligen Gruppenarbeit zu M 11 a–d (im Kurs oder als Hausaufgabe) die zentralen Folgen des Investiturstreites in einem Schaubild zusammen.

M 12 Das Papsttum im Spätmittelalter – Station I: Die Papstbulle *„Unam sanctam"* (1302)

12 a) Auszug aus der Bulle „Unam sanctam" von Papst Bonifaz VIII. (1294–1303), 13. November 1302. Anlass für die Abfassung der Bulle waren Konflikte um das Verhältnis von weltlicher und geistlicher Macht mit Philipp IV. von Frankreich (Reg. 1285–1314), der den Ausbau der zentralistischen Königsmacht in Frankreich erfolgreich vorangetrieben hatte (vgl. Kapitel 7, S. 130).

Eine heilige katholische apostolische Kirche müssen wir im Gehorsam des Glaubens annehmen und festhalten. Und wir glauben diese fest und bekennen sie schlicht, und au-
5 ßer ihr gibt es kein Heil und keine Vergebung der Sünden. In ihr ist ein Herr, ein Glaube, eine Taufe. Zur Zeit der Sintflut gab es eine Arche Noahs, und diese deutete im Voraus hin auf die eine Kirche. Alles, was nicht in
10 ihr war, wurde vernichtet. Von dieser einen und einzigen Kirche also gibt es nur einen Leib und ein Haupt, Christus nämlich und Christi Stellvertreter, Petrus und Petri Nachfolger; sagt doch der Herr zu Petrus selbst:
15 „Weide meine Schafe" (Joh. 21,17). „Meine" sagt er, und meint das im Allgemeinen, nicht nur im Einzelnen diese oder jene. Und daraus sieht man, dass er ihm alle anvertraut hat. Sagen also die Griechen oder andere, sie
20 seien Petrus und dessen Nachfolgern nicht übergeben, so müssen sie auch bekennen, dass sie zu den Schafen Christi nicht gehören; denn der Herr sagt bei Johannes: „Es gibt nur eine Herde und einen Hirten" (Joh.
25 10,16).

Dass dieser über zwei Schwerter zu verfügen hat, ein geistliches und ein weltliches, das lehren uns die Worte des Evangeliums (Lukas 22,38). Denn als der Apostel sagte:
30 „Siehe, hier sind zwei Schwerter", nämlich in der Kirche […], da antwortete der Herr nicht: „Es ist zu viel!", sondern: „Es ist genug!" Wer nun sagt, in des Petrus Hand sei das weltliche Schwert nicht, der merkt nicht
35 recht auf des Herrn Wort, der da sagt: „Stecke dein Schwert in die Scheide!" (Matth. 26,52). Beide Schwerter hat die Kirche in ihrer Gewalt, das geistliche und das weltliche. Dieses aber ist für die Kirche zu führen, jenes von ihr. Jenes gehört dem Priester, dieses ist zu
40

führen von der Hand der Könige und Ritter,
aber nur wenn und solange der Priester es
will. Ein Schwert aber muss dem anderen
untergeordnet sein; die weltliche Macht
45 muss sich der geistlichen fügen. Denn der
Apostel sagt: „Es ist keine Obrigkeit außer
von Gott, wo aber Obrigkeit besteht, ist sie
von Gott verordnet" (Römer 13,1). Sie wäre
aber nicht geordnet, wenn nicht ein Schwert
50 unter dem anderen stände und gleichsam als
das niedere von der Hand eines anderen
nach oben gezogen würde. Dass aber die
geistliche Macht an Würde und Adel jede
weltliche überragt, müssen wir umso freier
55 bekennen, als überhaupt das Geistliche
mehr wert ist als das Weltliche. Das ersehen
wir auch deutlich aus dem Regiment in der
Welt. Denn in Wahrheit: Die geistliche
Macht hat die weltliche einzusetzen und ist
60 Richterin über sie, wenn sie nicht gut ist. So
bewahrheitet sich über die Kirche und die
kirchliche Gewalt die Voraussage des Propheten Jeremia: „Siehe, ich habe dich heute
über Völker und Reiche gesetzt" (Jer. 1,10).
65 […]

Wenn also die weltliche Macht in die Irre
geht, so wird sie von der geistlichen gerichtet
werden; irrt die geistliche auf einer niederen
Stufe, so wird sie gerichtet werden von der,
70 die über ihr steht; irrt aber die höchste, so
wird sie allein von Gott gerichtet werden
können, nicht aber von einem Menschen,
wie der Apostel bezeugt: „Der geistliche
Mensch richtet alles, er selbst aber wird von
75 niemand gerichtet" (1. Kor. 2,15). Es ist aber
diese Macht, auch wenn sie einem Menschen gegeben ist und von einem Menschen
ausgeübt wird, keine menschliche, vielmehr
eine göttliche, nach Gottes Wort dem Petrus
80 gegeben, ihm und seinen Nachfolgern von
Christus selbst, den Petrus, der feste Fels, be-
kannte, zu dem dann der Herr sagte: „Was du
auf Erden bindest […]" (Matth. 16,19).

Wer sich also dieser von Gott so geord-
85 neten Gewalt widersetzt, der widerstrebt
Gottes Ordnung. […] So erklären wir denn,
dass alle menschliche Kreatur bei Verlust ihrer Seelen Seligkeit untertan sein muss dem
Papst in Rom, und sagen es ihr und bestim-
90 men es.

Zit. nach: Wolfgang Lautemann (Bearb.), Geschichte
in Quellen, Bd. 2, 2. Aufl., München (bvs) 1978,
S. 786 f.

12 b) Der Kirchenhistoriker Bernd Moeller über
päpstliche Machtansprüche im Spätmittelalter
(2004):
In der Folge [d. h. nach dem Frieden von Paris 1259; vgl. Kapitel 7, S. 130] bestimmte
Frankreich für mehrere Jahrzehnte im wei-
testen Ausmaß das politische Geschehen in
Europa. Es war dazu fähig geworden durch
5 die Konzentration der Herrschaft, die dem
französischen Königtum in den letzten hundert Jahren gelungen war. […] Das hatte
auch für die Kirchengeschichte Konse-
quenzen. Die lockere Herrschaftsform der
10 Lehnsstaaten und die internationale Freizügigkeit waren wichtige Voraussetzungen der
Machtstellung der mittelalterlichen Kirche.
Nun gingen die Zeiten, in denen die Herrscher übernationalen Mächten in ihrem
15 Land Einfluss oder untergeordneten Gewalten Selbstständigkeit gönnen mussten
oder wollten, zu Ende. Zugleich gewannen
im Herrschaftsdenken reale politische Erwägungen den Vorrang vor idealen Vorstellun-
20 gen. Die Herrlichkeit des Rittertums ging zu
Ende, die Unabhängigkeit von Kirche und
Papsttum war bedroht.

Aber nicht nur die Wandlung im Staats-
denken veränderte im 13. Jahrhundert die
25 Stellung der Menschen zur Kirche. Der Kir-
chenbegriff selbst wandelte sich. Nicht dass
man weniger fromm gewesen wäre. Aber der
Gedanke der Pracht und Größe der Christenheit erschien weniger mitreißend als früher,
30 die irdische Herrschaft der Kirche, eben in
Innozenz III. [1198–1216] und Innozenz IV.
[1243–1257] aufs höchste gesteigert, verlor
an Zauber. Zumal das Papsttum wurde nicht
35 mehr in der alten Weise vom Glauben der
Christen getragen, von dem es doch abhängig war.

Es hatte diese Veränderung seiner Stellung
weithin selbst herbeigeführt. Die Zweideu-
40 tigkeit, in die die Position des Papstes spätestens seit dem Investiturstreit geraten war,
wirkte sich nun aus. Die Veräußerlichung der
Geschäftsführung und Herrschaftsausübung
am Papsthof, die schon Bernhard von Clair-
45 vaux [um 1090–1153] beklagte, hatte sich
seither mit innerer Notwendigkeit immer
weiter gesteigert. Bis in die fernsten Länder
und bis zu den kleinsten Dingen reichte der
Arm des Papstes. Durch das immer weiter
50 ausgebaute Legatenwesen war er überall

gegenwärtig. Das Gerichtswesen der ganzen Kirche hatte in ihm seine oberste Instanz, und er entschied umstrittene Ämterbesetzungen. Appellationen und Prozesse, Eingaben und Gutachten häuften sich. Die Kurie war das Geschäftshaus der ganzen Kirche.

Aber die päpstliche Herrschaft sollte ja über den kirchlichen Bereich hinausgehen. [...] Dennoch ließ sich für die Päpste, nachdem ihr Herrschaftsanspruch sich immer weiter steigerte, die Weltreiche aber sich zusammenschlossen, auf die Dauer die Konsequenz nicht umgehen, sich zur Durchsetzung ihrer Ansprüche immer offener und unbefangener weltlicher Machtmittel zu bedienen. Sie hatten Kriege zu führen, mussten ihre Finanzkraft immer weiter vergrößern, sich juristisch immer genauer absichern und sich immer tiefer in diplomatische Geschäfte verstricken.

Dass die geistliche und moralische Integrität der Kurie unter diesen Umständen Schaden nahm, folgte von selbst. Im Kampf gegen Friedrich II. [Reg. 1212–1250] ließen sich die Päpste auf Rechtsbeugungen und Intrigen ein, säten Zwietracht und Hass, erklärten Kampf und Blutvergießen zur Christenpflicht. Die Notwendigkeit, ihre Herrschaft finanziell zu untermauern, führte – da es eine feste Steuer der abendländischen Kirchen nach Rom nicht gab – dazu, dass das Taxwesen an der Kurie immer weiter ausgebaut [... wurde]. Nirgends in Europa spielte das Geld eine größere Rolle als am päpstlichen Hof. Das System erreichte seine schlimmste Verkehrung, als es seit Gregor IX. (1227–1241) üblich wurde, gegen säumige Schuldner das wirkungsvollste, aber auch ungeeignetste Machtmittel anzuwenden, über das die Kirche verfügte – die Zahlung durch Kirchenstrafen, durch Exkommunikation und Interdikt zu erzwingen. [...] Der Schimmer der Heiligkeit fiel vom Papst ab, und die Kurie hörte weithin auf, als ein geistliches Institut zu gelten.

So wurde der Sieg des *sacerdotium* über das *imperium* zum Pyrrhussieg. In den letzten Jahrzehnten des Jahrhunderts wurde die Kurie in nicht geringerem Maß von den Anjou in Neapel beherrscht als vordem durch die deutschen Kaiser. Und unter Bonifaz VIII. (1294–1303) kam es zum furchtbaren Zusammenbruch. Dieser selbstbewusste, herrschlustige Papst versuchte noch einmal, sich von der französischen Bevormundung freizumachen und die Hoheit über die Kirche in Frankreich zurückzuerlangen. [...] Die Auseinandersetzung gipfelte auf Seiten des Papstes in der Bulle *Unam Sanctam* von 1302 [...]. Der französische König aber hatte ein noch wirksameres Gegenmittel; er ließ Bonifaz im Herbst 1303 kurzerhand überfallen und gefangen setzen. In der Folge überbot er diesen Gewaltstreich noch dadurch, dass er Bonifaz' Nachfolger mit dreistem Eifer unter Druck setzte durch die Forderung, den Unglückspapst noch nachträglich zum Ketzer zu erklären, seine Leiche auszugraben und zu verbrennen. Weit davon entfernt, den Schimpf, der dem Nachfolger Petri und Herrn der Welt angetan worden war, sühnen zu können, mussten die Päpste froh sein, wenigstens diese äußerste Zumutung zuletzt abweisen zu können.

Von 1303 an stand die Abhängigkeit der Kurie von Frankreich fest. Für Jahrzehnte wurden nur Franzosen zum Papst gewählt, und jeder von ihnen fügte dem Kardinalskollegium weitere Landsleute hinzu [...]. Die Päpste selbst [residierten] seit 1305 überhaupt in Frankreich, seit 1309 ständig in Avignon an der Rhône. Über siebzig Jahre, bis 1376, dauerte das französische Exil.

Bernd Moeller, Geschichte des Christentums in Grundzügen, 8. Aufl., Göttingen (UTB) 2004, S. 201 ff.

16 Begründen Sie die „Zwei-Schwerter-Lehre" aus der Sicht des Papstes (M12a).

17 Beschreiben Sie anhand von M12b das Spannungsfeld, in dem sich päpstliche Machtansprüche im Spätmittelalter formierten.

18 Setzen Sie sich mit den Machtansprüchen des Papstes und den Ursachen ihres Scheiterns kritisch auseinander (M12a, b).

Weiterführende Arbeitsanregung: Mittelalter und moderne Gewaltenteilung

19 Diskutieren Sie (übergreifend zu Kapitel 5, 7 und 8) die folgende These des Historikers Heinrich August Winkler (2007): „Die moderne Gewaltenteilung, ... die Trennung von gesetzgebender, vollziehender und rechtsprechender Gewalt, war eine Fortentwicklung der vormodernen Formen der Gewaltenteilung, der Trennung von geistlicher und weltlicher Gewalt und der von fürstlicher und ständischer Gewalt."

**M 13 Das Papsttum im Spätmittelalter –
Station II: Das große abendländische
Schisma (1378–1417)**

*13 a) Obedienzen (Anhängerschaften) im gro-
ßen abendländischen Schisma (1378–1417)*

*13 b) Der Kirchenhistoriker Bernd Moeller über
die Kirche während des großen Schismas (2004):*
Dreißig Jahre lang lagen sich nun römische
und Avignoneser Päpste gegenüber, und
fünfzig Jahre dauerte es, bis die Spaltung
endgültig behoben war. Die ganze abendlän-
5 dische Kirche, der Episkopat, die großen Orden, selbst die Heiligen waren in zwei Parteien zerspalten, und die Staaten Europas
verteilten sich gleichmäßig auf beide Seiten.
Jeder Papst bannte seinen Gegner und des-
10 sen Anhängerschaft, und jeder hielt, vom
Primat und der Unfehlbarkeit des Papsttums
überzeugt, an seinem Amt unbeirrbar fest.
Eine nie dagewesene Verwirrung herrschte.
Es lässt sich denken, dass unter diesen Um-
15 ständen Ansehen und Macht des Papsttums
weiter in sich zusammensanken. Die päpstliche Banngewalt und Jurisdiktion fand, da
sich die Maßnahmen der beiden Kurien gegenseitig aufhoben, immer weniger Ach-
20 tung, und die Staaten lernten immer besser,
politische Erwägungen zum Maßstab ihres
Umgangs mit den Päpsten zu machen.

Freilich wurde die Beendigung des Schismas von einer zumal nach 1400 sich ausbreitenden Welle der Unzufriedenheit mit den 25
kirchlichen Zuständen förmlich erzwungen.
Noch einmal erwies sich das Bedürfnis des
Abendlands nach der Führung und Ordnung
der Kirche durch das Papsttum als mächtig.
Allerdings war der Weg, den man in dem Be- 30
mühen um die Zusammenführung der beiden Parteien schließlich einschlug, nachdem
verschiedene andere Versuche erfolglos geblieben waren, ganz ungewöhnlich. […] Von
Theologen der Pariser Universität geleitet, 35
bildete sich eine breite Bewegung, die eine
Neuordnung der Kirche von der Institution
des Generalkonzils erwartete, das dem Papst,
sei es in jedem Fall, sei es im Fall der Not,
übergeordnet sein sollte. Dieser Durchbruch 40
des „Konziliarismus" nur hundert Jahre nach
dem Pontifikat Bonifaz' VIII. [1294–1303]
macht das Ausmaß der Krise des Papsttums
deutlich.

Das Konzil von Konstanz (1414–1418) – 45
noch einmal wie in alten Zeiten von einem
Kaiser, Sigismund (Reg. 1410–1437), veranlasst und verantwortungsbewusst geleitet –
brachte die Erfüllung des Programms der
Konziliaristen. Kirchenmänner aus allen Stu- 50
fen der Hierarchie und Laien in nie zuvor
oder seither erreichter Beteiligung berieten
und entschieden gemeinsam, nur nach Nati-
onen getrennt, über die Reform der Kirche
an Haupt und Gliedern, erzwangen den 55
Rücktritt der bisherigen Päpste und wählten
zusammen mit den Kardinälen einen neuen
Papst, Martin V. (1417–1431). Mehr als das:
Durch ein feierliches Dekret vom 6. April
1415 wurde sogar der Grundsatz des Konzili- 60
arismus, die Oberhoheit des im Heiligen
Geist versammelten Konzils auch über den
Papst, zum kirchlichen Dogma erhoben. Die
Rebellion in der Kirche gegen das abgesun-
kene Papsttum, ja gegen das mittelalterliche 65
System überhaupt erreichte einen ersten Höhepunkt. Allerdings verlor die Konzilsbewe-
gung im Verlauf der nächsten Jahrzehnte
rasch ihre Kraft.
*Bernd Moeller, Geschichte des Christentums in Grund-
zügen, 8. Aufl., Göttingen (UTB) 2004, S. 216 f.*

20 Arbeiten Sie aus M 13 a und b die Folgen
des großen Schismas 1378–1417 für den Universalitätsanspruch des Papsttums heraus.

Themen und Methoden

Die Franziskaner und der Armutsstreit

M 14 Giotto (ca. 1266–1337),
Franziskus und Klara, Fresko in der
Oberkirche von San Frescesco in Assisi,
1279–1300

M 15 Franz von Assisi, Klara von Assisi
und die Entstehung der Franziskaner

1181/82 Giovanni Bernardone wird in
Assisi als Sohn eines wohlhabenden Kauf-
mannes geboren; die französische Mutter
gibt ihm den Rufnamen Francesco (frz. *François*, lat. *Franziscus*, dt. Franz).
ca. 1193 Chiara (dt. Klara) wird als Tochter
einer Adelsfamilie in Assisi geboren.
1203 Franz kehrt nach schwerer Krankheit
in Gefangenschaft, in die er nach einer
Schlacht zwischen Assisi und Perugia geraten war, nach Hause zurück. Er unternimmt
eine Wallfahrt nach Rom und beginnt mit
der Pflege Leprakranker.
1207 Für die Wiederherstellung der kleinen
Kirche S. Damiano in Assisi verkauft Franz
Tuchballen aus dem väterlichen Besitz. Vom
Vater zur Rede gestellt, soll er sich öffentlich
ausgezogen und gesagt haben: „Weder Geld

noch Kleider will ich von dir, von jetzt an
nenne ich nur noch einen Vater, den im
Himmel!"
1207–1209 Franz führt ein Einsiedlerleben.
Er vernimmt eine Stimme, die ihn auffor-
dert, in die Welt zu gehen, allem Besitz zu
entsagen und Gutes zu tun.
1209/10 Franz gründet mit zwölf Anhängern den (ersten) „Orden der Minderen Brüder" (Minoriten, Franziskaner).
1210 Papst Innozenz III. billigt die Ordensregeln mündlich, nachdem er eine Vision
hatte, in der ein armer Mönch die einstür-
zenden Mauern der Laterankirche in Rom
stützte.
1212/13 Klara flieht aus ihrem Elternhaus,
begibt sich mit Franz in die Porticula-Kirche
unterhalb der Stadt Assisi und legt dort das
Nonnengelübde ab. Sie gründet den (zweiten) „Orden der Armen Frauen" (Klarissen,
Franziskanerinnen) und verfasst als erste
Frau in der Kirchengeschichte eine eigene
Ordensregel.
1212–1215 Franz reist ins Heilige Land und
ist als Wanderprediger in Dalmatien, Süd-
frankreich und Spanien tätig.
1215 Das Laterankonzil untersagt die Gründung weiterer Orden.
nach 1215 In den Städten nördlich der
Alpen entstehen zahlreiche Franziskaner-
konvente.
1219 Der 5. Kreuzzug führt Franz nach
Ägypten; vergeblich versucht er, den Sultan
el Malik el Kamil zu bekehren; Weiterreise
ins Heilige Land.
1220 Rückkehr aus dem Heiligen Land
und Rücktritt von der Ordensleitung
wegen innerer Streitigkeiten um das Ar-
mutsgebot.
1221 Gründung des „Dritten Ordens",
einem weltlichen Zweig; ihm gehören
Männer und Frauen an, die den Ordensregeln folgen, die aber im weltlichen Leben
bleiben.
1223 Papst Honorius III. bestätigt endgültig
die Regeln der Franziskaner.
1224 Klara bleibt wegen einer Krankheit ans
Bett gefesselt, leitet aber von dort aus den
wachsenden Klarissenorden.

172

1226 Franz, der an dem Leiden Jesu teilhaben will, stirbt nach freiwilliger Kreuzigung und dreijährigen Entbehrungen.

1228–1253 Bau der Doppelkirche San Francesco in Assisi.

1228 Franz von Assisi wird von Papst Gregor IX. heiliggesprochen.

1253 Klara erlangt nach 40 Jahren die Bestätigung ihrer Ordensregeln durch Papst Innozenz IV. Sie stirbt kurze Zeit später.

1255 Klara wird heiliggesprochen.

1257–1265 Bau der Kirche Santa Chiara in Assisi.

um 1300 Die Zahl der Franziskaner im lateinisch-römischen Kulturraum liegt bei schätzungsweise 40 000.

1323 Die Frage, ob Jesus und die Apostel arm gewesen seien, wird von den „Spiritualen" innerhalb der Franziskaner bejaht. Papst Johannes XXII. verwirft diese Ansicht als Irrglaube.

1328/29 Radikale Franziskaner fliehen zu König Ludwig IV. nach München und werden exkommuniziert. Die Mehrzahl der Franziskaner fügt sich den päpstlichen Anweisungen.

1517 Spaltung des Franziskanerordens nach langen Konflikten. Zur Reformation Martin Luthers nehmen die Franziskaner unterschiedliche Positionen ein.

1939 Franz von Assisi wird zum Patron Italiens ernannt.

1958 Papst Pius XII. ernennt Klara u. a. zur Patronin des Fernsehens.

1980 Papst Johannes Paul II. erklärt Franz u. a. zum Patron der Ökologen.

2007 Die Zahl der Franziskaner liegt weltweit bei rd. 15 000.

Zusammengestellt von den Verfassern.

M 16 Aus den Regeln des Franziskanerordens (1223)

Gehet aus je zwei und zwei durch die verschiedenen Teile des Erdkreises, zu verkünden Frieden den Menschen und Buße zur Vergebung der Sünden (Matthäus 10,13).
5 Dazu sind wir berufen, dass wir die Verwundeten pflegen, die Gebeugten aufrichten und die Irrenden zurückführen. Seid geduldig in Trübsal und sorglos, denn der Herr wird Seine Verheißungen erfüllen. Antwortet demü-

tig denen, die euch fragen; segnet, die euch 10
verfolgen; danket denen, die euch schmähen, und das Reich Gottes wird euch bereitet werden. Seid nicht kopfhängerisch, sondern heiter und froh in Gott, friedlich und liebenswert. [...] 15

Bruder Franz gelobt dem Herrn Papst Honorius und seinen rechtmäßigen Nachfolgern, sowie der römischen Kirche Gehorsam und Ehrerbietung. Die übrigen Brüder seien gehalten, dem Bruder Franz und seinen 20
Nachfolgern zu gehorchen [...].

Die Brüder dürfen sich nichts aneignen, kein Haus, kein Grundstück, nichts. Sie gehen wie fremde Pilger [...], arme und demütige Diener des Herrn, durch diese Welt und 25
betteln voll Vertrauen um Almosen [...].

Die Brüder dürfen nicht in einer Diözese predigen, in der es ihnen der betreffende Bischof untersagt hat. Kein Bruder wage vor dem Volke zu predigen, der nicht vom Gene- 30
ralminister dieser Bruderschaft geprüft und fähig befunden wurde und dem er nicht das Predigtamt übertragen hat. [...] In der Predigt seien sie nüchtern zum Nutzen und zur Erbauung des Volkes, ihre Laster und Tu- 35
genden zeigend, Strafe und Herrlichkeit verheißend. Die Predigten seien kurz, weil auch das Herrenwort hienieden kurz war.

Zit. nach: Otto Schlißke, Das Mönchtum, Gladbeck (Heilmann) 1951, S. 39 f.

M 17 Aus einer Erklärung von Papst Johannes XXII. (1323)

Da es häufig vorkommt, dass einige Wissenschaftler die Frage zur Diskussion stellen, ob es als häretisch anzusehen sei, wenn jemand hartnäckig behauptet, unser Erlöser und Herr, Jesus Christus, und seine Apostel hät- 5
ten kein privates und sogar auch kein gemeinschaftliches Eigentum besessen – wobei sie diesbezüglich verschiedene und sogar gegensätzliche Meinungen vertreten –, wollen wir diesem Streit ein Ende setzen, und 10
nach Beratung mit unseren Brüdern erklären wir in diesem ewigen Edikt: Diese hartnäckige Behauptung muss von jetzt an als irrig und häretisch angesehen werden, denn sie widerspricht ausdrücklich der Heiligen 15
Schrift, die an zahlreichen Stellen versichert, dass sie [Christus und seine Apostel] einigen

M 18 Giotto (ca. 1266–1337), Fresko aus dem Zyklus über das Leben des heiligen Franziskus in der Oberkirche von San Frescesco in Assisi, 1295–1230

M 19 Giotto (ca. 1266–1337), Fresko aus dem Zyklus über das Leben des heiligen Franziskus in der Oberkirche von San Frescesco in Assisi, 1295–1230

Besitz gehabt hätten, und sie setzt in ihren Prämissen offen voraus, dass die Heilige
20 Schrift selbst, durch die doch auf jeden Fall die Artikel des wahren Glaubens begründet werden, den Sauerteig der Lüge enthalte, und sie macht unter ihrem Blickwinkel in der Konsequenz den Glauben an sie [die Hei-
25 lige Schrift] ganz zunichte und macht damit den katholischen Glauben, indem sie ihm seine Beweisgrundlage entzieht, zweifelhaft und ungewiss.

Zit. nach: Adolf Martin Ritter u. a. (Hg.), Kirchenge-schichte in Quellen, Bd. 2, 5. Aufl., Neukirchen-Vluyn (Neukirchener Verlag) 2001, S. 183.

21 Ordnen Sie die in M18 und M19 abgebildeten Ereignisse aus dem Leben von Franz von Assisi den entsprechenden Einträgen in der Zeittafel M15 zu. Begründen Sie Ihre Auswahl.

22 🏃 Verfassen und gestalten Sie für ein Internet-Personenlexikon zwei biografische Artikel zu Franz von Assisi und Klara von Assisi ausgehend von den Informationen in M15. Gehen Sie dabei auch kurz auf die allgemeine Bedeutung von Klöstern und Orden im Mittelalter ein (s. Darstellung, S. 155).

23 Analysieren Sie den Armutsstreit zwischen den Franziskanern und dem Papst:
a) Charakterisieren Sie die Position der Franziskaner und die des Papstes anhand von M16, M17.
b) Benennen Sie den Hauptstreitpunkt zwischen Franziskanerorden und Papst.

24 Ordnen Sie den Armutsstreit mit den Franziskanern (M16, M17) in die Geschichte des Papsttums ein. Gehen Sie dabei auch auf das in Bild M19 Dargestellte ein (s. auch Zeittafel M15).

25 Diskutieren Sie die These, dass Klöster und Orden im Mittelalter nicht nur eine religiöse, sondern auch eine politische Lebensform gewesen seien, am Beispiel des Armutsstreits (M16, M17; siehe auch die Darstellung, S. 155).

26 🏃 Finden Sie auf der Basis eigener Recherchen heraus, warum Päpste in der zweiten Hälfte des 20. Jahrhunderts Klara von Assisi zur Patronin des Fernsehens und Franz von Assisi zum Patron der Ökologen ernannt haben (s. Zeittafel M15).

174

Jan Hus (1369–1415): Reformer oder Revolutionär?

M 20 Über Ketzer, Ketzerbewegungen und Inquisition

Der Religionswissenschaftler Christoph Auffahrth schreibt (2005):
Ketzer sind diejenigen, die von der katholischen Kirche als „Ketzer" verurteilt worden sind. Diese Definition ist pragmatisch. Sie macht deutlich, dass es keine inhaltlichen
5 Maßstäbe gibt, mit denen Rechtgläubige von Falschgläubigen unterschieden werden können. Diejenigen werden zu Ketzern gemacht, die sich weigern, sich der Autorität der römischen Kirche zu unterwerfen: die Häresie
10 des Ungehorsams. Dabei dürfen die Veränderungen in der Kirche allerdings nicht außer Acht gelassen werden, denn die Erfindung der Ketzer ist die Konsequenz aus zwei Entwicklungen:
15 Zum einen versucht das mittelalterliche Papsttum die Vielfalt der lokalen Bischofskirchen zu einer zentral geleiteten Institution umzugestalten. Wesentliche Elemente dieses Prozesses sind (a) die Professionalisierung
20 der Kirche, die wirksame Kontrollen der Geistlichen institutionalisiert; mit den neuen Mönchsorden, besonders der Zisterzienser und Dominikaner, erwächst den örtlichen Geistlichen eine Konkurrenz und
25 zusätzliche Kontrolle; (b) die systematische Ausbildung des Kirchenrechts und seine Durchsetzung, besonders mit dem Herrschaftsinstrument der Inquisition; diese ist zunächst eine Instanz zur Klärung von Diszi-
30 plinarfällen unter Geistlichen; erst in ihrer Anwendung auf Laien gibt sie der untersuchenden Seite ungleich mehr Möglichkeiten; (c) die Entwicklung der Theo-Logik (Dogmatik); an die Stelle der vieldeutigen Erzählung
35 und Gegenerzählung tritt die eindeutige logische Deduktion. Andererseits sind nicht alle Gruppen und religiösen Bewegungen, die sich dieser Entwicklung entzogen und sie bekämpften, notwendig zu Ketzern geworden.
40 […] Ketzergeschichte ist nicht die Geschichte von Randgruppen. Sie ist ein zentraler Bestandteil der Religionsgeschichte des Mittelalters und der Frühen Neuzeit.
Ketzer sind weder als Überbleibsel vor-

christlicher Religionen noch als Import   45
nicht-europäischer Religionen zu verstehen, sondern vor allem als eine Erscheinung des lateinischen Mittelalters.
Christoph Auffahrth, Die Ketzer. Katharer, Waldenser und andere religiöse Bewegungen, München (C. H. Beck) 2005, S. 8 f.

M 21 Jan Hus und seine Ideen

21 a) Der Pfarrer Siegmund Meisterlin (2. Hälfte 15. Jh.) schrieb in seiner „Chronik der Stadt Nürnberg" über die Ideen der Hussiten (1488):
Die Artikel, die da predigen und halten die Hussiten wider die heilige Christenheit:
1. Der Papst ist ein Bischof wie ein anderer Bischof über sein Bistum und nit weiter.
2. Ein Priester ist in aller Gewalt wie der   5
andere und ist unter ihnen kein Unterschied. Welcher Priester besser ist als der andere, das liegt nit an der Prälatur, sondern an der Heiligkeit des Lebens.
3. Wenn eine Seele scheidet von dieser   10
Welt, so hat sie allein zwei Wege, sie fährt sofort gen Himmel oder schnell zur Hölle, was man aber sagt von dem Fegfeuer [nach katholischer Lehre], so erklären die Hussiten, es sei kein Fegfeuer, sondern die Habgier der   15
Pfaffen hab es erdacht, und es sei verloren Ding, dass man für die Toten bitte.
4. Man soll abtun alle Bildnisse, es sei zu Gottes Ehre oder der reinen Jungfrauen Marien oder der Heiligen und so weiter.   20
5. Dass man Kerzen, Asche, Palmen, Weihwasser und auch die Taufe und ander Ding segne, sei ein lächerlicher Spott.
6. Die Bettelorden und Mönche habe der Teufel erdacht und gefunden.   25
7. Es sollen alle Priester arm sein und nichts haben denn das Almosen.
8. Wer predigen will, dem sei es erlaubt, er sei Laie oder Priester.
9. Man soll keine Sach leiden in der Chris-   30
tenheit, es seien Frauenhäuser, es sei Spiel, es sei Wucher oder was es sei, darum dass größeres Übel vermieden bleibe.
10. Wer in Todsünden ist, mag weder geistlicher noch weltlicher Richter sein und   35

175

Themen und Methoden

aller Freiheit beraubt, und niemand soll ihm gehorsam sein.

11. Firmung und letzte Tauf oder Ölung seien nit zu zählen unter die Sakrament.

40 12. Es sei eine Ursache zum Lügen, dass die Menschen dem Priester ins Ohr beichten.

13. Es sei genug, dass ein jeglicher Mensch in seinem Herzen Gott bekenne.

14. Man soll zur Taufe allein lauteres Was-
45 ser nehmen ohne Chrisam oder heiliges Öl.

15. Dass man die Leute in Kirchhöfen be-grabe, sei nichts nutz, die Pfaffen haben es erdacht von Gewinnes wegen.

16. Es gelte gleich, wo die Körper zuge-
50 deckt werden.

17. Das geziemendste und größte Stift und Gotteshaus, darin Gott soll angebetet wer-den und die Toten begraben, sei die Welt; die aber Kirchen bauen und Klöster und Kapel-
55 len und Bethäuser, die wollen die göttliche

Majestät in einen Winkel zwingen, als ob sie nit an allen Stätten könnt gleich gnädig sein.

18. Die zierlichen Gewänder, Messgewän-der, Altartücher, Kappen, Teppiche, Korpora-le, Kelch, Patenen, Rauchfass seien unnütze 60 und verlorene Kosten.

19. Ein Priester mag zu jeder Stunde und an allen Stätten das heilige und würdige Sa-krament konsekrieren und sogleich denen geben, die es begehren. 65

20. Es braucht auch der Priester nicht mehr sprechen denn die Worte, darin die Kraft des Sakramentes liegt.

21. Es soll niemand wieder die Jungfrau Maria, noch Engel, noch irgendwelche Heili- 70 gen anrufen, denn sie können niemand hel-fen.

22. Es sei eine verlorene Zeit, dass man die sieben Tagzeiten (das Chorgebet) singe oder spreche. 75

M 22 Verbreitung von Ketzerbewegungen im Mittelalter

23. Man soll keinen Tag ohne Arbeit sein außer allein am Sonntag, und alle Tage, die den Heiligen zugesprochen sind, aufgeben.

24. Wer an den Tagen faste, die die Kirche angesetzt hat, der erwerbe keine Verdienste.

Zu dem allerletzten, als diese Artikel nun eingewurzelt hatten, da ward erst eingelegt der Artikel, dass man das hochwürdige Sakrament sollt geben den Laien unter beiderlei Gestalt: Brot und Wein; sie predigen, das hätte seinen Grund im heiligen Evangelium.

21 b) Über Ursprung und Entwicklung der Hussitenbewegung schrieb Meisterlin (vgl. M 21 a):
Als König Wenzeslaus [1361–1419] fünfzig Jahre alt war, fing Hus seine Ketzerei an. […]

Nun wir aber zu der Hussitensache gekommen sind, und es gar wenige gibt, die den rechten Ursprung davon wissen, wollen wir ein wenig davon sagen.

Es hatte Kaiser Carolus, der vierte dieses Namens [Reg. 1346–1378], ein Erzbistum zu Prag errichtet und dabei eine Hohe Schul, die universale studium in allen Künsten genannt wird. Diese Schule ward durch die Deutschen, deren gar viele da waren, regiert. Das duldeten die Böhmen gar ungern und murrten. Nun war einer unter den Böhmen edel und reich, der hatte in England studiert in der Stadt Oxford, und daselbst war er über etliche Bücher kommen, die der Ketzer Wiclif[1] gemacht hat, sie werden *de universalibus et realibus* genannt. Die schrieb er ab und brachte sie mit sich nach Prag als besonderen Schatz; darin waren etliche Artikel wider die Priester, auch wider den Stand der Christenheit, auch wider die Obrigkeit geistlicher und weltlicher Prälaten. Dieser Meister, der es also brachte, hieß Putripiscis, das ist Faulfisch. Diese Materie teilte er denen mit, die den Deutschen feind waren; unter denen war einer genannt Meister Hanns, geboren aus dem Dorf Hus, (nun ist Hus so viel als eine Gans) und war von armen Leuten. Man hielt ihn auf der Schule für einen listigen und geschwätzigen Laien. Als ihm die Bücher Wiclifs bekannt wurden, nahm er sie gierig auf, machte sich an den trunkenen Wenzeslaus und erreichte, dass die Deutschen unterdrückt und geschmäht wurden. Die schworen zusammen, und an einem Tage gingen aus Prag zweitausend Meister und Schüler oder Studenten, nach etlichen Tagen aber dreitausend, die zogen gen Leipzig und richteten dort eine Hohe Schul auf.

Als nun Johannes Hus sie vertrieben hatte und ohne jeden Widerspruch die Schul allein regierte, da hielten ihn die Böhmen für einen gar gelehrten Laien und, da er den Schein eines ehrbaren Lebens führte, für einen heiligen Mann. Da ließ er aus seinem Munde fallen das Gift falscher Lehre, die er lange im Herzen getragen und ausgebreitet hatte; er erhielt auch ein treffliches Predigtamt in der Kirche zu Prag, die man Bethlehem nennt; da fing er an zu sagen von dem Wiclef, wie er so trefflich und wohl geschrieben habe. Dem hingen bald etliche Pfaffen an und lobten ihn dem Volk gegenüber, besonders die, die eine große Schuld begangen oder die solches begangen, dass sie sich nicht trauten, vor ihrem Bischof zu bestehen. Die hatten eine Hoffnung: nehme diese Lehre überhand, so wollten sie sich wohl behaupten. Zu denen gesellten sich etliche, die gar wohl gelehrt waren und doch keine Gottesgabe oder Pfründe hatten, die beneideten die, die große Pfründen hatten, hofften, ihre Sach würde besser, den Mächtigen eine Gegenpartei zuzurichten. Es schreiben auch etliche, dass es sie die Königin mit ihnen gehalten habe, die hoch über ihrem Mann stand, der allein zu Hause auf dem Lotterbett schnaufet und manchmal in den Keller und in die Küchen spaziert. Es verblendete auch viele Geistliche der Neid und viele Weltliche die Habgier, dass sie mit sehenden Augen nicht sahen und dass sie wohl verstanden und wollten nicht verstehen und verfielen in Worte, mit denen sie Gott schändeten. Und wiewohl sie vielleicht wider etliche Ungelehrte und die ein schändliches Leben führten, Ursach zu böser Nachrede hatten, so wickelten sich doch darein auch die Gelehrten und Frommen und bellten wie die Hund wider alle Priesterschaft. […]

Fragst du, ob auch die vernünftigen Prälaten, geistliche und auch die hochweisen strengen und ehrbaren Ritter, Knechte und Ratgeber, da anhangen solcher finnigen Lehre, wisse die Antwort […]. [D]ie Großmächtigkeit der Priesterschaft und die große Menge der Klöster, die Carolus und Johannes sein Vater hatten in dem Reich Böhmen gestiftet, war denen ein Dorn im Auge, die da Hoffnung hatten, wenn Hus seine Sache vollbrin-

177

Themen und Methoden

M23 Jan Hus auf dem Scheiterhaufen, Malerei aus dem „Jenaer Kodex", um 1500. – *Der Kodex ist eine farbenprächtige, mit Gold ausgeschmückte hussitische Schrift in tschechischer Sprache.*

ge, so wollten sie das alles besitzen. Das Gold aber und das Silber, das in den Kirchen war
95 und in der Priester Gewalt, an den Heiligtümern und Kelchen und so weiter, machet dem Volk von Gomorrha ein Verlangen, darüber Sackmann zu machen und so weiter. Ein Rat zu Prag und die Metzger und etliche
100 fromme Bürger wollten die strafen, die die Ursache des Auflaufs und des Raubes gewesen waren, da fielen sie gar genau alle in den Tod.
    Unter diesem Tumult hatte Kaiser Sigis-
105 mund [Reg. 1410–1437], der nach dem Wenzeslaus erwählt worden war, das Konzil zu Konstanz [1414–1418] versammelt. Dorthin ward Hanns Hus gefordert, dort überwunden, und da er verstockt war, wurde er
110 verbrannt, desgleichen darnach sein Ketzermeister Hieronymus.
    Und also wurden große, mächtige Klöster

und Stifter und hochwürdige Kirchen zerbrochen, und was denen gehört hatte, wurde allen denen erlaubt, die es zu behaupten ver- 115 mochten, alle geistliche Ordnung ward abgetan, und ward das Land zu Böhmen begabt mit mehr Martern denn je ein Land, so viele wurden ermordet um christlichen Glauben. Also großen frechen Mutwillen 120 trieben die verlorenen Kinder des Teufels. Denn ehe dies geschah, hatte das Böhmerland Kirchen und Gotteshäuser, die gen Himmel aufragten, mit weiten, langen und breiten Gewölben, wunderbar anzusehen, 125 und unglaublich hochgesetzte Altäre, besetzt mit Heiligtümern, die mit Gold und Silber schwer geziert waren.

M21a und b zit. nach Wolfgang Lautemann (Bearb.), Geschichte in Quellen, Bd. 2, 2. Aufl., München (bvs) 1978, S. 800–802.

1 John Wiclif (um 1320–1384): englischer Reformator; forderte eine von Rom unabhängige Nationalkirche; leugnete den Primat des Papstes in der Kirche.

M24 Die Verbrennung von Jan Hus 1415

Peter von Mladoniowitz, Zeitzeuge der Verbrennung von Hus am 6. Juli 1415 in Konstanz, berichtete (nach 1415):
Als der Magister zur Hinrichtungsstätte kam, beugte er die Knie und betete mir ausgebreiteten Händen und mit zum Himmel emporgerichteten Augen inbrünstig Psalmverse, besonders „Gott, sei mir gnädig" und „Herr, 5 auf dich vertraue ich". Bei der Wiederholung des Verses „in deine Hände, o Herr" wurde von den Seinen, die dabeistanden, gehört, wie er heiter und mit ruhigem Blick betete. Die Hinrichtungsstätte aber war auf einer be- 10 stimmten Wiese zwischen Gärten, wenn man aus der Stadt Konstanz heraus gegen die Burg Gottlieben geht, zwischen den Toren und den Vorstadtgräben der genannten Bürgerstadt. Einige dabeistehende Laien sagten: 15 „Wir wissen nicht, was er früher getan oder gesprochen hat. Jetzt aber sehen und hören wir, dass er heilige Worte betet und redet." Und andere sprachen: „Es wäre gewiss gut, dass er einen Beichtvater hätte, damit er ge- 20 hört werde." Ein Priester aber, der in einem grünen, mit roter Seide verbrämten Gewande zu Pferde saß, sprach: „Er braucht nicht gehört zu werden, und man braucht ihm

25 auch keinen Beichtvater zu geben, denn er
ist ein Ketzer." Magister Johannes aber hat
noch während seines Aufenthaltes im Kerker
einem Doktor und Mönch gebeichtet, und er
wurde von diesem gütig gehört und losge-
30 sprochen, wie er auf einem seiner Blätter, die
der Magister aus dem Kerker an seine Anhänger geschickt hat, bekennt. Während er nun
so, wie vorerwähnt, betete, fiel die genannte
Schandkrone, die mit drei Dämonen rings-
35 um bemalt war, von seinem Haupt. Er lächel-
te, als sein Blick darauf gefallen war. Und einige Söldner, die um ihn herumstanden,
sagten: „Man soll sie ihm wieder aufsetzen,
damit er zugleich mit seinen Herren, denen
40 er gedient hat, den Dämonen, verbrannt
werde." Auf Geheiß des Henkers aber erhob
sich der Magister von der Stelle des Gebetes
und sprach mit lauter und vernehmbarer
Stimme, dass er auch von den Seinen gut ge-
45 hört werden konnte: „Herr Jesus Christus!
Diesen entsetzlichen, schändlichen und
grausamen Tod will ich um deines Evangeliums und um der Predigt deines Wortes willen auf das geduldigste und demütig ertra-
50 gen." Dann wollte man, dass er an den
Umstehenden überall reihum geführt werde.
Er forderte sie auf und bat immer wieder, sie
sollten nicht glauben, dass er die ihm durch
falsche Zeugen aufgebürdeten Artikel irgend-
55 wie gehalten, gepredigt und gelehrt habe. Als
sie ihm sein Gewand ausgezogen hatten,
banden sie ihn mit Tauen an eine Säule, wobei er mit den Händen rückwärts an die genannte Säule gefesselt war. Und da der Ma-
60 gister mit dem Gesicht nach Osten gewendet
stand, sagten einige der Umstehenden:
„Man soll ihn nicht gegen Osten richten,
denn er ist ein Häretiker, sondern richtet ihn
gegen Westen!" Das geschah auch. Als man
65 ihn aber am Hals mit einer berußten Kette
zusammenschnürte, betrachtete er sie, lä-
chelte und sprach zu den Henkern: „Der
Herr Jesus Christus, mein Erlöser und Hei-
land, ist mit einer härteren und schwereren
70 Kette gefesselt worden, und ich Armer
scheue mich nicht, um seines Namens willen gefesselt, diese Kette zu tragen." […]
  Dann zündeten die Henker den Magister
an. Er sang darauf mit lauter Stimme zuerst:
75 „Christus, Sohn des lebendigen Gottes, er-
barme dich meiner"; zum zweitenmal:
„Christus, Sohn des lebendigen Gottes, er-

barme dich meiner!" Und beim dritten Male:
„Der du geboren bist aus Maria, der Jungfrau.". Und als er zum dritten Male begon- 80
nen hatte zu singen, schlug ihm alsbald der
Wind die Flamme ins Gesicht, und also in
sich betend und Lippen und Haupt bewe-
gend, verschied er im Herrn.
Zit. nach: Adolf Martin Ritter u. a. (Hg.), Kirchenge-
schichte in Quellen, Bd. 2, 5. Aufl., Neukirchen-Vluyn
(Neukirchener Verlag) 2001, S. 229 f.

27 a) Erläutern Sie Begriff und Entstehungsbe-
dingungen der Ketzerbewegungen (M20).
Skizzieren Sie deren Verbreitung (M22).
28 a) Ermitteln Sie die kirchenpolitischen und
Glaubensvorstellungen der Hussiten (M21a).
b) Unterstreichen Sie in Quelle M21b die Passagen, in denen eine Parteilichkeit des Autors
für oder wider Hus zum Ausdruck kommt.
c) Stellen Sie anhand von M21b die Beteiligten
des Hussitenkonflikts in einem Schaubild dar
und benennen Sie deren Ziele und Interessen.
29 Die Verbrennung von Jan Hus ist neben
M24 in zwei weiteren Augenzeugenberichten
überliefert (Ulrich von Riechenthal, Poggio
Braggiolini). Forscher haben die Berichte aus-
gewertet und sind zu dem Ergebnis gekommen, dass Hus einmal als Ketzer, einmal als Heiliger und einmal als Held dargestellt wird.
Begründen Sie, welche Charakteristik auf M24
zutrifft. Belegen Sie Ihre Position mit Zitaten.
30 Erörtern Sie, warum die Kirche Hus so entschieden bekämpfte (M22–M24).

Weiterführende Arbeitsanregungen:
31 ⚐ „Jan Hus: Reformer oder Revolutionär?" Eine fachhistorische Podiumsdiskussion.
1. Eingangsstatements: Ein Vertreter ist der
Auffassung, Hus sei ein Reformer, der/die andere vertritt die These, Hus sei ein Revolutionär.
2. Publikumsdiskussion: Die Fragen an die beiden Fachvertreter sollten der Überprüfung der
beiden Positionen dienen (z. B.: Lassen sich moderne Begriffe wie „Reform" und „Revolution"
auf das Mittelalter übertragen? Wollte Hus die
Kirche umstürzen oder nur verändern?)
3. Schlussdebatte: Lassen sich die Eingangs-
thesen halten? Müssen sie verändert werden?
32 ⚐ Referat: „Die Bedeutung der Inquisition
in der mittelalterlichen Ketzerverfolgung."
Literaturhinweis: Gerd Schwerthoff, Die Inquisiti-
on. Ketzerverfolgung in Mittelalter und Neuzeit,
München (C. H. Beck) 2004, S. 7–58.

Weiterführende Arbeitsanregungen

🏃 **Zur Geschichtskultur: Der Gang nach Canossa in der Nachwelt**

Auf dem Burgberg von Bad Harzburg steht die Canossa-Säule. Das 1877 errichtete Monument trägt auf der einen Seite die Inschrift „Nach Canossa gehen wir nicht. Reichstagssitzung 14. Mai 1872". Auf der anderen Seite ist ein Reliefporträt des Reichskanzlers Otto von Bismarck angebracht. Den Zeitgenossen war der historische Vergleich geläufig: So wie der Protestant Bismarck gegen die katholische Kirche im Reich 1871 bis 1880 einen „Kulturkampf" führte, so soll sich 800 Jahre zuvor der deutsche König Heinrich IV. gegen den Machtanspruch eines Papstes gewehrt haben. Viele Historienbilder haben den Gang nach Canossa „in Szene gesetzt" und dabei Sichtweisen vom „Debakel" bis zum „Triumph" vertreten.

1 Die Canossa-Säule in Bad Harzburg
a) Informieren Sie sich über den Aufbau der Canossa-Säule in Bad Harzburg (M25) und erläutern Sie deren Bedeutung im Kontext des Kulturkampfes der Bismarckzeit.
b) Diskutieren Sie die These, die Instrumentalisierung des Canossaganges durch Bismarck beruhe auf einer Geschichtsklitterung.

2 Canossa in Bildern der Nachwelt
Recherchieren Sie, wie der Gang nach Canossa in verschiedenen Epochen dargestellt wurde:
a) im Zeitalter der Reformation (16./17. Jh.) oder b) in der Zeit des Nationalismus (19. Jh.).

Literaturhinweise:
Christoph Stiegmann/Matthias Wemhoff (Hg.), Canossa 1077. Erschütterung der Welt, Bd. 1: Essays, München (Hirmer) 2006, S. 591–630 (Canossa gestern und heute); ebd., Bd. 2: Katalog, München (Hirmer) 2006, S. 481–524 (Die Canossa-Rezeption).

M25 Die 1877 errichtete Canossa-Säule in Bad Harzburg, Fotografie, ca. 2000

M26 Hermann Freihold Plüdemann (1809 bis 1868), Heinrich IV. vor dem Portal des Schlosses zu Canossa, Ölgemälde, 1861

9 Das Zusammenleben der Religionen: Christentum, Judentum, Islam

Europa und seine Religionen

Das europäische Mittelalter war geprägt vom Zusammenleben der monotheistischen Religionen. In dieser Geschichte gab es nicht nur gewaltsame Konflikte, sondern auch Perioden des friedfertigen Nebeneinanders und Miteinanders. **Christen, Juden und Muslime** – sie alle haben von Handel, Koexistenz und kulturellem Austausch profitiert. Und sie entdeckten bereits damals die **Vielfalt** des religiös-kulturellen Lebens, das Europa bis heute bestimmt.

Gleichwohl haben sich bis heute verschiedene Interpretationen des Mittelalters gehalten und zu unterschiedlichen Vorstellungen von einer **Identität Europas** beigetragen. Der Historiker Heinrich August Winkler schreibt in einer Erörterung zum EU-Beitritt der muslimisch geprägten Türkei, dass sich die Türkei und Europa „in ihren historischen Prägungen und infolgedessen in ihren politischen Kulturen stark unterscheiden. Wenn wir von der politischen Kultur Europas sprechen, meinen wir die des historischen ‚Okzidents‘: desjenigen Teils von Europa, der bis zur Reformation sein geistliches Zentrum in Rom hatte. Nur im Okzident … hat sich im Mittelalter jene Trennung von geistlicher und weltlicher Gewalt vollzogen, die zur Urform der Gewaltenteilung und des modernen Pluralismus geworden ist. Erst dieser Pluralismus hat die Entstehung der westlichen Demokratie möglich gemacht" (2002). Der Historiker Michael Borgolte vertritt die Auffassung: Europa „war keineswegs mit der Verbreitung der lateinischen Sprache, dem Abendland oder dem Bereich der Papstkirche identisch. Es war ein Raum, in dem sich, verglichen mit der Vorgeschichte und den anderen Teilen der gleichzeitigen Welt, in einzigartiger Weise der Monotheismus durchgesetzt hatte: der Glaube an den einen Schöpfer und universal herrschenden Gott, freilich ausgeprägt in drei Religionen, von denen eine – das Christentum – noch in zwei Observanzen zerfallen ist, die griechisch-slawische Orthodoxie und den römischen Katholizismus … Der Sieg des Monotheismus … hat Europa in Spätantike und Mittelalter sogar erst hervorgebracht. Keine der drei Religionen hat Europa jemals ganz beherrscht, und jede hat umgekehrt über Europa hinausgereicht" (2006).

Die Kreuzzüge (1095–1291)

Auf dem Konzil im französischen Clermont rief **Papst Urban II.** (1088–1099) im Jahre 1095 die Christen des Westens zum Kampf gegen „die Ungläubigen" im Heiligen Land auf, um die heiligen Stätten der Christenheit zu befreien. Religiöse Sehnsüchte und Hoffnungen, darunter die Aussicht auf einen Erlass aller Sünden, sowie demografische, soziale und wirtschaftliche Probleme motivierten nicht nur Geistlichkeit und Ritter, an die sich der päpstliche Aufruf ursprünglich richtete, zum Zug nach dem „himmlischen Jerusalem". Darüber hinaus beteiligten sich zahlreiche Männer und Frauen, die nicht zur Kriegführung ausgebildet waren, am ersten Kreuzzug. Unter den ersten Kreuzfahrern waren auffällig viele französische Adlige und Menschen aus den benachteiligten Schichten der Gesellschaft.

Der erste Kreuzzug erreichte **Jerusalem 1099.** Mit dem Ruf „Gott will es" eroberten die Kreuzfahrer im Juli die Heilige Stadt und richteten ein grausames Blutbad an, bei dem fast alle muslimischen und jüdischen Bewohner umkamen. Überdies gründeten die Kreuzfahrer im Heiligen Land eine Reihe von neuen christlichen Staaten, konnten sich aber trotz mancher Erfolge und großer Anpassungsbereitschaft in der muslimischen Umwelt nur schwer behaupten. Das Leben in einer unsicheren Umgebung veranlasste die Siedler immer wieder zu Hilferufen nach Europa, die weitere Kreuzzüge auslösten. 1187 konnte der ägyptische **Sultan Saladin** (1137–1193) Jerusalem und andere Gebiete zurückerobern. Nach zwei Jahrhunderten verloren die Kreuzfahrer mit **Akkon 1291** den letzten Stützpunkt im „Heiligen Land".

Die **Folgen der Kreuzzüge** für das Verhältnis zwischen Europa und der muslimischen Welt werden kontrovers beurteilt. Einige Historiker betonen, dass die Kreuzzüge die Beziehungen zwischen den westeuropäisch-christlichen und den arabisch-muslimischen Staaten nachhaltig belastet haben. Die Islamwissenschaftlerin Gudrun Krämer fordert hingegen, bei der Beurteilung zwischen kurz- und langfristigen Folgen zu unterscheiden (2005): „Die moderne Dämonisierung der Kreuzzüge ist ahistorisch: So groß ihre Bedeutung für Europa und für die europäisch-arabischen Beziehungen in späteren Jahrhunderten waren, waren sie für die islamische Welt zu ihrer Zeit doch nur ein Element der sich verschärfenden Konfrontation mit den Christen …, die sich auf Sizilien (Maghrebiner gegen Normannen), Andalusien (iberische und maghrebinische Muslime gegen iberische und französische Christen) und Anatolien (Seldschuken gegen Byzantiner) konzentrierte. Ihre Schauplätze lagen im ‚Heiligen Land‘, in Syrien, Anatolien und Ägypten; Irak und Iran berührten sie nicht. Die außerordentliche Mobilisierungskraft der Religion[en] … steht außer Frage. Doch standen der ‚gerechte Krieg‘ der lateinischen Christen und der *dschihad* der Muslime … Verträgen und Vereinbarungen nicht im Weg.“

Christen und Juden

Bereits zur Zeit des Römischen Reiches siedelten Juden in Mitteleuropa, im Gebiet des heutigen Deutschland zuerst 321 in Köln, später in vielen anderen Städten wie z. B. Speyer, Worms, Mainz und Frankfurt am Main. Seit dem 8. und 9. Jahrhundert nahm die Zahl jüdischer Gemeinden in Europa zu. Darüber hinaus gehörten seit dem 10. Jahrhundert durchziehende jüdische Fernhändler zum wirtschaftlichen und gesellschaftlichen Leben. Durch ihre überregionalen Kontakte in der **Diaspora** spielten Juden auch eine wichtige Rolle bei der Vermittlung von Wissen z. B. aus der weit entwickelten Medizin im arabisch-islamischen Raum.

Juden waren in der mittelalterlichen Gesellschaft keine von Anfang an ausgegrenzte und verfolgte Minderheit, die sich mit einer untergeordneten sozialen Stellung begnügen musste. Bis zum Beginn der Kreuzzüge lebten sie weitgehend ungestört in christlicher Umwelt. Weder in der Bevölkerung noch bei den Herrschern gab es eine judenfeindliche Grundstimmung. Im Gegenteil, Juden erfreuten sich großer Wertschätzung bei Königen, Fürsten und Stadträten.

Gewiss gab es christliche Würdenträger, die den Umgang ihrer Glaubensbrüder mit Juden misstrauisch beobachteten und denen der Einfluss jüdischer Händler bei den Fürsten ein Dorn im Auge war. Die **antijüdischen Ressentiments** der Kirchenvertreter, die eine stärkere Abgrenzung der beiden Religionen voneinander anstrebten, konnten sich im 9. und 10. Jahrhundert nicht durchsetzen. Die Juden behielten ihre relativ gute rechtliche Stellung: Sie galten insgesamt als freie Menschen, die ihren Wohnsitz selbst bestimmen durften, und sie standen unter dem (begrenzt wirksamen) **Schutz** von Königen, Landesherren und Städten. In den Städten waren jüdische Gemeinden **autonom** (S. 73); einzelne Juden besaßen sogar das Bürgerrecht.

Das Verhalten gegenüber Juden begann sich mit den **Kreuzzügen** grundlegend zu wandeln. Es entwickelte sich ein **fanatischer Antijudaismus**, der auf solch haltlosen Vorwürfen wie denen beruhte, dass die Juden Ritualmorde begingen, Brunnen vergifteten oder Hostien schändeten. Die judenfeindliche Stimmung entlud sich in grausamen Verfolgungen, der Ermordung Tausender von Juden und der Vernichtung vieler jüdischer Gemeinden. Auch setzte sich in der christlichen Bevölkerung die Meinung durch, Juden müssten eine sozial und rechtlich niedrigere Position in der Gesellschaft einnehmen als Christen. Die Judenverfolgungen während der Kreuzzüge markierten einen tiefen Einschnitt im christlich-jüdischen Verhältnis. Seitdem verleumdete die christliche Gesellschaft die Juden immer wieder als „Christusmörder“ oder „Ungläubige“ und grenzte sie aus. Die **Große Pest** 1348–1352 (s. S. 204) führte erneut zu großen Verfolgungen. Im späten 15. Jahrhundert wiesen fast alle größeren Städte und viele der großen Landesherrschaften Juden aus; nach ihrer Wiederansiedlung erhielten Juden meist nur noch eine an Schutzbriefe gebundene, befristete (verlängerbare) Ansässigkeit in **Gettos** und mussten sich durch erniedrigende gelbe Flecken an der Kleidung kenntlich machen.

Der Antijudaismus des Hoch- und Spätmittelalters überdauerte seine Zeit. Aber auch auf jüdischer Seite begann eine lange Phase der Entfremdung von der christlichen Gesellschaft. Das Christentum galt vielen als Sinnbild der Verfolgung und Vernichtung. Darüber hinaus veränderte das Erschrecken über die Verfolgungen und die Klage über die Toten die jüdische Frömmigkeit. Die Neigung zur Innerlichkeit wuchs, an die Stelle lebenszugewandter Beschäftigung mit den religiösen Schriften trat zunehmend die Abkehr von der Welt und demütige Hinnahme des göttlichen Willens, die sich in Märtyrerverehrung niederschlug.

Christen und Muslime

Das Wort **Islam** kommt aus dem Arabischen und bedeutet „Hingabe an Gott, Ergebung in Gottes Willen". So bezeichnete der Prophet **Mohammed** (570–632) den von ihm begründeten Glauben. Mohammed war es zu seinen Lebzeiten gelungen, die verfeindeten Stämme der arabischen Halbinsel zu einen. Der Islam blieb aber nicht auf diese Region beschränkt, sondern wurde von den Arabern in zwei Eroberungswellen weiterverbreitet. Die islamische Herrschaft dehnte sich im Osten bis nach Indien aus. Im Westen erweiterten die Muslime ihr Gebiet bis nach Libyen (647), Zypern (649), Rhodos (654) und Sizilien (652). In einer zweiten Angriffswelle erreichten die arabischen Heere 683 den Atlantik, eroberten 711 Spanien und beendeten damit die Geschichte des westgotischen Reiches. Die Siege **Karl Martells 732** in der Schlacht bei Tours und Poitiers verhinderten den Vorstoß der Araber ins Frankenreich.

Die **spanische Halbinsel** hingegen blieb bis 1492 unter muslimischer Herrschaft. Der arabische Name der von den Muslimen besetzten Landesteile hieß *„al-Andalus".* Die Grenzen veränderten sich mit dem Vordringen oder Zurückweichen der muslimischen Herrscher vor den christlichen Heeren europäischer Fürsten. Auch die politischen Verhältnisse in Al-Andalus wandelten sich: So zerfiel im 11. Jahrhundert die in der Zeit vorher mühsam geschaffene Einheit der eroberten Gebiete. Es entstanden Kleinkönigtümer, teilweise Stadtstaaten, die erst unter dem Druck der christlichen „Wiedereroberung" und der dabei zu Hilfe gerufenen Herrscherfamilien aus Nordafrika wieder aufgelöst wurden. Diese Dynastien, die Almorawiden und Almohaden, vereinten Al-Andalus zeitweilig mit Nordafrika (1070–1143, 1163–1212).

Die arabisch-islamischen Heere wären sicherlich nicht so erfolgreich gewesen ohne den religiösen Antrieb, den Gesetzen des Islams in einem **„Heiligen Krieg"** *(dschihad)* zum Sieg zu verhelfen. Dennoch dürfen die arabischen Eroberungen nicht auf diesen Aspekt verkürzt werden. Sie zielten anfangs auf die politische Unterwerfung der Besiegten und auf **Beute**, nicht auf Missionierung. Die neuen Herrscher verlangten von den fremden Völkern unbedingte Gefolgschaft und die Zahlung einer **Kopfsteuer** *(dschizya)*. Da Muslime diese Steuer nicht zu entrichten brauchten, hatten islamische Staatswesen gegen nicht-islamische Untertanen nichts einzuwenden. Ein zwangsweiser Übertritt von Christen und Juden *(= dhimmi:* Angehöriger einer Buchreligion) zum Islam wurde daher nicht einmal versucht, wenn auch die wirtschaftlichen und sozialen Vorteile ein Anreiz waren, Muslim zu werden. Das erklärt den Übertritt vieler romanisch sprechender Christen zum Islam im Spanien des 8. und 9. Jahrhunderts.

M 1 Illustration aus einer Handschrift des Epos „Willehalm" von Wolfram von Eschenbach, um 1270. – *Dargestellt sind u. a.: ein Kreuzfahrer, ein Muslim, ein Jude, der vermittelnde Dichter Wolfram. Das Epos handelt von einem Krieg zwischen Christen und Muslimen.*

Die Christen in Al-Andalus (**Mozaraber**) lebten als Kaufleute und Handwerker in eigenen Stadtvierteln und hatten ebenso eine Kopfsteuer zu zahlen wie die spanischen Juden (**Sefarden**). Die Treue zu ihrem Glauben schloss nicht aus, dass Christen und Juden wichtige Stellungen am Hof der Kalifen einnehmen konnten. Nur wenige Christen wanderten in benachbarte christliche Territorien aus. Lediglich eine winzige Minderheit protestierte gegen die islamischen Autoritäten, indem sie öffentlich die muslimische Religion verhöhnten. Die von der muslimischen Obrigkeit ausgesprochenen Verurteilungen und Hinrichtungen betrachteten die betroffenen Christen als Martyrium, was christliche Würdenträger aber missbilligten.

Das Jahrhunderte andauernde Mit- und Gegeneinander von christlichen und islamischen Herrschaftsgebieten im Mittelalter beeinflusste die kulturelle Entwicklung Europas nachhaltig. Von der schöpferischen Aufnahme fremden Wissens profitierten nicht nur islamische Philosophen und Wissenschaftler, sondern auch christliche Gelehrte. Bei diesem Kulturaustausch von der arabisch-islamischen zur europäisch-christlichen Welt Europas kam ab dem 10. Jahrhundert Spanien die Führungsrolle zu, aber auch Italien spielte dabei eine Rolle. Die Europäer profitierten vor allem auf den Gebieten der Philosophie (z. B. der Aristoteles-Rezeption), der Medizin, der Naturwissenschaften und der Mathematik. Noch heute benutzen die Europäer **arabische Zahlen.** In der deutschen Sprache gibt es nach wie vor **arabische Lehnworte**, die durch die Araber nach Spanien gebracht und von dort ihren Weg ins übrige Europa gefunden haben. Hierzu gehören der Begriff „Algebra" oder das Wort „Magazin" für Lagerraum.

Die Eroberung der von den Muslimen beherrschten Gebiete der iberischen Halbinsel durch christliche Herrscher (span. *Reconquista* = Zurückeroberung) begann im 8. Jahrhundert und verlief in Schüben. Mit der Eroberung Granadas durch die katholischen Könige Isabella und Ferdinand von Kastilien **1492** endete die muslimische Herrschaft über Spanien. Der Kampf der christlichen Fürsten Europas gegen die arabisch-islamischen Heere galt als ein missionarischer Kampf für die gesamte Christenheit. Er führte zur Verfolgung, Zwangsbekehrung und Vertreibung von Muslimen und Juden sowie zum Entstehen der staatlichen Inquisition.

M 2 Die Ausbreitung der muslimischen Herrschaft bis um 750

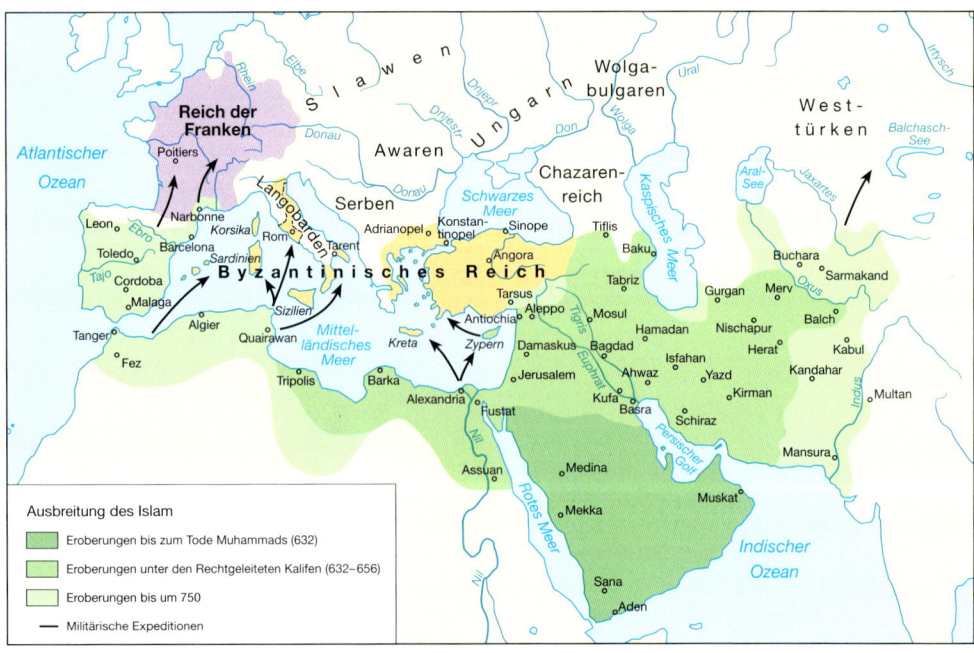

Hinweise zur Arbeit mit den Materialien

Kapitel 9 beschäftigt sich – quer zur Alltags- und Herrschaftsgeschichte in den Kapiteln 4 bis 8 – mit dem Verhältnis der Religionen untereinander: **Judentum, Christentum und Islam.**
1. Die **Kreuzzüge** des christlichen Europa (M3–M6) stellen das wichtigste Teilthema dar, weil die Kreuzzüge sowohl für die Beziehungen zum muslimischen Kulturraum als auch zum Judentum (siehe 2. Teilthema) von großer Bedeutung waren: als *Basisquelle* und *Einstieg* sollte der Kreuzzugsaufruf Papst Urbans bearbeitet werden (M3), als *Übersicht* die Karte M4; Ursachen und Auslöser beleuchtet der *Sekundärtext* M5; *Augenzeugen* berichten aus verschiedenen Blickwinkeln in M6a und b; Vorschläge für eine *Präsentation* (zu Saladin) und einen *Hörfunkkommentar* (zum „Mea Culpa" des Papstes von 2000) finden sich in den Aufgaben 4 und 5.
2. **Jüdisches Leben in christlicher Umwelt** (M7–M11): Bei der Untersuchung dieses Teilthemas sollte deutlich werden, dass nach einem relativ unangefochtenen Zusammenleben in Spätantike und Frühmittelalter (M7–M9) Judenverfolgungen erst im Zeitalter der Kreuzzüge und der Pest einsetzten und einen tiefen historischen Einschnitt markieren (M10–M11c).
3. **Muslimische (maurische) Herrschaft in Spanien** (711–1492): In diesem Abschnitt geht es um das Verhältnis von Religion und Krieg bei der Ausbreitung des Islams in Südwesteuropa (M12–M15) und um das Zusammenleben der Religionen unter islamischer Herrschaft.
4. Suche nach **religiöser Toleranz:** *Themensonderseite 220–202* vergleicht die berühmte Ring-Parabel bei Boccaccio (14. Jh.) und Lessing (18. Jh.).
5. *Schlussdiskussion:* Die Religionen im Mittelalter: Kulturkontakt – Kulturkonflikt? (M16) *Weiterführende Arbeitsanregungen S. 203:* **Religion und Gewalt** – eine *Debatte.*

M3 Der Kreuzzugsaufruf Papst Urbans II.

Aus einer Schrift des Benediktinermönchs Robert von Reims aus dem Jahre 1107. Der Autor überliefert darin die Ansprache Papst Urbans II. (1088–1099), die dieser 1095 auf der Synode in Clermont-Ferrand/Frankreich gehalten hatte. Der Mönch war Teilnehmer der Synode.
Nachdem die kirchlichen Angelegenheiten erledigt waren, ging der Herr Papst (am 27.11.) auf einen weiträumigen Platz hinaus, denn kein geschlossener Platz konnte die
5 ganze Menge fassen. Hier setzte der Papst zu folgender Rede an, die sich voll Überzeugungskraft und Redekunst an alle und jeden wandte:
„Ihr Volk der Franken, ihr Volk nördlich
10 der Alpen, ihr seid, wie eure vielen Taten erhellen, Gottes geliebtes und auserwähltes Volk, herausgehoben aus allen Völkern durch die Lage des Landes, die Katholizität des Glaubens und die Hochschätzung für die
15 heilige Kirche. An euch richtet sich unsere Rede, an euch ergeht unsere Mahnung; wir wollen euch wissen lassen, welcher traurige Anlass uns in euer Gebiet geführt, welche Not uns hierher gezogen hat; sie betrifft euch

und alle Gläubigen. Aus dem Land Jerusalem 20 und der Stadt Konstantinopel kam schlimme Nachricht und drang schon oft an unser Ohr: Das Volk im Perserreich, ein fremdes Volk, ein ganz gottfernes Volk, eine Brut von ziellosem Gemüt und ohne Vertrauen auf 25 Gott (Psalm 77,8), hat die Länder der dortigen Christen besetzt, durch Mord, Raub und Brand entvölkert und die Gefangenen teils in sein Land abgeführt, teils elend umgebracht; es hat die Kirchen Gottes gründ- 30 lich zerstört oder für seinen Kult beschlagnahmt. Sie beflecken die Altäre mit ihren Abscheulichkeiten und stürzen sie um; sie beschneiden die Christen und gießen das Blut der Beschneidung auf die Altäre oder in 35 die Taufbecken. Denen, die sie schändlich misshandeln und töten wollen, schlitzen sie den Bauch auf. […]
Wem anders obliegt nun die Aufgabe, diese Schmach zu rächen, dieses Land zu 40 befreien, als euch? Euch verlieh Gott mehr als den übrigen Völkern ausgezeichneten Waffenruhm, hohen Mut, körperliche Gewandtheit und die Kraft, den Scheitel eurer Widersacher zu beugen. Bewegen und zu 45 mannhaftem Entschluss aufstacheln mögen euch die Taten eurer Vorgänger, die Helden-

größe König Karls des Großen, seines Sohnes Ludwig und eurer anderen Könige. Sie haben
50 die Heidenreiche zerstört und dort das Gebiet der heiligen Kirche weit ausgedehnt. Besonders bewegen mögen euch das Heilige Grab unseres Herrn und Erlösers, das von unreinen Völkern besetzt ist, und die heili-
55 gen Stätten, die jetzt ohne Ehrfurcht behandelt und mit dem Unrat dieser Leute frech beschmutzt werden. […]

Kein Besitz, keine Haussorge soll euch fesseln. Denn dieses Land, in dem ihr wohnt,
60 ist allenthalben von Meeren und Gebirgszügen umschlossen und von euch beängstigend dicht bevölkert. Es fließt nicht vor Fülle und Wohlstand über und liefert seinen Bauern kaum die bloße Nahrung. Daher
65 kommt es, dass ihr euch gegenseitig beißt und bekämpft, gegeneinander Krieg führt und euch meist gegenseitig verletzt und tötet. Aufhören soll unter euch der Hass, schweigen soll der Zank, ruhen soll der
70 Krieg, einschlafen soll aller Meinungs- und

Rechtsstreit! Tretet den Weg zum Heiligen Grab an, nehmt das Land dort dem gottlosen Volk, macht es euch untertan! Gott gab dieses Land in den Besitz der Söhne Israels; die Bibel sagt, dass dort Milch und Honig 75 fließen (2. Buch Moses 3,8). Jerusalem ist der Mittelpunkt der Erde, das fruchtbarste aller Länder, als wäre es ein zweites Paradies der Wonne. Der Erlöser der Menschheit hat es durch seine Ankunft verherrlicht, durch sei- 80 nen Lebenswandel geschmückt, durch sein Leiden geweiht, durch sein Sterben erlöst, durch sein Grab ausgezeichnet. […] Schlagt also diesen Weg ein zur Vergebung eurer Sünden; nie verwelkender Ruhm ist euch im 85 Himmelreich gewiss."

Als Papst Urban dies und derartiges mehr in geistlicher Rede vorgetragen hatte, führte er die Leidenschaft aller Anwesenden so sehr zu einem Willen zusammen, dass sie riefen: 90 „Gott will es, Gott will es!"

Zit. nach: Arno Borst, Lebensformen im Mittelalter, Frankfurt/Main u. a. (Ullstein) 1979, S. 318–320.

M 4 Europa und der Nahe Osten im Zeitalter der Kreuzzüge (Ende 12. Jh.)

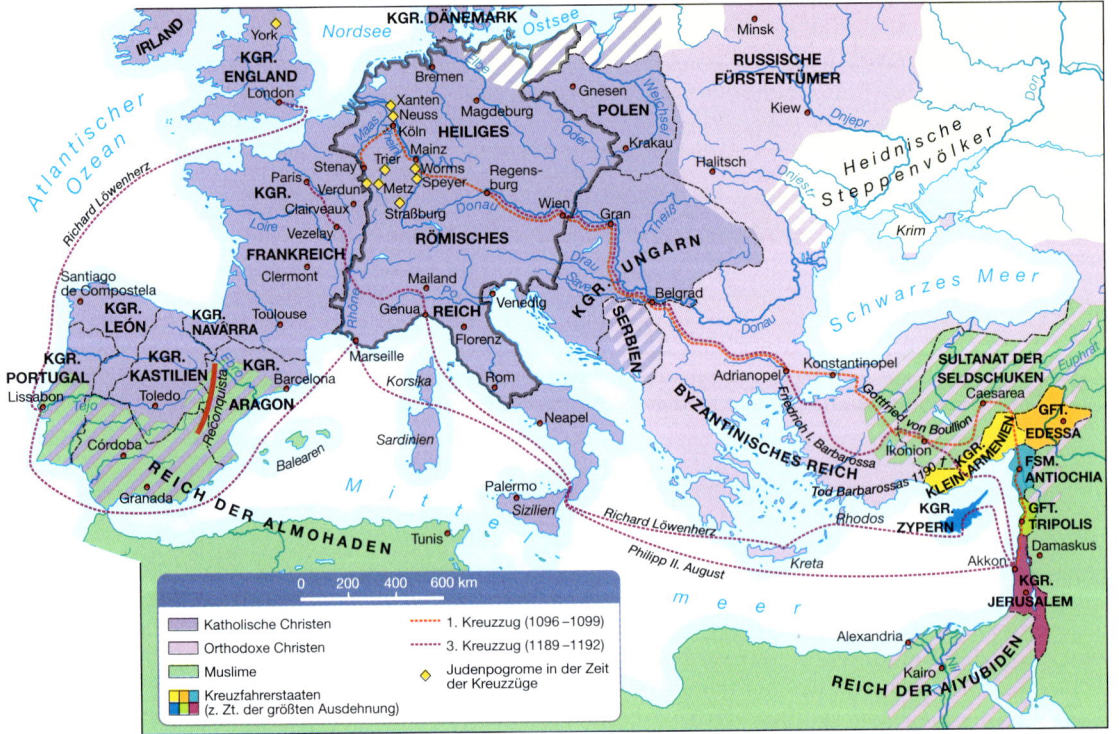

M5 Über die historischen Hintergründe der Kreuzzugsbewegung

Der Historiker Ferdinand Seibt schreibt (1987):
Das christliche Abendland war aus Gewalt hervorgegangen, nach dem Zusammenbruch der römischen Herrschaft, nach generationenlangen Konsolidierungskämpfen,
5 nach dem gewaltsamen Einigungswerk der Karolinger. Aus Vorzeiten rührte die Regel, verletztes Recht durch die eigene Faust wiederherzustellen, und das Christentum war weder imstande, diese Regel aufzuheben,
10 noch sie durch eine bessere Gerechtigkeit zu ersetzen. Ehe viel später der Staat das vermochte [...], hatten allerdings schon einmal die Mönche versucht, durch die Gottesfriedensbewegung im 11. Jahrhundert die
15 Kämpfe großer und kleiner Herren untereinander wenigstens zu beschränken. Und konsequenterweise erwuchs seinerzeit aus derselben Bewegung auch der Versuch, die Regelung durch bewaffnete Gewalt zu schüt-
20 zen, durch „christliche Ritter", eingebunden in den Dienst am Ganzen, zum Schutz der Schwachen und der Kirche. Hier liegt eine der vielfältigen Wurzeln der Kreuzzugsidee, und sie entspringt dem gleichen Personen-
25 kreis, aus dessen Gedankenwelt schließlich der Papst, selbst Kluniazenser, 1095 zum ersten Kreuzzug aufrief. „Grundlage dieser sakralen Ideologie der Gottesmiliz war ein christlich interpretierter Feudalismus, in
30 dem Christus selbst (vertreten auf Erden durch den Papst) oberster Lehnsherr der von ihren weltlichen Kriegszielen abgelenkten Feudalschicht" war (R. C. Schwinges). [...]
Der Historiker von Heeren hat 1805 die
35 Kreuzzüge an den Beginn der Revolutionsgeschichte gesetzt. Revolutionär im herkömmlichen Sinn war tatsächlich manches an dieser Massenbewegung. Nicht nur, dass Tausende, von der Phantasie beflügelt, Haus
40 und Hof verließen; die Kreuzzüge waren auch eine soziale Bewegung. Nach der Gleichheit vor dem Kirchenrecht waren Mann und Frau, gleich welchen Standes, zum Kreuzzug aufgerufen, ebenso wie zuvor
45 auch zur Wallfahrt, und ungezählte Massen, gerade auch Frauen, namentlich im nordöstlichen Frankreich, folgten diesem Ruf. Und dabei spielten soziale Motive ebenfalls eine Rolle. Einerseits, weil Tausende damit drü-
50 ckender Not aus Überbevölkerung zu entgehen suchten, in einem Land, das Adels- und Bauernbesitz vielfach nur mehr in Erbteilungen behauptete. Andererseits, weil sich im Bewusstsein der Kreuzfahrer, auserwählt
55 zu sein, die Umkehr von Parias zur Elite vollzog. Nicht zuletzt versprachen die Kreuzzüge Ersatz für ein von der Kirche mehr oder weniger offen unterdrücktes Ritterideal: das Abenteuer.
60 Aus der Kreuzzugsbegeisterung wuchs ein neues Gemeinsamkeitsbewusstsein im christlichen Abendland. Im Besonderen dem ritterlichen Lebensideal zugedacht, knüpfte der Kreuzzugsgedanke mit übergreifender
65 Kraft Gemeinsamkeiten zwischen dem einfachen, im Herrendienst aufgestiegenen Kriegertum und den Hocharistokraten mit jahrhundertealter Familientradition; er verband Könige und die Geringsten unter ihren
70 waffenfähigen Untertanen im Zeichen des Kreuzes.

Ferdinand Seibt, Glanz und Elend des Mittelalters, Berlin (Siedler) 1987, S. 242–244.

M6 Augenzeugen berichten

6a) Der arabische Schriftsteller Usama ibn Munqidh (1095–1188), Emir von Schaizar/ Syrien, erlebte einige Kreuzzüge mit und beschrieb in seiner Autobiografie „Buch der Belehrung durch Beispiele" das Leben der „Franken":
Hier ist ein Beispiel für die Rohheit der Franken – Gott strafe sie –: Als ich mich in Jerusalem aufhielt, ging ich gewöhnlich in die Moschee al-Aqsa. An ihrer Seite liegt ein kleiner Betraum, den die Franken in eine Kirche
5 umgewandelt haben. Wenn ich in die Moschee al-Aqsa kam, wo sich die Templer, meine Freunde, eingerichtet hatten, stellten sie mir immer den kleinen Betraum zur Verfügung, damit ich dort meine Gebete verrich-
10 ten konnte. Eines Tages trat ich dort ein, sagte *Allahu akbar* und stand, um mit dem Gebet zu beginnen. Da stürzte ein Franke herbei, ergriff mich, drehte mich mit dem Gesicht nach Osten und sagte: „So betet
15 man!" Sofort schritten einige Templer ein, griffen und entfernten ihn, während ich mein Gebet wieder aufnahm. Er wartete aber einen Augenblick ab, in dem sie nicht Acht gaben, stürzte sich wieder auf mich, drehte
20

mich mit dem Gesicht nach Osten und sagte: „So betet man!" Wieder griffen die Templer ein, entfernten ihn und entschuldigten sich mit den Worten bei mir: „Er ist
25 ein Fremder, der erst in diesen Tagen aus dem Frankenland gekommen ist und noch nie jemanden gesehen hat, der sich beim Gebet nicht nach Osten gewandt hätte." „Ich habe genug gebetet", antwortete ich und
30 ging hinaus, verwundert über diesen Teufel, dessen Gesicht sich verzerrte, der sich erregt und gebebt hatte beim Anblick eines Mannes, der zur Qibla hin betet!

An anderer Stelle schrieb Usama:

35 Es gibt unter den Franken einige, die sich im Lande angesiedelt und begonnen haben, auf vertrautem Fuße mit den Muslimen zu leben. Sie sind besser als die anderen, die gerade neu aus ihren Heimatländern gekom-
40 men sind, aber jene sind eine Ausnahme und man kann sie nicht als Regel nehmen.

Zit. nach: Peter Milger, Die Kreuzzüge. Kriege im Namen Gottes, München (Orbis) 2000, S. 299, 313.

6 b) Der christlich-orthodoxe Chronist Niketas Choniates (um 1150–1214) aus Konstantinopel berichtet über den Kreuzzug gegen Byzanz, der im April 1204 mit der Eroberung der Stadt am Ziel war. Niketas selbst konnte mit Hilfe eines venezianischen Kaufmanns flüchten:
Viele unserer Freunde und Angehörigen und eine Menge anderer Leute liefen zusammen, als sie uns sahen. So zogen wir unseres Weges, nicht anders als ein Zug von Amei-
5 sen. Die Feinde, die uns begegneten, waren nicht mehr vollständig gerüstet, aber jeder hatte an der Flanke des Pferdes ein langes Schwert herabhängen und Dolche in seinem Gürtel stecken. Einige waren mit Beute bela-
10 den, andere untersuchten die vorüberkommenden Rhomäer [= Byzantiner], ob sie unter ihrem zerschlissenen Hemd nicht ein wertvolles Gewand trügen oder Silber und Gold in ihren Taschen versteckt hätten,
15 andere starrten die schönen Frauen unverwandt mit begehrlichen Blicken an, als wollten sie diese sogleich rauben und missbrauchen. Da wir für die Frauen zitterten, nahmen wir sie in unsere Mitte und bildeten
20 gleichsam einen Zaun um sie. [...] Die Feinde schwelgten und prassten und ließen sich zügellos gehen, besonders bei allem, was unsittlich ist, und verspotteten rhomäische

Einrichtungen. [...] Andere liefen mit Schreibfedern und Tintenfässern herum
25 und kritzelten ihre Unterschrift auf allerlei Papiere, um uns als Schreiberlinge zu verhöhnen. Viele setzten die von ihnen vergewaltigten Frauen auf ihr Pferd, darunter auch manche vornehme Frau. [...]
30

Ja, das waren die verständigen, weisen Männer, wofür sie sich hielten, die wahrheitsliebenden, treu die Eide bewahrenden Hasser alles Schlechten, das waren die Männer, die so viel frommer waren als wir elen-
35 den Griechen, so viel gerechter und genauer im Befolgen der Gebote Christi, das waren die Männer, die, was noch schwerer wiegt, das Kreuz auf ihren Schultern trugen, die oft auf dieses Kreuz und die Heilige Schrift den
40 falschen Eid geschworen hatten, sie würden Christenländer ohne Blutvergießen durchziehen. [...]

So sind nicht die Muslims. Ja, diese benahmen sich geradezu menschenfreundlich
45 und milde gegen die Landsleute dieser Lateiner, als sie Jerusalem einnahmen. Sie fielen nicht brünstig wiehernd über lateinische Frauen her, sie machten nicht Christi leeres Grab zu einem Massengrab [...], sondern ge-
50 währten allen Lateinern den Abzug und bestimmten für jeden Mann nur ein geringes Lösegeld und ließen alles Übrige den Besitzern, auch wenn dies zahlreich war wie der Sand am Meer. So verfuhren Feinde Christi
55 mit den christlichen Lateinern.

Zit. nach: Francesco Gabrieli, Die Kreuzzüge aus arabischer Sicht, Augsburg (Weltbild) 2000, S. 121 f.

1 Interpretieren Sie Quelle M3. Berücksichtigen Sie dabei u. a. folgende Gesichtspunkte:
– Adressaten und Stil der Rede,
– Forderungen und Argumente des Papstes,
– Glaubwürdigkeit der Quelle (der Text entstand erst nach der Eroberung Jerusalems).
2 Ordnen Sie Quelle M3 mithilfe von M4 und M5 historisch ein. Gehen Sie auf die Motive und den Verlauf der Kreuzfahrerbewegung ein.
3 Untersuchen Sie die Quellen M6a, b unter der Leitfrage „Kreuzzüge und Gewalt".
4 ⚔ Präsentation: „Saladin – muslimischer Widerstandskämpfer oder idealer Herrscher?"
5 ⚔ 2000 entschuldigte sich Papst Johannes Paul II. in seinem *„Mea Culpa"* für die Kreuzzüge und andere „Sünden" der katholischen Kirche. Verfassen Sie einen Hörfunkkommentar.

M 7 Das Privileg Heinrichs IV. für die Juden von Speyer (1090)

Allen Bischöfen, Äbten, Herzögen, Grafen und allen den Gesetzen unseres Reiches Unterworfenen tun wir kund, dass einige Juden, [nämlich] Judas, Sohn des Calonim, David,
5 Sohn des Massulam, und Moyses, Sohn des Guthihel, mit ihren Genossen vor unsere Person gekommen sind zu Speyer und darum gebeten haben, dass wir sie mit ihren Kindern und mit allen denen, die durch sie
10 offenkundig ihr Recht vertreten lassen, in unseren Schutz nehmen und darin erhalten möchten. Dass wir dies getan haben, das möge der Eifer aller unserer Getreuen erkennen. Deswegen haben wir gemäß der Vermittlung
15 und Bitte des Bischofs Huozman von Speyer diese unsere Urkunde bewilligen und aushändigen lassen. Daher befehlen und wollen wir mit königlicher Weisung unserer Hoheit, dass hinfort niemand, der unter unserer
20 königlichen Gewalt mit irgendeiner Würde oder einem Amt bekleidet ist, er sei klein oder groß, frei oder unfrei, sie mit irgendwelchen ungerechten Zufällen zu beunruhigen oder anzufallen oder ihnen irgend etwas
25 fortzunehmen wage von ihren Sachen, die sie zu erblichem Recht besitzen, seien es Hausstätten, Häuser, Gärten, Weinberge, Äcker, Sklaven oder sonst irgendetwas Bewegliches oder Unbewegliches. Wenn aber
30 jemand entgegen diesem Erlass ihnen irgendeine Gewalt antut, so soll er gezwungen werden, zum Schatze unseres Palastes oder zur Kammer des Bischofs ein Pfund Gold zu entrichten und die den Juden fortgenom-
35 mene Sache doppelt zu ersetzen. Sie sollen auch die unbeschränkte Fähigkeit haben, ihre Grundstücke mit jedem beliebigen Menschen im rechtmäßigen Umwechseln zu verändern, im Umfang unseres Reiches frei und
40 friedlich herumzureisen, ihr Geschäft und Warenhandel zu betreiben, zu kaufen und zu verkaufen, und niemand soll von ihnen Zoll fordern oder irgendeine öffentliche oder private Abgabe nehmen. In ihren Häusern sollen Gäste ohne ihre Zustimmung nicht ein-
45 quartiert werden. Niemand darf von ihnen ein Pferd zum Heerzuge des Königs oder des

M 8 Die Verbreitung wichtiger jüdischer Gemeinden und Siedlungsgebiete 100–1400

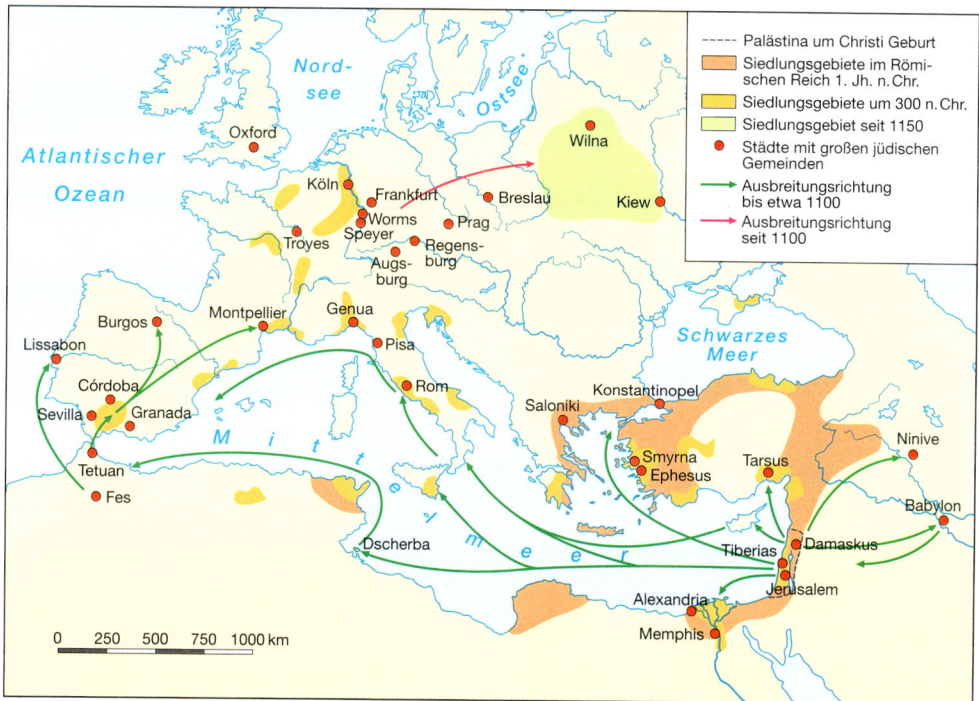

189

Bischofs oder Fuhrdienste für königlichen Heerzug eintreiben. Wenn aber eine gestoh-
50 lene Sache bei ihnen gefunden wird und der Jude sagt, er habe sie gekauft, so soll er unter Eid nach seinem Recht erweisen, wie teuer er sie gekauft hat, und dafür die Sache dem letzten Besitzer zurückgeben. Niemand maße
55 sich an, ihre Söhne und Töchter gegen deren Willen zu taufen; wer sie unter Zwang oder heimlich entführt oder mit Gewalt gefangengenommen tauft, soll 12 Pfund Gold zum Schatze des Königs oder des Bischofs
60 entrichten. Wenn welche von ihnen freiwillig getauft werden wollen, soll man sie drei Tage warten lassen, damit man genau erkenne, ob sie wirklich wegen der christlichen Religion oder wegen eines [ihnen] ange-
65 tanen Unrechts ihrem Gesetze entsagen wollen. Und so, wie sie das Gesetz ihren Vätern zurücklassen, so auch deren Besitz. Auch soll niemand ihre heidnischen Sklaven unter dem Vorwand christlicher Religion taufen
70 und [dadurch] ihrem Dienst entziehen; wer das tut, soll den Bann, das sind 3 Pfund Silber, von der richterlichen Gewalt bezwungen, entrichten und außerdem den Sklaven seinem Herrn unverzüglich zurückgeben.
75 Der Sklave aber soll in allem die Befehle seines Herrn erfüllen, unbeschadet jedoch der

Befolgung des christlichen Glaubens, mit dessen Sakramenten er bekleidet worden ist. Es soll [ihnen] auch erlaubt sein, Christen zur Verrichtung ihrer Arbeiten zu mieten, 80 ausgenommen an Fest- und Sonntagen, und es soll ihnen nicht erlaubt sein, einen Christen als Sklaven zu kaufen. Wenn aber ein Christ gegen einen Juden oder ein Jude gegen einen Christen einen Prozess oder Streit 85 wegen einer Sache hat, soll jeder von beiden, nach Beschaffenheit der Sache, gemäß seinem Recht zu Recht stehen und seine Ansprüche beweisen. Und niemand soll einen Juden zum glühenden Eisen oder zum Kes- 90 selfang[1] oder zur Wasserprobe zwingen noch mit Geißeln schlagen noch einkerkern, sondern [der Jude] soll lediglich schwören gemäß seinem Recht nach 40 Tagen, und mit keinerlei Zeugen soll man ihn wegen irgend- 95 einer Sache überführen können [wenn nicht mit jüdischen und christlichen zugleich]. […] Wenn aber die Juden einen Streit oder Prozess unter sich zu entscheiden haben, sollen sie von ihresgleichen und nicht von an- 100 deren überführt und verurteilt werden.

Zit. nach: Wilfried Hartmann (Hg.), Deutsche Geschichte in Quellen und Darstellung, Bd. 1, Stuttgart (Reclam) 2000, S. 313–317.

1 Griff in einen Kessel mit kochendem Wasser

M 9 Zwei Illustrationen aus der Dresdner Handschrift (1295–1365) des Sachsenspiegels (1220–1235). – *Oben: Der König hält Gericht über einen Christen, der beschuldigt wird, einen Juden ermordet zu haben.*
Unten: Prozess und Hinrichtung eines Juden, der beschuldigt wird, christliche Ritualgegenstände zu besitzen.

M 10 Judenverfolgungen in Deutschland 1096–1350

Jahre	Zahl der betroffenen Gemeinden	Todesopfer (Mindestzahlen)
1096	12	ca. 2000
1146–1148	4	keine Angaben
1179–1197	4	42
1200–1225	3	24
1225–1250	9	226
1250–1275	6	107
1275–1300	180	4002
1300–1325	13	120
1325–1350	528	2300 (davon 1758 in 4 Gemeinden)

Nach: Thomas Klein u. a. (Hg.), Judentum und Antisemitismus von der Antike bis zur Gegenwart, Düsseldorf (Droste) 1984, S. 72 f.

M 11 Zeitgenössische Berichte aus der Zeit der Judenverfolgungen im römisch-deutschen Reich

11 a) Auszug aus einem Bericht des jüdischen Chronisten Ephraim bar Jacob (1132–1197) über Verfolgungen in Köln im Jahre 1146 (um 1150):

Wohin die Kinder Israels ihre Augen erhoben, siehe, da zogen Dränger und irrende herbei von allen Seiten her, um sie zu verfolgen und umzubringen. Sie fürchteten sich
5 sehr und wandten sich nach den Bergen und Festungen und suchten dort Schutz, ein jeder bei seinem bekannten Christen, bittend, das, wer einen Turm oder ein Veste besitze, sie aufnehmen möge in den Felsenschlös-
10 sern und sie dort verberge, bis der Grimm vorübergezogen sei. Es war nach dem Laubhüttenfest des Jahres 4906 [= September 1146], da zogen sie ein jeder aus seinem Orte und begaben sich in die Festungen. Die meis-
15 ten der Kölner Gemeinde gaben dem Bischof von Köln eine große Summe Geldes, damit er ihnen die Festung Wolkenburg [bei Königswinter am Rhein] überlasse, die ihresgleichen im Lothringerlande nicht hatte.
20 Durch viele Geschenke veranlassten sie die Entfernung des dortigen Burgwächters, so-

dass ihnen allein die Festung eingeräumt wurde und kein Fremder oder Christ bei ihnen blieb. Dafür hatten sie sich dem Bischof hypothekarisch verpfändet mit ihrem Leben, 25 ihren Häusern und ihrem Eigentum, das sie in der Stadt Köln hatten.

Von der Zeit an, da unter den Völkern bekannt wurde, dass den Juden Wolkenburg überlassen worden war und alle Juden sich 30 dorthin versammelt hatten, hörten sie mit der Verfolgung auf und es trug dies auch zur Rettung der übrigen in die Türme entflohenen Juden bei.

Zit. nach: A. Neubauer/M. Stern (Hg.), Quellen zur Geschichte der Juden in Deutschland, Bd. 2, Berlin (Leonhard Simion) 1892, S. 189 f.

11 b) Auszug aus dem Hauptwerk des jüdischen Mystikers und Rabbiners Eleasar ben Juda (gest. um 1230) aus Worms (um 1200). Eleasars gesamte Familie wurde von Kreuzzüglern ermordet.

Die prächtigste Krone [...] ist die Krone der Demut; das erlesenste Opfer ist das zerknirschte Herz; die höchste Tugend die Schamhaftigkeit. [...] Der Demütige ist niedrig in seinen eigenen Augen, ist bescheiden 5 weichherzig und von zerknirschtem Gemüt. Wird er ob seiner bösen Taten an den Pranger gestellt, so dankt er seinem Schöpfer dafür, dass die Welt wenigstens einen Teil seiner Fehler in Erfahrung gebracht hat, dass 10 man ihn straft oder mit Vorwürfen überhäuft, damit er sich bessere. Er vergibt dem, der ihm Übles nachredet; er spricht wenig und nur mit halblauter Stimme; er denkt unentwegt an den Tag seines Todes. [...] Trifft 15 ihn ein Unglück, verliert er seine Kinder und seine nächsten Angehörigen, so erstirbt er dennoch in Demut vor der Gerechtigkeit der Vorsehung. [...]

Werden sich in Tagen der Not Völker gegen 20 dich erheben, um dich zum Abfall von deinem Glauben zu zwingen, so wirst du gleich den anderen dein Leben hingeben. Murre nicht beim Anblick des Wohlergehens und des Übermuts der Frevler, denn nur die 25 Wege Gottes sind heilbringend, obschon die Wohltaten, die er Israel erweist, uns im Augenblick verborgen bleiben.

Zit. nach: Simon Dubnow, Weltgeschichte des jüdischen Volkes, Bd. 4, Berlin (Jüdischer Verlag) 1926, S. 338 f.

11 c) Der christliche Chronist Matthias von Neuenburg (um 1295–um 1365) über die Judenverfolgungen in den Jahren 1348/49:

Und es wurden die Juden beschuldigt, dass sie diese Pest veranlasst oder verschärft hätten, indem sie Gift in Quellen und Brunnen geworfen. Sie wurden verbrannt vom Meeres-
5 ufer an bis nach Deutschland, nur nicht in Avignon, wo sie Papst Clemens VI. schützte. Nachdem man einige in Bern, in der Grafschaft Froburg und an anderen Orten gefoltert und in Zofingen Gift gefunden hatte,
10 wurden sie an vielen Orten ermordet und darüber an die Ratsherren der Städte Basel, Freiburg und Straßburg geschrieben, und da die Machthaber sie zu schützen suchten und sogar einige Edle Basels wegen eines den Ju-
15 den zugefügten Unrechtes auf längere Zeit verbannt wurden, sieh, da eilte das Volk mit seinen Bannern vor das Rathaus. Darüber erschraken die Ratsherren, und der Bürgermeister fragte, was sie wollten, worauf diese
20 antworteten, sie würden nicht abziehen, ehe die Verbannten zurückgekehrt wären; deshalb wurde sofort nach denselben geschickt, weil sich die Ratsherren nicht heraustrauten, ehe sie zurück waren. Darauf sagte das Volk
25 noch, es wollte die Juden nicht länger in der Stadt dulden und Ratsherren und Volk schwuren, dass innerhalb zweihundert Jahren kein Jude mehr in der Stadt wohnen sollte. Es kamen aber die Vornehmeren dieser
30 drei Städte, welchen darum zu tun war, die Juden zu behalten, wiederholt zusammen, allein sie fürchteten das Geschrei des Volkes. Die Juden aber wurden in jener Gegend allenthalben gefangengenommen.
35 Es wurde nun ein Tag in Benfelden im Elsass angesagt, auf welchem der Bischof, die Herren, die Barone und die Boten der Städte zusammenkamen. Als die Boten der Straßburger sagten, sie wüssten nichts Schlimmes
40 von ihren Juden, fragte man sie, warum die Eimer von ihren Brunnen weggenommen worden wären. Das gesamte Volk eiferte nämlich gegen die Juden. Der Bischof aber, die Großen des Elsasses und die Reichsstädte
45 kamen überein, die Juden nicht zu dulden, und so wurden sie bald an diesem, bald an jenem Orte verbrannt. An einigen Orten wurden sie bloß ausgewiesen, aber das Volk holte sie ein, verbrannte die einen und
50 schlug andere tot oder erstickte sie in Sümp-

fen. Der Schöffenmeister Peter Schwarber und einige andere Straßburger suchten sie noch zu schützen, indem sie zum Volke sagten, wenn der Bischof und die Barone in diesem Punkte die Oberhand über sie ge-
55 wonnen hätten, so würden sie nicht ruhen, bis sie auch in anderen Stücken die Oberhand hätten, aber das Geschrei des Volkes währte fort. Auf dieses Geschrei hin wurden am Freitage nach Hilarius im Jahre des Herrn
60 1349 alle Baseler Juden auf einer Rheininsel in einem für sie errichteten Häuschen ohne Urteil verbrannt und am darauffolgenden Freitage die Freiburger, wobei man aber zwölf der reicheren noch aufbewahrte, um
65 durch sie ihre Schuldner in die Enge zu treiben.

Zu Speyer und Worms versammelten sich die Juden in einem Hause und verbrannten sich selbst. Und man fand, dass sie fast jede
70 Art von Verbrechen begangen hätten; in Spanien wären sie nämlich nach gepflogener Beratung über die Giftmischerei übereingekommen, ebenso über die Ermordung vieler Knäblein, über Urkunden und Münzfäl-
75 schung, Diebstähle und vieles andere, was die Majestät des Allerhöchsten beleidigte. In Straßburg wurden, um das Geschrei zu beschwichtigen, einige auf das Rad geflochten und rasch getötet, damit sie nicht über die
80 noch lebenden Schuldigen etwas aussagen konnten. […]

Die Herzöge von Österreich aber und die Mainzer beschützten ihre Juden. Diese werden von getauften Juden und Christen viel-
85 facher Giftmischerei beschuldigt, und viele von ihnen, welche sich dazu bekannten, wurden nachträglich verbrannt. Auch viele Christen gestanden auf der Folter, sie hätten von den Juden Geld empfangen, und nach-
90 dem diese einige Worte über sie gesprochen, sie selbst aber den Giftmord zugesagt, wären sie in eine solche Raserei geraten, dass sie mit Freuden alle Christen getötet haben würden. Deshalb wurden nach und nach auch fast al-
95 le die getauften Juden verbrannt, weil sie bekannten, dass sie alle schuldig wären.

Die Städte des Elsasses waren gegen alle aufgebracht, welche die Juden beschützten. Deshalb brachte es der Statthalter der Herzo-
100 ge von Österreich nur mit Mühe dahin, dass er nicht belagert wurde und dass er, als alle den Herzogen gehörigen Juden in Ensisheim

gefangen waren, einen Boten nach Öster-
105 reich schicken konnte. Ulrich von Heinsen-
berg aber verbrannte die bei ihm aufgenom-
menen, nachdem er ihre Treulosigkeit
erfahren hatte.

Darauf wurden Ende Juli die Juden in Op-
110 penheim ermordet. Und als nach der Abreise
des Königs auch in Frankfurt ein Angriff auf
sie gemacht wurde, verbrannten sie sich, ihre Häuser und die Nachbarhäuser. Ende August aber kamen viele Fremdlinge nach
115 Mainz, welche sich geißelten. Und als ein
Auflauf entstand wegen einer abgeschnitte-
nen Geldbörse, glaubte das Volk, der Auflauf
sei gegen die Juden gerichtet, und stürzte
sich auf diese. Nachdem nun die Juden viele
120 Christen getötet hatten, erkannten sie die
Unmöglichkeit zu entkommen und verbrannten ihre Häuser, sich selbst und ihre
Habseligkeiten.

Zit. nach: Jean-Marie Moeglin/Rainer A. Müller (Hg.),
Deutsche Geschichte in Quellen und Darstellung,
Bd. 2, Stuttgart (Reclam) 2000, S. 176–181.

6 a) Skizzieren Sie die Verbreitung jüdischer
Siedlungen im Mittelmeerraum und in Europa
bis zum Spätmittelalter (M8).
b) Finden Sie heraus, in welchem Zusammenhang die in der Karte aufgeführten Pfeile stehen, die (1) von Palästina und (2) vom Rhein-
Main-Gebiet ausgehen (Darstellung).
7 a) Erläutern Sie die rechtliche Stellung der
jüdischen Bevölkerung, die sich aus M7 ergibt.
b) Welche grundlegenen Schlüsse über das zusammenleben von Christen und Juden lassen
sich aus Quelle M7 ziehen?
c) Widerlegen oder bestätigen die Abbildungen M9 und M1 Ihre Befunde aus Aufgabe 7b?
8 🏃 Arbeitsgleiche Gruppenarbeit:
a) Skizzieren Sie zunächst gemeinsam im Kurs
den historischen Kontext der in M10 aufgeführten Ausschreitungen gegen Juden.
b) Untersuchen Sie in Kleingruppen anhand
der Quellen M11a–c Ursachen, Merkmale und
Folgen der Judenverfolgungen. Stellen Sie das
Verhalten der beteiligten (sozialen/religiösen)
Gruppen in einem Schaubild dar.
9 🏃 Projekt: „Spuren des mittelalterlichen Ju-
dentums in unserer Gemeinde/Stadt/Region".
Als Quellen können z. B. Gebäude, Straßenna-
men, Exponate in Museen, regionalgeschicht-
liche Literatur dienen. Zur Präsentation: siehe
Methodensonderseite 68 f.

M 12 Religion und Krieg während der islamischen Expansion im Mittelalter

Der Politikwissenschaftler Bassam Tibi (1998):
Nach der Hidschra, d. h. Auswanderung
des islamischen Propheten und seiner Anhänger von Mekka nach Medina im Jahre
622 n. Chr., hat Mohammed dort das erste
politische Gemeinwesen im Islam gegrün- 5
det; es basiert auf der *umma* als einheitlicher
Gemeinschaft aller Muslime. Die Beziehungen dieser neuen Ordnung zu den um-
liegenden, ihr feindlichen Stammesregionen
mussten zwangsläufig in den Begriffen von 10
Krieg und Frieden definiert werden. Zunächst handelt es sich um den Krieg einer
quasi-staatlichen Instanz (Medina) gegen die
in kein Staatsgebilde eingebundenen Bedui-
nenstämme und ihre anarchische Gewalt. 15
Das war und ist das Modell der islamischen
Staatsbildung gegen die Stämme. Alle zwischen 622 und 632 n. Chr. (Tod des Propheten) offenbarten Verse waren Ausdruck des
Prozesses der Etablierung Medinas als Zen- 20
trum der islamischen Ordnung in einem hef-
tigen Kampf, d. h. *dschihad*, gegen die umge-
benden Feinde, eben die Stämme. Kernpunkt
des neuen Rufes ist der Glaube, dass der Islam eine Offenbarung für die gesamte 25
Menschheit sei: Dieser universelle Anspruch
des Islams verpflichtet die Muslime dazu, ihre islamische Offenbarung in der ganzen
Welt zu verbreiten. Die *da'wa*, also die islamische Mission, kann […] friedlich erfolgen, 30
sofern sich die Nicht-Muslime dem Ruf zum
Islam ohne Kampf beugen. Wenn sie dies
nicht tun, dann sind die Muslime verpflichtet, gegen die „Ungläubigen" Gewalt anzuwenden. Dennoch betrachten sie dies […] 35
nicht als Krieg/*harb*. Im allgemeinen Verständnis des Islams ist Frieden daher gleich-
zusetzen mit der Unterwerfung unter den Islam, entweder durch Konversion zu der
neuen Religion oder durch Akzeptanz des Sta- 40
tus von religiösen Minderheiten […] unter
dem Banner des Islams und durch Zahlung
der auferlegten *dschizya*/Kopfsteuer. Der vom
Islam angestrebte Weltfrieden gilt als höchste Stufe, die die weltweite Verbreitung des Is- 45
lams voraussetzt. Das bedeutet, dass ein Ende des Krieges erst dann möglich sein wird,
wenn die gesamte Menschheit zum Islam
konvertiert ist oder sich ihm als geschützte

50 Minderheit unterworfen hat. […] Die religiöse Doktrin verbindet „Islam" mit „Frieden/salam" und setzt somit die Abschaffung von Krieg *(harb)* mit der Dominanz des Islams gleich. Weltfriede ist identisch mit der eige-
55 nen globalen Vorherrschaft. Die historische Situation, die diesem Muster zugrunde liegt, ist: Unterwerfung der Stämme unter die neue islamische Staatsordnung und Expansion durch den *dschihad*. Im Kontext der isla-
60 mischen Religionsstiftung war diese Lehre gleichermaßen verständlich und berechtigt. Muslime haben sie aber zur Rechtfertigung ihrer *futuhat*/Eroberungen erweitert und zu einer religiösen, kosmologischen Weltan-
65 schauung weiterentwickelt. […]

Der Koran schreibt vor, dass der Feind vor dem Ausbruch von Feindseligkeiten darüber in Kenntnis gesetzt werden muss, damit es zum vorbereiteten Duell kommen kann. Das
70 erklärte Kriegsziel beschränkt sich darauf, den Feind dazu zu zwingen, sich dem Islam zu unterwerfen, sieht aber nicht vor, ihn zu vernichten oder sein Haus zu plündern. Vernichtungskriege sind dem Islam somit
75 fremd. Das Verbot der Plünderung und Zerstörung steht, was die islamischen Moralvorstellungen vom Krieg betrifft, an höchster Stelle.

In Bezug auf die erlaubten Kriegsziele
80 steht die Koran-Doktrin in Übereinstimmung mit dem vorislamischen stammesmäßigen Gebot der *muru'a*/Mannesehre und dessen striktem Verbot, Schwächere, wie Kinder, Frauen oder alte Menschen, anzu-
85 greifen. Ein ehrenhafter Mann demonstriert seine Stärke nur gegenüber gleichstarken Männern. Ebenfalls in Übereinstimmung mit der vorislamischen Tradition steht die Vorschrift, Gefangene human und fair zu be-
90 handeln […].

Obwohl der Islam den Gläubigen vorschreibt zu kämpfen, wenn es notwendig ist, verherrlicht er weder Krieg noch Gewalt. Bei der Gewaltanwendung zur Verbreitung des
95 Islams erlegt die religiöse Doktrin die soeben erläuterten strengen moralischen Beschränkungen auf, die die Muslime in ihrer Geschichte allerdings leider nicht immer beachtet haben.

Bassam Tibi, Der wahre Imam. Der Islam von Mohammed bis zur Gegenwart, München (Piper) 1998, S.89–98.

M 13 Islamische Herrschaft in Spanien vom 12. bis 15. Jahrhundert. – *In den Jahren 711 bis 715 hatten muslimische Invasoren fast ganz Spanien eingenommen und bis zur endgültigen christlichen Rückeroberung 1492* (Reconquista) *ein eigenständiges arabisch-islamisches Reich in Westeuropa errichtet, das von verschiedenen Dynastien regiert wurde.*

muslimisches Gebiet 1147

muslimisches Gebiet 1222

Gebiet der Nasriden 1492

Residenz

christliches Gebiet 1147

muslimischer Feldzug

muslimischer Sieg

muslimische Niederlage

M 14 Quellen zur islamischen Herrschaft im mittelalterlichen Spanien

14a) Der Historiker Abdallah ibn al-Khatib (1313–1375) schrieb 1372/74 über die Eroberung Santiagos durch Muhammad al-Mansur am 10. Oktober 997:
Seit alters her war Santiago Mittelpunkt christlicher Machtentfaltung gewesen: ein Ort der Zusammenkunft und Wallfahrt und ein Ziel der Pilgerreise; tausend Jahre hin-
5 durch zogen die Christen ungestört von den entferntesten Gauen zur Kirche in Santiago, wo sie das Grab Jakobs – „Jakob" ist eine Namensform für „Jaqub" –, eines der zwölf Apostel, verehrten; und zwar wird dieser Apostel, welcher für den Messias – Gott seg-
10 ne ihn – der teuerste Mensch auf Erden war, von den Christen als sein Bruder aufgefasst,

weil er sein ständiger Freund und Begleiter war. Die christlichen Historiker nennen ihn den Bischof von Jerusalem, der als Weltreisender und Missionar zu diesem äußersten Erdenwinkel gelangt sei. Bisher hatte kein muslimischer Herrscher Santiago erreichen können, so schwer war der Zugang, so weit die Reise, so rau der Weg.

Indessen ordnete al-Mansur den Sommerfeldzug des Jahres 387 H [= 997 n. Chr.], seinen achtundvierzigsten, in Richtung auf Santiago an. […] Der Einmarsch in Santiago erfolgte Dienstag, den 2. *schaban*[1].

Die bereits von der Bevölkerung geräumte Stadt lag völlig menschenleer. Al-Mansur ließ ihre Vorräte plündern, ihre Häuser zerstören, kurz, ihre Spuren tilgen; so erlitt die Stadt trotz ihrer festen und soliden Bauweise so gründliche Schäden, dass sie hernach aussah, als habe sie überhaupt kein Gestern gekannt. Das Grab befahl al-Mansur zu schützen und zu schonen; in der Kirche begegnete ihm als einziger Mensch ein alter Einsiedler, der gebeugt am Grabe saß und auf die Frage, warum er noch hier sei, antwortete: „Um Jakob Gesellschaft zu leisten!" Al-Mansur wies seine Leute an, ihn in Ruhe und Frieden zu lassen.

Auf der Rückkehr nach Córdoba ließ sich al-Mansur von Königen und Königssöhnen begleiten. Zu seinem Empfang stauten sich die Massen – [Gott] allein, ihr Ernährer und Erhalter, hat sie gezählt! Den Christen gewährte er am 1. *schawwal*[1] des nämlichen Jahres mehrere Audienzen und diktierte den von ihnen erbetenen Frieden. Sodann entsandte er seinen Richter Muhammad b. Umar al-Bakri mit ihnen zu König Garcia [Sáncho II. García Abarca von Pamplona; König von Navarra 970–994], um diesen auf die diktierten Artikel vereidigen zu lassen. García musste sich in Anwesenheit von Vertretern seiner Religion und Regierung zur Herausgabe muslimischer Kriegsgefangener verpflichten; alles und jedes ward so durchgesetzt und entschieden.

Abdallah ibn al-Khatib, Kitab Amal al-alam, o. O. 1372–1374, hg. und übers. von Wilhelm Hoenerbach, Islamische Geschichte Spaniens, Zürich u. a. (Artemis) 1970, S. 165 f.

1 Monate im islamischen Kalender:
schaban = 8. Monat;
schawwal = 10. Monat.

14 b) Aus dem Friedensvertrag zwischen Sultan Muhammad II. von Granada und König Jakob II. von Aragón (15. Mai 1296):
Im Namen Gottes, des Gnädigen und Barmherzigen. Möge Gott unserem Meister und Herrn, Seinem ehrwürdigen Propheten Muhammad, seiner Familie und seinen Gefährten gnädig sein und ihnen reichen Segen schenken! Möge jeder, der dieses Schreiben liest, wissen, dass Wir, der Fürst und Diener Gottes, Muhammad Ibn Nasr, des Herrn der Gläubigen Sohn, [Erbe] des Sultans von Granada und Málaga sowie der übrigen Territorien, Führer der Gläubigen, Euch, dem erhabenen Monarchen Don Jaime, König von Aragón, Mallorca und Valencia, Grafen von Barcelona, garantieren, dass zwischen Uns und Euch vollständiger und sicherer Friede herrschen wird, solange Wir leben.

[Den Frieden] wollen Wir Euch aufrichtig halten. Wir werden für seine Dauerhaftigkeit sorgen und nur den in Unsere Dienste nehmen, der ihm Respekt zu verschaffen weiß. Weder wird er von Uns selbst verletzt werden noch werden Wir Uns irgendeiner Person bedienen, um gegen ihn zu verstoßen. Auch werden Wir in keiner Weise dulden, dass Übergriffe gegen Eure Länder, Eure Vasallen oder Eure Güter und Waren vorkommen – weder zu Wasser noch zu Lande.

Wir werden keinem Eurer Feinde, die Euch schaden wollen, gegen Euch zu Hilfe kommen – weder zu Wasser noch zu Lande.

Ihr jedoch, erlauchter Herrscher Don Jaime, verpflichtet Euch, Sorge zu tragen, dass der vereinbarte Friede auch Uns gegenüber von Dauer sei, solange Wir leben! Ihr werdet Euch aller Feindseligkeiten gegen Uns enthalten, werdet Euch auch niemandes anderen dazu bedienen, noch werdet Ihr zulassen, dass irgendjemand Unsere Länder, Unsere Untertanen, deren Güter und Waren angreift – weder zu Wasser noch zu Lande.

Ihr werdet in keiner Weise einem Unserer Feinde helfen, Uns zu schaden – weder zu Wasser noch zu Lande.

Dafür gestatten Wir Euch, erhabener Herrscher Don Jaime, dass Eure Untertanen, Eure Händler, überhaupt alle Bewohner Eurer Länder in Unser Land und zu Unseren Besitzungen kommen mögen – übers Meer oder auf dem Landwege –, um zu kaufen und zu verkaufen, einzuführen oder auszuführen,

M 15 Elfenbeinkästchen mit dem Porträt Abd al-Maliks (Reg. 1002–1008), des Sohnes Muhammd al-Mansurs (s. M 16a), 1004. – *Dargestellt sind u. a.: al-Malik als Glaubenskämpfer, der die Feinde des Islams abwehrt. Wie sein Vater hatte er erfolgreich Kriege gegen die Christen in Nordspanien geführt.*

was immer es sei, ohne irgendeine Einschränkung, weder bezüglich der Personen
noch der [Art der] Waren noch auch was die
Menge der Waren betrifft, die aus Unseren
55 Ländern ausgeführt werden sollen. Es müssen lediglich die [zurzeit] geltenden Gesetze
über Import und Export sowie die üblichen
Zoll- und Steuersätze Beachtung finden.
    Ebenso gestatten Wir ihnen [Euren Unter-
60 tanen], dass sie ihre eigenen Niederlas-
sungen unterhalten und in jeder Stadt, wo es
eine Zollstation gibt, einen Konsul ernennen. Ungestört mögen sie ihren eigenen
Sitten und Gebräuchen nachgehen, und
65 keine Neuerung, die dem Herkommen zu-
widerliefe, soll ihnen aufgezwungen werden.
    Genauso verpflichtet aber auch Ihr Euch,
erhabener Herrscher Don Jaime, zu gestatten, dass Unsere Gefolgsleute, Händler und
70 Bewohner Unseres Landes alle Eure Territori-
en auf dem Seewege und über Land bereisen,
um dort Handel zu treiben. Auch werdet Ihr
die freie Ausfuhr jeglicher Art von Waren aus
Eurem Herrschaftsgebiet zulassen – seien es
75 nun Lebensmittel oder Handwerksprodukte:
Sie mögen in Unser Land gebracht werden,

ohne dass man ihnen ein Hindernis in den
Weg legt, weder bezüglich des Personen-
kreises noch bezüglich Art und Menge der
ein- bzw. auszuführenden Waren. Es sollen 80
lediglich die üblichen Bestimmungen für
Ein- und Ausfuhr von Waren, unter Berücksichtigung der normalen Zolltarife, zur Anwendung kommen.

Zit. nach: Gottfried Liedl, Dokumente der Araber in Spanien, Bd. 2, Wien (Turia & Kant) 1993, S. 100 f.

14 c) Erzbischof Rodrigo Jimenez de Rada (1170–1247) schrieb in seiner „Geschichte der Araber" (1243) über das muslimische Spanien:
Prologus: Welche Mühen Spanien aufgrund
der Menge an Unheil erduldet hat, habe ich,
wie gewünscht, schon in früheren Werken
dargelegt. Nun hielt ich es für angebracht,
was die Zerstörungen der Araber betrifft, die 5
hoffentlich die letzten sind und von denen
nichts in den spanischen Landen unberührt
geblieben ist, diesen ein angemessenes Ende
zu setzen, sofern uns die Macht Gottes für
die verbleibende Zeit vor deren Schwerthie- 10
ben beschützen mag. [...]. Und wie die Araber von Beginn an die christlichen Einwoh-

ner unter der Abgabenlast nötigten, so
verbringen jetzt sie, nachdem die christli-
15 chen Fürsten ihre Festungen zurückerobert
hatten, in gewöhnlicher Knechtschaft unter
Tributzahlungen ihr Leben.

Ich will daher die Abfolge ihrer großen
Zeit der Nachwelt bewahren und beginne bei
20 ihren Anfängen zur Zeit Mohammeds, der
der Gründer und Urheber ihrer Glaubensrichtung war. Von dessen Herkunft, Predigt-
tätigkeit und Herrschaft habe ich in angemessener Kürze dargelegt, was aus verlässlichen
25 Berichten und den Schriften der Araber zu
erfahren ist, um die Rohheit und Verschla-
genheit dieser Heiden aufzudecken. Der Le-
ser möge freilich sein Interesse darauf len-
ken, wie die erfundene Offenbarung aus dem
30 Herzen des verschlagenen Mohammed ein
Unheil bringendes Gift gebar, mittels dessen
er die begierigen Seelen gleichsam mit Fesseln umgarnte. Durch meine Darstellung sollen schon die Kinder lernen, sich von erfun-
35 denen Geschichten fernzuhalten, um nicht
von den Stricken Adams gefesselt zu werden;
stattdessen sollen sie von den Ketten der
Nächstenliebe aufgezogen werden. […]

Historia Arabum 10: Culeman aber, der
40 Sohn des Abdelmelic, machte seine Neffen
Omar und Izit, die Söhne des Valit, zu seinen
Mitregenten. Inzwischen ging (sein Feldherr)
Alohor wieder gegen Córdoba vor und unterdrückte die ebendort wohnenden Christen,
45 die bis hin zur Plünderung gequält wurden,
mit einer Gewaltherrschaft extremer Ausprägung. […] Weil aber Izit wegen seines gemäß
seiner Glaubensrichtung gottgefälligen Le-
benswandels von allen geschätzt und für be-
50 sonders ehrwürdig gehalten wurde, nahm
ihn sein Bruder Omar zum Schutz in seinem
Reich auf. Omar wiederum war von außeror-
dentlicher Güte und hielt sich, soweit er
konnte, von Kriegshandlungen fern. Bei sei-
55 ner Herrschaft legte er eine derartige Milde
und Geduld an den Tag, dass ihm ganz besondere Ehrerbietung entgegengebracht
wurde. Ihm wurde das außergewöhnliche
Lob zuteil, nicht nur von seinen Untertanen,
60 sondern auch von den Auswärtigen vor allen
Fürsten gepriesen zu werden. Zudem wurde
ihm eine so große Gottgefälligkeit zuge-
schrieben, wie es die verlässliche Überlieferung der Araber sonst für niemanden
65 kannte. […]

Historia Arabum 19: Einer der Söhne mit
Namen Hyssem [= Hischam I., Reg. 788–796]
folgte in der Regierung […]. Er regierte fried-
liebend das gesamte Land mit Gerechtigkeit
und Liebe und wurde daher von seinen Un- 70
tertanen sehr geschätzt.

Historia Arabum 20: Im Jahr 177 nach arabischer Zählung schickte er einen seiner Getreuen namens Abdelmelic mit einem großen Heer aus, damit dieser die Länder der 75
Christen verwüste. So nahm dieser Narbon-
ne und Girona sowie weitere, dazwischen
liegende Gebiete ein und unterwarf sie. Er
führte so viel Beute mit sich fort, dass ein
Fünftel davon seinem Fürsten 45 000 Mora- 80
biten einbrachte, mit denen Hyssem die Moschee von Córdoba, die sein Vater begonnen
hatte, fertigstellte. […] Er errichtete auch andere Moscheen und ließ alte renovieren. Was
er freilich erwerben konnte, teilte er freigie- 85
big. […] Wenn einer seiner Untertanen
durch Selbstmord oder im Kampf starb, übergab er den väterlichen Sold dem Sohn, und
sei er noch so klein, bis dieser erwachsen war
und für den Kriegsdienst rekrutiert wurde. 90
Hyssem errichtete auch eine Brücke in Córdoba, die noch heute steht. […]

Historia Arabum 22: Als Hyssem nun sieben Jahre, sieben Monate und sieben Tage regiert hatte, starb er und setzte seinen Sohn 95
mit Namen Alhacam [= Hakam I., Reg. 796–
822] als Nachfolger im Reich ein. Dies geschah im Jahr 179 nach arabischer Zeitrech-
nung. Alhacam war weise, tüchtig in seinem
Tun und gesegnet, wie die Rechtspraxis die- 100
ser Zeit zeigt. […] Zudem verteilte er freizü-
gig Almosen, was die Ruchlosigkeit dieser
Heiden normalerweise kaum zulässt.

*Zit. nach: Heinrich Schmiedinger (Hg.), Wege zur Tole-
ranz, Darmstadt (Wiss. Buchges.) 2002, S. 89–92.*

10 Erläutern Sie die Bedeutung des „Heiligen
Krieges" für die islamische Expansion (M12).
11 🏃 Arbeitsteilige Gruppenarbeit:
a) Erarbeiten Sie aus M14a, b, c und M15 Befunde zur islamischen Herrschaft in Spanien.
b) Prüfen Sie die Thesen, die Tibi in M12 zum
Thema Religion und Krieg im Islam aufstellt,
anhand ihrer eigenen Quellenbefunde.
12 Der Historiker Heinrich Schmiedinger bezeichnet die Darstellung der Araber in Quelle
M14c als „einen beachtlichen Schritt in Richtung Toleranz". Diskutieren Sie diese These.

M 16 Kulturkontakt – Kulturkonflikt? Das Zusammenleben der Religionen im Mittelalter

Der amerikanische Historiker Mark R. Cohen schreibt (2005):
In der islamischen Welt galten Juden und Christen, obwohl sie als *dhimmis* Schutz genossen, als Ungläubige und hatten Demütigungen und verächtliche Behandlung von-
5 seiten der dominierenden Gruppe zu erdulden. Das entsprach der Auffassung ihrer religiösen Minderwertigkeit und ihres niederen Rangs in der Hierarchie der islamischen Gesellschaft. Dennoch überschritten die Juden
10 unter islamischer Herrschaft im Alltag regelmäßig die Grenzen der Hierarchie und nahmen, wenn auch nur zeitweilig und bisweilen in loser Form, faktisch gleichwertig mit Muslimen der gleichen Schicht am gesell-
15 schaftlichen Leben teil. Obgleich sie stets Gefahr liefen, sich den Zorn der Muslime zuzuziehen oder sogar verfolgt zu werden, genossen die Juden doch während der Entstehungszeit und der klassischen Epochen des
20 Islams ein erhebliches Maß an Sicherheit.
Gemäß islamischem „Landesrecht", der *scharia* [heiliges Recht], genossen die *dhimmis* eine gewisse Form der Staatsbürgerschaft, so zweitklassig und ungleich diese
25 auch gewesen sein mag. Die vom Islam beanspruchte Rechtshoheit über die jüdischen und christlichen Gemeinden, welche die Gewährung der internen Autonomie (das heißt das von den vorislamischen nahöstlichen
30 Regimes übernommene Recht, „gemäß den Gesetzen ihrer Vorväter zu leben") ergänzte, verlieh den Nicht-Muslimen einen Nimbus der gesellschaftlichen Zugehörigkeit. […]
Im wirtschaftlichen Bereich waren die Ju-
35 den unter islamischer Herrschaft offenbar mit ihren Pendants in der islamischen *umma* [Gemeinschaft aller Muslime] gleichberechtigt. Ihre Zugehörigkeit zum Judentum beeinträchtigte kaum ihre Integration in den
40 – sei es lokalen oder internationalen – nichtkonfessionellen islamischen Markt. Weder ihre Stellung als Kaufleute, die im Islam – im Gegensatz zum Christentum – hohes Ansehen genossen, noch ihre Betätigung im
45 Kreditwesen brachten die problematischen Assoziationen mit sich, welche die jüdischchristlichen Beziehungen im Westen belaste-

ten. Die Forderung des islamischen Rechts, wonach sich *dhimmis* innerhalb von Partnerschaften mit Muslimen mit einer untergeordneten Stellung begnügen mussten, wurde 50
[…] häufig ignoriert. Selbst wenn man sie beachtete, dürfte sie kaum mehr als eine geringfügige Irritation des *dhimmi*-Partners bedeutet haben. […] 55
Die Zweischneidigkeit der Beziehungen zwischen Muslimen und *dhimmis* kam in der höchsten hierarchischen Kategorie, in der Juden und Christen öffentlich sichtbar waren, nämlich im Staatswesen, exemplarisch 60
zum Ausdruck. In diesem Bereich war der Unterschied zwischen Theorie und Praxis erheblich deutlicher erkennbar als im Handel. Als *kuttab* (Regierungsangestellte), von der höheren Position als höchster Minister ganz 65
zu schweigen, übten *dhimmis* in einer Weise Autorität über Muslime aus, die auf das krasseste gegen die Vorschriften der angemessenen Unterordnung verstieß. Viele der schmerzhaftesten Episoden von Unterdrü- 70
ckung und Verfolgung, die Juden und Christen durchlebten, wurden von der Wut der Muslime darüber ausgelöst, dass sie die Vorrechte ihrer gesellschaftlichen Stellung auf eine Weise ausnutzten, die in vollkom- 75
menem Widerspruch zu den Beschränkungen stand, die ihnen ihr religiöser Rang auferlegte.
Im Bereich der Medizin, wo *dhimmis* eine ähnlich herausragende Rolle spielten, 80
scheint dies nicht so problematisch gewesen zu sein, möglicherweise weil der mit der medizinischen Heilung verbundene Nutzen schwerer wog als die (nur zeitweilige) Abhängigkeit von dem Ungläubigen. Ähnlich 85
mäßigend dürfte sich die lange – vorislamische Tradition der Übermittlung griechischer medizinischer Kenntnisse durch nichtmuslimische (überwiegend christliche) Ärzte ausgewirkt haben. Außerdem überwanden die 90
Muslime in dem Maße, in dem sie dank der neu übersetzten griechischen Literatur im Bereich der Medizin Ebenbürtigkeit erlangten, bereits sehr früh jegliche Minderwertigkeitsgefühle […]. 95
Der Gegensatz zu Nordeuropa ist in dieser Hinsicht sehr ausgeprägt. Dort verlieh die allgemeine Rückständigkeit im Bereich medizinischen Wissens jüdischen Ärzten eine Überlegenheit, die bei Christen Neid und 100

oft sogar den Verdacht hervorrief, sie bedienten sich bei der Behandlung christlicher Patienten feindlicher Praktiken. Bedauerlicherweise verschwand dieses schädliche Stereotyp auch dann nicht, als sich die medizinischen Kenntnisse der Christen verbesserten, denn zu dieser Zeit betrachtete man die Juden als Gruppe bereits als Verbündete des Teufels.

Die Situation der jüdischen „Ungläubigen" im Bereich der lateinischen Christenheit [...] war weniger zweideutig und erheblich prekärer als die Lage der jüdischen „Ungläubigen" unter islamischer Herrschaft. Im lateinischen Westen verstärkte vor allem im Hoch- und Spätmittelalter die jüdische Wirtschaftstätigkeit die antijüdischen Gefühle des Christentums. Die Schranken, die den gesellschaftlichen Umgang erschweren sollten, wurden so erhöht, dass sie sich nicht mehr so leicht überschreiten ließen. Der tief verwurzelte theologische Hass übte zudem eine zutiefst negative Wirkung auf das Recht und die Politik aus, die sich erst mit der Zeit entfaltete.

Die liberalen Judenprivilegien des karolingischen Zeitalters begannen im zwölften Jahrhundert Beschränkungen der Freizügigkeit, der Verschärfung der Kontrolle über die Juden (die Anfänge der „jüdischen Knechtschaft"), beispielloser Gewalt und ersten Vertreibungen zu weichen. Das christliche polemische Motiv der göttlichen Verwerfung und der jüdischen Minderwertigkeit gewann nunmehr größere Triebkraft. Ein prominenter nordeuropäischer Rabbiner, der gegen Ende des zwölften Jahrhunderts schrieb, richtete seinen Protest vor allem gegen einen Aspekt der Verschlechterung des jüdischen Status, nämlich die Einschränkung der Bewegungsfreiheit. [...]

In der „Verfolgungsgesellschaft" der Christenheit, um mit Robert Ian Moore zu sprechen, widersetzten sich die Juden ihrem entsetzlichen Schicksal mit einer kraftvollen antichristlichen Polemik und, wenn man sie dazu zwang, indem sie das Martyrium auf sich nahmen. Unter der Herrschaft des Islams, der aufgrund der Umstände, zum Teil aber auch seinem Wesen nach, weniger zur Verfolgung neigte, nahmen die Juden eine ergebenere Haltung gegenüber ihren nur sporadisch auftretenden Problemen ein.

Das bedeutet nicht, dass sich die Juden im islamischen Herrschaftsbereich mit Unterdrückung abfanden oder sie gleichmütig hinnahmen. Sie empfanden ihre Unterdrückung lediglich anders als die Juden in den christlichen Ländern.

Mark R. Cohen, Die Juden im Mittelalter, München (C. H. Beck) 2005, S. 197–204.

13 a) Fassen Sie zusammen, wie sich nach Cohen (M16) das Leben von Christen und Juden in muslimischen Herrschaftsräumen des Mittelalters darstellte und welche Ursachen es dafür gab. Gehen Sie auf die Bereiche Recht, Wirtschaft, Staatswesen und Medizin ein.
b) Arbeiten Sie aus M16 – vergleichend zu Aufgabe 13a – die Merkmale jüdischen Lebens in christlichen Herrschaftsräumen heraus.
14 Diskutieren Sie über den Begriff der „Verfolgungsgesellschaft" (M16, Z. 142).
15 ⭧ Schlussdiskussion: Setzen Sie sich mit folgender These des katholischen Theologen Hans Küng auseinander (1999): „Von Christen … wird oft übersehen und ignoriert, dass nicht nur der Islam, sondern auch das Christentum einen aggressiven Universalanspruch erhoben und weniger eine Ideologie des Friedens als eine des Krieges vertreten hat. Nicht nur die Heere Muhammads, sondern auch die Karls des Großen haben jahrelang „heilige Kriege" von größter Grausamkeit geführt. Historisch ist unbestreitbar: Nicht nur im Islam, sondern auch im Christentum ging man … davon aus, dass die eigene Religion die beste Gemeinschaft unter den Menschen, eine vollkommene Gesellschaft darstelle; dass ein ‚Gottesstaat' auf Erden wünschenswert wäre und die eigene von Gottes Autorität sanktionierte Lebensordnung universal gültig und deshalb im Prinzip für alle Gemeinschaften und Staaten verbindlich sei; dass man deshalb verpflichtet sei, den eigenen religiösen Herrschaftsbereich möglichst auszudehnen und für diese Mission auch politische und zur Not gar militärische Mittel einzusetzen …: der Sieg der eigenen Religion in der ganzen Welt als Endziel."
16 ⭧ Hausaufgabe: Der Historiker Henri Pirenne hat in seinem Buch „Mohammed und Karl der Große" (1937) geschrieben, dass die islamischen Eroberungen entscheidend zur Ausbildung einer europäischen Identität im Sinne einer abendländisch-christlichen Identität beigetragen haben. Erörtern Sie die These.

199

Auf der Suche nach religiöser Toleranz:
Die Ring-Parabel im Mittelalter und in der Aufklärung

Die Suche nach dem friedlichen Zusammenleben der drei großen Religionen, Judentum, Christentum und Islam, hat, anders als häufig vermutet, eine lange Tradition. Bereits für das Jahr 781 ist in christlichen Quellen ein theologisches Gespräch zwischen dem Abbasiden-Kalifen Al-Mahdi (Reg. 775–785) und dem Patriarchen Timotheus I. überliefert, das mit dem Gleichnis von den drei Perlen endet. Der italienische Dichter **Giovanni Boccaccio** (1313 bis 1375) verwendete in seinen Erzählungen „Das Dekameron" ein ähnliches Motiv und schuf seine berühmte Parabel von den drei Ringen. Im Zeitalter der Aufklärung griff **Gotthold Ephraim Lessing** (1729–1781) diese **Ring-Parabel** in dem Theaterstück „Nathan der Weise" wieder auf, gab allerdings dem Gespräch zwischen der historischen Figur des Sultan Saladin (1137–1193) und der literarischen Figur des weisen Juden Nathan einen anderen Schluss.

Eine **Parabel** (griech. = Gleichnis) ist ein Vergleich in Form einer kurzen Erzählung. Durch einen Analogieschluss muss die erzählte Geschichte auf den tatsächlich gemeinten Sachverhalt übertragen werden. In der abendländischen Literatur hat die Parabel ihren Ursprung in den neutestamentlichen Gleichnissen Jesu, wo z. B. im Gleichnis vom verlorenen Sohn das Verhältnis des Sünders zu Gott verdeutlicht wird. Parabeln sind volkstümliche literarische Formen, die Rückschlüsse auf die Kultur- und Gesellschaftsgeschichte einer Epoche zulassen.

M 17 Die Ring-Parabel aus Giovanni Boccaccios „Das Dekameron" (1349/53)

Saladin, dessen Tapferkeit so groß war, dass sie ihn nicht nur von einem geringen Manne zum Sultan von Babylon erhob, sondern ihm auch vielfache Siege über sarazenische
5 und christliche Fürsten gewährte, hatte in zahlreichen Kriegen und in großartigem Aufwand seinen ganzen Schatz geleert und wusste nun, wo neue und unerwartete Bedürfnisse wieder eine große Geldsumme er-
10 heischten, nicht, wo er sie so schnell, als er ihrer bedurfte, auftreiben sollte. Da erinnerte er sich eines reichen Juden, Namens Melchisedech, der in Alexandrien auf Wucher lieh und nach Saladins Dafürhalten wohl
15 imstande gewesen wäre, ihm zu dienen, aber so geizig war, dass er von freien Stücken es nie getan haben würde. Gewalt wollte Saladin nicht brauchen; aber das Bedürfnis war dringend und es stand bei ihm fest, auf eine
20 oder die andere Art solle der Jude ihm helfen. So sann er denn nur auf einen Vorwand, unter einigem Schein von Recht ihn zwingen zu können.

Endlich ließ er ihn rufen, empfing ihn auf
25 das freundlichste, hieß ihn neben sich sitzen und sprach alsdann: „Mein Freund, ich habe schon von vielen gehört, du seiest weise und habest besonders in göttlichen Dingen tiefe Einsicht; nun erführe ich gern von dir, welches unter den drei Gesetzen du für das wah-
30 re hältst, das jüdische, das sarazenische oder das christliche." Der Jude war in der Tat ein weiser Mann und erkannte wohl, dass Saladin ihm solcherlei Fragen nur vorlegte, um ihn mit seinen Worten zu fangen; auch sah
35 er, dass, welches von diesen Gesetzen er vor den andern loben möchte, Saladin immer seinen Zweck erreichte. So bot er denn schnell seinen ganzen Scharfsinn auf, um eine unverfängliche Antwort, wie sie ihm Not
40 tat, zu finden, und sagte dann, als ihm plötzlich eingefallen war, wie er sprechen sollte:

„Mein Gebieter, die Frage, die Ihr mir vorlegt, ist schön und tiefsinnig; soll ich aber meine Meinung darauf sagen, so muss ich
45 Euch eine kleine Geschichte erzählen, die Ihr sogleich vernehmen sollt. Ich erinnere mich, oftmals gehört zu haben, dass vor Zeiten ein reicher und vornehmer Mann lebte, der vor allen andern auserlesenen Ju-
50 welen, die er in seinem Schatze verwahrte, einen wunderschönen und kostbaren Ring wert hielt. Um diesen seinem Werte und seiner Schönheit nach zu ehren und ihn auf immer in dem Besitze seiner Nachkommen
55 zu erhalten, ordnete er an, dass derjenige unter seinen Söhnen, der den Ring, als vom Va-

ter ihm übergeben, würde vorzeigen können, für seinen Erben gelten und von allen
60 den andern als der vornehmste geehrt werden solle. Der erste Empfänger des Ringes
traf unter seinen Kindern ähnliche Verfügung und verfuhr dabei wie sein Vorfahre.
Kurz der Ring ging von Hand zu Hand auf
65 viele Nachkommen über. Endlich aber kam
er in den Besitz eines Mannes, der drei Söhne
hatte, die sämtlich schön, tugendhaft und
ihrem Vater unbedingt gehorsam, daher
auch gleich zärtlich von ihm geliebt waren.
70 Die Jünglinge kannten das Herkommen in
Betreff des Ringes, und da ein jeder der Ge-
ehrteste unter den Seinigen zu werden
wünschte, baten alle drei einzeln den Vater,
der schon alt war, auf das inständigste um
75 das Geschenk des Ringes. Der gute Mann
liebte sie alle gleichmäßig und wusste selber
keine Wahl unter ihnen zu treffen; so versprach er denn den Ring einem jeden und
dachte auf ein Mittel, alle zu befriedigen. Zu
80 dem Ende ließ er heimlich von einem ge-
schickten Meister zwei andere Ringe verferti-
gen, die dem ersten so ähnlich waren, dass er
selbst, der doch den Auftrag gegeben, den
rechten kaum zu erkennen wusste. Als er auf
85 dem Todbette lag, gab er heimlich jedem der
Söhne einen von den Ringen. Nach des Vaters Tode nahm ein jeder Erbschaft und Vor-

rang für sich in Anspruch, und da einer dem
andern das Recht dazu bestritt, zeigte der eine wie die andern, um die Forderung zu be- 90
gründen, den Ring, den er erhalten hatte,
vor. Da sich nun ergab, dass die Ringe einander so ähnlich waren, dass niemand, welcher
der echte sei, erkennen konnte, blieb die Frage, welcher von ihnen des Vaters wahrer Er- 95
be sei, unentschieden und bleibt es noch
heute.

So sage ich Euch denn, mein Gebieter,
auch von den drei Gesetzen, die Gott der Vater den drei Völkern gegeben und über die 100
ihr mich befraget. Jedes der Völker glaubt seine Erbschaft, sein wahres Gesetz und seine
Gebote, zu haben, damit es sie befolge. Wer
es aber wirklich hat, darüber ist, wie über die
Ringe, die Frage noch unentschieden." 105

Als Saladin erkannte, wie geschickt der Jude den Schlingen entgangen sei, die er ihm
in den Weg gelegt hatte, entschloss er sich,
ihm geradezu sein Bedürfnis zu gestehen.
Dabei verschwieg er ihm nicht, was er zu tun 110
gedacht habe, wenn jener ihm nicht mit so
viel Geistesgegenwart geantwortet hätte. Der
Jude diente Saladin mit allem, was dieser von
ihm verlangte, und Saladin erstattete jenem
nicht nur das Darlehn vollkommen, sondern 115
überhäufte ihn noch mit Geschenken, gab
ihm Ehre und Ansehen unter denen, die ihm
am nächsten standen, und behandelte ihn
immerdar als seinen Freund.

Zit. nach: Gotthold E. Lessing, Werke und Briefe in
zwölf Bänden, Bd. 9, Frankfurt/Main (Deutscher Klas-
siker Verlag) 1993, S. 1154–1156.

M 18 Lessings „Nathan der Weise" in einer
Inszenierung des Berliner Ensembles mit
Peter Fitz als Nathan, Regie: Claus Pey-
mann, Fotografie, 2006

M 19 **Aus dem Schluss der Ring-Parabel in**
Lessings „Nathan der Weise" (1779)

Anders als Boccaccio (s. M17) führt Lessing am
Schluss der Parabel die Figur eines Richters ein:
NATHAN.　　　Lass auf unsre Ring'
Uns wieder kommen. Wie gesagt: die Söhne
Verklagten sich; und jeder schwur dem Rich-
ter,
Unmittelbar aus seines Vaters Hand　　　5
Den Ring zu haben. […]
SALADIN. Und nun, der Richter? – Mich ver-
langt zu hören,
Was du den Richter sagen lässest. Sprich!
NATHAN. Der Richter sprach: Wenn ihr mir 10
nun den Vater

Themen und Methoden

Nicht bald zur Stelle schafft, so weis ich euch
Von meinem Stuhle. Denkt ihr, dass ich Rät-
sel
15 Zu lösen da bin? Oder harret ihr,
Bis dass der rechte Ring den Mund eröffne? –
Doch halt! Ich höre ja, der rechte Ring
Besitzt die Wunderkraft beliebt zu machen;
Vor Gott und Menschen angenehm. Das
20 muss
Entscheiden! Denn die falschen Ringe wer-
den
Doch das nicht können! – Nun; wen lieben
zwei
25 Von Euch am meisten? – Macht, sagt an! Ihr
schweigt?
Die Ringe wirken nur zurück? und nicht
Nach außen? Jeder liebt sich selber nur
Am meisten? – Oh, so seid ihr alle drei
30 Betrogne Betrüger! Eure Ringe
Sind alle drei nicht echt. Der echte Ring
Vermutlich ging verloren. Den Verlust
Zu bergen, zu ersetzen, ließ der Vater
Die drei für einen machen.
35 SALADIN.   Herrlich! herrlich!
NATHAN. Und also, fuhr der Richter fort,
wenn ihr
Nicht meinen Rat, statt meines Spruches,
wollt:
40 Geht nur! – Mein Rat ist aber der: ihr nehmt
Die Sache völlig wie sie liegt. Hat von
Euch jeder seinen Ring von seinem Vater:
So glaube jeder sicher seinen Ring
Den echten. – Möglich; dass der Vater nun
45 Die Tyrannei des einen Rings nicht länger
In seinem Hause dulden wollen! – Und ge-
wiss;
Dass er euch alle drei geliebt, und gleich
Geliebt: indem er zwei nicht drücken mö-
50 gen,
Um einen zu begünstigen. – Wohlan!
Es eifre jeder seiner unbestochnen
Von Vorurteilen freien Liebe nach!
Es strebe von euch jeder um die Wette,
55 Die Kraft des Steins in seinem Ring' an Tag
Zu legen! komme dieser Kraft mit Sanftmut,
Mit herzlicher Verträglichkeit, mit Wohltun,
Mit innigster Ergebenheit in Gott
Zu Hilf'! Und wenn sich dann der Steine
60 Kräfte
Bei euern Kindes-Kindeskindern äußern:
So lad ich über tausend tausend Jahre
Sie wiederum vor diesen Stuhl. Da wird
Ein weiser Mann auf diesem Stuhle sitzen

Als ich; und sprechen. Geht! – So sagte der 65
Bescheidne Richter.
SALADIN.   Gott! Gott!
NATHAN.   Saladin,
Wenn du dich fühlest, dieser weisere
Versprochne Mann zu sein: … 70
SALADIN *(der auf ihn zustürzt und seine Hand
ergreift, die er bis zu Ende nicht wieder fahren
lässt).*
                  Ich Staub? Ich Nichts?
O Gott! 75
NATHAN. Was ist dir, Sultan?
SALADIN.   Nathan, lieber Nathan! –
Die tausend tausend Jahre deines Richters
Sind noch nicht um. – Sein Richterstuhl ist
nicht 80
Der meine. – Geh! – Geh! – Aber sei mein
Freund.
*Zit. nach: Gotthold E. Lessing, Nathan der Weise,
Stuttgart (Reclam) 1990, S. 74–76.*

17 a) Schreiben Sie eine Inhaltsangabe der
Ring-Parabel von Boccaccio (M17).
b) Interpretieren Sie den Schluss der Parabel im
Hinblick auf die Frage, ob religiöse Toleranz
nach Ansicht des Autors möglich ist.
c) Erklären Sie, warum der Erzähler seine An-
sichten in Form einer Parabel äußert.
18 🏃 Präsentieren Sie in einem Kurzreferat
den Inhalt des Stückes „Nathan der Weise".
19 Vergleichen Sie den Schluss in Boccaccios
Ring-Parabel mit dem Schluss in Lessings „Nathan" (M19). Ziehen Sie als Hilfe folgenden
Kommentar des Literaturwissenschaftlers Gerhard Kaiser hinzu (1976): „Bei Boccaccio …
[wird] der religiösen Wahrheitsfrage … Skepsis
entgegengestellt. … [Bei Lessing ist mit dem
Richterspruch] der Ring aus einem Besitz in eine Aufgabe umgedeutet. Die Religion ist dem
Menschen nicht als Wahrheit, sondern als Mittel der Bewährung gegeben; die religiöse
Wahrheit kann nicht formuliert, nur gelebt werden. Lessings Toleranz ist nicht Skepsis, sondern vielmehr Herausforderung."

Weiterführende Arbeitsanregungen:
20 🏃 Berichten Sie anhand von Theaterkri-
tiken über Besonderheiten von „Nathan"-In-
szenierungen der letzten Jahre (s. z. B. M18).
21 🏃 Ermitteln Sie anhand einer Internetrecherche, in welchen Ländern der Erde es in den
letzten zehn Jahren „Nathan"-Aufführungen
gegeben hat. Interpretieren Sie Ihre Statistik.

Weiterführende Arbeitsanregungen

⚡ Religion und Gewalt – eine Debatte

Seit den Selbstmordanschlägen islamistischer Terroristen in New York und Washington am 11. September 2001 ist das Thema Religion und Gewalt zu einem historisch-politischen Dauerthema geworden. Schaut man in die Gegenwart, geht es vor allem um den Islam, der als Ursache für Terroranschläge, „Ehrenmorde" in Familien oder Gewalt gegen Frauen in islamisch geprägten Gesellschaften benannt wird. Blickt man zurück in die Vergangenheit, rückt die Gewalt ins Zentrum, die im Mittelalter im Namen des Christentums verübt wurde, z. B. auf den Kreuzzügen, bei den Judenpogromen oder der Inquisition. Zwei Positionen stehen sich in dieser Diskussion gegenüber:
1. Die eine Seite argumentiert, dass die Religion selbst Ursache der Gewalt sei; als Argumente werden meist Belege aus den Traditionsschriften der jeweiligen Religion herangezogen.
2. Die andere Seite sagt, Religionen seien immer das, was Menschen aus ihnen gemacht haben. In diesem Fall werden historische oder aktuelle gesellschaftspolitische Ereignisse und Prozesse angeführt, um zu zeigen, dass es keinen Zusammenhang von Religion und Gewalt an sich gibt, sondern dass Gewalt, die im Zusammenhang mit Religionen auftaucht, immer von politischen, sozialen oder wirtschaftlichen Bedingungen abhängig ist.

Arbeitsanregungen

1 Erläutern Sie zunächst die beiden oben genannten Positionen, indem Sie je ein Beispiel suchen.
2 Bilden Sie anschließend Expertengruppen, die zu folgenden Teilfragen Informationen sammeln (Internet, religionsgeschichtliche Sachbücher, allgemeingeschichtliche Handbücher, Lexika):
a) Welche Äußerungen finden sich in den heiligen oder anderen Traditionsschriften zur Gewalt, z. B.: Bibel, Texte von Kirchenvätern und Theologen, Reformationsschriften; Koran, Hadithen (Taten und Sprüche Mohammeds), Siraliteratur (Leben Mohammeds), Scharia (heiliges Recht)?
b) Analyse von Beispielen für die Ausübung von Gewalt, die im Namen der Religion in Vergangenheit und Gegenwart ausgeübt worden ist.
3 Wählen Sie einen/eine Diskussionsleiter/-in und führen Sie die Debatte in Ihrem Kurs durch.
4 Halten Sie Ihre Ergebnisse in einem kurzen Ergebnisprotokoll fest (auch die offenen Fragen).

M 20 **Papst Urban II. predigt den Kreuzzug, Holzschnitt, 1482.** – *Text auf dem Spruchband (dt. Übers.): „Gott will es."*

M 21 **Der Prophet Mohammed beobachtet eine Schlacht gegen „Ungläubige", türkische Miniatur, um 1600**

10 Krise oder Aufbruch im Spätmittelalter? Pest und Renaissance

Während des 14. Jahrhunderts führten unterschiedliche Ereignisse und Vorgänge in weiten Teilen Europas zu einem intensiven **Krisenbewusstsein**. Um 1300 klagten viele Menschen, dass ihr Land bzw. ihre Region übervölkert sei. Missernten und damit verbundene Hungersnöte verschlechterten die Lebensbedingungen nachhaltig, Heuschreckenplagen und Erdbeben wurden von vielen Zeitgenossen als das bevorstehende Weltenende gedeutet. Auch der „Hundertjährige Krieg" zwischen Frankreich und England vernichtete lebenswichtige wirtschaftliche Ressourcen. Das Absinken der Durchschnittstemperatur seit dem Hochmittelalter um etwa 1,5 Grad veränderte das Ökosystem.

Das größte Elend löste die **Große Pest 1347–1352** aus. Obwohl die Menschen Seuchen, Hungersnöte und Krisen kannten, erlebten Papst, Kaiser und Könige, Adlige, Kleriker, Bauern und Bürger den „**Schwarzen Tod**" als eine existenzielle Katastrophe, für die es in ihrem Erfahrungsschatz kein Beispiel gab. Die Reaktionen der Menschen reichten von tiefer Frömmigkeit bis zu ungehemmten Ausbrüchen von Lebenslust. Den Zeitgenossen galt die Pest als Strafe Gottes für die Sünden der Menschen. Mit ihren Bußübungen leisteten die umherziehenden **Geißler** stellvertretend für andere Buße. Es gab aber auch Menschen, die die unsinnige Behauptung aufstellten, die Juden hätten die Seuche durch die Vergiftung von Brunnen verursacht. Der so geschürte Hass entlud sich in **Judenpogromen** (s. S. 182, 191–193).

Die regelmäßige Wiederkehr der Pest machte sie zum Schicksal der Menschen. Obwohl die Ärzte im Mittelalter die Ursachen der **Epidemie** nicht kannten, machten einige aufgrund von Beobachtungen der Infektionswege Vorschläge zur Eindämmung der Seuche. Weltliche Obrigkeiten setzten diese dann um und verboten z. B. Versammlungen am Kranken- und Totenbett, das Geleit bei Begräbnissen oder das Tragen der Kleidung von Pestkranken. Auch gab es erste Quarantänemaßnahmen. Der Erreger der Pest wurde erst 1894 entdeckt.

M 1 Bild des Meisters des Barfüßeraltars, 15. Jh. – *Dargestellt sind u. a.: Pestpfeile; Heilige, die Fürbitten sprechen.*

Mit der Verbreitung der geistig-kulturellen Bewegungen der Renaissance und des Humanismus im 15. und 16. Jahrhundert löste sich das mittelalterliche Welt- und Menschenbild allmählich auf, das von Kirche und Glaube beherrscht wurde. An ihre Stelle sollten Wissenschaft, Kunst und Literatur treten, ohne jedoch Kirche und Glauben aufzugeben. Die **Humanisten** begriffen den Einzelnen als eigenverantwortliches, schöpferisches Individuum, das sein Leben selbstbewusst und vernünftig gestaltete. Ihr Ideal war der mithilfe der griechischen und römischen Literatur umfassend gebildete Mensch. Forscher haben diesen Prozess als **Entdeckung des Individuums** bezeichnet. Die **Renaissance** war die künstlerische Ausformung dieses Ideals. In der Malerei wurden die Zentralperspektive eingeführt und der flächige Hintergrund durch Landschaftsdarstellungen ersetzt. Realistische Porträts traten an die Stelle symbolhaft stilisierter Figuren. Bildhauer und Architekten orientierten sich an Formen aus der **Antike.**

Renaissance und Humanismus entstanden während des 14. Jahrhunderts in den oberitalienischen Stadtstaaten. Dort wirkten Dichter und Philosophen wie Francesco Petrarca (1304 bis 1374), Giovanni Pico della Mirandola (1463–1494) oder der Universalgelehrte Leonardo da Vinci (1452–1519). Das neue Denken, das die bürgerlich-adligen Eliten entwickelten, verbreitete sich durch Gelehrte, wie z. B. Erasmus von Rotterdam (1465–1536), über Italien hinaus nach Norden.

Der Begriff „Renaissance" bezieht sich auf das Selbstverständnis der Künstler und Gelehrten, die die „**Wiedergeburt**" (ital. *rinascita;* frz. *renaissance)* der griechisch-römischen Kunst und Bildung anstrebten. Historiker des 19. Jahrhunderts (z. B. Jules Michelet, Jakob Burckhardt) verwandten den Ausdruck zunehmend als Epochenbezeichnung für die Übergangszeit des 15./16. Jahrhunderts.

Auch der Begriff „Humanismus" wurde von Historikern des 19. Jahrhunderts geprägt und diente wie das Wort „Renaissance" zur inhaltlichen Bestimmung des Übergangs von Mittelalter zur Neuzeit. Ausgehend vom Ideal des „**edlen Menschen**", das die Humanisten in der von ihnen gesammelten Literatur der Antike fanden, kritisierten sie besonders die kirchliche Bildungstradition. Dabei zielten ihre Reformvorschläge jedoch nicht auf die Bildung der Massen, sondern auf die Bildung der Gelehrten und der Oberschicht.

M2 **Jan van Eyck (um 1390 bis 1441), Madonna des Kanzlers Rolin, Ölgemälde, 1439**

Hinweise zur Arbeit mit den Materialien

Das letzte Kapitel ist dem Spätmittelalter gewidmet, das in der Forschung unterschiedlich als Epoche der Krise oder als Zeit des Aufbruchs interpretiert wird. Zwei große Themenbereiche können für die Untersuchung dieser Leitfrage herangezogen werden:

1. Die **Große Pest 1347–1352:**
– M3 und Karte M5 bieten, ergänzend zur Darstellung, S. 204, **Basisinformationen.**
– M4 geht auf **medizinhistorische** Hintergründe der Pest ein (siehe auch M6).
– Zu **Opferzahlen** und zu demografischen Problemen siehe M7a–c.
– Zeitgenössische Reaktionen können arbeitsteilig untersucht werden: Station I (M8; ergänzend Quelle M11c, S. 192) thematisiert die **Judenverfolgungen**, Station II (M9) die **Geißler.**
– Materialien zu **langfristigen Folgen** in Wirtschaft und Gesellschaft, Politik und Umwelt bieten M10–M12. M7 (Demografie) sollte an dieser Stelle wiederholend einbezogen werden.
– Seuchenprobleme in der *Gegenwart* thematisiert M13.

2. Das **Zeitalter der Renaissance (14.–16. Jh.):**
– Basismaterialien zum Menschenbild, zu Kunst und Wissenschaft finden sich in M15–M18.
– M19–M21 sind als *Fallstudie* zu **Petrarcas Besteigung des Mont Ventoux** 1336 konzipiert.
  Die *Methodensonderseite 219* bietet eine **Probeklausur** zur Leitfrage diese Kapitels.
  Weiterführende Arbeitsanregungen S. 220: **Seuchen: ein Menschheitstrauma** (*Längsschnitt*).

M 3 Die Große Pest in Europa 1347–1352: Ausgangssituation und Rahmenbedingungen

Der Historiker Frank Rexroth schreibt über deutsche Geschichte im Spätmittelalter (2005):
In der Tat gibt es Anzeichen dafür, dass die Rahmenbedingungen menschlichen Wirtschaftens und Zusammenlebens gegenüber dem hohen Mittelalter schwieriger
5 geworden waren. […] Da die Durchschnittstemperatur bis 1600 gegenüber dem Hochmittelalter um ca. 1,5 Grad sank, ging die Höhengrenze der bebauten Flächen um mehr als 160 Meter zurück. Die Nordsee fraß
10 bis zum 16. Jahrhundert etwa 10 000 Quadratkilometer Land, 1362 machte eine Flut Sylt und Föhr zu Inseln. Nachhaltig wurde das ökologische System durch den enormen Holzbedarf in Stadt und Dorf verändert.
15 Stein- und Braunkohle waren zwar bekannt, spielten aber für die Deckung des Energiebedarfs keine wesentliche Rolle, ja galten wegen ihres hohen Schwefelgehaltes als gefährlich. Zwar sollten Rodungsverbote und
20 Waldordnungen dem Kahlschlag Einhalt gebieten, doch aufmerksame Menschen beobachteten die ökologischen Veränderungen, die mit dem Rückgang der Wälder verbunden waren: Gießbäche und Flüsse seien frü-
25 her nicht so groß gewesen, schreibt ein Do-

minikaner um 1300, da das Wurzelwerk der Bäume die Feuchtigkeit länger in den Bergen zurückgehalten habe. Am Bodensee registrierte man das Verschwinden bestimmter Vogelarten. Ebenso wie die Waldnutzung 30 musste man auch den Fischfang regulieren, um künftige Bestände zu sichern.

Auf die Hungerkatastrophe von 1315–1317 folgten in den 1340ern und in der zweiten Hälfte der 1360er weitere ange- 35 spannte Jahre. […] Manche Katastrophen schienen Zeichen des bevorstehenden Weltendes zu sein: die Heuschreckenschwärme, die 1338 und 1362 über Mitteleuropa hinweggingen, das Erdbeben von 1348 im Süd- 40 osten des Reiches.

Frank Rexroth, Deutsche Geschichte im Mittelalter, München (C. H. Beck) 2005, S. 97 f.

M 4 Medizinhistorische Hintergrundinformationen zur Pest

Der Medizinhistoriker Manfred Vasold schreibt (1991):
Die Pest ist eine Infektionskrankheit, die Nagetiere und Menschen befällt; sie tritt heute noch in Bergwald- und Savannengebieten auf. Wo sie heute Menschen befällt und tötet – wie 1990 in Madagaskar und im südlichen 5 Zentralasien, in der Sowjetunion –, trat sie

als von Nagetieren übertragene Menschenpest auf. Es sind etwa zweihundert Nagetierarten bekannt, die von Pesterregern befallen werden und erkranken können. Von den Nagern auf den Menschen übertragen wird diese Krankheit in der Regel durch Ektoparasiten – wie Flöhe, Läuse, Wanzen und anderes Ungeziefer –, die sich in der menschlichen Umgebung aufhalten. Pestresistente, überwinternde und keimtragende Nagetiere sorgen dafür, dass Pestherde erhalten bleiben, die bakteriellen Grundlagen neuer Pestzüge.

Der Pesterreger selbst, ein […] plumpes Bakterium, kann aber auch lange Zeit ohne tierischen Wirt überleben. Vor Austrocknung geschützt, bleiben Pestbakterien im Erdboden, in Sputum [Ausscheidungen], Kot oder in Tierkadavern über Monate vermehrungsfähig und virulent. Im Wasser bleibt er tage- und wochenlang erhalten, in Staub und Erdreich monatelang; zu Recht sagte man ihm schon in der Vergangenheit nach, dass er „an Gebäuden hafte". Die pestinfizierte Ratte scheidet mit ihrem Kot auch den virulenten Erreger aus. Getreidekörner, die mit Pesterregern behaftet waren, blieben – sofern die Körner frisch waren – ein bis zwei Wochen lang infiziös. Auf verschiedenen Lebensmitteln wie Kartoffeln, Pflaumen, Äpfeln, Schwarzbrot bleibt das Pestbakterium

ein bis drei Wochen virulent, auf hartgesottenen Eiern sogar bis zu drei Monaten. Auch beschmutztes Bettzeug – wie überhaupt Textilien und Pelzwerk – bleiben wochenlang infiziös, wenn man sie mit dem Pesterreger in Berührung bringt. In kontaminiertem Erdreich kann sich der Erreger monatelang halten.

Die Pest tritt, von ein und demselben Erreger verursacht, unter zwei historisch wichtigen Erscheinungsformen auf: als Beulen- oder Bubonenpest und als Lungenpest. Die allgemeine Verseuchung eines Organismus, die man als Pestseptikämie bezeichnet, ist seuchengeschichtlich von weit geringerer Bedeutung.

Zunächst die weitaus häufigere Erscheinungsform, die Beulenpest: Zwei bis sechs – oder maximal zehn Tage – nach der Infizierung, beispielsweise durch einen pestinfizierten Floh, beginnt die Krankheit auszubrechen: Aus scheinbar völliger Gesundheit heraus kommt es schlagartig zu einem Fieberanstieg auf etwa 40 Grad Celsius und zur Schwellung der Lymphdrüsen, die der Einstichstelle – oder den Einstichstellen – am nächsten liegen; da der Einstich häufig am Bein geschah, schwollen die Lymphdrüsen – in diesem Fall in der Leiste – bis zur Größe eines Eies oder eines Apfels an; es können auch die Lymphdrüsen in den

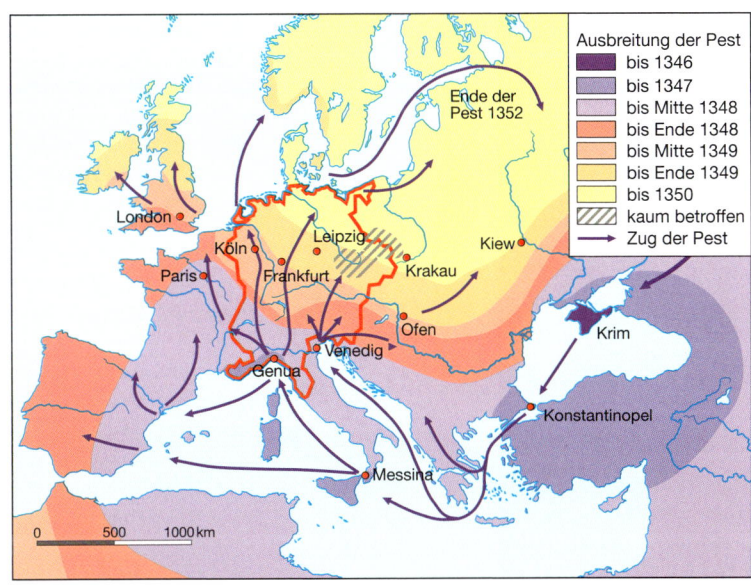

M 5 Die Verbreitung der Großen Pest in Europa 1347–1352

Achselhöhlen, am Hals oder am Hinterkopf
70 sein. Oft tritt anfangs Schüttelfrost auf, dazu
heftige Kopf- und Gliederschmerzen, Licht-
scheue und körperliche Schwäche. Durchfall
oder Stuhlverhalten sind häufig. Zu den Ini-
tialsymptomen zählen ferner eine lallende
75 Sprache und ein taumelnder Gang, der an einen Betrunkenen denken lässt. Die Kranken
sind unruhig und nicht leicht im Bett zu halten […], die Augenbindehäute sind gerötet.
      Die psychischen beziehungsweise neuro-
80 logischen Ausfallserscheinungen der Pest
sind auf ein Stoffwechselprodukt zurückzuführen, das der Pesterreger ausscheidet; dieses Gift ist es auch, das den Tod der Kranken
herbeiführt.
85   Brechen die Beulen spontan auf, so ist
dies eher ein gutes Zeichen. Aber in 50 bis
80 Prozent der Fälle kam der Tod, zwischen
dem dritten und dem fünften Tag, durch eine Lähmung des Zentralnervensystems. […]
90   An zweiter Stelle ist die Lungenpest zu
nennen. Sie tritt zumeist nur in kälteren Regionen auf, in unseren Breiten war sie eine

Krankheit des Winters. Sie kann sich als se-
kundäre Lungenpest, infolge einer sich in
einem Organismus ausbreitenden Beulen-   95
pest, manifestieren oder als primäre Lungenpest, als Folge einer Tröpfcheninfektion.
Nach einer sehr kurzen Inkubationszeit von
ein bis drei Tagen beginnt sie stürmisch; sie
endete vor dem Zeitalter der Antibiotika fast   100
immer tödlich.

Manfred Vasold: Pest, Not und schwere Plagen. Seu-
chen und Epidemien vom Mittelalter bis heute, Mün-
chen (C. H. Beck) 1991, S. 71–73.

M 7 Opferzahlen, demografische Entwicklungen und die Probleme der historischen Statistik

7 a) Der Historiker Dirk Jäckel schreibt über die
Zahl der Opfer der Großen Pest und die Probleme
mittelalterlicher Statistiken (2005):
Wie lassen sich überhaupt einigermaßen verlässliche Mortalitätsraten für eine Zeit ermitteln, in der noch keine Pfarrregister geführt
wurden? Die Hauptquellen, um demografische Daten für das Spätmittelalter zu erlan-   5
gen, sind Zensuslisten, die zuweilen zum
Zwecke der Erhebung von Steuern, Pachten
oder Abgaben erstellt wurden. Die Reichwei-
te solcher Zählungen war natürlich höchst
unterschiedlich: von einer kleinen Grund-   10
herrschaft mit wenigen Dutzend Haushalten
bis hin zu – seltenen – Erhebungen in einem
ganzen Königreich (z. B. England 1377). Der
norwegische Historiker Benedictow hat
jüngst auf der Grundlage dieses Materials   15
versucht, die Mortalitätsraten während des
„Schwarzen Todes" für einige Länder hoch-
zurechnen und kommt zu folgenden Ergeb-
nissen: heutiges Spanien 60–65 %; Italien
50–60 %; Frankreich 60 %; England 62,5 %.   20
[…] Die methodische Problematik dieser
Hochrechnung liegt allerdings darin, dass sie
ausschließlich auf Schriftquellen gründet.
Die Dichte verwaltungsschriftlicher Überlieferung hängt aber mit dem Urbanisierungs-   25
grad einer Region zusammen. So haben wir
es beispielsweise bei einigen hoch entwickelten Stadtstaaten der Toskana mit einer recht
günstigen Quellenlage zu tun, sodass die
Schätzung von 50–60 % Pesttoten hier auf   30
relativ gesichertem Grund steht. Doch sind
dies gleichzeitig Regionen mit einer verhält-

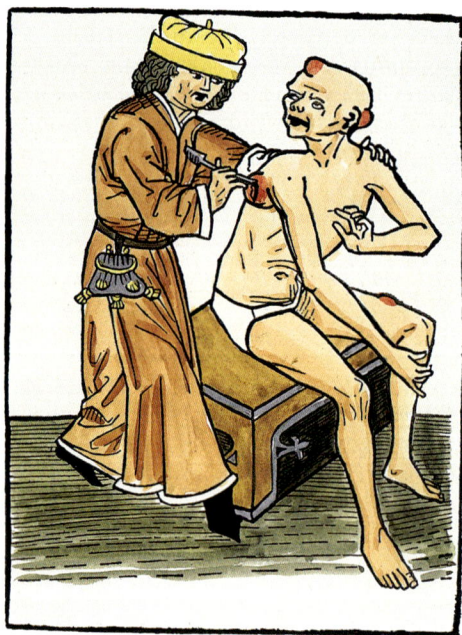

M 6 Pestarzt beim Beulenaufschneiden, Holzschnitt des Dichters, Druckers und Wundarztes Hans Folz (1435/40–1513), 1482 (nachkoloriert 1999)

nismäßig hohen Bevölkerungs- und Verkehrsdichte, in denen die Ansteckungsgefahr
35 höher war als in dünn besiedelten Regionen. Somit ist es also beispielsweise fragwürdig, die Verhältnisse in Oberitalien auf das weniger urbanisierte Unteritalien stillschweigend zu übertragen.

Dirk Jäckel: Judenmord – Geißler – Pest: Das Beispiel Straßburg 1349, in: Mischa Meier (Hg.), Pest. Geschichte eines Menschheitstraumas, Stuttgart (Klett-Cotta) 2005, S. 162–165.

7 b) Die Historikerin Claudia Märtl fasst die demografischen Folgen der Pest zusammen (2006):
Die gravierendste Auswirkung der Pest war ein Bevölkerungsrückgang um ca. 30 %, wobei es aber starke regionale Schwankungen gab. Auch waren die unteren Schichten
5 durch beengte, unhygienische Lebensbedingungen stärker betroffen. Eine weitere Folge war die vermehrte Abwanderung von Landbewohnern in die Städte, wo sie günstigere Arbeits- und Wirtschaftsverhältnisse für sich
10 erreichen konnten. In der ersten Hälfte des 15. Jahrhunderts sank die europäische Gesamtbevölkerung unter die Hälfte des Niveaus von 1348, das erst im 16. Jahrhundert wieder erreicht wurde.

Claudia Märtl, Die 101 wichtigsten Fragen. Mittelalter, München (C. H. Beck) 2006, S. 72.

M 8 Zeitgenössische Reaktionen auf die Große Pest – Station I

Christen verüben Massaker an Juden im Jahre 1348, Zeichnung aus der Eger Chronik des Rechenmeisters und kaiserlichen Notars Engelhart von Haselbach, 16. Jh.   Siehe zu dieser Bildquelle auch die Textquelle S. 192, M11c und die Darstellung S. 181–183.

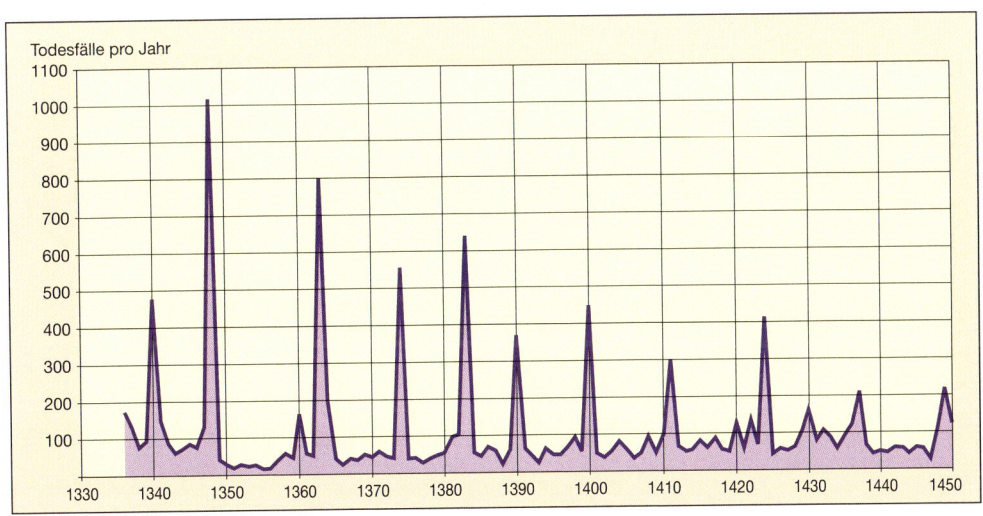

7 c) Zahl der jährlich Verstorbenen in der Gemeinde San Domenico zu Siena/Italien 1335 bis 1450. – In Italien trat die Pest seit 1343 regelmäßig auf.

M9 Zeitgenössische Reaktionen auf die Große Pest – Station II

Der Verwalter des Straßburger Münsters, Fritsche Closener (um 1315–1390/96), schrieb über das Jahr 1349 in seiner Chronik (1362):

Als man das Jahr 1349 zählte, kamen vierzehn Nächte nach Sonnenwende [8. Juli] oder ungefähr zu dieser Zeit nach Straßburg gegen zweihundert Geißler. Die führten ein
5 Leben, wie ich es nun zum Teil beschreibe.

Erstens hatten sie kostbarste Fahnen aus Sammet, rau und glatt, und die besten Baldachine, die man haben konnte. Davon hatten sie vielleicht zehn oder acht oder sechs und
10 vielleicht ebenso viele gedrehte Kerzen. Die trug man voran, wo sie in Städte oder Dörfer kamen, und man läutete alle Sturmglocken für sie, und sie folgten den Fahnen in Zweierreihen, und sie trugen alle Mäntel und
15 kleine Hüte mit roten Kreuzen, und sie sangen zu zweit oder zu viert ein geistliches Lied vor, und die anderen sangen es ihnen nach.

Bei diesem Wort fielen sie in Kreuzesform
20 auf die Erde, sodass es klapperte. Nachdem sie eine Weile so dagelegen hatten, begann ihr Vorsänger und sang: Nun hebt Eure Hände auf, damit Gott dies große Sterben abwende! Nun standen sie auf. Das taten sie
25 dreimal. Nachdem sie zum dritten Mal aufgestanden waren, luden die Leute die Brüder ein. Einer lud zwanzig, einer zwölf oder einer zehn. [...]

Wenn sie nun Buße tun wollten, so nann-
30 ten sie das Geißeln. Das geschah täglich wenigstens zweimal, früh und spät. Sie zogen dann ins Feld hinaus [...]. Und wenn sie an die Stelle der Geißelung kamen, so zogen sie sich barfuß und bis auf die Hosen aus und
35 legten sich Kittel oder andere weiße Tücher, die vom Gürtel bis zu den Füßen reichten, und wenn sie anfangen wollten zu büßen, so legten sie sich in einem weiten Ring nieder [...]. Wenn sie sich in dieser Weise hingelegt
40 hatten, so begann ihr Meister, wo er wollte, und schritt über einen und berührte ihn mit seiner Geißel am Leib und sagte: Steh auf um der Ehre der reinen Marter willen und hüte Dich vor weiterer Sünde. [...]
45 Unterdessen gingen die Brüder in Zweierreihen um den Ring herum und schlugen sich mit Geißeln aus Riemen, die vorn Kno-
ten hatten, in die Spitzen gesteckt waren, und schlugen sich auf ihre Rücken, sodass viele heftig bluteten. [...]
50 Dann war das Geißeln zu Ende. Nun [...] gingen sie in den Ring und zogen sich wieder an. Während sie sich aus und anzogen, gingen einfache Leute und baten neben dem Kreis die Leute, dass sie den Brüdern etwas zu
55 den Kerzen und Fahnen beisteuerten. Da kam viel Geld für sie zusammen.

Als sie das alles getan und sich wieder angezogen hatten, stellte sich einer von ihnen, der ein Laie war und lesen konnte, auf ein
60 Podest und verlas den nachfolgenden Brief: Die Predigt der Geißler.

Das ist die Botschaft unseres Herrn Jesus Christus, die vom Himmel auf den Altar des guten Herrn Sankt Peter zu Jerusalem herun-
65 tergekommen ist, geschrieben auf eine Marmortafel. [...]

Und wo sie in die Städte kamen, da liefen ihnen viele Leute zu, die auch Geißler wurden, sowohl Laien wie Geistliche. Doch
70 schloss sich kein Geistlicher an, der gebildet war. Auch nahm manch ein rechtschaffener Mann an der Geißelfahrt in seiner einfältigen Weise teil, der nicht die darin verborgene Unwahrheit erkannte. Viele notorische
75 Kriminelle kamen zu den rechtschaffenen Leuten hinzu, die nun ebenso schlimm wurden oder schlimmer als vorher. Einige blieben auch weiterhin rechtschaffen. Viele waren es aber nicht. Einigen gefiel die Bru-
80 derschaft besonders gut. Wenn sie den Bußakt einmal vollbracht hatten, begannen sie ihn von Neuem. Das geschah deshalb, weil sie zu der Zeit müßig gingen und nicht arbeiteten. Denn wo sie hinkamen – wie viele es
85 auch waren –, lud man sie alle ein und behandelte sie außerordentlich großzügig, und es gab viele Leute, die sie gern eingeladen hätten, wenn sie nur Gelegenheit dazu gehabt hätten. So hoch wurden sie geschätzt.
90 Die Bürger in den Städten gaben ihnen von der Gemeinde aus Geld, damit sie sich Fahnen und Kerzen kauften. Die Brüder nahmen große Heiligkeit für sich in Anspruch und sagten [...], dass eine Figur des Gemar-
95 terten [Christus] zu Offenburg [Blut] geschwitzt habe, und das Bild Unserer Frau zu Straßburg habe auch geschwitzt. Von dieser Art mehr sagten sie viel, was alles gelogen war. [...]
100

Diese Geißelfahrt dauerte länger als ein Vierteljahr, indem jede Woche eine Gruppe von Geißlern kam. Danach machten sich Frauen auf und reisten auch durch das Land
105 und geißelten sich. Danach nahmen junge Knaben und Kinder an der Geißelfahrt teil. Danach wollten die von Straßburg ihnen nicht mehr läuten und wollten ihnen auch keine Beihilfe zu Kerzen und Fahnen geben.
110 [...] Bischof Berthold von Bucheck zu Straßburg verbot es auch in seinem Bistum mit geistlichen Anordnungen, da der Papst allen Bischöfen befahl, dass sie das Geißeltum beseitigen sollten wegen manchen Unglau-
115 bens, den sie in scheinbar geistlicher Weise praktizierten, und besonders dass ein Laie dem anderen die Beichte abnahm.
    Das habe ich geschrieben, wie es zu Straßburg vorgefallen ist. Und wie es da war, war
120 es auch am Rhein in allen Städten. Das gleiche war in Schwaben, in Franken, im Westreich und in vielen deutschen Ländern. So nahm die Geißelfahrt nach einem halben Jahr ein Ende, die doch nach ihrem eigenen
125 Anspruch 33 ½ Jahr gewährt haben sollte.
Zit. nach: Hartmut Boockmann, Das Mittelalter, München (C. H. Beck) 1988, S. 245–253.

M 10 Folgen der Pest – Teil I: Wirtschaft und Gesellschaft

10 a) Der Historiker Klaus M. Lange schreibt (2006):
Das Massensterben führte zu dramatischer Verknappung der menschlichen Arbeitskraft, verbunden mit einem Preisverfall bei Grund und Boden und landwirtschaftlichen Erzeug-
5 nissen. Die wirtschaftliche Basis des Adels war damit gefährdet und es kam zu tiefgreifenden Veränderungen der Herrschaftsstruktur. Adlige und kirchliche Grundherren mussten empfindliche Einkommenseinbu-
10 ßen hinnehmen. Die Landesherren nutzten die Verarmung des Adels, um dessen Privilegien allmählich abzubauen und die Personenbindung durch das Flächenstaatsprinzip zu ersetzen.
15   Auf der anderen Seite profitierten einzelne Kleinbauern mit ihrer Arbeitskraft von der neuen Situation. Dies gilt vor allem für England. [...]
    In großem Umfang führten die Bevölke-

rungsverluste zur Aufgabe bisher landwirt-20 schaftlich genutzten Landes, zahlreiche Wüstungen entstanden. Zugleich setzte mit einer verstärkten Abwanderung der Landbevölkerung in die Städte eine Landflucht ein, die dort soziale Spannungen zwischen Neuan-25 kömmlingen und Alteingesessenen heraufbeschwor. In den Städten standen zahlreiche Werkstätten leer, die Zünfte mussten sich um Nachwuchs bemühen, der jetzt meist aus der Landbevölkerung kam. Die Zunahme der 30 städtischen Unterschicht veranlasste die Zunftmeister der geachteten Handwerke, eine Beteiligung an der städtischen Herrschaft einzufordern. Zum Teil unterstützen sich Bauern und Zünfte gegenseitig in ihren 35 Forderungen, so wurde beispielsweise der Aufstand der französischen Bauern 1358 von Étienne Marcel, dem Anführer der Pariser Unruhen, unterstützt.
Klaus M. Lange, Die Pest, in: Welt- und Kulturgeschichte, Bd. 7, Hamburg (Zeitverlag Gerd Bucerius) 2006, S. 317–319.

10 b) Löhne und Preise in England 1250–1459:

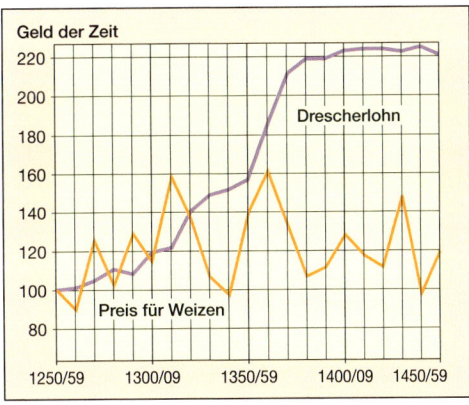

Nach: Wilhelm Abel, Die Wüstungen des ausgehenden Mittelalters, Stuttgart (Fischer) 1955, S. 105.

M 11 Folgen der Pest – Teil II: Politik

Der Historiker Jürgen Strothmann schreibt über die Politik des englischen Königs in der Zeit der Großen Pest (2005):
Die Pest überkam England zu einer Zeit, da die Position des Königs gerade eine erhebliche Stärkung erfahren hatte. Nichtsdestotrotz stand ihm im Parlament mit dem hö-

heren Adel eine grundsätzliche Opposition gegenüber, die zugleich die Herrschaft vor Ort in Händen hielt. Von einer königlich zentralen Beherrschung des Landes konnte nicht die Rede sein. Der Krieg mit Frankreich bot jedoch eine Chance für die Stärkung der Zentralmacht, da er zunehmend als nationaler Kampf gesehen wurde. Bei Crécy hatte England 1346 in einer bedeutenden Schlacht des Hundertjährigen Krieges einen entscheidenden Sieg davongetragen und verdankte dies vor allem den Bogenschützen, die zu einem großen Teil unteren Bevölkerungsschichten angehörten. Diese Momente des englischen Kriegserfolgs minderten die Abhängigkeit der Zentralmacht vom ritterlichen Adel in der Kriegführung, die zu dieser Zeit von eminenter Bedeutung für den englischen Staat war.

Seit dem Spätsommer 1348 forderte die Pest in England ihre Opfer, vermutlich über 40% der englischen Bevölkerung. Gerade auch auf dem Land, das schon durch die Hungersnot nach 1315 und folgende Agrarkrisen schwer getroffen worden war, wirkte sich die Pest verheerend aus.

In der Zeit des wirtschaftlichen Wachstums hatten die Landbesitzer von der hohen Zahl der Arbeitskräfte profitiert, die Löhne waren niedrig, die Stellung von abhängigen Bauern und der Landarbeiter hatte sich verschlechtert. Das Angebot an Arbeitskräften war gewachsen, die Nachfrage aber nicht entsprechend angestiegen. Die Begrenztheit landwirtschaftlich genutzten Bodens verschärfte das Ungleichgewicht zwischen Landbesitzern und Landarbeitern.

Die große Pest aber brachte schlagartig einen Mangel an Arbeitskräften mit sich, was dazu führte, dass vorhandenes Land nicht mehr bestellt werden konnte. Die Landbesitzer hatten mit fallenden Preisen zu kämpfen, weil die Nachfrage nach ihren Produkten infolge der hohen Sterblichkeit sank.

Der König sah in dieser Lage eine Gelegenheit, die er nicht ungenutzt verstreichen ließ. Im Juni 1349 wurde die *ordinance of laborers and servants* erlassen. Darin wurden wesentliche Maßnahmen zur Wiederherstellung einer funktionierenden Wirtschaftsordnung formuliert. Von Arbeitsfähigen unter 60 Jahren wurde die Aufnahme von Arbeit verlangt, sofern sie nicht Landbesitzer oder Kaufleute waren. Zugleich wurde das Fordern hoher Löhne verboten und auch in die Preisfestsetzung eingegriffen, wobei das Maß dazu die Jahre bis 1347 darstellten. Der Erlass galt für Landarbeiter, für städtische Arbeiter und für Handwerker, deren Preisgestaltung geregelt werden sollte. Zugleich wurde das Almosengeben an Arbeitsfähige verboten. Zuwiderhandlung wurde mit schweren Strafen belegt. Modern – wenngleich nicht neu – war auch die Nutzung der damaligen Öffentlichkeit zur Verbreitung des Erlasses durch Sheriffs und Bischöfe an allen öffentlichen Orten.

1351 wurde der Erlass durch das Parlament modifiziert. Im *statute of laborers* wurde den Landarbeitern halbjährlich ein Eid abverlangt und bestimmt, dass sie während der Sommermonate nicht den Ort wechseln durften; Handwerkerlöhne wurden explizit auf Preisniveaus der Zeit vor der Pest festgesetzt. In den Jahren 1361 und 1364 erfolgten weitere Novellen des Statuts.

Entscheidendes Moment der Gesetzgebung war ihre Umsetzung; an ihr wurde in königlichem Auftrag besonders der örtliche Adel beteiligt, der schließlich 1361 in entsprechenden Gremien mit drei oder vier Vertretern gegenüber einem Vertreter des höheren Adels maßgeblich an der Kontrolle von Arbeit, Löhnen und Preisen mitwirkte. Hatte der König noch vor der Pest auf die Zentralgewalt und ihre Autorität allein gesetzt, so wurde mit der großen Pest die *Gentry* (der niedere Adel vor Ort) als Hilfe der Zentralgewalt entdeckt und mit ihr eine völlig neue Ordnung geschaffen, die der Zentralgewalt des Königs erhebliche Autorität verlieh, indem die Gentry als Sachwalter der Zentralmacht auftrat, sich als solcher verstand und damit an den König gebunden wurde. Der lokale Adel war dadurch auf der Basis seiner „privaten" Stellung gewissermaßen „verbeamtet" worden. [...] In England ermöglichte die Pest dem König also mit der Einbindung privater Interessen die Kontrolle des geografischen Raumes und somit die Entstehung eines wesentlichen Momentes moderner Staatlichkeit.

Jürgen Strothmann: Der „Schwarze Tod" – Politische Folgen und die „Krise" des Spätmittelalters, in: Mischa Meier (Hg.): Pest. Geschichte eines Menschheitstraumas, Stuttgart (Klett-Cotta) 2005, S. 192 f.

M 12 **Folgen der Pest – Teil III: Umwelt.** – *Wüstungen (= aufgegebene Siedlungen und Einzelhöfe) in Deutschland im 14. und 15. Jahrhundert*

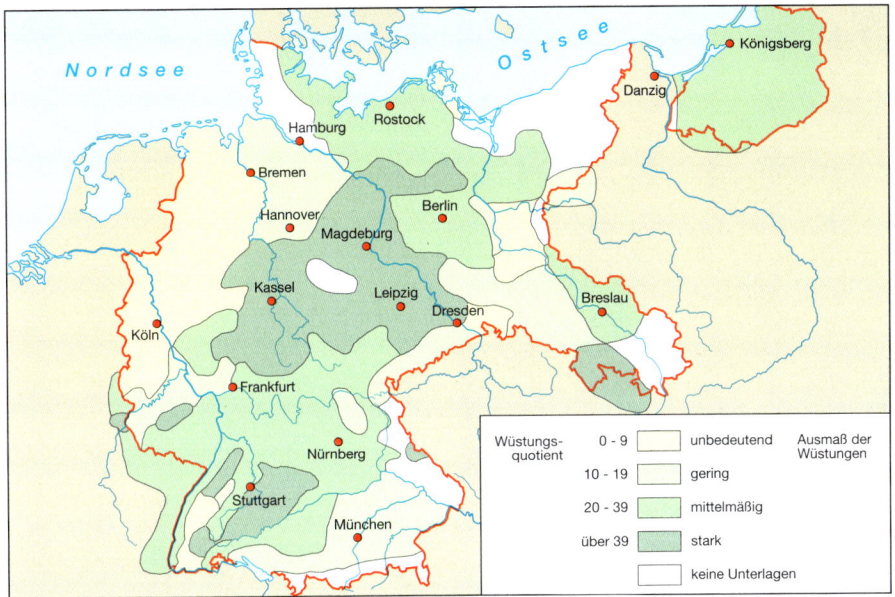

Wüstungsquotient		Ausmaß der Wüstungen
0 - 9		unbedeutend
10 - 19		gering
20 - 39		mittelmäßig
über 39		stark
		keine Unterlagen

1 🏃 Lexikonarbeit – Erläutern Sie: Epidemie, Infektionskrankheit, Immunität, Quarantäne.
2 Beschreiben Sie die räumliche und zeitliche Ausbreitung der Pest in Europa (Karte M5).
3 Beschreiben Sie mithilfe von M3 die Rahmenbedingungen der Großen Pest in Europa.
4 🏃 Arbeitsgleiche Partnerarbeit:
Finden Sie anhand von M4 heraus, warum sich die Große Pest so rasch ausbreiten konnte und warum die Medizin im Mittelalter nur wenig dagegen ausrichten konnte (siehe auch M6).
5 a) Ermitteln Sie die Zahl der Pestopfer und erläutern Sie die Probleme der Forschung, die eine Klärung dieser Frage erschweren (M7a).
b) Welche langfristigen demografischen Veränderungen, die die Pest in Europa bewirkte, lassen sich als „gesicherte" Erkenntnisse betrachten? Begründen Sie Ihre Position (M7a–c).
6 🏃 Arbeitsteilige Gruppenarbeit:
Zeitgenössische Reaktionen auf die Große Pest
a) Untersuchen Sie die Reaktionen in zwei Gruppen mithilfe der Lernstationen I und II; zu Station I gehört auch die Quelle S. 192, M11c.
b) Klären Sie mithilfe der *Methodensonderseite 65–67* wiederholend die Schritte bei der Interpretation schriftlicher Quellen.
c) Präsentieren Sie Ihre Ergebnisse im Kurs.

7 a) Die Große Pest hat Europa langfristig verändert. Kennzeichnen und erläutern Sie diese langfristigen Folgen in den Bereichen
(I) Wirtschaft und Gesellschaft (M10a, b),
(II) Politik (M11), (III) Umwelt (M12),
(IV) Demografie (wiederholend M7b, c).
b) Erörtern Sie abschließend, welche gesellschaftlichen Gruppen als „Gewinner" und welche als „Verlierer" bezeichnet werden können.

M 13 **Seuchengefahren in der Gegenwart?**

Die Infektionsforscher Hannes Schlender und Heidrun Riehl-Halen schreiben (2005):
Pocken, Lepra, Pest – sie gelten heute als Relikt vergangener Zeiten. Diphterie und Polio kennt man bei uns fast nur noch aus Erzählungen. Selbst die Jahrtausende überdauernde Tuberkulose hat viel von ihrem Schrecken verloren. Die Gründe sind vielfältig: Verbesserte Woh- und Ernährungsbedingungen begünstigten im Europa des 20. Jahrhunderts den Rückgang der Infektionskrankheiten. Neue Untersuchungsverfahren – von Färbemethoden für Bakterien bis hin zum Gentest – erlauben eine präzisere Diagnostik

M 14 St. Rochus, Holzschnitt, um 1480. – *Der Legende nach wurde Rochus während des „Schwarzen Todes" geboren, pflegte Pestkranke und wurde, als er selbst an der Seuche erkrankte, von einem Hund mit Brot versorgt und von einem Engel geheilt. In der 2. Hälfte des 15. Jahrhunderts führte die Kirche St. Rochus als Schutzpatron gegen die Pest ein.*

8 Welche Schlüsse lassen sich aus der Bildquelle M14 ziehen?

der infektiösen Erkrankungen. Schutzimpfungen beugten der weiteren Ausbreitung
15 von Erregern vor. Der Therapie mit antibiotisch wirksamen Medikamenten war es zu verdanken, dass Infektionen endlich geheilt werden konnten, die seit Menschengedenken Ursache von Unglück und Verderben
20 waren.

Der „Siegeszug der Antibiotika" verleitete die Menschheit zu einem vorschnellen Urteil: „Der Kampf gegen Infektionskrankheiten ist gewonnen", proklamierte Amerikas
25 oberster Sanitätsoffizier William Stewart 1962 und spiegelte damit die zeitgenössische Meinung wider. Doch spätestens mit der Entdeckung von HIV entpuppte sich der vermeintliche Sieg als Trugschluss. 1984 starb
30 der erste Patient an den Folgen der Viruserkrankung, der erworbenen Immunschwäche AIDS. Eine neue Seuche schockte die Welt. Weitere folgten. Denn bereits ein Jahr später tauchte in England die mysteriöse Rinder-
35 krankheit BSE auf. Prionen heißen die neu entdeckten Erreger der infektiösen Hirnerkrankung. Durch Fleischprodukte auf den Menschen übertragbar, trieb der Rinderwahn Europas Agrarwirtschaft in eine jahrelange
40 Krise. 2003 verwandelte dann die Angst vor dem neuartigen SARS-Virus Flughäfen in Quarantänestationen, hielt Geschäftsleute

zu Hause, ließ Börsenkurse fallen. Von Hongkong aus verbreitet sich die ungewöhnliche Lungenentzündung per Tröpfcheninfektion 45 über den Globus.

AIDS, BSE oder SARS zeigen uns, dass die Menschheit jederzeit mit dem Auftauchen neuer Infektionskrankheiten rechnen muss. Zugleich kehren Seuchen vergangener Zeiten 50 zurück. […]

Eine Meldung der US-amerikanischen Gesundheitsbehörde alarmierte im Sommer 2003 Infektionsexperten aus aller Welt: Auf der Wunde eines Patienten aus Michigan 55 fanden sich *Staphylococcus aureus*-Bakterien, gegen die kein Antibiotikum mehr half. Vor allem auf Intensivstationen ist der typische Erreger von Wundinfekten und Lungenentzündungen gefürchtet. Krankenhaushygie- 60 niker beobachten auch bei uns immer häufiger Antibiotika-resistente Stämme dieser Spezies. Antibiotika drohen als Waffe gegen Infektionen stumpf zu werden.

Hannes Schlender/Heidrun Riehl-Halen, Infektionsforschung heute, in: „Gottes verhengnis und seine straffe." Zur Geschichte der Seuchen in der Frühen Neuzeit, Wolfenbüttel/Wiesbaden (Herzog August Bibliothek/Harrassowitz Verlag) 2005, S. 151 f.

9 🚶 „Gefahr gebannt?" Diskutieren Sie über Seuchengefahren in der Gegenwart (M13).

M 15 Das Menschenbild der Renaissance

*Giovanni Pico della Mirandola (1463–1494)
plante 1486 einen Gelehrtenkongress in Rom,
der jedoch am Einspruch des Papstes scheiterte.
1487 veröffentliche er daher 900 Thesen über
Religion und Philosophie, die auf diesem Treffen
hätten diskutiert werden sollen; eingeleitet wurde
der Text mit einer Rede über den Menschen:*
Ich habe mich denn schließlich um die Einsicht bemüht, warum das glücklichste und
aller Bewunderung würdigste Lebewesen der
Mensch sei und unter welchen Bedingungen
5 es möglich sein konnte, dass er aus der Reihe
des Universums hervorschritt, beneidens-
wert nicht nur für die Tiere, sondern auch
für die Sterne, ja sogar für die überweltlichen
Intelligenzen. […]
10   Daher ließ sich Gott den Menschen gefallen als ein Geschöpf, das kein deutlich unter-
scheidbares Bild besitzt, stellte ihn in die
Mitte der Welt und sprach zu ihm: Wir haben dir keinen bestimmten Wohnsitz noch
15 irgendeine besondere Gabe verliehen, o
Adam, damit du jeden beliebigen Wohnsitz,
jedes beliebige Gesicht und alle Gaben, die
du dir sicher wünschst, auch nach deinem
Willen und nach deiner eigenen Meinung
20 haben und besitzen mögest. Den übrigen
Wesen ist ihre Natur durch die von uns vorgeschriebenen Gesetze bestimmt und wird
dadurch in Schranken gehalten. Du bist
durch keinerlei unüberwindliche Schranken
25 gehemmt, sondern du sollst nach deinem eigenen freien Willen, in dessen Hand ich dein
Geschick gelegt habe, sogar jene Natur dir
selbst vorherbestimmen. Ich habe dich in die
Mitte der Welt gesetzt, damit du von dort be-
30 quem um dich schaust, was es alles in dieser
Welt gibt. Wir haben dich weder als einen
Himmlischen noch als einen Irdischen,
weder als einen Sterblichen noch einen Unsterblichen geschaffen, damit du als dein
35 eigener, vollkommen frei und ehrenhalber
schaltender Bildhauer und Dichter dir selbst
die Form bestimmst, in der du zu leben
wünschst. Es steht dir frei, in die Unterwelt
des Viehes zu entarten. Es steht dir ebenso
40 frei, in die höhere Welt des Göttlichen dich
durch den Entschluss deines eigenen Geistes
zu erheben.

*Zit. nach: Nicolette Mout, Die Kultur des Humanis-
mus, München (C.H.Beck) 1998, S. 30f.*

M 16 Pierro della Francesca, Brunnenkopf, Zeichnung, Mitte 15.Jh.

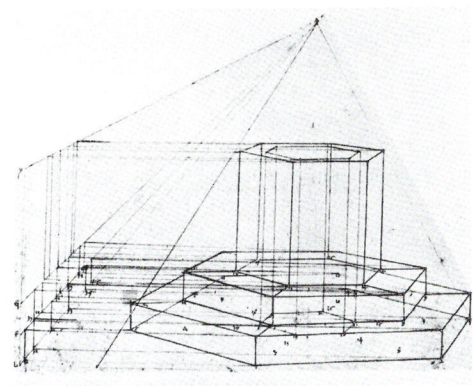

M 17 Palast des Herzogs von Urbino, 1454, Fotografie 1994. – *Der Palast wirkte stilbildend für die Baukunst der Renaissance.*

M 18 Technische Entwürfe Leonardo da Vincis (1452–1519)

Armbrust-Maschinengewehr, Bohrmaschine
für Holzröhren, Brückenkonstruktionen,
heißluftbetriebene Bratspieße, Drahtzieh-
maschine, Festungsanlagen, Flugmaschine,
mehrläufige wassergekühlte Geschütze, Ka- 5
nalbauten, Kugellager, Pumpen, Raketen,
Schnellfeuergewehre, Schaufelradantrieb für
Schiffe, Schleusen, Schleif- und Polierma-
schinen, Tauchgeräte, Methoden zur Tro-
ckenlegung von Sümpfen, Städte mit Ver- 10
kehrsführung auf zwei Ebenen, Schloss- und
Gartenanlagen, Theaterbühnen, Winden.

*Nach: Hans-Georg Hofacker u.a. (Hg.), Geschichts-
buch, Bd. 2, Berlin (Cornelsen) 1986, S. 138.*

M 19 Die Besteigung des Mont Ventoux durch den Dichter Petrarca (1336)

Der italienische Dichter Francesco Petrarca (1304–1374) beschrieb seine Besteigung des Mont Ventoux in einem Brief an Francesco Dionigi von Borgo San Sepolcro (1336):
Den höchsten Berg dieser Gegend, den man nicht unverdient Ventosus, den Windumbrausten, nennt, habe ich am heutigen Tage bestiegen, einzig von der Begierde getrieben,
5 diese ungewöhnliche Höhenregion mit eigenen Augen zu sehen. [...]

Nun aber packte es mich, endlich einmal auszuführen, was ich jeden Tag schon ausführen wollte, zumal ich tags zuvor zufällig
10 in der Römischen Geschichte des Livius auf die Stelle gestoßen war, wo der Makedonenkönig Philipp V. – derselbe, der mit dem römischen Volk Krieg geführt hat – den Berg Haemus in Thessalien bestiegt. [...]
15 Ich eröffne die Sache meinem Bruder, dem einzigen, den ich noch habe, jünger als ich, Du kennst ihn ja gut. Nichts hätte ihm lieber sein können; er schätzte sich glücklich, mir Freund und Bruder zugleich sein zu
20 dürfen.

Am festgesetzten Tag brachen wir von zu Hause auf und kamen gegen Abend nach Malaucène; das ist ein Ort am Fuße des Berges, in nördlicher Richtung. Dort blieben
25 wir einen Tag, und heute nun endlich bestiegen wir, jeder mit einem Diener, den Berg, und wir hatten nicht wenig Beschwerlichkeiten dabei. Er bildet nämlich ein steil abfallendes, fast unzugängliches Felsmassiv.
30 Aber schön hat es der Dichter Vergil ausgedrückt: Mühe besiegt alles, die rastlose. [...]

Einen uralten Hirten trafen wir an den Hängen des Berges; er bemühte sich wortreich, uns vom Aufstieg zurückzuhalten, und
35 erzählte, er habe vor fünfzig Jahren mit ebensolchem jugendlichen Feuergeist den höchsten Gipfel erstiegen. Aber er habe von dort nichts mitgebracht außer Enttäuschung und Erschöpfung, die Haut und die Kleider
40 zerrissen von Felszacken und Dornen, und man habe bei den Leuten hier weder vorher noch nachher jemals etwas von einem ähnlichen Abenteuer gehört. [...]

Der Berg ist der höchste von allen, die
45 Bergbewohner nennen ihn „Söhnlein", warum, weiß ich nicht – vielleicht nach dem

Prinzip des Gegensatzes; er erscheint nämlich in Wahrheit als der Vater aller benachbarten Gipfel. Auf seinem Scheitel befindet sich ein kleines Hochplateau, dort ließen wir 50 uns endlich ermattet zum Ausruhen nieder. Und da Du nun gehört hast, welche Gedanken beim Aufstieg in meinem Herzen mit mir emporstiegen, so höre, mein Vater, nun auch noch das übrige und wende, ich bitte 55 Dich, eine einzige von Deinen Stunden daran, zu lesen, was ich an einem Tag vollbracht habe.

Zuerst stand ich da wie benommen von der ungewohnten Luft und dem ganz freien 60 Rundblick. Ich schaue nach unten: Wolken schweben zu meinen Füßen, und schon scheinen mir Athos und Olymp weniger sagenhaft: Was ich von ihnen gehört und gelesen habe, erblicke ich auf einem weniger be- 65 rühmten Berg nun mit eigenen Augen. Ich wende meinen Blick jetzt nach der Seite, wo Italien liegt – die Gegend, zu der sich mein Geist so sehr hingezogen fühlt.

Die Alpen selbst, eisstarrend und schnee- 70 bedeckt, die einst der wilde Feind des Römernamens überstieg – mit Essig hat er dabei, wenn wir der Überlieferung glauben wollen, die Felsen gesprengt – die Alpen schienen mir greifbar nahe, obwohl sie doch so weit 75 entfernt sind. Ich seufzte, ich gestehe es, nach dem Himmel Italiens, der mir mehr vor der Seele als vor den Augen stand. Und ein heißes, unauslöschliches Feuer der Sehnsucht ergriff mich, Freund und Vaterland. 80 [...]

Der Grenzwall der gallischen Lande und Hesperiens, der Grat der Pyrenäen, ist von dort aus nicht zu erkennen, meines Wissens nicht, weil ein Hindernis die Sicht versperrt, 85 sondern nur, weil unser menschliches Sehvermögen zu schwach ist. [...]

Ich betrachtete nun eins nach dem anderen voll Staunen; ich genoss bald das Irdische, bald erhob ich nach dem Beispiel des 90 Leibes auch die Seele zum Höheren, und da erschien es mir gut, einen Blick in das Buch der Bekenntnisse des Augustinus zu werfen. [...]

Ich öffne es, um die Stelle zu lesen, die 95 sich mir gerade darbietet. Was anderes konnte mir denn entgegentreten, als Worte der Frömmigkeit und Demut? Zufällig aber stieß ich auf das zehnte Buch: [...] „Und es gehen

die Menschen hin, zu bestaunen die Höhen
der Berge, die ungeheuren Fluten des Meeres,
die breit dahinfließenden Ströme, die Weite
des Ozeans und die Bahnen der Gestirne und
vergessen darüber sich selbst." Ich war wie
betäubt, ich gestehe es, ich bat meinen Bruder, der begierig war, noch weiteres zu vernehmen, mich nicht zu stören, und schloss
das Buch. Zorn erfasste mich auf mich selber,
dass ich immer noch irdischen Dingen Bewunderung zollte, hätte ich doch schon
längst von den Philosophen der Heiden lernen können, dass nichts Bewunderung verdient außer der Seele. Nur sie allein ist groß,
sonst nichts. Da ließ ich es mir genug sein
mit dem, was ich von dem Berg gesehen hatte, ich wandte das innere Auge auf mich
selbst, und von da an hat mich niemand ein
Wort reden hören, bis wir unten ankamen.
Jener Ausspruch bot mir genügend Stoff zum
Nachdenken in der Stille. […]

Mit welchem Eifer müssten wir uns bemühen, keine höher gelegene Gegend auf
der Erde, sondern die irdischen Triebe und
Begierden unter die Füße zu treten! Während
die Gedanken so mein Innerstes aufwühlten
und ich dabei nicht merkte, wie steinig der
Weg war, kam ich in tiefer Nacht zu der ländlichen Herberge zurück, von wo ich in der
Morgendämmerung aufgebrochen war. Die
mondhelle Nacht bot uns willkommene Hilfe beim Abstieg. […]

Sieh also, liebster Vater, wie ich nichts,
was in mir ist, vor Deinen Augen verhehlen
will. Nicht nur den Ablauf meines Lebens,
sogar alle meine Gedanken lege ich offen vor
Dir dar. Bete für sie, ich bitte dich: Da sie so
lange unstet und unbeständig waren, möchten sie endlich einen festen Standort finden,
und da sie so unnütz von einem zum anderen geflattert sind, möchten sie sich nun zu
dem Einen, Guten, Wahren, Sicheren und
Dauernden hinwenden. Lebe wohl!

*Francesco Petrarca, Die Besteigung des Mont Ventoux,
Lateinisch/Deutsch, Stuttgart (Reclam) 1995, S. 5–31.*

M 20 Über den Begriff der *curiositas* (Neugierde) im Mittelalter

Im Mittelalter galt die Neugierde (lat. *curiosi-
tas*) als Sünde. Diese Ansicht ging auf den
Kirchenvater Augustinus zurück (354–430),
der sie als Weltverfallenheit und Augenlust
(lat. *concupiscentia oculorum*) scharf verurteil-
te. Im Spätmittelalter setzte allmählich eine
Entschärfung, Verschiebung und Umbeset-
zung ein. Insgesamt konnte der Begriff folgende Bedeutungen annehmen: unstetes,
immer neuen Zielen zudrängendes Streben;
eigenwillige, eitle Neuerungssucht; unruhige
Geschäftigkeit; unbesonnene Abenteuerlust,
Vermessenheit, Leichtsinn, Unfug, Frevel-
tat; leichtfertige Begierde nach neuen, unbekannten Genüssen, Lüsternheit.
Zusammengestellt von den Autoren.

M 21 Petrarcas Bergbesteigung – eine historische Zäsur?

*21 a) Der Altphilologe Kurt Steinmann über
Petrarcas Besteigung des Mont Ventoux (1995):*
Hat man all die Jahrhunderte zuvor keine
Berge bestiegen? Natürlich hat man dies
getan, aber Gipfelbesteigungen aus sport-
lichem Ehrgeiz oder gar um eines Naturer-
lebnisses willen sind – wie Waldwanderun-
gen – im Altertum undenkbar. Natur wird in
Europa erst seit der Mitte des 18. Jahrhunderts, seit Rousseau und Goethe, intensiv erlebt und beschrieben, und hohe Gipfel werden erst seit dem 19. Jahrhundert mit der
Ausbreitung des Sports von England her er-
klommen. In der Antike sind für Bergbestei-
gungen nur folgende zwei Motive denkbar:
wissenschaftlicher Forscherdrang – dieser
aber nur bei den Griechen – und militärisch-
politische Notwendigkeit, diese typisch für
die Römer. […]

[Der Brief ist] ein Denkmal an der Schwelle zur Neuzeit oder, nach Hans Blumenbergs
Worten „einer der großen, unentschieden
zwischen den Epochen oszillierenden Au-
genblicke". Sein Geist steht im Kreuzpunkt
des „schon" und des dennoch „noch nicht".
Petrarca hat eine Erfahrung von Landschaft
als ästhetische Erfahrung gemacht, die an In-
tensität alle vorausliegende Landschaftserfahrung übertrifft. Wie Karlheinz Stierle
schreibt, ist „die Erfahrung der Landschaft,
trotz der spätantik-christlichen Vorformen,
die man bei den griechischen Kirchenvätern
findet, in ihrer perspektivischen Gestaffelt-
heit bis zu den Grenzen eines fernen Hori-
zonts eine ästhetische Erfahrung neuer

Qualität". Auch „die Verbindung von ästhe-
35 tischer und kontemplativer Betrachtung
scheint eine grundsätzlich neue Möglichkeit
der Landschaftserfahrung zu sein". Denn
dieses innerweltliche Interesse an Landschaft – vorausweisend auf den Geist der
40 welteroberenden Renaissance – wird bei Petrarca zwar evoziert [hervorgerufen], aber
gleich zurückgenommen durch die augusti-
nisch gefärbte Reflexion mittelalterlicher
Verneinung. Der Brief bezeugt einen kühnen
45 Ausblick auf das Neue und zugleich die Rückkehr ins Überkommene. Schon das Unternehmen an sich bedurfte der Entschuldigung, denn sowohl den Menschen der
Antike wie den des Mittelalters zeichnete ei-
50 ne eigentümliche Scheu aus, die Welt von
oben zu betrachten. Der natürliche Aufent-
haltsort des Menschen ist unten, seine ihm
gegebene Blickrichtung ist die von unten
nach oben, die […] des „Betrachters des Him-
55 mels". Bei Petrarca wird die Unmittelbarkeit
sinnlicher Erfahrung schon als befreiend
und beglückend empfunden, aber durch
Augustins Mahnwort als Frevel erkannt.
Noch weist die mittelalterliche Heilssorge
60 und Weltverneinung die neugierige Schau-
lust der Renaissance in die Schranken. Aber
der erste Schritt zu einer neuen Weltsicht
war getan.

Kurt Steinmann, Grenzscheide zweier Welten – Petrar-
cas Besteigung des Mont Ventoux, in: Francesco
Petrarca: Die Besteigung des Mont Ventoux, Latei-
nisch/Deutsch, Stuttgart (Reclam) 1995, S. 39–49.

21 b) Der Kulturphilosoph Jean Gebser über die
Bedeutung der Bergbesteigung Petrarcas (1966):
Das erste Landschafts- und Raumerlebnis Petrarcas wird dank der Perspektivlehre und
-anwendung Leonardos zu einem Allgemein-
besitz, zum Ausgangspunkt epochaler Entde-
5 ckungen und Erfindungen: in dem Moment,
da Leonardo das Problem der Perspektive
löst und damit die Möglichkeit für die Raum-
entäußerung ins Bild schafft, finden Ereignisse statt, die mit dieser Raumfindung Leo-
10 nardos parallel gehen: Kopernikus sprengt
den geozentrischen Himmel und entdeckt
den heliozentrischen Raum; Kolumbus
sprengt den einschließenden Okeanos und
entdeckt den Erdraum; Vesale, der erste
15 große Anatom, sprengt die alten Körperleh-
ren Galens und entdeckt den Körperraum;

Harvey sprengt die gebundene Medizin eines
Hippokrates und entdeckt den Blutkreislauf;
Kepler sprengt das unperspektivische, kreis-
20 und flächenhafte Weltbild der Antike, indem
er statt der Kreisbewegung der Planeten, wie
sie nach Ptolemäus noch ein Kopernikus an-
nahm, ihre Ellipsenbahn nachweist […], Ga-
lilei vertieft dann den Einbruch in den Raum
25 durch die Perfektionierung und die astronomische Anwendung des Teleskops, das zu
seiner Zeit in Holland erfunden worden war,
bis sich schließlich, wie Leonardo es bereits
vorentworfen hatte, der Mensch auch den
30 Raum der Luft und den untermeerischen
Raum eroberte. Wie stark das Bedürfnis um
die Wende des 15. zum 16. Jahrhundert war,
Raum zu gewinnen und die Fläche […] zu
durchbrechen, kommt nicht nur zum Aus-
35 druck in der Ablösung der Malerei von der
Sakralwand ins Tafelbild, also in dem Übergang von der Freskomalerei zur Ölmalerei,
sondern selbst auf den kleinsten und alltäg-
lichsten Gebieten. Um jene Zeit wurden die
40 ersten Spitzen hergestellt: selbst der Stoff
durfte nicht mehr nur Fläche sein; sie musste
durchbrochen werden, um den Hinter- oder
Untergrund durchscheinen zu lassen.

Jean Gebser, Ursprung und Gegenwart, Stuttgart
(DVA) 1966, S. 30 f.

10 a) Wiederholen Sie anhand von M3, S. 32,
Merkmale des Menschenbildes im Mittelalter.
b) Vergleichen Sie es anschließend anhand von
M15 mit dem Menschenbild der Renaissance.
11 Menschen- und Landschaftsdarstellungen
im Spätmittelalter – „finsteres Mittelalter" oder
„Aufbruch in die Moderne"? Untersuchen Sie
vergleichend die Bildquellen M1 und M2 (siehe
wiederholend die *Methodensonderseite 120 f.*).
12 🏃 Kunst und Wissenschaft im Zeitalter der
Renaissance – zwei Wandzeitungen. Einstieg:
s. Darstellung, S. 205, und M2, M16–M18.
13 a) Gliedern Sie den Brief Petrarcas (M19).
b) Fassen Sie zusammen, wie Petrarca die Besteigung des Mont Ventoux erlebt.
c) Informieren Sie sich über den Begriff der
Neugierde (M20) und beurteilen Sie davon
ausgehend das Unternehmen Petrarcas (M19).
14 a) Die Autoren in M21a und b verstehen
die Bergbesteigung Petrarcas als historische Zä-
sur. Wie begründen sie jeweils diese These?
b) Diskutieren Sie die Ambivalenz von Neugierde und Forscherdrang in der Moderne.

Krise oder Aufbruch im Spätmittelalter?
Eine Probeklausur

M 22 Der Historiker Frank Rexroth schreibt in seiner „Deutschen Geschichte des Mittelalters" über das Spätmittelalter (2005)

Die Theorie von einer „Krise des Spätmittelalters" war für Deutschland insbesondere auf agrargeschichtliche Veränderungen im Zeitalter der Pest gegründet worden (W. Abel).
5 An ihr ist in den vergangenen Jahren viel Kritik geübt worden: Dass im Spätmittelalter so viele Ansiedlungen aufgegeben wurden (sog. Wüstungen), sei wenigstens teilweise auf ganz normale wirtschaftliche Konzentra-
10 tions- und Intensivierungsprozesse zurückzuführen; die Schere, die sich vorübergehend zwischen den niedrigen Preisen für agrarische und den hohen für gewerbliche Produkte bzw. Löhne auftat, habe sich keineswegs
15 gravierend auf die Gesamtwirtschaft ausgewirkt; Ursache für den Anstieg der Preise mochte die qualitative Verbesserung der Ware sein; Grund für den steigenden gewerblichen Lohn sei die Umstellung vormals
20 üblicher Naturalleistungen auf reine Geldleistung gewesen. Die „goldene Zeit des (gewerblichen) Lohnarbeiters" (W. Abel) nennt das Spätmittelalter heute niemand mehr, zu deutlich sind die Anzeichen für das Elend
25 des städtischen Lohnarbeiterproletariats (U. Dirlmeier).
Es ist dennoch völlig angemessen, von einer Krise der spätmittelalterlichen Gesellschaft zu sprechen, ja „das Epochengefühl
30 des Spätmittelalters war wohl weitgehend ein Krisenbewusstsein (F. Graus). Dies hängt mit den tiefgreifenden sozialen Umschichtungen zusammen, die durch die Pest angestoßen wurden. Das große Sterben weckte
35 die Bereitschaft der Überlebenden, ihre gewohnte Umgebung zu verlassen und sich an neuen Orten neu zu vergemeinschaften. In schwierigen und konfliktreichen Prozessen kam es im Zuge dieses Mobilitätsschubes zu
40 einer Vielzahl neuer institutioneller Absicherungen der sozialen Welt – angefangen von den Versuchen, Ortsbildung, Preise und Konsumverhalten gesetzlich zu regeln, bis zu

einer neuen Ordnungswut im Umgang mit den Armen, den Handwerksgesellen, mit Lu- 45 xus, mit Prostitution und alltäglicher Gewalt. […]
Konstitutiv für die Mentalitäten in Stadt und Land war, dass die Sorge für das Seelenheil der Menschen von der mittlerweile 50 gänzlich auf Rom zentrierten Klerikerkirche monopolisiert wurde. Doch waren die Laien niemals bereit, diesen Anspruch gänzlich zu akzeptieren. […]
Als prägend für die Mentalitäten sollte 55 sich auch der Widerspruch zwischen dem Überherrschungsanspruch der landesherrlichen bzw. städtischen Obrigkeiten und dem Ideal der Selbstregulierung in Gilden und Gemeinden auswirken. Freilich darf 60 man hinter den ca. 60 bäuerlichen und etwa 200 städtischen Unruhen des Spätmittelalters keine demokratischen Freiheitsbewegungen sehen.
Frank Rexroth, Deutsche Geschichte im Mittelalter, München (C. H. Beck) 2005, S. 99 f.

15 Geben Sie den Gedankengang des Historikers Frank Rexroth zum Spätmittelalter unter Berücksichtigung seiner zentralen Begriffe und Thesen wieder (M22).
16 Erläutern Sie einige der zentralen Aussagen Rexroths und setzen Sie sich kritisch mit ihnen auseinander.
17 Verfassen Sie eine eigene Stellungnahme zu der Leitfrage „Krise oder Aufbruch im Spätmittelalter?". Berücksichtigen Sie bei Ihrer Argumentation auch die Geschichte der Renaissance.

Themen und Methoden

219

Weiterführende Arbeitsanregungen

⚐ Seuchen – ein Menschheitstrauma im historischen Längsschnitt (Kleinprojekte)

Beulen- und Lungenpest gehören neben Pocken, Grippe, Masern, Lepra, Fleckfieber, Tuberkulose, Syphilis und Cholera zu den großen Infektionskrankheiten, die in der Geschichte immer wieder Millionen Menschen das Leben gekostet haben. Die aus Asien Mitte des 14. Jahrhunderts nach Europa kommende **Pest** gelangte auch nach Abflauen der akuten Phase immer wieder auf den Kontinent zurück; mit dem Kolonialismus brachten die Europäer die Seuche um 1500 auch nach Amerika. Die letzten Pestepidemien fanden in Mitteleuropa im frühen 18. Jahrhundert statt, während es im südlichen Europa kleinere Ausbrüche noch im 19. und 20. Jahrhundert gab. Einzelne Fälle von Pest treten bis heute immer wieder in Teilen Amerikas, Afrikas und Asiens auf.
Im 19. Jahrhundert wurde Europa wiederholt von der **Cholera** heimgesucht, die von Asien kam. Die große **Influenza** 1918/19 gelangte von den USA aus nach Europa; weltweit starben an dieser Grippewelle mehr Menschen als an den Kriegshandlungen im Ersten Weltkrieg.
Das Auftreten von **AIDS** Ende des 20. Jahrhunderts hat das Thema Seuchen, das lange als ein Gegenstand vergangener Zeiten galt, wieder in das Licht der Öffentlichkeit gerückt.

Die Pest in Europa 1347–1350 (Wiederholung und Einstieg in die Teilprojekte)
a) Fassen Sie gemeinsam im Kurs die wichtigsten Ergebnisse zur Pest im Mittelalter zusammen (Darstellung; M3–M12). Gehen Sie nach folgenden Kriterien vor:
(1) Ausgangssituation (klimatische Faktoren, Agrarkrise, Hungersnöte u. a.);
(2) Verlauf (demografische Entwicklung, Reaktionen: Judenverfolgungen, Flagellanten u. a.);
(3) Folgen (Vermögenskonzentration, Preis- und Lohnentwicklungen u. a.).
b) Nutzen Sie die Kriterien (1) bis (3) als Grundlage für Ihre Arbeit in den Kleinprojekten.
c) Erstellen Sie als Ergebnis Ihrer Arbeit in den Kleinprojekten jeweils ein etwas längeres Handout, das den anderen Gruppen als Vorlage für die Vorbereitung auf eine Klausur dienen kann.

1 Teilprojekt 1: Wie die Europäer die Pest zu Beginn des 16. Jh. nach Amerika trugen

2 Teilprojekt 2: Pestepidemien in deutschen Städten der Frühen Neuzeit

3 Teilprojekt 3: Die *Cholera asiatica* in Mitteleuropa im 19. Jahrhundert

4 Teilprojekt 4: AIDS – Geschichte einer Seuche in der Moderne

Literatur- und Internethinweise
– Als knappen Einstieg und Überblick (14.–21. Jahrhundert) für alle Gruppen:
Putzger. Historischer Weltatlas, 103. Aufl., Berlin (Cornelsen) 2001, S. 82f.
– Detailstudien zur Geschichte der Pest von der Antike bis zur Gegenwart bietet:
Mischa Maier (Hg.), Pest. Die Geschichte eines Menschheitstraumas, Stuttgart (Klett-Cotta) 2005.
– Überblicksdarstellungen, Text- und Bildmaterialien zur Frühen Neuzeit finden sich im Katalog
„Gottes verhengnis und seine straffe." Zur Geschichte der Seuchen in der Frühen Neuzeit,
Wolfenbüttel/Wiesbaden (Herzog August Bibliothek/Harrassowitz Verlag) 2005.
– Ebenfalls als Übersicht (einschließlich der Geschichte von AIDS):
Jacques Ruffie/Jean-Charles Sournia, Die Seuchen in der Geschichte der Menschheit, 4. Aufl., Stuttgart (Klett-Cotta) 2000.
– Texte und Bilder aus dem Ausstellungskatalog *„Das große Sterben – Seuchen machen Geschichte",*
1995 herausgegeben vom Deutschen Hygiene-Museum Dresden finden sich auf der Internetseite:
www.gesundheitsamt.de/alle/seuche/infekt/sg/index.htm

Zur Wiederholung und Abiturvorbereitung

1 Zeigen Sie Probleme auf, die bei der Periodisierung der Epoche des Mittelalters auftreten können. Nutzen Sie hierfür die Darstellung in Kap. 1.

2 Setzen Sie sich kritisch mit der bis heute weit verbreiteten Ansicht auseinander, dass im Mittelalter die Vorstellung von der Scheibengestalt der Erde vorherrschte (siehe Kap. 2).

3 Welche Merkmale kennzeichnen die Mentalität der Menschen im Mittelalter? Stellen Sie Ihre Ergebnisse in Form einer Mindmap dar. Nutzen Sie hierfür unter anderem die fettgedruckten Begriffe in der Darstellung zu Kap. 3.

4 a) Definieren Sie die Begriffe „Grundherrschaft" und „Lehnswesen". Erläutern Sie deren Bedeutung anhand von Quellenbefunden aus Kap. 4.
b) Vergleichen Sie das Leben eines hörigen Bauern, der einer mittelalterlichen Grundherrschaft angehört, mit dem Leben eines Bauern in der Gegenwart (siehe Kap. 4).

5 Skizzieren Sie – ausgehend von der mittelalterlichen Ständelehre – die Ritter- und Adelskultur in ihren unterschiedlichen Ausprägungen (siehe Kap. 4).

6 a) Entwerfen Sie ein Schaubild zur sozialen und politischen Struktur der mittelalterlichen Stadt und erläutern Sie dabei den Satz „Stadtluft macht frei" (siehe Kap. 5).
b) Beurteilen Sie die These: „Die Stadt ist die Keimzelle unserer heutigen modernen Gesellschaft."

7 Stellen Sie die Merkmale zusammen, die die Wirtschaft im europäischen Spätmittelalter kennzeichnen (siehe Kap. 4 und 5).

8 a) Erläutern Sie in Grundzügen die Merkmale und Entwicklungen der politischen Herrschaft im frühen und späten Mittelalter (Kap. 6 und 7).
b) Vergleichen Sie sie mit den Grundzügen moderner Herrschaftsformen.
c) Setzen Sie sich kritisch mit der Auffassung auseinander, bereits im Mittelalter hätte es einen Staat gegeben, der mit dem heutigen vergleichbar ist.

9 a) Beschreiben Sie die wichtigsten Stationen in der Auseinandersetzung zwischen weltlicher und geistlicher Gewalt im Mittelalter. Gehen Sie dabei genauer auf die Bedeutung des Investiturstreits (1075–1022) ein (siehe Kap. 8).
b) Setzen Sie sich mit der Bedeutung auseinander, die die Trennung von geistlicher und weltlicher Gewalt seit dem Mittelalter für das Verhältnis von Religion und politischer Herrschaft in Europa bis heute hat.

10 Zeigen Sie, inwieweit die Geschichte der Kirche im Mittelalter von der Spannung zwischen Universalitätsanspruch und Spaltung geprägt war (siehe Kap. 8).

11 Untersuchen Sie, inwieweit im Mittelalter Grundlagen für die politische Teilhabe (Partizipation) im modernen Europa gelegt wurden. Ziehen Sie Darstellungen und Materialien aus dem Stadt-Kapitel (Kap. 5) und dem Kapitel über politische Herrschaft im Spätmittelalter heran (Kap. 7).

12 Formulieren Sie anhand von Kap. 9 Thesen über das Zusammenleben von Christen, Juden und Muslimen im Mittelalter a) im christlich geprägten Europa und b) im muslimischen Spanien. Gehen Sie in diesem Zusammenhang auch auf die Auswirkungen der Kreuzzüge ein.

13 a) Stellen Sie die zentralen Voraussetzungen, Merkmale und Folgen der Großen Pest 1347 bis 1352 in Europa dar (siehe Kap. 10).
b) Schreiben Sie einen Aufsatz zu dem Thema: „Seuchen – ein Trauma der Menschheit."

14 Erörtern Sie, inwieweit die Veränderungen in der Renaissance ein Ende der mittelalterlichen Epoche darstellen (siehe Kap. 10).

15 „Die Wurzeln des modernen Europa liegen im Mittelalter." Diskutieren Sie diese These (übergreifend zu allen Kapiteln).

16 Wiederholen Sie die zentralen Aspekte, die Sie bei der Interpretation
a) schriftlicher Quellen aus dem Mittelalter und
b) mittelalterlicher Bildquellen berücksichtigen müssen.
Stellen Sie jeweils Besonderheiten im Vergleich zu Quellen aus der Neuzeit heraus (siehe die *Methodensonderseiten* in Kap. 1, 4 und 6).

„Wiedergeben, einordnen, beurteilen" – Arbeitsaufträge in der Abiturklausur

Anforderungsbereich I – Wiedergeben von Sachverhalten aus einem abgegrenzten Gebiet und im gelernten Zusammenhang unter rein reproduktivem Benutzen geübter Arbeitstechniken, z. B.:

nennen, aufzählen: zielgerichtet Informationen zusammentragen, ohne sie zu kommentieren;

bezeichnen, schildern, skizzieren: historische Sachverhalte, Probleme oder Aussagen erkennen und zutreffend formulieren;

aufzeigen, beschreiben, zusammenfassen, wiedergeben: historische Sachverhalte unter Beibehaltung des Sinnes auf Wesentliches reduzieren.

Anforderungsbereich II – selbstständiges Erklären, Bearbeiten, Ordnen bekannter Inhalte und das angemessene Anwenden gelernter Inhalte und Methoden auf andere Sachverhalte, z. B.:

analysieren, untersuchen: Materialien oder historische Sachverhalte kriterienorientiert bzw. aspektgeleitet erschließen;

begründen, nachweisen: Aussagen (z. B. Urteil, These, Wertung) durch Argumente stützen, die auf historischen Beispielen und anderen Belegen gründen;

charakterisieren: historische Sachverhalte in ihren Eigenarten beschreiben und diese dann unter einem bestimmten Gesichtspunkt zusammenfassen;

einordnen: historische Sachverhalte in einen historischen Zusammenhang stellen;

erklären: historische Sachverhalte durch Wissen und Einsichten in einen Zusammenhang (Theorie, Modell, Regel, Gesetz, Funktionszusammenhang) einordnen und begründen;

erläutern: wie „erklären", aber durch zusätzliche Informationen und Beispiele verdeutlichen;

herausarbeiten: aus Materialien bestimmte historische Sachverhalte herausfinden, die nicht explizit genannt werden, und Zusammenhänge zwischen ihnen herstellen;

gegenüberstellen: wie „skizzieren", aber zusätzlich argumentierend gewichten;

widerlegen: Argumente dafür anführen, dass eine Behauptung zu Unrecht aufgestellt wird.

Anforderungsbereich III – reflexiver Umgang mit neuen Problemstellungen, den eingesetzten Methoden und gewonnenen Erkenntnissen, um zu eigenständigen Begründungen, Folgerungen, Deutungen und Wertungen zu gelangen, z. B.:

beurteilen: den Stellenwert historischer Sachverhalte in einem Zusammenhang bestimmen, um ohne persönlichen Wertebezug zu einem begründeten Sachurteil zu gelangen;

bewerten, Stellung nehmen: wie „beurteilen", aber zusätzlich mit Offenlegen und Begründen eigener Wertmaßstäbe, die Pluralität einschließen und zu einem Werturteil führen, das auf den Wertvorstellungen des Grundgesetzes basiert;

entwickeln: Analyseergebnisse synthetisieren, um zu einer eigenen Deutung zu gelangen;

sich auseinandersetzen, diskutieren: zu einer historischen Problemstellung oder These eine Argumentation entwickeln, die zu einer begründeten Bewertung führt;

prüfen, überprüfen: Aussagen (Hypothesen, Behauptungen, Urteile) an historischen Sachverhalten auf ihre Angemessenheit hin untersuchen;

vergleichen: auf der Grundlage von Kriterien historische Sachverhalte problembezogen gegenüberstellen, um Gemeinsamkeiten, Unterschiede, Teilidentitäten, Ähnlichkeiten, Abweichungen oder Gegensätze zu beurteilen.

Die folgenden Arbeitsaufträge verlangen Leistungen aus den **Anforderungsbereichen I, II und III:**

interpretieren: Sinnzusammenhänge aus Quellen erschließen und eine begründete Stellungnahme abgeben, die auf einer Analyse, Erläuterung und Bewertung beruht;

erörtern: Argumente auf ihren Wert und ihre Stichhaltigkeit hin abwägend prüfen und auf dieser Grundlage eine eigene Stellungnahme entwickeln; die Erörterung setzt eine Analyse voraus;

darstellen: historische Entwicklungszusammenhänge und Zustände mithilfe von Quellenkenntnissen und Deutungen beschreiben, erklären und beurteilen.

Facharbeiten: Methodische Tipps und Beispiele für Gegenstandsbereiche

Facharbeiten haben das Ziel, in wissenschaftliche Arbeitsweisen einzuführen. Ihr Umfang sollte in der Regel 8 bis 12 maschinenschriftliche Seiten nicht überschreiten. Der Gegenstand einer Facharbeit ist immer auf eine Fragestellung bezogen und besitzt eine in sich geschlossene Argumentation. Von den allgemeinen Arbeitsschritten sollten die Schritte 1 bis 3 von dem Betreuer/der Betreuerin begleitet werden, die Schritte 4 bis 7 sind selbstständig zu erarbeiten:

Arbeitsschritte

1 Thema formulieren (als Problemstellung) und Ziele der Arbeit bestimmen
2 Materialien sichten
3 Quellenbelegstellen und Literaturhinweise zitieren
4 Materialien gliedern
5 Materialien unter Beachtung der fachspezifischen Methoden auswerten
6 Die Argumentation aufbauen und entwickeln: Fragestellung(en), Methode(n) der Bearbeitung, Untersuchung (ggf. mit ungelösten Problemen und offenen Fragen), Ergebnis(se)
7 Die Arbeit gliedern und formal gestalten (z. B. textillustrierende oder -stützende Materialien einbauen). Die Gliederung sollte in jedem Fall folgende Elemente enthalten:
a) Deckblatt mit Thema, b) Inhaltsverzeichnis, c) Einleitung, d) Hauptteil, e) Ergebnisse, f) Verzeichnis der benutzten Quellen und Literatur

Praktische Hilfen zur Planung und Durchführung der Facharbeit
Werner Braukmann, Die Facharbeit, Berlin (Cornelsen) 2001.
Gerd Brenner, Die Facharbeit. Von der Planung zur Präsentation, Berlin (Cornelsen) 2002.

Vorschläge für Gegenstandsbereiche (Literatur-/Internethinweise: siehe S. 231 f.)

1 Geld- und Geldwirtschaft im mittelalterlichen Europa
2 Die soziale und wirtschaftliche Bedeutung der Kaufleute im Mittelalter
3 Die Herrschaftssymbole des Mittelalters und ihre Funktion für den Nationalismus des 19. und 20. Jahrhunderts
4 Zeiterfahrung und Zeitverständnis – im Mittelalter und heute
5 Der Sachsenspiegel – Entstehung und Bedeutung eines mittelalterlichen Gesetzeswerks
6 Gerichtskampf, ritterliche Fehde, Duell: zur Kulturgeschichte des Zweikampfs vom Mittelalter bis ins 20. Jahrhundert
7 Der Teppich von Bayeux als Beispiel einer mittelalterlichen Bildquelle
8 Bauernspeise – Herrenspeise: Ernährungsgewohnheiten im Mittelalter
9 Mathematik in der Architektur mittelalterlicher Kathedralen
10 Frauen und Handwerk in den mittelalterlichen Städten Europas
11 Kindheit und Jugend im Mittelalter
12 Armut in der mittelalterlichen Stadt
13 Die wirtschaftliche, politische und kulturelle Rolle der Hansestädte im Mittelalter
14 Die wirtschaftliche, politische und kulturelle Rolle der italienischen Seestädte im Mittelalter
15 Klosterleben im Mittelalter
16 Der Jakobsweg – ein Pilgerweg im Mittelalter und heute
17 Die Geschichte der Katharer als Beispiel für eine mittelalterliche Ketzerbewegung
18 Noah Gordon: „Der Medicus" – ein historischer Roman und sein geschichtlicher Hintergrund
19 Der Einfluss des Islams auf das europäische Mittelalter
20 Die Bedeutung des Buchs vor und nach Gutenberg
21 Mensch und Umwelt in Mittelalter und Neuzeit
22 Blick über die Grenzen – Was geschah zur Zeit des europäischen Mittelalters in … (z. B. China, Japan, Indien, Afrika, Südamerika, Nordamerika)

Zeittafel

seit 313	Mit der „konstantinischen Wende" verstärkt sich die Christianisierung in den germanischen Provinzen des Römischen Reiches.
ca. 375	Die **Völkerwanderung** beginnt und leitet einen tiefgreifenden Wandel in Europa ein.
395	Das Römische Reich wird in ein Weströmisches und ein Oströmisches Reich geteilt.
476	Mit der Absetzung des letzten römischen Kaisers endet die Geschichte des Weströmischen Reiches.

Frühmittelalter (6.–10./11. Jahrhundert)

482–751	Die **Merowinger** herrschen im **Frankenreich.** Der Sieg Clodwigs I. 486 über den letzten römischen Statthalter Syagrius und die Übernahme des Christentums durch die Franken 488/89 schaffen entscheidende Grundlagen für den Aufstieg der Merowinger.
529	Das erste abendländische Kloster Monte Casino wird durch Benedikt von Nursia (um 480–543) gegründet.
um 600	Der Heilige Gregor I. (590–604) ist der erste „typisch mittelalterliche" **Papst.**
633	Die Ausbreitung des **Islams** beginnt.
8. Jh.	Das **Lehnswesen** setzt sich durch.
seit 8./9. Jh.	Die Zahl der jüdischen Gemeinden in Europa nimmt zu; bereits seit der Zeit des Römischen Reiches siedeln Juden im heutigen Deutschland (321 Köln).
8. Jh.–1492	Während der **Reconquista** erobern christliche Herrscher die iberische Halbinsel zurück.
732	Die Franken besiegen die Araber bei Poitiers.
751–911	Mit der Krönung Pippins (751) zum König beginnt die Herrschaft der **Karolinger** im Frankenreich. Seit der „Pippin'schen Schenkung" gibt es einen Kirchenstaat.
768–814	**Karl der Große** baut das fränkische Reich aus und stellt seine Herrschaft durch die enge Verbindung mit dem Papsttum auf eine neue Grundlage.
800	Karl der Große wird zum **Kaiser** gekrönt.
um 900	Bruderkämpfe und Reichsteilungen leiten den Niedergang und die Teilung des Frankenreiches ein. Die Nachfolgereiche bilden die Grundlage für spätere Nationalstaaten, z. B. Frankreich, Italien und Deutschland; Deutschland geht aus dem ostfränkischen Reich hervor.
10. Jh.	Die **Ostsiedlung** beginnt.
11. Jh.	Beginn des Burgenbaus.
10./11. Jh.	Vom Kloster Cluny geht eine kirchliche Reformbewegung aus, die Klöster und Kirchen von der Einbindung in die weltliche Herrschaft befreien will.

Hochmittelalter (10./11.–Mitte 13. Jahrhundert)

919–1024	Die sächsischen **Ottonen** regieren das Reich. Das Königtum begründet sich auf der Grundlage der sogenannten Stammesherzogtümer neu.
936–973	Unter **Otto I.**, dem Großen, entsteht das sogenannte **Reichskirchensystem.**
11. Jh.	In Mittel- und Nordeuropa beginnt eine Welle der **Städtegründungen.**
1024–1125	Die **Salier** regieren das Reich.
1054	Römische und griechisch-orthodoxe Kirche trennen sich **(Schisma).**
1066	Der Normannenherzog Wilhelm erobert England.
1073–1085	Der Reformpapst Gregor VII. fordert die Unterwerfung der weltlichen unter die geistliche Macht.
1075–1122	Im **Investiturstreit** ringen weltliche und geistliche Macht um ihre Rechte bei der Einsetzung der Bischöfe. Er wird mit dem **Wormser Konkordat** 1122 beendet, in dem Kaiser und Papst von ihren Maximalforderungen abgehen.
1077	Mit seinem Gang nach **Canossa** unterwirft sich der gebannte deutsche König Heinrich IV. im Investiturstreit dem Papst.
1095–1291	Die vom Rittertum aus dem lateinisch-christlichen Westen getragenen **Kreuzzüge** sollen das Heilige Land vom Islam befreien.
12. Jh.	Beginn der Gründung von **Universitäten.**
12./13. Jh.	In den Städten beginnt sich das Handwerk in **Zünften** zu organisieren.
1138–1254	Die **Staufer** regieren das Reich.

1152–1190	Der Staufer **Friedrich I. Barbarossa** herrscht im Reich und betreibt eine energische Italienpolitik.
1180–1223	König **Philipp II. Augustus** regiert in Frankreich.
1190	Der **Deutsche Orden** wird gegründet.
1214	Die Franzosen siegen bei **Bouvines** über ein deutsch-englisches Heer. In Frankreich entsteht ein starker Zentralstaat.
1215	Die *Magna Charta Libertatum* beschränkt die Macht des Königs in England; damit beginnt in England die Geschichte des Verfassungs- und Rechtsstaates und des Parlamentarismus.
1220–1235	Eike von Repgow verfasst den **Sachsenspiegel**, der sich zu einem der bedeutendsten Rechtsbücher des Mittelalters entwickelt.
1232	Der Staufer Friedrich II. erlässt im Reich das *Statutum in favorem principum* (Gesetz zugunsten der Fürsten).

Spätmittelalter (Mitte 13.–15. Jahrhundert)

Anf. 13. Jh.	Franz von Assisi (1182–1226) ruft den **Franziskanerorden** (Bettelorden) ins Leben; 1216 entsteht der Dominikanerorden.
13.–16. Jh.	Die **Hanse** wirkt als nordeuropäischer Kaufmannsbund.
13.–15. Jh.	Zeit der **Städtebünde**.
seit 1254	Die Schwäche der kaiserlichen bzw. königlichen Zentralgewalt begünstigt seit dem Ende der Stauferherrschaft in den Territorien die Entwicklung vom Personenverbands- zum Territorialstaat.
14. Jh.	In Italien beginnen **Humanismus** und **Renaissance**.
1302	In der Bulle *„Unam sanctam"* fordert der Papst, der sich in einem Konflikt mit dem französischen König befindet, die Unterwerfung der weltlichen unter die päpstliche Macht.
1303	Der französische König Philipp IV. nimmt Papst Bonifaz VIII. gefangen.
1347–1352	Die **Große Pest** überzieht Europa. Zusammen mit Missernten und Klimaverschlechterungen („Kleine Eiszeit") stürzt die Pest Europa in eine große Krise.
1356	Das unter Karl IV. erlassene Reichsgrundgesetz, die **Goldene Bulle**, regelt erstmals umfassend die Königswahl durch ein Kollegium von sieben **Kurfürsten**.
1378–1417	Das **große abendländische Schisma** spaltet die Kirche. Es gibt zwei Päpste, einen in Rom und einen in Avignon, die sich gegenseitig befehden.
1339–1453	Der **Hundertjährige Krieg** zwischen England und Frankreich entzündet sich am Anspruch des englischen Königs auf den französischen Thron.
um 1400	Protestbewegung der **Hussiten** gegen die Kirche.
1414–1417	Infolge des **Konstanzer Konzils** wird das Kirchenschisma beendet.
1410	In der Schlacht von **Tannenberg**, eine der größten des späten Mittelalters, wird das Ritterheer des Deutschen Ordens geschlagen.
um 1450	Der **Buchdruck** mit beweglichen Lettern wird erfunden und löst eine Kommunikationsrevolution aus.
1495	**Reichsreform** unter König Maximilian I. (endgültiges Verbot der Fehde; Einsetzung eines obersten Gerichts; Erhebung allgemeiner Reichssteuern; aus dem Hoftag wird der Reichstag).
1517	Mit der Veröffentlichung seiner 95 Thesen zur Reform der Kirche leitet Martin Luther die **Reformation** ein. Mit der nachfolgenden Herausbildung von Katholizismus und Protestantismus zerbricht die kirchliche und religiöse Einheit des westeuropäischen Christentums.

Lösungen zu Aufgabe 1, S. 7:
Mittelalter: M2, M3, M4, M5, M6, M7, M8, M9, M12
19. Jahrhundert: M10, M11, M13
20. Jahrhundert: M14

Begriffslexikon

Adel: Bis um 1800 (teilweise länger) war der Adel in Europa die mächtigste Führungsschicht. Sie besaß erbliche Vorrechte, hatte besondere politische und militärische Pflichten, verfügte über ein ausgeprägtes Standesbewusstsein und besondere Lebensformen. Adel war in der Regel verbunden mit Grundbesitz und daraus begründeten Herrschafts- und Einkommensrechten (siehe auch Grundherr).

Altsiedelland: im Zusammenhang mit dem Heiligen Römischen Reich die älteren Reichsteile im Gegensatz zu neu besiedelten Gebieten (z. B. im Zuge der Ostsiedlung).

Aufklärung: auf die Vernunft gegründete, europäische Reformbewegung des 17./18. Jh., die sich gegen kirchliche, feudale und absolutistische Traditionen wandte. Forderungen waren u. a. unbeschränkte Öffentlichkeit, freie Meinungsäußerung, Toleranz und Gewaltenteilung.

Bürger, Bürgertum: Im Mittelalter gehörten zu dieser sozialen Schicht vor allem die freien und vollberechtigten Stadtbewohner, insbesondere die städtischen Kaufleute und Handwerker.

Dreifelderwirtschaft: Vom Mittelalter bis ins 19. Jh. übliche Anbaumethode, bei der zwei Drittel des Ackers mit Sommer- und Wintergetreide bebaut werden und ein Drittel brachliegt.

Fehde: Nach germanischem Recht war es dem Opfer einer Missetat und seiner Sippe erlaubt, am Verbrecher Rache zu üben. Da in der archaischen Zeit des Mittelalters die Gerichtsgewalt der Grafen und des Königs kaum durchgesetzt werden konnte, durfte jeder Selbsthilfe anwenden. Die ritterliche Fehde des hohen Mittelalters setzte dagegen keine Missetat voraus und konnte auch aus Streitigkeiten um Recht und Besitz entstehen. Seit dem 11. Jh. versuchten weltliche und geistliche Herrscher durch Land- und Gottesfrieden die Fehden einzudämmen. In der frühen Neuzeit unterdrückte das entstehende Gewaltmonopol des Staates die Fehde als Rechtsmittel (z. B. 1258 in Frankreich, 1495 im Heiligen Römischen Reich).

Feudalismus: siehe Lehnswesen.

Frondienst: siehe Grundherr.

Fronhof: agrarischer Betrieb eines Grundherrn; die dort ansässigen Bauern mussten dem Herrn Abgaben und Dienste leisten.

Fürsten: oberste Schicht des Adels, aus der der König hervorging; die Fürsten waren dem König zu Militär-, Hof- und Beratungsdiensten verpflichtet. Es gab weltliche und geistliche Fürsten. Eine genaue Abgrenzung zu anderen adligen Herrschaftsträgern ist nicht möglich. Ab dem 12. Jh. setzte eine Entwicklung ein, welche die Fürsten zu einem abgeschlossenen Stand, den Reichsfürsten (siehe dort), vereinte.

Grundherr, Grundherrschaft: Der Grundherr konnte eine Person oder eine Institution sein, also z. B. ein Adliger oder ein Kloster. Er verfügte über das Obereigentum an Grund und Boden und gab dies an abhängige, oft unfreie Untereigentümer (Hörige) zur Bewirtschaftung aus. Für den Schutz, den der Grundherr gewährte, waren die Hörigen zu Abgaben und unbezahlten Diensten (Frondienste: Säen, Ernten, Wegebau, Pflügen, Transportieren) verpflichtet.

Heiliges Römisches Reich Deutscher Nation: Das deutsche Kaiserreich erhob im Mittelalter den Anspruch, den Königreichen übergeordnet zu sein. Die Kaiser sahen sich als Nachfolger der römischen Kaiser und Oberherren der Christenheit; ihr Reich wurde daher als „Heiliges Römisches Reich" bezeichnet. Es ging über die heutigen Grenzen Deutschlands hinaus. Im 15. Jh. kam der Zusatz „Deutscher Nation" hinzu.

Hörige: Zu dieser sozialen Gruppe gehörten von einem Grundherrn abhängige Bauern, denen der Herr gegen Abgaben und Dienste (Frondienste) Land zur selbstständigen Bewirtschaftung überließ. Sie waren an den von ihnen bearbeiteten Boden gebunden und konnten mit ihm zusammen verkauft oder verschenkt werden. Während des Mittelalters besserte sich die Stellung der Hörigen, die von ihnen bewirtschafteten Höfe wurden erblich, die Dienste und Abgaben wurden festgelegt oder konnten durch Geldzahlungen abgegolten werden.

Humanismus: in Italien entstandene Bildungsbewegung vom 14. bis zum 16. Jh. (siehe S. 205).

Investitur: Einweisung in einen Besitz. Das Kirchenrecht verstand darunter die Übertragung eines Kirchenamtes mit symbolischer Überreichung der Insignien, wobei seit dem Hochmittelalter nur noch die tatsächliche Einweisung in ein Kirchenamt gemeint war. Im Lehnswesen ging es um die Übertragung weltlicher und geistlicher Befugnisse an den gewählten Abt oder Bischof durch den König.

Kapitalismus: Wirtschaftsordnung, in der sich das Produktivkapital in den Händen von Privatpersonen oder -gruppen befindet (Unternehmer, Kapitalisten). Diesen stehen die Lohnarbeiter gegenüber. Entscheidungen werden im Hinblick auf den Markt und die erhofften Gewinne getroffen (also nicht vom Staat).

Ketzer: Person, die von der offiziellen kirchlichen Lehre abweicht. Wichtige Forderungen mittelalterlicher Ketzerbewegungen waren Freiheit der Predigt und Besitzverzicht der Geistlichen.

Kurfürsten: seit der „Goldenen Bulle" von 1356 die sieben Fürsten, die den König des Heiligen Römischen Reichs wählten.

Klerus: Gesamtheit der Personen, die durch eine kirchliche Weihe in den Dienst der Kirche getreten sind (= Geistliche). Als eigener Stand besaßen sie bis ins 19. Jh. hinein politische und wirtschaftliche Vorrechte (Erhebung des Zehnten, eigene Gerichtsbarkeit, Steuerfreiheit).

Landesherr: Person, die über ein fest umrissenes Gebiet (= Territorium) des Reiches herrscht (im Heiligen Römischen Reich seit dem 11. Jh.). Während sich vor dem Aufkommen der Landesherren Herrschaft in erster Linie auf Personen unabhängig von deren Wohnsitz richtete, sind nun die Bewohner eines Territoriums der Gewalt der Landesherren unterworfen. Jeder Landesherr (z. B. Graf, Herzog) musste sich beim Ausbau seiner Herrschaft gegen benachbarte Herren durchsetzen. Vom 13. Jh. an gelang es großen Herren, sich wichtige Befugnisse vom König übertragen zu lassen.

Lehnswesen: Pflicht- und Treueverhältnis zwischen Herren und Vasallen (siehe S. 48–50).

Ministerialen (= Dienstmannen): Sie waren ursprünglich Unfreie. Vom 10. Jh. an wurden sie von ihren Herren mit Verwaltungs- und Kriegsdiensten beauftragt. Seit der Stauferzeit (12. Jh.) verbanden sie sich mit dem Adel zum Ritterstand. Im Spätmittelalter verloren sie die Unfreiheit und gehörten zum niederen Adel.

Patrizier: Angehörige der bürgerlichen Oberschicht in der mittelalterlichen Stadt. Sie rekrutierten sich aus in den Städten lebenden Adligen, Ministerialen und Fernkaufleuten. Bis ins 14. Jh. waren allein Patrizier ratsfähig und berechtigt, hohe städtische Ämter zu bekleiden.

Personenverbandsstaat: So wird eine mittelalterliche Herrschaftsordnung bezeichnet, die auf der rechtlichen Bindung zwischen Personen beruht. Das moderne Staatsverständnis geht von einem Gebiet aus, das von der durch Beamte ausgeübten Verwaltung einheitlich erfasst wird.

Privileg: Vorrecht.

profan: weltlich, nicht heilig (Gegensatz: sakral).

Reformation: die von Martin Luther 1517 ausgelöste christliche Reformbewegung, die zur Spaltung der christlichen Kirche in Evangelen und Katholiken führte.

regnum (lat.): Herrschaft, Regierung.

Reichsfürsten: Das waren seit dem 12. Jh. die geistlichen und weltlichen Fürsten, die direkt vom König belehnt wurden. Reichsfürstentümer mussten nach dem Tod des Fürsten neu verliehen werden. Im Reichstag bildeten sie seit dem Spätmittelalter den Reichsfürstenrat.

Reichskirchensystem: So wird eine Form kirchlicher Organisation bezeichnet, bei der Adlige zugleich die hohen geistlichen Ämter und führenden Funktionen in der weltlichen Herrschaft übernahmen (siehe S. 153 und 158).

Reichsstände: Im Heiligen Römischen Reich gehörten zu ihnen die Reichsfürsten, -grafen, -prälaten (= Angehörige der Reichskirche) und -städte, die die Reichsstandschaft besaßen, d. h. zur Führung einer Stimme im Reichstag berechtigt waren. Diese erwuchs mit Ausnahme der Reichsritter und Reichsdörfer aus der Reichsunmittelbarkeit. Die Reichsstände waren seit dem 14. Jh. in drei gleichberechtigte Gruppen geteilt (Kurfürstenkollegium, Reichsfürstenrat, Städtekollegium) und repräsentierten zusammen mit dem Kaiser das Reich.

Reichstag: Stände- oder Volksvertretung eines Reiches. Im Heiligen Römischen Reich die Ständeversammlung, die sich aus dem Hoftag entwickelte. Der Reichstag setzte sich zunächst nur aus den Fürsten, später auch aus den Grafen und freien Herren sowie Vertretern der Reichs- und Bischofsstädte zusammen. Er befasste sich mit Heerfahrt, Reichskriegen, -steuern, -gesetzen, Erhebungen in den Reichsfürstenstand.

Reichsunmittelbarkeit: im Heiligen Römischen Reich die unmittelbar unter der königlichen bzw. kaiserlichen sowie der Reichsverwaltung stehenden Adligen, Städte und Landesteile.

Renaissance: Der Begriff dient seit dem 16. Jh. als Bezeichnung für die „Wiedergeburt" der antiken Kunst und Bildung (siehe S. 205).

Revolution: am Ende einer (meist gewaltsamen) Revolution steht der tiefgreifende Umbau eines Staates.

Ritter: Reiterkrieger mit eigener Lebensform (siehe S. 51).

Romantik: verschiedene gesellschaftliche Bereiche erfassende Bewegung des 19. Jh. Das Mittelalter wurde zur religiösen und politischen Einheit verklärt, Revolutionen eine Absage erteilt und das Volksleben idealisiert.

Scholastik: mittelalterliche Denktradition, die Vernunft und Glauben miteinander verbinden wollte. Mithilfe der Philosophie sollte die christliche Offenbarung erklärt und der Glaube in einem einheitlichen System zusammengefasst werden. Scholastiker befassten sich damit, Begriffe und Fragestellung genau zu definieren und Beweisführungen logisch zu begründen.

Stand, Stände: Als Stand bezeichnet man eine Gruppe in einer Gesellschaft, die durch rechtliche Bestimmungen klar umgrenzt ist, die bestimmte Vorrechte hat oder auch von bestimmten Rechten ausgeschlossen ist. Stände sind (1.) Gruppen, die sich durch jeweils eigenes Recht, Einkommensart, politische Stellung,

Lebensführung und Ansehen unterscheiden und die Gesellschaft des Mittelalters und der Frühen Neuzeit prägten (Ständegesellschaft); man unterschied Geistlichkeit (Klerus), Adel, Bürger, Bauern, unterständische Schichten. Stände sind

(2.) Körperschaften zur Wahrnehmung politischer Rechte (z. B. Steuerbewilligung) in den Vertretungsorganen (Landtagen, Reichstagen) des sich im Spätmittelalter und der Frühen Neuzeit entstehenden Ständestaates. Adel, Klerus, Städtevertreter und z. T. Bauern traten als Stände gegenüber dem Landesherrn auf.

Territorialstaat: Sie entstanden im deutschen Reich seit dem 13. Jh. durch die Zusammenfassung wichtiger Herrschaftsrechte in der Hand der Landesherren. Als Kernstück der Landesho-

heit galt seit dem Spätmittelalter und der frühen Neuzeit die hohe Gerichtsbarkeit. In manchen Territorialstaaten kam es zum Konflikt zwischen den Herrschaftsansprüchen des Landesherrn und den Mitwirkungsrechten der Landstände im Steuer- und Rechtswesen. Typisch für den Territorialstaat ist der Aufbau einer zentralisierten Verwaltung und das Zurücktreten lehnsrechtlicher Bindungen.

Vasall: siehe Lehnswesen

Zunft: städtische Vereinigung von Handwerkern eines Berufs. Jeder Meister musste der Zunft beitreten (Zunftzwang). Die Zunft beschränkte die Zahl der Meister, Gesellen und Lehrlinge, regelte Produktionstechnik und Arbeitszeit, kontrollierte Erzeugnisse und Preise (Zunftordnung).

Personenlexikon und Personenregister

Adelheid, die Heilige (um 931–999): Nach dem Tod ihres Mannes, König Lothar von Italien (950), wurde sie gefangen gehalten. Sie rief Otto I., den Großen, zu Hilfe, der sie 951 heiratete. 991–995 war sie mit Willigis von Mainz Regentin für Otto III. *41, 46, 107*

Augustinus (354–430): Der Kirchenlehrer betonte die Abhängigkeit des Menschen von der Gnade Gottes und betrachtete die Weltgeschichte als auf den jüngsten Tag hin ausgerichtete Auseinandersetzung Gottes mit der irdischen Welt. *21, 24, 217*

Bonifaz VIII. (1235–1303): Der Papst (1294–1303) versuchte, gegen den französischen König den Vorrang der geistlichen Macht vor der weltlichen durchzusetzen (Bulle *„Unam Sanctam"*). Dabei scheiterte er und leitete den Niedergang der päpstlichen Machtstellung ein. *154, 168, 170*

Calixt II. (gest. 1124): Der Papst (1119–1124) beendete 1122 durch das Wormser Konkordat den Investiturstreit. *154, 164*

Chlodwig I. (um 466–511): Der Frankenkönig (481–511) aus der Dynastie der Merowinger trat zum Christentum über und begründete mit seiner Herrschaft die Machtstellung des Frankenreiches. *105, 153*

Edward I. (1239–1307): Der englische König (1272–1307) begründete 1303 durch die Verbindung seines Sohnes mit der französischen Königstochter den englischen Anspruch auf den französischen Thron. *137*

Franz von Assisi: siehe die ausführliche Biografie *S. 172 f.*

Friedrich I. Barbarossa (um 1122–1190): Der deutsche König (1152–1190) aus der Dynastie der Staufer schaffte nach sechs Italienzügen einen Interessenausgleich zwischen dem Reich, dem Papst und den Städten der Lombardei. Er entzog seinem stärksten innenpolitischen Gegner, dem Welfenherzog Heinrich dem Löwen, das Lehen. Der Sage nach soll er im Kyffhäuser ruhen. *122*

Friedrich II. (1194–1250): Der Staufer, Enkel von Friedrich Barbarossa, legte in Süditalien und Sizilien die Grundlagen zu einem modernen zentral gelenkten Beamtenstaat. Seit 1220 war er Kaiser und bekräftigte im *„Statutum in favorum principum"* die Gleichstellung der weltlichen mit den geistlichen Fürsten im Reich; er krönte sich auf dem 5. Kreuzzug 1229 zum König von Jerusalem. *46, 75, 109, 122, 132, 138, 170*

Gregor I., der Große (um 540–604): Der Kirchenlehrer war von 590–604 Papst und legte die Grundlagen für den späteren Kirchenstaat. Er erkannte die Bedeutung der germanischen Völker für die Zukunft der Kirche. *156 f.*

Gregor VII. (um 1021–1085): Er stellte sich als Papst (1073–1085) auf die Seite der Kirchenreformer und kämpfte gegen Simonie und Laien-Investur sowie für das Zölibat. Sein striktes Eintreten für die Unterordnung des Kaisers unter den Papst in der Programmschrift *„Dictatus Papae"* löste den Investiturstreit aus. *154, 159 ff.*

Heinrich der Löwe (um 1129–1195): Er stammte aus der Dynastie der Welfen und wurde mit den Herzogtümern Sachsen und Bayern belehnt. 1176 verweigert er Kaiser Friedrich I. die Gefolgschaft, wurde daraufhin gebannt und verlor seinen Besitz. *122, 129*

Heinrich I. (um 875–936): Der Sachsenherzog aus dem Haus der Ludolfinger und Begründer der Ottonen wurde 919 zum deutschen König gewählt. Er erweiterte das Reich im Osten durch Unterwerfung slawischer Gebiete und konnte Lothringen durch Verhandlungen dem Reich einverleiben. *108, 118 f.*

Heinrich IV. (1050–1106): König aus dem Hause der Salier (seit 1056), Kaiser (seit 1084), Gegenspieler von Papst Gregor VII. im Investiturstreit; Bußgang nach Canossa 1077. *154, 161 ff., 180, 189*

Heinrich V. (1086–1125): 1098 wurde der Salier zum König gewählt. Er lehnte wie sein Vater, Heinrich IV., das päpstliche Investiturverbot ab. Verhandlungen mit Papst Calixt führten 1122 zum Wormser Konkordat. *77, 154, 164*

Helmhold von Bosau (1120–1177): Der Prediger war ein Zeitgenosse von Kaiser Friedrich I. Barbarossa und Herzog Heinrich dem Löwen. Seine *„Chronica slavorum"*, die bis etwa 1170 reicht, ist die wichtigste Quelle für die Anfänge der deutschen Siedlung im Nordosten und für die Geschichte Heinrichs des Löwen. *135 f.*

Hus, Jan (um 1370–1415): Der tschechische Kirchenreformer kämpfte gegen Güterbesitz und Verweltlichung des Klerus und der Klöster. Durch die Förderung einer einheitlichen Schriftsprache und einer tschechischen Literatur trug er zur kirchlich-nationalen Verselbstständigung der Tschechen bei. 1411 wurde er von der Kirche exkommuniziert und 1415 als Ketzer verbrannt. *155, 175 ff.*

Innozenz III. (1160/61–1216): Der Papst (1198–1216) erweiterte den Kirchenstaat, festigte die Autorität des Papsttums nach innen und außen, leitete auf dem 4. Ökumenischen Konzil eine Reform der Kirche ein und erkannte den Franziskanerorden an. *32, 169, 172*

Karl der Große (747–814): Mit seinem Bruder Karlmann regierte er das Frankenreich zusammen (768–771), nach dessen Tod alleine. Er eroberte in Italien das Langobardenreich und übernahm die Königswürde (774), gleichzeitig erneuerte der die Pippin'sche Schenkung und den Schutz des Kirchenstaates. Erfolge gegen die Araber 801 (Spanische Mark) und vor allem gegen den Sachsenherzog Widukind erweiterten und sicherten das Reich. An Weihnachten 800 wurde Karl zum Kaiser gekrönt. *23, 56f., 107f., 110ff., 153*

Karl IV. (1316–1378): Der deutsche König (1347–1378) wurde 1355 zum Kaiser gekrönt. Er regelte mit der „Goldenen Bulle" 1356 die Königswahl. Seine Hausmacht im Osten baute er aus, Prag wurde geistiger Mittelpunkt des Reiches (Gründung der Universität 1348). *139f.*

Karl Martell (um 676–741): Der Hausmeier im Fränkischen Reich (714-741) schlug bei Poitiers die Araber und verhinderte deren Vordringen nach Norden. Er unterstützte die Mission des Bonifazius und gilt als Begründer der fränkischen Großmacht. *183*

Karl V. (1500–1558): Der deutsche König (1519–1556) aus der Habsburgerdynastie erbte nach 1519 die Herrschaft u. a. in Spanien, Österreich, Niederlande, Neapel. Nach seiner Kaiserkrönung 1530 war er im Deutschen Reich wenig präsent. Es gelang ihm nicht, die kaiserliche Macht im Reich zu festigen. *147*

Klara von Assisi: siehe die ausführliche Biografie *S. 172f.*

Konstantin I., der Große (um 280–337): Mit der Aufwertung des Christentums zur gleichberechtigten Religion 313 leitete der römische Kaiser (306–337) ein neues Zeitalter, die Spätantike ein. *114, 152*

Lampert von Hersfeld (gest. nach 1080): Die „Annalen" des Mönches und Geschichtsschreibers sind eine wichtige Quelle besonders für die Zeit von 1070–1077. Seine Schriften sind durch eine Parteinahme gegen Kaiser Heinrich IV. gekennzeichnet. *36, 159*

Ludwig I., der Fromme (787–840): Der Sohn Karls des Großen wurde 813 zum Mitkaiser ernannt. Um seine Nachfolge entbrannten heftige und gewaltsame Auseinandersetzungen. Während der Kämpfe mit seinem Sohn Ludwig starb der Kaiser 840. *105*

Luther, Martin: Der Begründer der Reformation studierte zunächst die Rechte, trat aber aufgrund eines Gelübdes – er war während eines Gewitters in Lebensgefahr geraten – in das Kloster der Augustinereremiten in Erfurt ein: 1507 wurde er zum Priester geweiht, 1512 Doktor der Theologie und Professor für Bibelauslegung an der Universität Wittenberg. Mit der Publikation seiner 95 Thesen leitete er die Reformation ein. *18*

Otto I., der Große (912–973): 936 wurde der Sachsenherzog zum König gewählt; er festigte seine Macht mithilfe der geistlichen Fürsten (Reichskirchensystem) und wehrte 955 die Ungarn ab. Während des 2. Italienzuges wurde er 962 zum Kaiser gekrönt. *46, 108, 115ff., 159*

Otto III. (980–1002): Er wurde 996 zum Kaiser gekrönt. An altrömische, karolingische und ottonische Traditionen anknüpfend, wollte er Reich und Kirche erneuern und vereinen *(renovatio imperii romanorum)*. Das Kaisertum sollte über dem Papsttum stehen. *121*

Otto von Freising (nach 1111–1158): Der Bischof und Geschichtsschreiber war oft an der Reichspolitik beteiligt und nahm als Heerführer am 2. Kreuzzug (1147) teil. In der Nachfolge des Kirchenlehrers Augustinus deutete er in seiner Weltchronik die Geschichte als Ringen zwischen weltlichem und göttlichem Reich. *117, 163*

Petrarca, Francesco (1304–1374): Der italienische Dichter war einer der bedeutendsten Humanisten und begründete die literarische Renaissance mit. *205, 216ff.*

Philipp II. Augustus (1165–1223): Der französische König (1180–1223) besiegte 1214 bei Bouvines den englischen Monarchen Johann ohne Land sowie den Welfen Otto IV. Damit entschied er den Thronstreit zu Gunsten des Staufers Friedrich II. und eroberte fast den ganzen englischen Festlandbesitz in Frankreich zurück. *130, 133ff.*

Rudolf von Habsburg (1218–1291): Seine Wahl zum König 1273 beendete die Zeit des Interregnums. Er versuchte, die königliche Machtposition zurückzugewinnen, und legte die Grundlage für die spätere Hausmacht der Habsburger. *17, 132*

Theophanu (um 955–991): Seit 972 war sie mit Otto II. verheiratet und seit 983 Regentin für Otto III. Gemeinsam mit dem Mainzer Erzbischof Willigis sicherte sie den Bestand des Reiches für ihren Sohn. *41, 107, 120*

Urban II. (um 1035–1099): Der Papst (1088–1099) rief auf den Synoden von Piacenza und Clermont (1095) die abendländische Christenheit zur Befreiung des Heiligen Landes auf und leitete damit die Kreuzzüge ein. *181, 185f.*

Walther von der Vogelweide (um 1170–um 1230): Er war einer der bedeutendsten mittelhochdeutschen Dichter, der den hohen Minnesang meisterhaft beherrschte. *50f., 62*

Fachliteratur, Internetadressen und Hilfsmittel für Präsentationen und Projekte

Einführungen, Lexika, Überblicksdarstellungen

Borst, Arno, Die Welt des Mittelalters, Hamburg 2007.

Borst, Otto, Alltagsleben im Mittelalter, Frankfurt/Main 1983

Boockmann, Hartmut, Einführung in die Geschichte des Mittelalters, 7. Aufl., München 2001.

Fuhrmann, Horst, Überall ist Mittelalter, 3. Aufl., München 2003.

Heimann, Heinz-D., Einführung in die Geschichte des Mittelalters, 2. Aufl., Stuttgart 2006.

Märtl, Claudia, Die 101 wichtigsten Fragen. Mittelalter, München 2006.

Mitterauer, Michael, Warum Europa? Mittelalterliche Grundlagen eines Sonderwegs, München 2003.

Rexroth, Frank, Deutsche Geschichte im Mittelalter, München 2005.

Seibt, Ferdinand, Glanz und Elend des Mittelalters, Berlin 1987.

Volkert, Wilhelm (Hg.), Kleines Lexikon des Mittelalters, 4. Aufl., München 2004.

Quellensammlungen

Hartmann, Wilfried (Hg.), Deutsche Geschichte in Quellen und Darstellung, Bd. 1: Frühes und hohes Mittelalter 750–1250, Stuttgart 1995.

Moeglin, Jean-Marie, u. a. (Hg.), Deutsche Geschichte in Quellen und Darstellung, Bd. 2: Spätmittelalter 1250–1495, Stuttgart 2000.

Lautemann, Wolfgang (Bearb.), Geschichte in Quellen: Mittelalter, München 1989.

Mentalitäten

Dinzelbacher, Peter, Europa im Hochmittelalter 1050–1250, Darmstadt 2003.

Grabmayer, Johannes, Europa im späten Mittelalter 1250–1500, Darmstadt 2004.

Neiske, Franz, Europa im frühen Mittelalter 500–1050, Darmstadt 2007.

Landleben

Bumke, Joachim, Höfische Kultur, 10. Aufl., München 2002.

Rösener, Werner, Agrarwirtschaft, Agrarverfassung und ländliche Gesellschaft im Mittelalter, München 1992.

Epperlein, Siegfried, Bäuerliches Leben im Mittelalter, Köln 2003.

Stadtgeschichte

Engel, Evamaria, Die deutsche Stadt im Mittelalter, Düsseldorf 2005.

Fuhrmann, Bernd, Die Stadt im Mittelalter, Stuttgart 2006.

Hammel-Kiesow, Rolf, Die Hanse, 3. Aufl., München 2004

Le Goff, Jacques, Kaufleute und Bankiers im Mittelalter, Berlin 2005.

Schmieder, Felicitas, Die mittelalterliche Stadt, Darmstadt 2005.

Zusammenleben der Religionen

Boockmann, Hartmut, Der Deutsche Orden, München 1999.

Borgolte, Michael, Christen, Juden, Muselmanen. Die Erben der Antike und der Aufstieg des Abendlandes 300–1400 n. Chr, München 2006.

Cohen, Mark R., Unter Kreuz und Halbmond. Die Juden im Mittelalter, München 2005.

Thorau, Peter, Die Kreuzzüge, 2. Aufl., München 2005.

Politische Herrschaft

Borgolte, Michael, Europa entdeckt seine Vielfalt 1050–1250, Stuttgart 2003.

Dirlmeier, Ulf, u. a., Europa im Spätmittelalter 1215–1378, München 2003.

Goetz, Hans-Werner, Europa im frühen Mittelalter 500–1050, Stuttgart 2003.

Papsttum und Kirche

Auffahrth, Christoph, Die Ketzer. Katharer, Waldenser und andere religiöse Bewegungen, München 2005.

Borgolte, Michael, Die mittelalterliche Kirche, München 2004.

Schimmelpfennig, Bernhard, Das Papsttum. Von der Antike bis zur Renaissance, Darmstadt 19964.

Pest und Renaissance

Bergdolt, Klaus, Die Pest. Geschichte des Schwarzen Todes, München 2006.

Burke, Peter, Die europäische Renaissance. Zentren und Peripherien, München 1998.

Meier, Mischa (Hg.), Pest. Geschichte eines Menschheitstraumas, Stuttgart 2005.

Reinhardt, Volker, Die Renaissance in Italien. Geschichte und Kultur, München 2002.

Internetadressen

www.mittelalter.uni-tuebingen.de/?q=links/links.htm
(Mittelalterbbteilung der Universität Tübingen)

www.erlangerhistorikerseite.de/ma_resso.html
(Mittelalterseiten der Erlanger Historiker)

www.tu-harburg.de/~vbp/docs/medi.html
(Internetseite mit zahlreichen Links zum Thema Mittelalter)

netzwerk.wisis.de/text/42.htm
(Zahlreiche Texte und Erklärungen)

Sachregister